문예신서
369

영상예술미학

피에르 소르랭

이선형 옮김

東 文 選

영상예술미학

PIERRE SORLIN

Esthétiques de l'audiovisuel

© Editions Armand Colin, 2005

차 례

제3장 제스처, 신체, 목소리

제4장 영화의 생성

서 론

오디오비주얼에 대한 연구는 20세기 중반부터 예기치 못한 변화를 겪었다. 영화가 진정한 예술이라는 점을 확인하고 싶어했던 전임자들과는 달리 당시의 이론가들은, 영화가 분명한 의미를 지닐 수 있는 감수성을 자극하는 부분을 도외시했던 것이다. 이들은 본질적인 질문을 지속적으로 던지면서 자신들에게 부여된 오랜 연구에 몰두하였다. 질문이란 예컨대 이물질들의 재료는 어떤 것인가, 어떻게 서로 다른 방법으로 주의와 관심을 불러일으키는가, 상영 당시 관객이 합치된 인상을 갖게 하기 위해 소리와 색, 파롤과 움직임, 이미지와 문자는 어떻게 서로 조합시켜야 하는가 하는 것들이다. 대부분의 오디오비주얼의 연출은 시간적 전개를 통해 서술적인 형식을 지니기 때문에, 특히 다양한 '장르'로 이루어진 영화의 경우 어떻게 말하는가는 중요한 물음이었다. 마지막으로 어느 정도 무의식적인 깊이 있는 집중을 통해 영화는 어떻게 관객을 자극하고 어떤 형태를 통해 자발적인 지지를 이끌어 낼 수 있는가 하는 물음이 있다.

기호학, 서사학 혹은 정신분석학과 같은 영역에서 이미 검증된 방법을 차용하여 오디오비주얼 연구는 하나의 규칙을 지닌 학문적인 형태를 갖추게 되었다. 규칙이란 사회적인 생산물을 분석하는 것인데, 말하자면 독자가 자신이 지니고 있는 기초를 토대로 과정을 비평하고 제어할 수 있도록 사회적 생산물의 방식과 전제를 정의하는 것이다. 영화 연구는 이처럼 재정립되어, 가능한 영화 내에서 이루어지는 연구가 됨으로써 미(美)를 대상으로 하는 것과는 단절되었다. 깊이가 있거나 피상적인 구조를 분명히 한다고 해서 이러한 구조의 실천을 통해 우리가 크나큰 행복감을 분명하게 느낄 수 있는 것은 아니다. 관점 연구나 초점화된 발화 행위 연구 또는 영화에서 사용되는 서술적 음성 연구는, 미학적으로 흥미로운 연출과 마찬가지로 평범하고 무미건조한 제작에 일률적으로 관심을 가질 수 있다. 정신분석학의 경우에는 대중의 성향과 대답을 파악할 수 있는 커다란 가치를 지니고 있지만, 아름다움이나 추함의 인상에 의해 야기된 혐오감이나 '흥미로운 관음증,' 직관적인 동조 효과 등에 대해서는 거의 연구되어 있지 않다. 수십 년 전부터 실천되어 온 탐구 체계를 어려움 없이 적용시킬 수 있는 영화를 연구하고자 한다면, 이러한 결핍은 특히 민감한 것이 된다. 펠리니의 영화 ⟨8과 1/2⟩을 예로 들어 보자. 이 영화에서 '액자 구조'는 여러 다른 서술적 차원을 분명하게 하는데 매우 이상적이다. 이 영화에서 '목소리'를 분류하는 방식은 관객을 어려운 시험에 빠뜨린다. 왜냐하면 이 영화에는 관객에게 꿈에 대한 이야기나 추억을 각인시켜주는 것이 거의 없기 때문이다. 이런 의미에서 ⟨8과 1/2⟩은 발화 행위(énonciation) 문제에 대한 특별한 영화라 할 수 있다. 하지만 정신분석학을 강조한다고 해도 크게 도움이 될 것은 없다. 영화는 정신분석학을 피하기 위해 또는 스펙터클의 탐구 의향을 자기 식으로 포착하기 위해 정신분석학을 이용하기 때문이다. 그럼에도 영화를 좋아하는 관객은 자신에게 제공된 세밀한 분석이나 흥미로움을 등한시한다면 영화에 만족할 수 없을 것이다. 관객은 영상, 배우의 작업, 흑백의 섬세함, 소리의 중재에 화답하고 특히 이러한 요소들의 상호 작용, 필수적이긴 하지만 영화의 기능적인 양식의 지식과는 혼동해서는 안 될 찬성의 형태로 화답하면서 영화에 참여한다.

오디오비주얼을 미학적으로 연구함에 있어 신중을 기해야 하는 것이 물론 무지에서 비롯되는 것은 아니다. 반대로 이 신중함은 계산된 거절에 의한 것이다. 20세기 초 이론가들이 끈질기게 확인한 바 있는 예술의 준거는, '대중문화'에 대한 공격이 영화를 좋은 표적이라고 착각했던 시기에는 정당한 것일 수 있다. 하지만 이 예술의 준거는 예술을 창조적 실체가 아닌 사회적 기능으로 다루려는 단점이 있다. 세속적인 기준으로 예술적인 것을 결정하고자 하는 이러한 경향은 이미 지나간 과거의 경향이다. 관찰자들은 이따금 자신의 실존을 결코 초월하지 않고 지평에 고정되어 자신들이 증인이 되는 소용돌이를 거대한 혁명으로 착각하는 경향이 있다. 1806년 헤겔은 역사의 관점에서 예술을 언급하고 있다. 훗날 아주 진부하게 되어 버린 방법으로 그는 예술의 종말을 전망한 것이다.

이제 우리에게 있어 더 이상 예술은 과거 무엇과도 비교할 수 없었던 운명이 아니다. 예술은 단지 표상의 근원일 뿐이고 직접 접근할 수도 없으며 대단히 소중한 것도 아니다…. 이로 인해 우리 실존의 난점이 발생한다…. 현 시대는 전적으로 실용적인 것과 무의미한 전망으로 넘쳐난다. 예술은 과거의 것이 되어 버렸다. 우리가 보기에 예술은 과거에 보여주었던 필연성과 현실성뿐 아니라 생생한 특징마저도 사라져 버렸다.[1]

왕이나 왕족의 대저택에 의한 예술 생산의 지배로부터 도시 환경에 의한 예술 시장 조절의 추이에 민감했던 헤겔은 교환 유통을 단순하게 재정의하면서 이를 세상의 종말로 변형시켜 버렸다. 그의 뒤를 이어 또 다른 예언자들이 나타나 영화를 포함한 모든 예술 영역을 언급하고 있다. 영화가 아직 걸음마를 하고 있을 당시 벌써 영화의 숭배자들은 20세기에 영화가 예술적 실체를 분명히 추월할 것이라고 확신하였다. 영화가 상상력을 가득 채우고, 당시에 제기되었던 움직임의 재생산 및 조명 표현이 창작과 충돌하였던 커다란 두 난점을 해결하고, 그 당시까지 받아들여지지 않았던 종합을 이끌어 낸다고 보았기 때문이다. 리치오토 카누도는 "우린 영화가 필요하다" 이렇게 단언하였다. 그는 "전체 예술이 영원히 지향하던 종합 예술을 창조하기 위해" 1908년부터 영화 미학에 주의를 기울였던 초기 영화학자이다. 또한 아벨 강스는 영화를 모든 예술의 교차점으로 제시하면서 "영상의 시대가 도래했다"고 선언하였다.[2] 이와는 반대로 부정적인 사람들은 영화로 인해 산업화된 문화의 통속화에 살아남지 못하는 예술은 어쩔 수 없이 난파될 것으로 예견하기도 하였다.

　20세기 후반기에 쟁점이 되는 갈등 영역은 새로운 형태의 작업뿐 아니라 하이테크닉을 통한 예술적 실천에서도 나타났다. 원탁에 둘러앉아 음악 예술을 정의할 때, 미국 작곡자 버질 톰슨은 갑자기 토론을 중단시키며 이렇게 말하였다. "대답은 오직 하나뿐이다. 음악가들이 만들어 내는 것이 음악 예술이다." 이 말에는 엘리트주의가 담겨 있으며

---

1) 헤겔 텍스트의 사용은 엄중한 문제를 야기한다. 《미학 컨퍼런스 *Vorlesungen über die Aesthetik*》는 일반적으로 생각할 수 있는 그런 '작품'이 아니다. 헤겔은 자신의 강의 노트를 10여 년 동안 수정하고 보완하고 첨부하였다. 학생들의 노트를 취합하여 만든 이 저서는 1835년 간행되었고, 이것이 현대에 이르러 출판의 기초가 되었다. 여기 인용은 몰덴하우어-미켈의 《작업 *Werke*》(Francfort-sur-le-Main, Suhrkamp, 1970) 가운데 제13권부터 15권까지를 형성하고 있는 《컨퍼런스 *Vorlesungen*》에서 취한 것이다. 장켈레비치의 프랑스어 번역판(Paris, Aubier, 총 10개의 내용으로 전체 8권으로 이루어져 있다, 1964-1966)은 *Tr. J.*로 요약되어 있는데 그렇게 좋은 번역으로는 보지 않는다. 번역이라는 것은 항시 비판의 여지를 남기는 것이 사실이지만 이 번역은 문장을 뛰어넘기도 하고 임의적으로 배치하는가 하면 제목이나 부제목을 변경하기도 하였다. 예술의 종말을 위하여, 《작업》XIII, 19, 25, *Tr. J.*, I, 33, 43.

실무자들이 창조활동의 경계와 조직체를 지니기를 바라는 의지가 담겨 있다. 이 의지는, 내용을 판단하는 습관이 있고 작품과 작품을 동일한 형태의 전시로 생각하는 습관이 있는 대중의 저항에 머뭇거리지 않고 표현 수단을 더욱 깊이 있게 연구하고자 하는 것이다. 음악이나 미술과 마찬가지로 오디오비주얼의 영역에서도 그 해결책을 찾기란 쉽지 않았다. 사람들은 그 표현성이 아니라 자체를 위해 자료를 다루었으며, 싫증이 날 때까지 공연 시간을 늘렸고 소리와 색을 융합시키는 대신 충돌시켰다. 그 결과에 열광하고 기본 원리에만 관심을 쏟음으로써 미에 대한 탐구를 부차적이고 무익한 소여로 만들어 버렸던 것이다. 인간적 행위에 대해 질문하고, 질료에서 오브제로의 변형에 대해 질문을 던지는 20세기 예술은 표현에 관심을 가졌고 예술적이기보다 비평적이기를 바랐다.

1960년경 영화를 예술로 다루지 않았던 것은 결국은 거짓 질문을 던지지 않기 위한 방편이었으며 어쩔 수 없는 일이었다. 여기에 영화는 보잘것없다는 인상을 덧붙일 수 있겠다. 이 인상은 미학적으로 많

---

2) 카누도는 언제나 중요한 이론가로 제시되지만 그의 저서는 상당히 난해하다. 이탈리아어로 쓰인 그의 저서는 긴 논문이 포함되어 있다. 〈영화의 승리 Trionfo del cinematografo〉 in 《뉴 저널 Nuovo Giornale》, 1908년 11월 25일. 팸플릿은 《엘레나, 파우스트와 우리 Elena, Faust et nous》(Paris, R. Chiberre, 1920)가 있으며 한 권의 책으로 묶은 글들은 《영상 공장 L'Usine aux images》(Genève, Office central d'édition, 1927)에 수록되어 있다. 위 인용은 이 책 9쪽에서 발췌한 것이며, 아벨 강스의 글은 《영화 예술 L'Art cinématographique》 제2권(1927)에서 발췌한 것이다. G. 그로츠와 W. 헤르츠펠데는 《예술이 위험하다 Die Kunst ist in Gefahr》(Berlin, Malik Verlag, 1925)에서 다른 예술을 영화로 대체한다는 테마에 대해 열광적으로 기술하고 있다. 문화 산업으로의 영화에 대한 강렬한 비판은 M. 호르크하이머와 Th. W. 아도르노에 의해 이루어졌다. 《이성의 변증법 La Dialectique de la raison》(프랑스어 번역판, Paris, Gallimard, 1974) 특히 140쪽 이하를 참고할 것. 오디오비주얼에 대한 학자들의 관점에 대해서는 A. 로스, 《존중하지 않기: 지식인과 대중 No Respect: Intellectuals and Popular Culture》, Londres, Routledge, 1989 참고.

은 발언을 쏟아내게 한 것이기도 하다. 앞으로 우리는 영화를 일련의 문장에 따라 영상화되고 움직이고 소리가 나는 것으로 규정하는 분석적 작업을 자세히 다룰 것이며, 또한 인상에서 표현으로의 난해한 변화의 추이도 다루게 될 것이다. 현재는 우리에게 주어진 도구가 변변치 않은 것은 사실이다. 때문에 형용사나 감탄 부호의 사용을 자제하고자 한다. 우리는 예술과 영혼 혹은 정신의 관계를 편류할 것이기에 우리의 글은 아름다운 작품에서 생성된 충격에 비한다면 별 의미가 없을지도 모른다. 예술로서의 영화가 이끌어 낼 수 있는 결과가 보잘것없다는 사실을 인식하고 있는 대부분의 이론가들은 의미 체계의 분석[3]에 있어 덜 위험한 영역을 선택하고 있다. 그렇긴 하더라도 그들은 영화의 미학적 소명에서 눈을 뗀 적은 없다. 20세기 초반에 걸었던 노정을 포기하고자 하는 그들의 의지가 단절로 나타난 것은 아니다. 그들은 유산을 받아들였고 과거의 텍스트 문헌을 다양화시켰으며, 이제부터는 영화의 예술적 가치를 더 이상 문제 삼지 않는 결코 지체할 수 없는 것으로 만들었다. 미에 관심을 두고 그들의 작품을 다시 한 번 검토해 본다면 순수하게 영화 미학의 차원에 대한 항구적인 긍정과 고집스럽지만 신중한 주장을 함축적으로 발견할 수 있을 것이다.[4]

일반적으로 미란 아마도 먼 지평의 또 다른 얼굴, 그러나 완벽하게 정의된 얼굴로 생각하는 것 같다. 미를 구성하는 어휘들은 다양하며 유동적이다. 예컨대 **가치, 스타일, 투명성, 지연된 감각들, 표현된 것,**

---

3) 이는 영화 이론가인 치아리니(L. Chiarini)의 표현이다. 《영화의 예술과 기술 *Arte e technica del film*》, Bari, Laterza, 1962, 153쪽.

4) R. 스테판, J. R. 데브릭스 공저, 《예술로서의 영화 *The Cinema as Art*》, Londres, Penguin, 1965, 19쪽; V. F. 퍼킨스, 《영화로서의 영화 *Film as Film*》, Londres, Penguin, 1972, 60쪽; G. 베테티니, 《의미 생산과 연출 *Produzione del senso e messa in scena*》, Milan, Bompiani, 1975, 59쪽.

표현 등의 어휘가 그것이다. 사실 어휘야 그렇게 중요한 것은 아니다. 유일하게 논의의 가치가 있는 것은 대부분의 연구에서 언급하고 있는 의미화의 실행과 예술적인 직관 사이에 설정된 관계이다. 이에 대한 답변은 보통은 암시적인데 그 가운데 가장 자주 언급되는 것은 작품의 완벽성이란 근본과 형태의 일치에서 비롯된다는 견해이다.[5] 사람들은 이 점에 있어 헤겔의 테제에 대해 거의 자발적인 동조를 한다. 헤겔에 따르면 예술 생산물에는 아무것도 존재하지 않거나 아니면 내용을 표출하는 것일 뿐이다. 이에 따라 사람들은 예술가의 작업을 더 이상 이상적인 미를 발견하기 위한 시도로 간주하지 않게 되었다. 헤겔은 작품 자체로 방향을 전환해야 한다고 주장한다. "즉각적인 기쁨은 차치하고 오늘날 우리가 예술품에서 얻을 수 있는 것은 그 내용과 실천을 검토하여 내리는 판단과 이들 내용과 실천 사이에 존재하는 적합성과 부적합성을 검토하는 것이다."[6] 헤겔은 예술이란 본질에 접근하는 것으로 간주했기 때문에 이러한 명제는 핵심적인 것이다. 진리가 감각적일 수 없다면 진리는 존재할 수 없다. 예술이란 진리에 형태를 부여하는 하나의 방법이다. 이 덕택에 강력한 진리는 초보적 진리로는 도달할 수 없는 미학적 힘을 통해 스스로 드러난다. 따라서 표현과 근원 사이의 상응은 하나의 목적물이 되며 나아가 필연성이 될 것이다. 미학은 실제의 평범성을 초월하도록 하며 진실의 분명성과 명백한 강렬함에 이르게 할 것이기 때문이다.

우리가 단순히 의미 체계를 연구하기 위해 예술의 형이상학을 뒤로 미루고, 절대적 이념의 철학적 전제를 인정함으로써 어떠한 난점도 제

---

5) 로트만, 《미학과 영화 기호론 *Esthétique et sémiotique du cinéma*》, Paris, Éditions sociales, 1977, 188쪽; V. F. 퍼킨스, 앞의 책, 119쪽.
6) 헤겔, 《작업 *Werke*》, XIII, 25; *Tr. J.*, I, 43. 이 부분이 특히 지나치다.

〈기마병〉

시하지 않는다면 문제가 아닐 수 없다. 수단을 목표로 하는 것은 오디
오비주얼 제작에 있어 흔히 있는 즐거운 일이다. 정확한 '어조'가 존
재하는 텔레비전의 많은 방송들이 이를 증거하고 있다. 역시 영화적
도구를 잘 다루어 제작한 수수한 일련의 영화들도 이를 증거한다. 이
를 보면 소위 '대중' 영화라고 하는 것, 즉 모든 사람을 즐겁게 하는 영
화가 어떻게 해서 성공하는지 알 수 있다. 이런 종류의 영화는 기계나
테크닉을 관객이 완전히 받아들일 수 있도록 배우의 연기, 음향 효과,
카메라가 당연한 것처럼 보이며, 관객에게 분명하고 조화롭게 제공되
는 내용을 침범하지 않는 것처럼 보인다. 이러한 영화는 즐거움은 줄
수 있으나 미학적 감동을 전하는 경우는 드물다. 이 영화가 '성공'을
거둘 수는 있다. 그러나 성공과 만족감은 미와는 아무런 관계가 없다.
영화가 의미를 갖기 위한 도정과 영화적 언어 행위에 대해 지난 몇 십 년 동안 있어 온 연구는 성공을 거두면서도 이상적인 실험 영역을 발견하려는 것이었다. 이런 영화에서 성공이란 영화의 표현적 근원을 완벽하게 탐구하는 것이다. 하지만 오디오비주얼 미학을 훌륭한 쓰임새 및 도구의 지적이고 섬세한 쓰임새로 귀착시킨다면 규칙을 미의 척도로 변화시킬 위험이 있다. 이런 이유로 이따금 '영화의 미학'을 영화의 기능 분석으로 부르는 경우가 있는 것이다.[7]

우리는 최근 10여 년 동안 이룩된 것을 비판하려는 것이 아니다. 60년대 이후에 지속된 연구는 생각했던 것보다 많은 도움을 주고 있으며, 한편으로 이 연구는 개척하고자 하는 영역의 경계를 표시하고 있다. 단순하게는 전체적으로 일관성을 지닌 미학을 함축하는 자료가 될 수 있겠으나 의미 작용의 문제에 종속되어 있기 때문에 지속될 수 있을 것으로 보지는 않는다. 여기서는 전적으로 과거의 연구 노선을 따르고 미학적 차원에 관심을 가지면서 오디오비주얼의 실천을 통해 미를 이해할 수 있는 표현에 대해 질문하고자 한다. 영화가 소리와 동영상 사용을 독점하고 있는 동안에는 문제가 심각한 것은 아니었다. 영화 팬들은 '위대한' 영화를 알아보았고 많은 애호가들 역시 걸작 영화 앞에 모여들었던 것이다. 그러나 텔레비전의 등장은 이러한 전망을 흩뜨려 놓았다. 텔레비전은 프로그램을 다양화시키면서 판테온 신전이 열린다는 것은 있을 수 없는 것으로 만들어 버렸다. 또한 텔레비전은 소리 청취를 근본적으로 변화시켰다. 사람들은 맨 먼저 가변적 청취

---

7) 초창기 영화 시절 주요 영화 이론가인 B. 발라즈는 마지막 저서에서 이러한 의도를 분명하게 언급하고 있다. 《영화. 새로운 예술의 성격과 발전 Der Film. Werden und Wesen einer neuen Kunst》, Vienne, Globus Verlag, 1949, 프랑스어 번역판, Paris, Payot, 1978. 이 저서에는 "어떻게 영화 예술이 영화 기술로부터 발전할 수 있는가"라는 장이 있다(145쪽 참고). 또한 R. 스테판, J. R. 데브릭스 공저, 앞의 책, 29쪽을 참고할 것.

와 오락의 왕국인 텔레비전과 주의력을 필요로 하는 예술 분야인 영화를 대립시켰고 나아가 영화의 도전을 무시해 버렸다. 현재는 영화 애호가들이 줄어드는 추세이며 텔레비전 시청자들이 오디오비주얼 제품의 주된 소비자이다. 이에 따라 미에 대한 감각이 어디에서 오는가라는 물음을 던지지 않을 수 없게 되었다.

개념적인 몇몇 전진을 우리에게 제시하는 미학적 탐구는 예술의 생산 분야나 특별한 실천에서처럼 오디오비주얼에 대해 크게 주의를 기울이지 않은 것이 사실이다. 영화 이론은 잠재적으로 미학과 단절되면서 그 욕망을 제한하였고 목표를 가능한 거리에 설정하였다. 영화에 대한 미학자들의 호기심 결여는 설명하기가 쉽지 않은데, 간략하게 살펴볼 필요가 있는 세 가지 모순 사이에 끼어 있다.

무엇보다도 오디오비주얼은 '창조자'의 문제를 명확하게 해준다. 오래 전부터 사람들은 작가의 의도에 대해 끊임없이 질문을 던져왔는데, 작가가 어떤 영향을 받았는지 그들의 작업이 어느 기준에서 승화의 효과를 나타내는지는 생각하지 않았다. '천재'에 대한 미스터리도 변함이 없었다. 예술가가 어떤 노정을 통해 어떻게 물질을 형상으로 변화시키고, 자신의 작품을 받아들이는 사람들에게 미학적으로 동의를 이끌어 내는 깊이 있는 반응을 야기시키는 것일까? 일반적으로 사람들은 창조자 스스로가 직접 변화를 이끌어 내는 예술과 연주자의 중재가 꼭 필요한 예술을 구분한다.[8] 전자의 경우 해결할 수 없는 수수께끼이긴 하지만 단순한 것으로 시인 · 화가 · 조각가가 여기에 해당한

---

8) M. 뒤프렌, 《미학 경험의 현상학 Phénoménologie de l'expérience esthétique》, 제 1권, 《미학적 오브제 L'objet esthétique》, Paris, P.U.F., 1953, 48쪽 이하.

다. 이들 예술가는 시집과 그림과 조각상에 나타나는 미적 인상이 주는 유일무이한 특징을 통해 일련의 작품들의 창조자임을 알아챌 수 있다. 후자의 경우 좀 난해한 면이 있다. 한스 게오르그 가다머는 이 부분에 대해 매우 암시적인 명칭을 사용한다. 구체화되기 위해서 언제나 동일하고(같은 극작품, 같은 악보의 경우) 언제나 다른 '추이'를 실행시켜야 하는 '일시적인'[9] 예술로 언급하는 것이다. 각각의 제시는 작품을 목적으로 하는 것이지 그 자체의 완성을 위한 것이 아니다. 예술가와 관객은 그들이 이미 알고 있는 텍스트가 표현될 수 있도록 서로 만나는 것이다. 관객이 기대하는 것과 열광하는 것은 명성일 뿐이다.

이 두 범주 가운데 오디오비주얼은 어디에 속하는 것일까? 아무데도 속하지 않는다. 오디오비주얼은 한 사람의 서명자만 있는 것이 아니며, 일단 완성이 되었더라도 '무사통과' 되지 않고, 이들 각각의 방영은 또 다른 방영과 유사한 측면을 지닌다. '성공한'(이 형용사는 우리가 부여한 의미이다) 프로그램은 각자 특별한 기능을 실험해 보는 진정한 아틀리에에서 집단적으로 다루어진다. 미국 스튜디오의 모델은 거의 산업적인 모델이며 여기에서 품질 좋은 수많은 오브제를 생산함으로써 최상의 수입을 올렸다. 그러나 충격을 던지고 미학적 직관을 일깨우는 영화를 만든 사람은 누구인가? 프로젝트가 정해지면 팀이 구성된다. 구성원 각자는 오로지 정신적으로 상상하고 생명을 불어넣고 환상을 품는 텍스트를 통해 의사소통을 한다. 최상의 형태화 작업을 위해 결정적이고 중요한 작업을 하는 그들은 바로 자신들이 원하는 영화를 꿈꾸는 사람들이다. 따라서 연출은 이따금 교차하면서

---

9) H. G. 가다머, 《진실과 방법 *Vérité et méthode*》, Paris, Seuil, 1976, 64쪽; 표현에 대한 분석을 위해서는 같은 책, 44쪽과 61쪽을 참고할 것.

충돌하는 감수성과 대결을 벌이기도 한다. 특별히 강한 욕망은 그 지나간 자리에 다른 욕망을 이끌고, 갈등은 특별한 폭력과 강렬함을 통해 영화 전체에 그 흔적이 각인된다. 배우란 시나리오를 위협하는 존재이며 시나리오를 창조하면서 스스로를 드러내는 존재이다. 연극 무대에 존재하는 배우들과는 달리 영화배우들은 온갖 방법으로 자신들 이전에 존재했었고 그들 이후에도 지속될 대사를 목적으로 하지 않는다. 그들은 등장인물이란 배우의 얼굴, 신체, 태도로 구성되는 것 이외에는 아무것도 아니라고 생각한다.

창조는, 기존의 형식과 지나치게 결부된 환경이나 물질에 반대하여 예술가가 벌이는 이중적 투쟁과 유사하다. 오디오비주얼은 제3의 투쟁 형식으로 간주될 것인데, 이 형식을 보완하면서 경쟁과 협력을 이루는 것은 진보의 원동력이 될 것이다. 사람들은 지적인 기도(企圖)에 대한 '집단 효과'의 결정적인 영향을 계속해서 강조해 왔다. 만일 환경이 발전을 '주도'하는 것이 아니라면 지적인 기도란 이탈리아 르네상스 혹은 계몽주의가 될 것이다. 레오나르도 다빈치는 이미 대조의 중요성을 강조한 바 있다. "한 사람보다는 집단을 그리는 것이 더 낫다…. 찬양받을 욕망의 감각은 그대를 그대보다 더욱 높이 평가된 수많은 자들처럼 되게 할 것이다. 그대는 그대보다 더 훌륭한 자들이 만들어 놓은 흔적을 차용할 것이고, 만일 그대가 다른 사람들보다 더 훌륭하다면 그들의 실수조차도 이용할 것이다."[10] 그렇지만 이것은 순수하게 개인적인 방식과 관계가 있는 것이며 주위 사람들은 오로지 외적 요소로서 특별히 유리한 조건처럼 개입하게 될 것이다. 오디오비주얼을 통한 만남은 규칙이며 그 둘레가 아닌 생산적 총체의 내부에서

---

10) 레오나르도 다빈치, 《수첩 *Carnets*》, Paris, Gallimard, 1942, 제2권, 213쪽.

전개된다. 이 만남은 소리, 색, 프레임, 낭송과 같은 이질적인 재료로, 작품을 만드는 실천자들이 상호 맞서도록 한다. 무대 예술가나 음악가가 조명 예술가나 배우로부터 감동을 받는다고 믿으며, 무대 예술가나 음악가가 그들로 하여금 고유의 비전을 더욱 확신하도록 계속해서 이들을 격려한다는 환상적인 몰이해는 무엇인가? 여기서는 창조성의 문제를 다루지 않을 것이므로 이 질문에 답변을 하지 않을 것이다. 다만 이 질문을 통해 볼 때 미학 일반에 있어 탐구해야 할 영역은 방대한 것으로 보인다.[11]

헤겔은 미에 대해 정의를 내리고 추상의 정도에 따라 예술을 분류하였다. 그는 건축, 조각 등 나무나 돌이나 금속과 관계가 있는 것은 볼륨이 없는 그림과 비교할 때 이념적인 것과 먼 것으로 보았고, 형상화와 전혀 관계가 없는 시와 음악을 더욱 이념적인 것으로 생각하였다. 그가 보기에 재료의 정화는 필연적인 것이었고 기대할 수 있는 이상적인 것이었다. 그렇다면 그의 견해를 비디오에서도 확인할 수 있다고 믿는 것을 방해할 것은 아무것도 없다. 하지만 정작 놀라운 것은 그 어느 누구도 헤겔의 분석을 이런 관점에서 이어가지 않았다는 점이다. 시나 음악이 제2의 습득된 감각에 작용한다 하더라도 이것들은 글로 쓰인 것이기 때문에 접근이 가능한 흔적을 남긴다. 그러나 비디오는 투영 이외에는 포착하기가 불가능하다. 이따금 비디오에는 손으로 감

---

11) 이 문제는 R. 파스롱이 주도한 저서에 잘 나와 있다. 《집단 창작 La Création collective》, Paris, Clancier-Guénaud, 1981. 그는 여기에서 집단 창작이 동일한 표현 시스템의 내적인 것으로만 개입한다는 사실을 강조하고 있다. 만일 여러 시스템(글쓰기, 그림)이 혼재되어 있다면 그것은 정보 교환이지 퓨전은 아닌 것이다(14쪽). J. 스틸린저의 저서는 그 당시 작가의 '침투성'에 대해 매우 설득력 있게 제시하고 있지만 문학의 영역에는 별 도움이 되지 못한다. 《다수의 저자와 고독한 천재의 신화 Multiple Authorship and the Myth of Solitary Genius》, Oxford University Press, 1991. 오디오비주얼은 분명 다른 근거를 바탕으로 질문을 계속할 것이다.

지할 수 있는 아무런 물질도 없다. 프로그래밍은 기록은 되지만 일시적으로 생성된 일련의 지시 숫자로만 구성되기 때문인데, 이것이 촉진되어 제시될 때 화면에 그저 일시적인 흔적만 남게 되는 것이다. 화면을 주사(走査)하는 점들, 화소들은 교대로 어둡기도 하고 빛을 발하기도 하기 때문에 텔레비전 수상기가 켜져 있는 절반의 시간은 실은 검게 나타나는 것이다. 비디오에 관심을 갖는 것은 흔적을 만지거나 보존하기 위한 것이 아니라 그냥 바라보고자 하는 강한 의지를 암시하는 것이다. 이는 헤겔의 표현에 따르면 '시간 예술' 이, 말하자면 예술이 완성되는 순간 부정되고 개인적 자아의 생성과 일치하는 예술이 특별하게 추진된 형태이다. 텔레비전은 내용을 축으로 하는 여러 도덕적 담론을 야기시켰고 아직도 철학적 담론이 부여되기를 기대하고 있다.

사용된 물질을 분류하여 순수하게 열거하는 것이 아니라면, 이 분류는 표현 양태가 발전되고 그 한계가 발견되는 특징을 명백히 규명해 줄 것이다. 예컨대 그림은 색으로 이루어져 있으며 색과 부딪힌다. 그림에서 파란색이 인식되기 위해서는 녹색이 필요하다. 파란색이 단색으로 화폭에 홀로 존재한다면 그 정체성은 없다. 파란색은 어떤 특이한 특징도 드러내지 않은 채 독점적이고 난폭하게 될 것이다. 오직 대립을 통해서 파란색은 부정되기도 하는 그 징후가 확인되기도 한다. 사람들은 색들이 '조화롭다'고 생각하지만 색들은 서로 만나면서 피차 명확해지기도 하고 퇴색하기도 한다. 사람들은 단어, 색깔, 선이나 악보에 관심을 갖고 있으며, 구성 요소가 이들 사이에서 구축되는 기본적이고 불안정한 관계를 동질적인 방법으로 분석하는 유일무이한 특징에 보여준다. 이처럼 오디오비주얼은 이들 특징들을 혼란에 빠뜨리고 있는 것이다. 음향과 파롤, 색과 형태는 이미 그 고유한 방향을 가지고 있으며, 단순한 기호 체계로 전환될 수도 분류될 수도 없는 움직임으로 전체는 복잡한 양상을 띠고 있다. 오디오비주얼은 참으로 독특하다. 전체 요소들을 대립시키면서 어떤 요소가 거부될 때 또 다른 요소들(음향의 높이, 색조, 조명의 대비)을 다량으로 작용시키는 감각적인 데이터는 감지하기가 불가능할 정도이다. 아마도 바로 이 점에서, 미학이 예술적 실천에 작용하고 물질적 요소에 근거하는 범주를 질문함에 있어 훌륭한 출발점이 될 수 있을 것이다.

미의 개념은 오래된 고문서에서도 발견되지만 성찰에 대한 자발적 실행으로 인식된 미학은 최근에[12] 거의 모든 예술이 이론적 담론의 대

---

12) 미학에 대한 최초의 표현은 알렉산드르 바움가르텐의 《미학 *Aesthatica*》(1750)으로 간주된다. 정확한 날짜는 그다지 중요하다고 보지 않는데 어쨌든 미학에 대한 관심은 3세기 전으로 거슬러 올라간다. 미학의 역사를 소개한 훌륭한 서적으로 G. 페리의 《미학적 존재. 민주주의 시대의 취미의 창조 *Homo Aestheticus. L'invention du goût à l'âge démocratique*》, Paris, Grasset, 1990이 있다.

상이 되었을 때 비로소 발전되기 시작했다. 미학자들이 당황했던 이유는 한편으로 기존에 설정된 체계와 분류 때문이었고, 다른 한편으론 폭넓게 미를 받아들이는 이념 때문이었다. 이와는 달리 오디오비주얼 경험은 포스트미학적(postesthétique)인 것으로, 우리로 하여금 표현적 탐구와 이 탐구 자체에 대한 판단이 어떻게 상호 발전하는지 직접적으로 관찰하도록 한다. 진보된 재료를 지니고 있지만 어떤 원칙은 그대로 남아 있기도 하고(동영상), 또 어떤 원칙은 계속해서 변하는(주변 세계의 재생에서부터 컴퓨터에 의한 창조에 이르기까지 영상의 탄생) 예술이란 무엇인가? 그에 대한 호기심과 열망이 미학적 직관과 밀접하면서도 거리를 두고 있는 것은 무슨 까닭인가?

지금까지 미학적 연구가 도달할 수 있는 세 가지 문제를 언급하였다. 이 저서는 아무런 철학적 주장도 담지 않고 있으며, 여러 다양한 관점도 다루지 않은 까닭에 지금까지 미학적 연구에 대해 약간 장황하게 설명을 하였다. 오디오비주얼의 이론가와 미학자와의 만남은 꼭 이루어져야 하고 논리적인 것으로 보였지만 아직은 성사되지 않고 있다. 매우 방대한 영역을 지니고 있는 미학자들은 분명 어느 정도 엄격한 분석 방법을 제공받기 위하여 오디오비주얼 이론가들을 기다렸을 것이다. 사실 영화 연구가 인상주의와의 절연을 결정한 것은 이러한 목표를 위한 것이었다. 하지만 영화에서 다양한 표현 양태의 상호 작용과 재료의 낯섦으로 인하여 연구자들은 쉽게 제어가 가능한 단순한 묘사를 하게 되었고, 의미 작용의 차원들을 구분하게 되었으며, 구조적인 불변수에 우선권을 주었다. 언어 행위에 대한 지식은 아마도 오디오비주얼 생산에 대한 이해 연구로부터 혜택을 받았을 것이다. 그 뒤 몇 십 년 동안 세심한 분석을 걸쳐 오늘날 영화에 대한 시선은 새롭고 총괄적인 것이 되었고, 의미적 조합의 단계보다 표현적인 가치에 더욱 민감하게 되었다. 무슨 이유로 1960년대에 별 매력을 끌지 못했던 것이 90년대에 들어와 관심의 대상이 되었을까? 역사학자는 부드러운 말투로, 사회가 그에 합당한 제품을 발달시킨다고 말한다. 역사학자가 그 제품에 대한 날짜를 정확히 말하는 경우는 가끔 있지만 이를 설명할 수는 절대 없을 것이다. 역사학자가 최선을 다해 제시할 수 있는 것은 상관 관계의 명백함이나 유리한 조건의 탐색 정도이다. 60년대를 지나면서 영화는 몇몇 경고가 있긴 했지만 대표적인 스펙터클이었다. 공공의 오락거리로 이보다 더한 사랑을 받는 것은 없었다. 20세기 후반에 들어와 스펙터클은, 매 공연이 다르고 본질적으로 예측할 수 없는 세심한 실천 규칙에 따라 극도로 구조화된 스포츠 퍼포먼스가 되었다. 연극·무용·영화와 같이 되풀이되어 제시되는 모든 공연의 형태는 스포츠에 밀려 문제가 생겨났다. 이에 덧붙여 영화의 경우는, 프로그램이 더욱 적합하고 구조적인 연구가 더 잘 돼 있는 텔레비전과 맞서야 했다. 영화가 변별력을 갖기 위해 어떻게 해야 할 것인가? 미학은 이 질문에 하나의 대답을 전해 준다. 미학은 구조 너머로 텔레비전에 의해 무시된 의미 있는 가치와 스포츠가 앗아간 항구적인 가치를 동시에 목적으로 한다.

이 저서는 외롭게 홀로 존재하는 것이 아니다. 이 저서는 오디오비주얼 영역에서 미의 생성과 형태에 대한 집중적인 연구로 상당한 성과를 얻은 저서들과 어깨를 나란히 동행한다. 이 저서에서 새로운 것이 있다면, 영화를 독자적인 영역에서 구축하기보다는 스크린과 관계된 전체로 통합시키고자 하는 의도이다. 우리가 우선적으로 선택한 관점은 사용자의 능동적인 참여이다. 그들은 언제, 어떻게 미학적인 직관을 작동시키는가? 보르헤스는 예술품과 사과를 비교한다. 맛이라는 것은 과일 속에도 언어 속에도 없다. 맛은 입과 사과의 격렬한 만남을 통해서만 드러난다.[13] 여기에서 알 수 있는 이념은, 미학은 오디오비주얼 생산품이 지니는 내재적인 특징과는 별 다른 상관이 없다는 것이다. 이 이념은 사회적인 규범을 통해 정의되며 이를 추구하는 사람만이 이 이념을 구축할 수 있다.

오디오비주얼 제품에 관한 대부분의 규칙과는 달리 미학은 그 고유의 방법론, 말하자면 분석 모델이나 기준이나 그 어느 것도 제안할 것이 없으며 표현의 힘을 통한 열림의 태도, 정신 상태를 묘사하는 데 전념할 수 있는 방법론도 가지고 있지 않다. 이 저서의 첫장은 미학적 방식이 어떻게 구성되어 있는지를 밝힐 것이다. 제2장은 연구로 사용될, 분명 언어학적이 될 도구에 대해 고찰하고자 한다. 제3장은 스크린에서 준동하는 형식 전체를 다룰 것이며, 제4장은 전체를 영화의 전반적인 도정과 연결시키고자 할 것이다. 제5장에서는 영화와 텔레비전을 대립시킬 것이며, 제6장은 이들의 만남에 대한 결론을 도출할 것이다. 각자는 자신의 이상적인 상영관을 구비하고 있는 까닭에 또는 다른 영화나 프로그램을 통해 잘 안내된 여정을 섭렵할 수 있기 때문에 많은 예를 들어 설명하는 것은 쓸데없는 일이라고 생각한다. 우리가 주석으로 삼은 고전적 참고 문헌은 인정받은 주제와는 또 다른 주제를 제시하고 토론하도록 할 것이다. 저서는 다른 연구와의 영원한 대립을 통해 발전한다. 때문에 독자는 매 페이지마다 비평하거나 보완하기 위해 꼭 필요하다고 생각되는 주석을 발견할 수 있을 것이다. 이 저서 속

---

13) L. 보르헤스, '프롤로그,' 《시집 *Obra Poetica*》, Buenos Aires, Emecé, 1964.

의 사진들은 세심한 문제를 제기하고 있다. 영화적인 움직임을 분명하게 확인하는 저서가 이미지를 고정시킨다는 사실은 일관적인 것일까? 사람들은 순간의 증거인 양화(陽畵)보다 사용 목적에 따라 데생·그림·사진과 같은 고정된 문서를 더욱 좋아한다. 어떤 음화는 직접 텍스트에 다가가지만 대부분의 경우 텍스트를 동반하기에 한계가 있다. 만일 독자가 원한다면 이것들은 겹치게 하거나 연장도 가능할 것이다.

제도적인 합법성 없이 미학의 영역에 접근한다는 것은 무모한 일일 수 있다. 우리는 망설이면서 이 작업을 시작하였다. 때문에 작업을 계속하라고 용기를 준 사람들에게 고마움을 표하지 않을 수 없다. 미셸 마리는 침착하고 엄격하고 효율적이고 완벽한 총서의 책임자였다. 또 이 글을 읽어 준 많은 사람들의 도움도 받았다. 자크 오몽의 정확하고 의미 있는 비판을 받았으며 샹탈 뒤셰의 피할 수 없는 반대 의견, 안젤라 델레 바체의 조심스러우면서도 난처한 지적, 조반나 그리그나피니가 제시한 텍스트에 대한 세밀한 분석, 미셸 라그니와 미리암 치쿠나스의 우정 어린 지적에 감사를 표한다. 또한 내가 필요했던 지적을 해준 사람들에게도 감사의 마음을 전한다. 사진에 대해 도움을 준 프랑수아즈 드노와이엘, 독일어 분야의 전문가인 카실 조드로우스키, 미국의 '원시' 영화와 비평 문학의 전문가인 라울 칼베르크와 윌리엄 우리치오에게 감사를 전한다. 상호 깊이 있는 영향을 받지 않은 상태에서 오랫동안 같은 팀에서 작업을 할 수는 없다. 미셸 라그니와 마리 클레르 로파르와 나는 개인적인 호기심을 지닌 채 항상 다른 작업을 해왔지만 우리의 공통 연구는 서로에게 영향을 미쳤다고 생각한다. 끝으로 지속적으로 의견을 교환했던 지안 피에로 브루네타와 프란체스코 카세티에게 감사를 전한다. 분명한 것은 모험을 떠날 때는 결코 혼자가 아니었다는 것이다.

제1장

미학적 참여

"아름답다⋯." 의식하든 의식하지 않든 커다란 의미를 부여하지 않고 우리는 일상에서 이 말을 반복한다. 이 말을 잘 생각해 볼 때 거의 자동적인 이 쓰임새를 다음과 같이 나누어 볼 수 있다. 하나는 반어법이다(엉망이군의 표현법). 또 하나는 평가라든지 교훈적인 표현이다(훌륭한 용기). 그렇지만 가장 직접적인 의미로 쓰인 형용사가 훌륭한 오브제를 지시하게 되는 순간 혼란스러워진다. 아름다운 영화란 무엇인가? 고귀한 감정을 유발시키는 영화인가? 결국 좋은 영화란 무엇인가? 또는 어떤 다른 요소들이 들어 있는 영화인가? 그렇다면 그 요소들은 무엇인가? 우리가 동의할 수 있는 것인가? 이러한 질문들은 또 다른 질문들로 꼬리를 문다. 그리하여 결국 미학의 개념을 통해 기초를 이루는 것이 무엇인지 생각하지 않을 수 없다.

1. 직관

미는 정의될 수 없다

지금까지 우리는 편의상 미학을 미에 대한 인식이라고 인정해 왔다.

이 정의는 관심사가 모호한 것으로 불확실하면서도 엄숙한 어휘이다. 여하튼 미에 대한 정의는 매우 풍부한데 그들 중 어떤 것은 매력적인 것도 있다. 릴케는 미는 "우리를 감탄하게 하고 우리에게 다가오는 불안한 시작일 뿐이다. 미는 무심하게 우리를 거절하여 우리를 괴롭힌다"[1]라고 말한다. 사람들은 이렇듯 미에 다가가기 위한 노력과 정의 내릴 수 없고 도달할 수도 없는 특징 사이의 거리감에서 생겨나는 긴장과 불안을 관찰하면서 강렬한 작품을 섭렵하고 싶어한다. 그런데 릴케의 경험을 다시 살려보려 한다면 어떻게 해야 할 것인가? 미에 결코 도달할 수 없으리라는 고통 앞에서 미의 개념은 사라질 수도 있을 것이다.

어떤 작품의 완벽성에 대해 판단을 내릴 때 근거로 하는 불확실성과 불명확성은 어떤 작용을 하는 것인가? 어떤 특징이 있는지 확인하고, 과거의 기준과 비교해서 우리의 관심을 끄는 오브제를 재단하여 암묵적으로 비교할 것이다. 미에 대한 모든 시도는 어쩔 수 없이 외적인 이상을 따를 수밖에 없다. 플라톤은 미를 경이로운 본질로 보았다. "생겨나지도 사라지지도 않는 영원한 존재는 증가하지도 감소하지도 않는다." 명백하게 정의 내릴 수 없지만 "스스로 자체적으로 이루어져 고유한 구성 단위 속에서 영원히 제시된다." "아름다운 오브제는 그 창조와 소멸이 자신의 특징을 증대시키거나 감소시키거나 변화시키지 않는"[2] 영원성을 지닌다. 인간의 작품은 이처럼 끝없는 진보의 단계인 절대를 향해 나아간다. 플라톤식의 이 구분은 철학자들도 현혹시키는 뿌리 깊은 환상으로 인해 우리를 당황스럽게 한다. 미를 분명하게 말

---

1) R. M. 릴케, 《두이노의 비가. 전집 *Duineser Elegien, sämtliche Werke*》, I, Wiesbaden, Insel Verlag, 1955, 685쪽.
2) 플라톤, 《향연 *Banquet*》, 211쪽.

할 수는 없더라도, 예컨대 누구나 인정하여 '고전적'이라고 불리며 보편적으로 아름답다고 판단된 작품에 대해서는 분명한 표현을 할 수 있지 않을까? 현대에 이르러 가다머는 "역사적 성찰 이전에 존재하고 이 성찰을 통해 이어나가는" 지속적인 가치를 지닌 작품의 영속성을 주장한다. 그가 보기에 하나의 작품이 고전이 되는 것은 우리가 "전적으로 현존하는 동시대적이며 시간을 초월한 현재 속에서, 전체 시간적 환경과는 독립적이며 불멸인 그 작품의 영원성과 의미화를 깨닫고 있기 때문이다."[3] 잡지와 텔레비전 채널은 정기적으로 '가장 좋은 영화'를 엄선하여 독자나 시청자들에게 제공한다. 그리고 대략 10년을 주기로 같은 제목의 영화들이 반복되는 것을 볼 수 있다. 결과도 의미도 없는 이러한 합의에 대해서는 의문의 여지가 많다. 어쨌거나 소수에 불과하며 의심할 여지없이 '위대한' 작품에 대한 불멸의 성격이 설정되었다고 가정하더라도 미를 인식하는 데 아무런 도움이 되지 못한다. 열 편 혹은 백 편의 영화라도 완벽성이 강한 인상을 주는 수단은 아닌 것이다. 이와 반대로 진부한 작품밖에 없다 하더라도 미의 개념이 사라지는 것은 아니다. 예술가가 지향하는 지평과 구체적으로 완성된 작품 사이에는 어떠한 만남도 있을 수 없다. 결국 플라톤과 릴케는 똑같이 막다른 골목에 이르렀던 것이다. 절대미의 계시는 우리가 도달할 수 없는 것이다. 이렇듯 대부분의 이론가들은 이를 결코 발견할 수 없음을 확신하고 창조자의 방식과 창조자가 추구하는 주의력에 애착을 가졌다. 이론가들은 고통스러운 고행의 성격을 중시하는 발전 방향을 추구하였으며 인간의 이해력에 대한 범주를 명확하게 구분하지는 않았다.

---

3) H. G. 가다머, 앞의 책, 127쪽.

도달할 수 없다는 것은 정의할 수 없다는 것이다. 만일 미가 이상적인 것이라면 이를 묘사하고자 하는 것은 헛된 일이다. 폴 발레리는 부정적인 미를 발견하고자 하였는데 그 이유는 미에 도달할 수 없는 예술가의 회한을 불러일으키려는 것이 아니라 그 용어가 공허하며 윤곽이 없음을 말하려는 것이었다. 사람들은 미를 표현하고 느끼려 하지만 "모든 표현은 이끌어 내고자 하는 것을 재생시킬 수 없으며, 사물-원인의 진실한 속성과 마찬가지로 우리는 무기력한 느낌을 지니고 있다."[4] 그러나 예술가나 대중에게 있어 미는 하나의 요구 사항으로 남는다. 개인적으로 공연을 좋아하는 사람들, 자신들이 좋아하는 영화로 국한시키지 않고 강한 인상을 받았던 영화에 특징을 부여하고자 하는 사람들, 예술품을 판단하는 사람들은 말로 표현할 수 없는 개념을 미의 준거로 삼는다. 우리는 미의 이념이 무엇으로 이루어져 있는지 말할 수 없다. 그럼에도 미의 이념은 예술을 언술로 표현하기 위해 필수적이다. 우리는 미의 이념을 사용함으로써 이 이념이 예상치 않은 순간에 인간적 표현과 부합하리라고 확신한다.

미와 추

우리에게 수수께끼로 남아 있는 미는 미학의 절대적 오브제는 아니다. 추는 주어진 자리가 매우 제한되어 있음에도 불구하고 상당히 폭넓게 미학과 연관되어 왔다. 추의 미학은 특히 오디오비주얼의 경우에 일시적 중지 상태에서 가치를 지니는 진실한 문제이다. 아리스토텔레스는 예술의 규칙에서 혐오감을 일으키는 것을 재현하는 일이 적

---

4) P. 발레리, 《전집 Œuvres》, Paris, Gallimard, Pléiade, 1957-1960, t. I, 374쪽.

법한 것인지 스스로에게 질문을 던진 끝에 그렇다고 생각했다.[5] 그의 관점은 본질적으로 도덕적이다. 악을 잘 묘사하는 것은 습관적으로 피하려는 대중으로 하여금 악을 바라보도록 하여 악을 적나라하게 드러내 보이려는 의도인 것이다. 영화도 자주 이와 동일한 노선을 인용하는데, 특히 파졸리니의 많은 영화들이 그렇다고 생각한다. 파졸리니의 첫 영화 〈걸인〉(1961)의 주인공은 육체만 추한 것이 아니다. 그는 더럽고 비천하고 몰락해 가는 도시 외곽에서 자신을 믿는 사람들을 속이고 여자들을 착취하면서 살아가는 비겁한 자일 뿐 아니라 도둑이기도 하다. 등장인물의 비천함과 불행한 배경은 조명의 섬세한 대립을 통해 유동적이고 조화롭게 축조된 이미지 속에 동화된다. 각색되어 삽입된 바흐의 음악은 가장 어두운 순간을 준비하고 이를 완성하며, 인물들의 비상을 알려 주고, 은총의 병풍처럼 인물들이 가장 악의적인 거짓말 뒤에서 서로를 짓밟거나 긴장을 조성하는 데 이용된다. 파졸리니는 용서할 수 없는 걸인이라는 한 개인 너머로 인간의 운명적인 비극을 개입시킴으로써 경멸과 구토에 반대하는 미학을 동원했던 것이다. 상당히 인상적인 미와 비천함 사이의 이 변증법은 그러나 추의 미학과는 아무런 관계가 없다. 이 변증법은 전혀 다른 것을 추구한다. 그것은 대중으로 하여금 그 최초의 인상으로 되돌아오도록 유도하고 악에 대한 기존의 개념을 재검토하게 하는 것으로 근본적으로 윤리적인 성격을 지니고 있다.

　간단히 심리학적으로 검토한다면 파졸리니 자신이 대중에게 제공하는 추한 세계에 유혹된 것은 아닌지, 더러움에 대한 묘사가 자신에게는 일종의 기쁨은 아니었는지 생각해 볼 필요가 있다. 뮈리엘 가니뱅

---

5) 아리스토텔레스, 《시학 Poétique》, 1448, a.

은 고야의 그림을 참고하고 플라톤을 재차 정독하면서 추가 어떻게 진실한 매력을 발산하는지 보여주고 있다.[6] 만일 미가 역사를 관통하는 영원한 빛이고 완성이라면 미는 삶을 초월하는 것이겠고, 반대로 추는 변화, 시간의 흐름, 진료의 영원한 분해가 될 것이다. 크로체는 미와 추는 분리될 수 없는 한 쌍을 이루며 서로 의지하고 있음을 언급한 바 있다.[7] 인류학적 관점에서 볼 때, 다시 말해 생물학적이 아니라 사회학적으로 인간 존재를 구성하는 지속적인 성격을 고려해 볼 때 미와 추의 이중성은 더욱 분명해진다. 이 이중성은 그 '부정적'인 특징이 일반적으로 다른 것에 비해 덜 강조되긴 했지만 여러 세기 동안 분명하게 표명되어 왔다.

추의 미학은 19세기 말엽부터 발전되기 시작했으나 위의 구성적 대립에 참여한 것은 아니었다. 추의 미학은 미를 무시하든가 무시하는 척했으며, 미를 특별히 중요한 것으로 간주하는 것을 거부하고, 자체적으로 썩 유쾌하지 못한 형태를 정리하는 정도에 머물렀다. 건축·음악·문학은 이에 대한 많은 예를 제공하지만 그 중 가장 깊게 파헤치고 탐구된 것은 회화일 것이다. 반 고흐는 젊었을 때 이미 플랑드르 농부들의 무표정한 회색빛의 얼굴이나 짐을 나를 때 편리한 왜곡된 형태의 검은 신발에 관심을 가졌다. 물론 고흐의 그림에는 호교론적 흔적이 남아 있다. 어쨌든 그는 이같은 쓰레기들을 만들어 내는 사회를 비난하고자 하였다. 고흐 이후 조형 예술가들은 세상의 불쾌한 모습에서 어떤 메시지를 이끌어 내려고 하지 않았다. 파리의 국립현대미술

---

6) M. 가니뱅, 《추함의 매력. 손과 시간 Fascination de la laideur. La main et le temps》, Lausanne, L'Âge d'Homme, 1977.

7) B. 크로체, 《표현 학문으로서 미학 Estetica come scienza dell'espressione》, 《영적 과학의 철학 Filosofia come scienza dello spirito》, 재인용. t. I, pl. 재판, Bari, Laterza, 1905, 88쪽 이하.

관을 장식하고 있는 〈메타피직스〉(1950)라 불리는 뒤뷔페의 한 유화
는 더러운 양탄자나 낡은 리놀륨으로 제작된 듯한 느낌을 준다. 이 작
품은 분명히 머리, 머리칼, 어깨, 팔과 다리로 인간의 실루엣을 흉내
내고 있는데 여성임이 분명하다. 납작하게 짓눌려 있는 이 그림은 등
껍질에 압지가 말라붙은 흔적이 남아 있는 벌레의 비물질성을 지니고
있다. 비록 추상화이지만 그 지표를 살펴보면 분명 화가가 인간 존재
에 대한 관례적인 표상을 생각했다는 것을 금방 알 수 있다. 이 그림은
푸르스름한 뉘앙스와 잘린 선들의 집합으로 이루어져 있다. 한 개인
으로서 그림 속의 여인은 단순히 무서움을 주고 비균형적이며 형태도
왜곡되어 있다. 그러나 취하는 관점에 따라 이 그림에서 어떤 매력을
느낄 수도 있다. 도정, 대조, 상응, 균형, 거친 정지와 예상치 못한 활
성 등이 그것이다. 이 그림에서 미의 그림자라든가 시간의 마멸에 대
한 사유는 나타나지 않는다. 풍자화에 대한 장시간의 고심이 발견될
뿐 그 이상은 아무것도 없는 것이다.

추에 대한 매력은 20세기에 들어와 발전하였는데, 이 매력은 포용
하거나 초월하는 미와 추라는 한 쌍으로 요약되지 않는다. 추의 매력
이 우리 시대의 전형적인 가치(?)를 위협에 빠뜨리는 것은 아닌가 하고
생각해 볼 수도 있다. 문학 연구에 이를 적용[8]한 보러는 이것을 '죽음
의 시대'의 특징으로 보았다. 자연과 역사를 지속적으로 탐구해 볼 때
일상에서 일어나는 추함과 악함의 대립을 피할 수 없는 것으로 보았
던 것이다. 20세기와 추를 향한 매력을 동일화시키는 것은 좀 성급한
면이 있다. 1900년 이래 흉측함에 대한 관심은 적어도 두 가지 양상

---

8) K. H. 보러, 《자연 이후: 정치와 미학에 대하여 *Nach der Natur: Über Politik
und Ästhetik*》, Munich, Hanser, 1989.

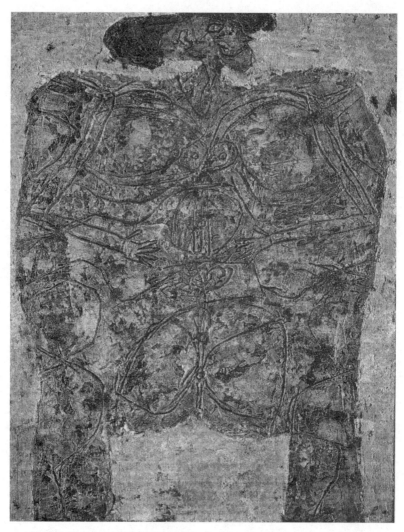

〈메타피직스〉, 장 뒤뷔페의 그림

으로 나타났다. 20세기 초에 추를 선택한 것은 지배적인 예술적 기준
이 매우 넓었기 때문이다. 오랫동안 국고나 메세나를 위해 전통적 형
식주의가 통제하고 있었던 미술품의 공식적 시장은, '고전주의' 규칙

〈폴란드 마을〉

에 복종하기를 거부하며 크게 부자는 아니더라도 독립적이던 아마추어 애호가들에 의해 생겨난 또 다른 시장과 경쟁해야 했다. 그러나 순응주의와 비순응주의는 미의 규준에 복종하는 문제에 있어 편협하게 대립만을 일삼은 것은 아니다. 이들의 갈등은 유럽에서 일어났던 제국주의 정복, 산업의 팽창, 강력한 도시화라는 혼란의 흔적을 지니고 있다.[9] 이와 더불어 발전된 흉측함에 부여된 열정적인 양상은 하나의

---

9) 모드리스 에크슈타인이 제기한 것으로 역사적인 문제를 도입하고 있다. 《봄의 제전. 세계대전과 모더니티의 탄생 *Le Sacre du printemps. La Grande Geurre et la naissance de la modernité*》(Londres, Bantam, 1989, 프랑스어 번역판, Paris, Plon, 1991). 저자는 이 책에서 영국의 순응주의가 독일의 생생한 활기와 지나치게 기계적으로 대립하고 있으며, 유럽이 사회적으로 정치적으로 어떻게 미학적인 불안에 직면하고 있는지를 보여주고 있다.

이름표로 고정시킬 수는 없다. 그 이유는 이 양상이, 미지의 형태를 추구했던 전통적 형식주의에 의해 야기된 신세계에 대한 기대감보다 지나치게 빠르게 전개되는 것을 거절했기 때문이다. 과거적이든 미래적이든 추는 아이러니를 정제하고, 의미를 없애거나 훼손시킨 상태에서 고전적인 처방을 취하였다. 또한 추는 모든 종류의 하모니를 거절함으로써 아카데미와는 달리 이를 뒤집어 구성에 대한 예찬을 파기해 버렸다. 그 후 20세기 후반에 들어서면서 형태의 순수함과 고귀함에 대한 갈등은 전체적으로 현실성을 상실케 했다. 그로부터 추는 미 혹은 무관심과 마찬가지로 융통성 있는 하나의 질료에 지나지 않게 되었으며, 예술가들이 중요하게 생각한 것은 재질에 대한 긴장감이었다. 이렇게 하여 하찮은 것과 불확실한 것이 쓰레기나 찌꺼기 혹은 반대로 엄격하고 조화롭게 부과된 형태들과 어울리게 되었다. 처음 단계에서 추와 미의 상호 보완성은 대립적이었으나 다음 단계에 이르러 이 상호 보완성은 가치 개념의 굴종과 통하게 되었던 것이다.

이 모순적이고 창조적인 진전은 오디오비주얼과 무슨 관계가 있는 것일까? 첫째 이들의 상호 연대기적인 관계가 매우 밀접하다. 미가 열렬히 탐구되던 순간에 나타난 영화(영화 미학)는 예술가들이 미와 추를 경쟁함에 따라 발달하게 되었다. 훗날 텔레비전은 재료에 대해 무관심하게 되었을 때 더욱 비약하게 된다. 오디오비주얼은 전 세기를 통틀어 항상 미를 추구하는 자세였다. 추를 연구했던 연출은 손으로 꼽을 정도이다. 물론 체계적으로 조롱을 하는 경우가 있긴 하다. 예컨대 〈꿀맛〉(1961)에서는 사회를 비난하기 위해 추악함과 늙음을 이용하였는데, 이 비웃음의 방식은 역겨운 소리와 이미지를 예술적으로 추구하는 것이었다. 〈흉칙함, 더러움과 악의〉(1976)에서는 명망 있는 인사들을 비웃는 방식이었다. 전혀 영향을 끼치지 못했던 주변적인 작품들을

〈꿀맛〉

예외로 한다면, 오디오비주얼은 미학적으로 결코 순응주의 캠프를 포
기한 적이 없다. 사람들은 오디오비주얼에 대해 미라는 어휘로 판단하
는 것에서 벗어나지 못했으므로 현재는 그에 대해 왜곡의 정신을 간
직할 수밖에 없을 것이다. 오디오비주얼은 다른 실천 영역이 인식하고
있는 자극적이고 불편한 대위법은 무시해 버렸고, 법적 유효성을 인정
하는 자기 고유의 기준과 거리를 두기는 어려운 일이었다. 추가 존재
하는 곳에서 미는 미학의 목표 구축을 멈추었고, 이에 따라 다른 다
수의 조합이 갑자기 관심을 끌게 되었다. 대형 건물을 고려해 볼 때,
수메르와 이집트 건축에서 보여준 경험과 일련의 규칙의 다양성은 로

마 건축이나 15세기 이후 이탈리아 회화에 대해 대단히 중요한 영향력을 미쳤음을 알 수 있다. 잘 알려지지 않았지만 확실하게 실천된 또 다른 미학이 존재한다는 것인데, 그러므로 오디오비주얼 탐구 영역은 그만큼 확대가 가능하다. 이 문제에 대해서는 미학적 분석이 방향을 잡았을 때 다시 다루기로 하자.

직관, 주이상스(jouissance), 감동

미학이란 미나 추, 장엄함이나 숭고함에 대한 연구가 아니다. 미학을 어떻게 규명할 수 있을까? 이에 대한 출발점으로 미학을 하나의 직관으로 지칭하고자 한다. 직관이란 말은 비난의 여지가 있긴 하다. 직관이란 어휘가 지니는 최소한의 문제점을 대략적으로 살펴보고자 한다. 이것은 필자 혼자만의 생각은 아니고 베네데토 크로체가 오래 전부터 주장했던 것인데 물론 여기서 제안하려는 것과는 의미가 좀 다르다. 크로체는 행동을 유발시키는 인식과, 분명히 감수성에 속해 있으며 표현의 보완물인 직관을 비교하고 있다. 그가 보기에 직관적으로 포착한다는 것은 이해하는 것이고 세상을 향해 열려 있는 것이며 동시에 느꼈던 것을 다시 표현하는 것이다. 결국 이것은 하나의 오브제를 예술적인 목적으로 만들어 내는 것이다. 오브제들 가운데 어떤 것은 전혀 훌륭하지 않은 것일 수 있고, 또 어떤 것은 말 그대로 순수하게 사실적인 뉘앙스를 지닌 것일 수 있다. 두 범주(본다와 만지다인데 사람들은 보는 것보다 만지는 것을 더욱 좋아한다)로 나누어지는 이 뉘앙스는 저급한 것이다. 왜냐하면 본질적인 것은 인간 존재의 특징을 나타내는 직관적이고 표현적인 창조 능력에 있기 때문이다.[10] 감수성이 예민한 한 개인과 '창조자'를 분리시킬 수 없다면 천재성에 대한 전체 개념을 재검토해야 하며 작품을 영감의 결과로 보는 대신 직업과 연관시켜야 한다. 크로체가 보기에 합리적인 효율성을 목적으로 하지 않고 감각을 노출시키고자 하는 것이면 무엇이든 부분적으로는 미학적이다. 이러한 창의력의 관점은 우리가 동의하지 않는 부분이다. 논의가 충분하게 형식을 갖춘 것은 아니지만, 그럼에도 그의 연구는 우리가 연구 방향을 정하는 데 도움이 될 것은 분명하다. 크로체는 사람들이 어떤 방법으로 그림을 그리고 조각을 하고 글을 쓰는지 물음을 던졌고, 인간 존재의 유연적인 상태가 어떤 특별한 경우에 처하게 되면 구체적인 실현으로의 토로를 이끌어 낸다고 생각하였다. 우리는 크로체가 멈춘 그곳에서 다시 출발하고자 한다. 사람들이 작품을 심사숙고하고 작품의 의미화에 고착되어 있지 않으며 작품을 비교나 척도의 체계에 적용시키지 않을 경우, 예외적이고 도발적인 작품을 어떻게 수용할 수 있을까? 미학적 직관은 이처럼 출발점이 명확하다. 그림이나 영화나 방송 프로그램이 실천될 때, 이것들이 전달하는 것, 전달하는 방법과는 무관한 무엇인가가 있다고 생각한다.

인간의 창의성을 증명하는 수많은 작품들 가운데 단지 소수의 작품만이 여러 세대를 거치는 가운데 지속적인 관심의 대상이 되어 왔다. 그 이유는 사람들이 이 작품에 향하는 열망과 기대가 있었기 때문이다. 그렇다면 그 동력은 무엇일까? 우리가 의미적인 메커니즘을 적나라하게 드러낼 때 또는 이해를 하게 되었을 때 기쁨을 느끼는 것과 강한 작품에 의해 실행되는 유혹에 이끌렸을 때 생겨나는 기쁨은 같은 것인가? 사실 기쁨의 개념이란 정말 애매하다. 동일한 모델을 무한정 반복하는 분류화로서의 결과가 전혀 새로운 것이 아님을 확인할 때 커

---

10) B. 크로체, 앞의 책, 11-77쪽.

다란 기쁨이 생겨날 수 있다. 분류가 하나의 순수한 메커니즘으로 귀결되지만 않는다는 조건에서 분류는 자체적으로 반미학적인 것은 아니다. 그러나 이 분류가 제공하는 기쁨은 경우에 따라 두 개의 대립적인 원칙을 야기시킨다. 하나는 지속성에 근거하는 창작이며, 다른 하나는 반대로 무한정 반복한다는 원칙이다. 추를 향하는 영역에서 미학적 이해는 불안감을 동반하는 경우가 있다. 뒤뷔페의 그림에서 나타난 여자와 벌레는 시각적으로 전혀 유쾌하지 않다. 이 그림에서 무엇인가 드러남에 따라 더욱 자세히 관찰하고자 하는 직관적인 호기심은 만족의 기대치와는 전혀 부합하지 않는다. 한스 로베르트 야우스는 여기에서 주이상스를 언급하고 있는데[11] 논쟁거리가 될 수 있는 이 어휘는 매우 적절한 것으로 보인다. 그는 초월, 일종의 과도함, 노력과 이 노력이 포함하는 보상을 암시함으로써 기쁨에 대한 약간은 무미건조한 특징에서 벗어나고 있다. 이들의 차이점을 나타내기 위해 우리가 직접 접근할 수 있는 의미 작용의 용이성 및 작품의 매력과 분명함을 통해 기쁨은 그 자체로 나타난다는 사실을 암시하고자 한다(이것은 심리적 분석이 아니라 그저 전달을 위한 언어적 비교이다). 그럴 때에 직관이란 일종의 유혹이며 작품에 대해 질문하고자 하는 관찰자의 각성이며, 욕구 충족에 쉽사리 이르지는 못하겠지만 개인적이고 진보적인 발견을 위해 준비하고 추구해야 할 불확실한 도정이 된다.

주이상스와 마찬가지로 감동 또한 미학적 경험을 특징짓지는 않는다. 감동이란 어원적으로 최초의 상태에서 벗어난 이동, 즉 일종의 움직임이다. 단순히 '생생하게 인상적인'을 의미하는 형용사 '감동적

---

11) H. R. 야우스, 《수용 미학을 위하여 Pour une esthétique de la réception》, Paris, Gallimard, 1978, 129쪽 이후.

인'은 역동적이던 원래의 의미가 수동적이고 무미건조하게 되어 버렸다. 강한 의미로 이해된 감동에는, 강력한 감각과 동시에 반작용의 필요성이 존재하고 별로 호기심을 주지도 못하며 역동적이지도 않은 주이상스와는 구분되는 흥분적인 측면이 존재한다. 사람들은 불행이나 불확실성, 위험이나 행복, 미나 추 같은 다양한 환경에 감동을 받는다. 화려한 인상이 일종의 설렘을 유발한다는 사실은 부정할 수 없는 것이지만 그것으로는 충분하지가 않다. 다시 말해서 매우 특별한 방법으로 각자에게 인식되는, 지나치게 일반적인 감동이란 어휘로는 열린 정신으로 예술품에 접근하는 사람의 자질을 밝힐 수 없다는 것이다. 이 어휘는 이따금 매우 엄격한 질문을 하도록 한다. 그럼에도 미학적 관심이 전적으로 사변적인 것이 아니라는 것과, 추론 너머의 심오한 정신적 집중을 내포하고 있다는 사실을 상기하기 위해 우리는 이 어휘를 사용하고자 한다. 미학 속에 감동이 있고, 직관을 발견할 가치가 있는 작품 속에 감동이 있으며, 탐구를 위해 작용하는 정신의 도정 속에 감동이 있고, 즉각적으로 감각에 와 닿지 않더라도 결과의 점진적인 인식 속에 감동이 있다. 관찰자가 질문자의 자세로 오브제와 대면할 때 생성되는 이 열망과 기대치의 원리인 감동은, 인식을 위한 노력보다 더욱 지속적인 만족의 상태와 인상인 즐거움을 통해 조화를 이룬다. 우리는 바로 이러한 직관의 이념을 바탕으로 그 본래의 움직임 속에서 미학적 연구를 정의하려는 것이다. 작품은 홀로 자신을 관찰하는 자에게 다가가지 않는다. 물론 작품은 감동과 주이상스를 불러일으키지만 미학적 순간은 오로지 관찰자가 던지는 탐색에 의해서만 시작된다. 미학적 순간은 자발적인 태도에서 생겨나기보다는 의미화의 탐구나 분석적 접근의 태도에서 생겨난다고 할 수 있다.

자유로운 시선

예술품은 미학적 열림의 원동력이 아니다. 예술품은 텍스트 이전의 텍스트, 즉 바라보는 자의 직관이 집중된 기존에 설정된 텍스트이다. 시선(혹은 청각)은 자극을 주는 독립적이고 외적인 모습에 집착한다. 오로지 인간적인 창조만이 이러한 매력을 발산하며 이러한 창조는 정신을 통해 이루어진 것이므로 자연미보다 절대적으로 상위에 있다고 헤겔은 생각했다.[12] 헤겔에 의해 이루어진 이러한 분리는 지속되어 많은 사람들은 자연의 강렬한 경탄을 인정하면서도 미학의 개념을 예술품에 대한 이해로 한정시켰다. 오디오비주얼이 감각적인 세계와 유지하고 있는 관계는 헤겔이 제안한 분리를 검토하지 않은 채 이를 인정하거나 거부하기에는 지나치게 가까운 면이 있다.

자연 경관과 예술품 사이의 차이점은 상당한 것으로 보인다.[13] 그림은 프레임을 지니고 있으며 소나타나 영화는 시간적인 길이가 있다. 그러나 풍경이나 물에 비친 태양의 반짝임은 아무것에도 제한을 받지 않는다. 거리감을 줄인 건축술이 생겨난 이래 축조된 베네치아도 호수나 숲이 여러 무수한 형태들이 어떠한 형태를 분명하게 제시하는 것에는 미치지 못한다. 관찰자는 어디서든 쉽게 이들에 대한 기준을 만들어 내는데, 그 이유는 이들 역시 근본적으로 인간적인 기초와 관계하기 때문이다. 오랫동안 우리를 둘러싸고 있는 자연은 다시 만들어졌고 아마존이나 사하라 사막과 같은 유명한 야생의 장소들도 재정비

---

12) 헤겔, 앞의 책, XIII, 14-15; *Tr. J.*,I, 10.

13) 자연미와 예술미 사이의 차이점에 대해서는 M. 뒤프렌의 《미학과 철학 *Esthétique et Philosophie*》, Paris, Klincksieck, 1967, 39-40쪽.

되었다.[14] 리터[15]의 정확한 분석에 의하면 헤겔은 과거의 전통에 사로 잡혀 있는 셈이다. 즉 고대 이전까지는 잘 알려지지 않아 횡단이 어려 웠던 주거 밀집 지역을 분할하는 공간을 적대적으로 생각했으며, 도시 는 숲과 산이 경계를 지었던 정신을 정복하는 것을 의미하였다.

헤겔은 이를 이해하지 못했지만 미에 대한 인식과 자연에 대한 객 관적인 감탄으로의 미학이 동시에 발전을 이루었다. 미에 대한 인식과 자연에 대한 감탄은 정복의 두 측면이었던 것이다. 시인 페트라르카[16] 가 방투 지방에서 자신의 상승을 언급한 편지에 대해, 야우스는 이 시인이 우리의 감각으로 볼 때 미학적인 감동을 표현하거나 맛보기를 거절했다고 지적하고 있다. 만일 그가 산을 예찬한 것이라면 신의 창 조의 완벽함에 대한 증인이 되는 것이고 신과 즉각적으로 관계를 맺지 않는 모든 감각, 일종의 순수한 응시를 금하는 것이 된다는 것이다.[17] 그리하여 루소의 출현을 위해 4세기를 더 기다려야 했다. 루소는 이렇 게 말하고 있다. "지상은 인간의 눈과 마음이 전혀 싫증나지 않는 유 일한 경관을 제공한다"(《고독한 산책자의 몽상》의 제6장).

자연 경관에 대한 관심은 오랜 수습 기간을 거쳐 발전하였다. 18세 기 알프스를 방문했던 영국인들은 과거의 여행 이야기를 잘 간직하고

---

14) Ph. 블랑시망시, 《풍경의 건설자 Bâtisseurs de paysages》, Paris, Éd. Maison des Sciences de l'Homme, 1990.

15) J. 리터, 〈현대 사회에서 미학의 기능에 대하여 Zur Funktion des Ästhetischen in der modernen Gesellschaft〉, 《베스트 지역 판매 촉진을 위한 사회적 글쓰기 Schriften des Gesellschaft zur Förderung der Westf). Un., Münster, 1963, 24-27.

16) Francesco Petrarca(1304-1374): 이탈리아 시인. 사랑하는 여인 라우라에 대한 사랑을 읊은 《마돈나 라우라의 삶에 부치는 시》《마돈나 라우라의 죽음에 부치는 시》는 A. 단테의 《신곡》과 더불어 14세기 최고 걸작시로 평가받고 있다.〔역주〕

17) H. R. 야우스, 《미적 경험과 문학적 해석 Ästhetische Erfahrung und literarische Hermeneutik》, II, Francfort amMain, Suhrkampf, 1982, 140쪽 이후.

있었다. 그것은 일종의 사려 깊은 작은 가이드로서 그럴 만한 가치가 있는 것은 감탄하고 동시에 아무런 결점이 없음을 확인하기 위한 것이었다. 이런 식으로 영국인들은 얼음산과 '숭고한' 계곡과 '무서운' 봉우리를 바라보면서 수세기 동안 순례자나 관광객들이 도시나 사원이나 성당을 발견했을 때 취했던 행동을 따라 했다. 리터가 다시 강조한 것처럼, 18세기 말에 이르러 호기심을 지닌 사람들은 설명적인 원리를 통해 그 기쁨을 정당화할 필요성을 점점 상실해 갔다. 이들은 자신의 감각과 눈으로 본 것으로 설정된(이들은 책에 나타난 모델을 따랐다) 조화로움을 즐겼다. 이들은 감각의 세계를 사회적 산물과 동등한 높이로 세웠던 것이다.

자연적이든 인공이든 미에 대한 새로운 관계는 몇 년 만에 이루어진 것이 아니다. 18세기 많은 화가들에게 있어 풍경은 일종의 외형이었으며 그 안에서 인간의 행동을 그려냈다. 나무들과 하늘은 화폭의 가장자리를 두드러지게 했고 후경을 보강했다. 이것들은 미술 애호가들의 눈에는 직접 드러나지 않는 것들이다. 이와는 달리 19세기에 이르러 자연의 표상이 폭넓은 자리를 차지했다고 말하는 것은 지나친 단순화이다. 영국 같은 나라에서는 공간의 활용이 대략 완성된 상태였고, 화가들이 제안한 이미지 및 구매자의 다양한 요구와 풍경에 대한 조정 사이에 긴밀한 관계가 형성되었다. 여기서 풍경이란 자체적으로 토지를 매입하여 울타리로 둘러치기를 원했던 **주지들**의 계산에 종속되어 있는 풍경을 말한다. 해안이든 언덕이든 평원이든 경사면이든 그림의 주제가 된 전체 남동쪽에서 소떼와 울타리와 건초 더미의 목장을 볼 수 있었고 이들은 멀리 황원과 안개의 지평과 대조를 이루었다. 물론 화실이나 그림 판매장이나 그림 상인들에게 있어 미학적 다양성은 감정적인 것이다. 그러나 이 미학적 다양성은 사회의 긍정적인 명제를 이루기도 한다. 도상적 주제와 색과 형태와 선으로 이루어지는 풍경화는 개인적 감정이면서 또한 사회적인 개발 전략이었던 것이다.[18]

영화가 탄생하기 전에 시작된 이러한 변형은 우리가 미학을 이해하는 데 도움을 준다. 어떤 오브제나 공연의 잠재성을 포착할 수 있는 능력이나 유연성으로의 직관은 **선험적으로** 경계 긋기를 인식하지 못한

---

18) Ch. 헤밍, 《영국 풍경화가 *British Landscape Painters*》, Londres, Gollancz, 1989. 또한 S. 푸그의 저서 《정원-자연-언어 *Garden-Nature-Language*》에서 자연을 재구성한 영국 정원에 대한 분석을 발견할 수 있다. Manchester University Press, 1988. 동시대에 미술과 풍경 사이의 관계에 관한 연구서는 다음과 같다. 《풍경화 읽기 *Reading Landscape*》, 《시골-도시-수도 *Country-City-Capital*》, Manchester University Press, 1990. 프랑스에서는 좀 늦게 일어난 풍경에 대한 인식 변화는 N. 그린에 의해 발전되었다. 《자연의 장경. 19세기 프랑스 부르주아 문화와 풍경화 *The Spectacle of Nature. Landscape and bourgeois culture in nineteenth-century France*》, Manchester University Press, 1990.

다. 사물들이 제공하는 모습과 감각적인 외현에 이끌리는 자에게 계곡은 데생, 조상(彫像)이나 꽃만큼이나 암시적이며 선정적인 것일 수 있다. 우리가 특별히 문화적 제품의 형태, 예컨대 영화를 연구할 경우, 만일 자의적이고 임의적인 방법으로 선택을 더욱 좁힌다면 시선에 의해 경직되는 일은 없을 것이며, 단호하게 제한되고 내포된 형태로서 예술품은 외적 세계로 열려진 공간과 다양한 재현을 위해 유연한 상태로 남게 될 것이다. 콘크리트와 고속도로에 의해 침입당한 우리의 세계는 더 이상 자연스러운 것이 아니라고 사람들은 말한다. 인위적인 공간은 본래 자연스럽지 않은 것이므로 자연스럽다는 말은 썩 중요하지 않다. 사람들이 자연스럽다는 단어를 사용하면서 뜻하는 것은 산업화의 무게가 우리에게 접근 가능한 공연과 장소에 영향을 끼친다는 것이다. 우리는 반세기 동안 응시해 왔던 것을 이제는 보지도 않고 감탄하지도 않는다. 이렇게 도시화, 빠르기, 기계가 가져온 모든 모순적인 것들로 우리가 미학적 행위를 연출하고자 한다면 이제부터 미학적 행위는 지리적으로나 경제적으로 예술미와 자연미 사이에서 조건 지어진 과거의 근본적인 분할을 무시하게 될 것이다.

이 사실은 특히 텔레비전이나 영화에서 분명하게 나타난다. 사진사들은 사진을 찍을 때 오랫동안 후경을 완전히 중성으로 하였고, 영화도 초반에 몇몇 감독들은 사진의 예를 따라 등장인물의 후경을 중성적인 것으로 하였다. 멜리에스는 관객들이 정신을 분산시키지 않으면서 스크린의 중심에서 이루어지고 있는 일들을 잘 인식할 수 있도록 후경을 회색으로 사용할 것을 권하였으며, 오늘날에도 여전히 빛을 흡수하는 매우 강한 블루 톤으로 텔레비전 스튜디오의 내벽을 장식함으로써 인터뷰하는 인물을 강조하고 있다. 그럼에도 대부분 오디오비주얼 제품은 소위 무대장치를 후경으로 한다. 무대장치가 주인공을 규

명하거나 분위기 파악을 위해 줄거리에 개입하는 경우를 빼고는 시청자들은 이 장치의 틀을 주목하지 않는다. 그렇긴 하지만 시청자들은 우연하게 무대장치가 자연스러운지 인공적인지 신경을 쓴 것인지 간단하게 한 것인지 파악을 하기도 한다. 무대장치에 대해 약간만 주의를 기울인다면 그때부터 이 무대장치가 연출가에게 제공하는 의미심장한 기호 체계의 다양한 범위를 이해하게 된다. 바로 이러한 것이 우리가 스크린에서 자주 접하는 일상적인 열림이다. 배가 강을 거슬러 올라가고 카메라는 배를 따라 파노라마를 촬영한다. 그러다 갑자기 카메라가 살짝 경로를 이탈하여 배를 떠나 언덕을 오르거나 나무나 오솔길에 멈춘다. 빛이 계곡의 깊은 골짜기로부터 스며 나온다. 이야기에서 벗어나는 이러한 정지는 시청자에게 보내는 신호이다. 이렇듯 노출되어 볼만한 가치가 있는 것으로부터 시청자들은 부분적으로 암시적인 성격을 끌어온다. 풍경, 꽃이나 바위나 구름과 같은 기본 요소들, 동물들이 줄거리나 주인공과 아무런 관계도 형성하지 않을 때 이것은 영화인과 관객 사이에서 일종의 공모를 형성하는 것이 된다. 이것은 '자연'에 대한 공통적인 매력을 발산하며 그 특징은 영화감독과 관객이 공유하는 지식을 암시하는 문화적 형태의 준거 전체가 적용된다. 자연 경관의 특별한 성격은 이들이 식별(자동차 종, 의상, 공공 건물을 식별할 때가 이 경우이다)과 관계를 맺기보다는 인상이나 감정의 토로와 관계가 있다. 영화에 담긴 경관을 바라볼 때 보이는 반응은 경관 자체 앞에서 보이는 반응과 차이가 없다. 재현된 것과 직접 관찰한 것은 피차 영향을 미치며 서로를 보완한다. 우리 가운데 많은 사람들이 그랜드 캐니언이나 툰드라, 스코틀랜드 고지방이나 태평양을 알게 된 것은 오디오비주얼을 통해서였다. 우리가 바로 그 자리에서 받아들이는 것은 우리가 기다리는 것, 사진을 찍거나 영화로 만든 것, 말하자면 우리가 좋아하는 것을 이미지로 잡아내거나 재생시키는 것을 재발견하기를 바라기 때문이다. 텔레비전이나 광고를 비난하기 위해 이러한 것들을 구실로 삼는다는 것은 우스꽝스러운 일이다. 아무튼 18세기의 여행객들은 우리와 동일한 반사적 행동을 지니고 있었으며 그만큼 여러 세기 동안 '자연스러운' 자연과 재현된 자연에 대한 습득은 세계에 대한 동일한 열림의 보완적인 두 측면이었던 것이다.

그러나 그림은 19세기 이후 오디오비주얼 제품이 보여준 것 같은 심도 있는 비전을 제시하지는 못했다. 그림은 특별한 재능이 요구되었고 값이 비쌌기 때문에 희귀한 것으로 인식되었다. 그림은 **지주들**에게는 광대한 지평을, 도매상인에게는 정원이 딸린 전원주택을 제안함으로써, 부유한 손님들의 탐구 영역을 정의하고 인식에 대해 일정한 방향을 제시하였다. 오디오비주얼 시대에 들어와 두 시선의 상호 작용은 매우 강화되었다. 물론 이 두 시선은 서로를 혼동하지 않는다. 비정상적인 경우를 제외하고 관람객은 풍경과 재현을 분리시키는 거리를 완벽하게 이해하며 미학적인 직관이 깨어나는 순간 풍경과 재현 서로에게 동등한 주의를 기울인다.

2. 판단

기준 없는 판단

주의력이 있고 열려 있는 직관은 아직 작품과 대면하지 않았을 때 유연성을 보이다가, 참여를 하게 되면서 더욱 많은 것을 암시한다. 참여란 개인적인 재구상으로 귀결되는 비평적 만남이다. 이에 대한 양상은 다양하다. 영화에서 패러디를 하거나 **리메이크**하거나 총보를 묘사하는 경우가 그것이다. 하지만 이에 대해서는 논란의 여지가 많아 다음으로 미루고자 한다. 여하튼 참여는 판단이 개입된 것으로 이 판단을 통해 즉각적이고 단순한 동의를 넘어 관찰자가 작품 속에서 미학적 형태의 평가를 표명하는 것이다.

한 오브제를 그 구조나 사용 목적에 따라 정의내리는 것은 사물을 형태나 이미 증명된 용법에 대해 과거에 설정된 개념에 의거한 인식 작용이다. 때문에 조류에 관한 텔레비전 프로그램을, 다른 동물을 다룬 방송과 비교하거나 대중적인 관점에서 바라보거나 대중이 이해할 수 있는지 생각하면서 평가할 수 있다. 여기서 적용된 기준은 일반적으로 수용된 전시회의 규칙과 마찬가지로 한 시대의 주어진 환경에서 원칙적으로 인정된 인식의 차원과 관계를 맺는다.

만약 어떤 경우 미학적 판단이 '순수하다'고 가정할지라도 이 판단이 뿌리내림을 내포하고 있는 것은 아니다. 미학적 판단은 진행 중인 실천에 의해 설정되는 것이 아니라 우선은 판단하는 자의 역동적인 인상에 의거한다. 물론 상황이 투명한 것은 아니며, 동의를 이끌어 내는 오브제가 특별한 것도 아니다. 우리는 이 오브제를 다른 오브제들과의 인접성(여러 종류의 연출을 생각나게 하는 것으로, 자주 가는 극장이나 텔레비전 골든아워 시간에 보는 일본 영화의 경우이다)에 따라 자동적으로 여러 경우의 수로 분류할 수 있으며, 다른 사람들이 이해할 수 있는 어휘로 우리의 의견을 표명(비록 큰 소리로 표현하지 않더라도)할 수 있다. 이는 한편으로 사회적인 결정에 의거하는 것이며, 다른 한편으로 우리의 표현은 언어적 조정을 거치게 될 것이다. 하지만 바로 이 순간 상대적으로 인위적인 방법을 통해 우리는 관객의 개인적인 반응을 고립시킨다. 우리가 참여하고 있는 공연을 예로 들자면 우리는 공연의 연출에 대해, 또 이 공연이 보여준 결과에 대해, 그리고 개성을 지닌 그 특유의 미묘한 인상에 대해 언급할 것이다. 이것은 일반적인 혼동과는 다른 것이다. 폭넓게 볼 때 우리의 판단은 지식과 관계가 있고 애초에 정의된 규칙에 근거하며 비교를 통해 발전한다. 우리는 하나 혹은 여럿의 카테고리로 정리된 다른 오브제들을 통해 한 오브제를 평가한다. 따라서 예술품은 바스크 지방의 민속 경기인 펠로타처럼 공이 벽에 부딪쳐 방향 전환을 하는 표면 구실을 하며, 이 주고받음은 어떤 작품과 이를 측정하기 위한 연출이나 복합적인 사실들 사이에서 창출된다. 우리가 동물 영화의 특징을 열거할 때 이 특별한 연출이 이미 축조된 시리즈와 어떻게 통합되는지, 아니면 반대로 어떻게 벗어나는지 제시하면서 '장르'의 적절한 특징을 정의내릴 수 있을 것이다. 우리는 이미 소논문을 통해 영화가 '언급하고자' 하는 것, 영화를 '분류하고,' 특별하게 하는 것이 무엇인지 정리한 바 있다. 동시에 우리는 자신에 대해서도 언급하였다. 즉 우리가 영화를 통해 충격을 받고 당황한다는 사실은 다른 사람들이 우리를 바라보도록 자극한다는 것이고, 관객의 감수성을 결집시키는 어떤 특징들을 하나의 집합으로 명확하게 한다는 것이다. 일련의 왕복으로 구축된 평가는 필연적으로 반성적이며 그 자리 이동으로 풍부해진다. 그리고 만일 이 평가가 엄격하게 이루어질 수 있다면 이 평가는 구속적인 것이 되고 상당한 결론을 도출하게 될 것이다. 개인적인 지식이나 확신과 관련이 있는 판단은 대상이 되는 오브제를 통합하는 하나의 관계를 구축하기 위해 이미 알려진 사실로부터 출발한다.

그런데 우리는 미학적 직관을 일깨우는 예술품을 무엇과 비교할 수 있을까? 충격을 주는 첫번째 사실은 영화의 내용이 그 사용 목적처럼 이 관점에서는 거의 흥미를 끌지 못한다는 점이다. 여기에서는 바다라는 공간이나 빠르기가 별로 중요하지 않으며, 극점에서 여름에 나타나는 냉혹한 빛이나 아마존 강의 강렬한 색채도 큰 자극이 되지 않는다. 우리의 눈을 끄는 것은 영화가 약속하는 새로운 지평이나 열림에 관한 것이 아니다. 여기에서 방법이나 근거에 대한 선언은 없다. 유혹은 우리의 시선을 끄는 독창성이나 중요성을 강조함으로써 생기는 것도 아니요, 정보의 빈틈을 비판하면서 일어나는 것도 아니다. 지식의 영토를 떠난다 하더라도 그 영역이 더욱 분명해지는 것은 아니다. 지식의 범주가 아닌 미나 정의되지 않는 미에 의거하지 않으며, 예술적으로 강력한 작품에 의거하지도 않는다. 그 이유는 미에 대한 항구적인 개념이 부재하기 때문이며, 상호 관계 속에서 제품을 분류하기 위해 이들을 비교할 수는 없기 때문이다. 그렇다면 우리는 우리 감정의 측면을 통과시켜야 하는 것인가? 감정을 표면화시키는 것은 우리가 포착한 작품의 특징이 아닌 우리 자신을 언급하는 것이 된다. 비록 우리가 막다른 골목에 다다른다 하더라도 이 사실을 인정하지 않을 수 없다. 미학적 판단은 이 판단과 관계가 있는 작품뿐 아니라 다른 작품이나 세상과의 관계나 우리 자신을 이해하는 데 전혀 도움이 되지 못한다. 미학적 판단은 정의된 규칙에 근거하지 않는 판단이기 때문이다. 이해를 통해 개진된 개념이나 다양한 것을 재구성하여 연결시키거나 규칙성을 밝히는 개념은 어떠한 것도 미학적 판단의 근거가 될 수 없다. 그렇다면 미학적 판단이 완전히 주관적인 것이라고 말할 수 있을까? 주관성의 이념은 프랑스어로 개인적인 환상과 순수한 인상주의를 상기시킨다. 신중하게 조언하고 싶은 것은 지나치게 의미론적인 어휘를 피하자는 것이다. 또한 미학적 판단이 유일하게 정당성을 갖기 위해서는 그 전개 방식에 있어 엄격성과 일관성을 지니는 개인적인 평가를 전적인 토대로 하고 있음을 언급하고자 한다.

'끝없는 합목적성'

언뜻 생각하기에 이러한 결론은 각자에게 기쁨을 주는 것이 아름다운 것이라는 상식적인 직관으로 귀결된다. 취미란 아주 다양하고 경우에 따라 매우 이상한 것이기 때문에 이들 표현은 전적으로 상대적이다. 따라서 미학은 하나의 경향과 관계가 있으며 심각하게 이루어진 탐구는 이에 동참할 수 없다.

200여 년 전[19] 칸트가 최초로 대면한 실질적인 어려움이 바로 이 문제였다. 칸트가 연구한 콘텍스트는 우리의 개념과는 상당히 차이를 보이고 있다. 학문적인 어휘로 진입한 지 얼마 되지 않는 미학적 개념에

---

19) 칸트, 《판단력 비판 *Kritik der Urteilskraft*》(1790). 세 버전의 프랑스어 번역이 있는데 다 흥미롭다. 여기서는 A. 필로넹코의 번역을 사용하였다. 《판단력 비판 *Critique de la faculté de juger*》, Paris, Vrin, 1965.

대해 칸트는 미래가 없다고 생각했다. 왜냐하면 한편으로 신앙인은 창
조주에게 이끌리는 피조물로서 하나님의 영광 이외에 다른 것은 바라
보기를 원하지 않기 때문이며, 다른 한편으로 그 시대의 다른 인간들,
예컨대 루소 같은 경우 개인적인 감수성만을 신뢰한다고 보았기 때문
이다. 칸트는 신성에서 출발하여 신성으로 되돌아오는 신앙인은 과거
나 미래나 전혀 사유할 수 없는 예술품을 바라보는 고통을 감수하면
서 원처럼 순환한다고 생각했다. 개인적인 감수성을 신뢰하는 후자의
경우 이성적 사유가 좀 더 팽팽하게 긴장되어 있다. 수용 가능한 유일
한 기준이란 관찰자가 느끼는 만족감이라는 사실을 언급한 것은 개인
적인 기쁨이 규칙이 된다는 것을 확인하는 것이다. 이 경우 각자는 자
신에 대해 언급하는 것이 되며 본인이 동의하는 것만을 고려하게 되고
결국 예술품을 바라보는 것을 회피하는 것이 될 것이다.

그런데 칸트는 보편적으로 인정될 수 있는 미학적 판단의 이론적 근
거를 세우고자 하였다. 이 점을 살펴보면 다음과 같다. 그는 예술보다
는 그 고유의 반성적 방식의 추구에 더욱 관심을 가졌던 것이다. 그는
이미 개념 설정과 연결되어 있는 인식과 선의 분명한 특징에 근거하는
도덕을 명확하게 하고자 하였다. 칸트가 제시한 두 경우에 있어 정신
은 분명한 쪽으로 기울 것이다. 그렇다면 전체가 진실이면서 구속적이
거나 의무적이지 않은 판단을 위한 자리는 어디인가? 해결책은 미를
중하게 여기는 데 있다. 이 영역에서 칸트는 우리보다 관심이 많지는
않다는 것을 인정해야 한다. 헤겔이 그랬던 것처럼 그 역시 미의 본질
을 추구하지 않았다. 그는 방법론적 단단함으로 여전히 남아 있는 이
러한 간격은 경우에 따라 무슨 이유로 예술의 물질성이 그에게서 회피
하는 것처럼 보이는지 그 이유를 설명해 준다.

모든 것이 이런 식이다. 칸트는 전제에 대한 필연적 조건들에 대해

질문을 던지고 미리 상정을 하였지만 논의로 증명하지는 않았다. 지식적인 판단으로부터 다시 출발해 보자. 즉 판단이란 개념의 기본으로써 이해력으로 직조된 도구를 지니고 있으며 이 도구를 통해 산재된 특징들을 한 단위로 재집결시키고 있다. 지리적 다큐멘터리와 생물적 다큐멘터리는 구분이 되는 것이지만 다양한 프로그램 앞에서 다시 하나가 되는 식이다. 따라서 평가라는 것은 주어진 영화나 방송에 어떠한 특징이 존재하는지 확인하는 것이며, 또 이들이 그 해당 계층에 어떻게 동화되는가를 확인하는 것이다. 이 개념이, 존재하지 않는 미에 적용된다면 이 작용은 배제될 것이다. 그러나 누구나 미는 존재하는 것으로 간주한다. 개념을 세운다는 것은 결국은 그 필연성에 대한 보편적 합의일 뿐이다. 지식에 의해 생성된 것과는 달리 우리가 규정하는 (경험에 의거한 것이 아니라 비교를 통한) 단 하나의 기준은 **선험적으로** 선언된 판단이다. 만일 우리가 미에 의거할 수 있다면 오브제의 미학적 특성을 주관적으로 선언하는 것이 가능할 것이다. "미의 원형은 단순한 이념이므로 각자는 스스로 이를 만들어 내야 하며 이 이념에 따라 취미에 맞는 전체 오브제를 판단해야 한다."[20] 이렇듯 미의 개념은 개념으로 구성되는 것이 아니라 비결정적인 이념에 근거한다. 미의 개념은 각자 지니는 표상을 통해서만 도달이 가능하지만 유쾌한 인상이나 충동이 아닌 이성의 노력과 부합한다.

미의 이념이 적어도 담론 속에서 보통은 분열되어 있다는 사실, 또 미의 이념이 단순한 동의와는 다르다는 사실이 진실로 커다란 어려움을 야기시키는 것은 아니다. 그러나 각자가 미의 특이한 개념을 가지고 있지 않다는 것을 어떻게 확신할 수 있을까? 이것은 취미가 기질과

---

20) 칸트, 앞의 책, 73쪽.

관련이 있다는 확신은 아닌가? 이런 문제와 충돌하면서 칸트는 미를 주목하였다.

　(감정이나 개념이 없는) 판단 속에서 기쁨을 주는 것은 무엇인지, 일반 지식의 관점에서 오브제에 대한 고려가 보편적인 규칙을 소유하는지, 각자의 만족이 다른 전체 규칙으로 선언될 수 있는지, 이를 설명하기 위해서는 판단 능력 일반을 통한 오브제 형태의 경험적 표상의 주관적인 목적을 표현해야 하며, **독특한** 판단으로 **보편적인** 가치를 드러내야 한다(《판단력 비판》, Paris, Vrin, 1965, 116쪽).

　텍스트는 분명하지 않다. 텍스트는 가끔은 초심자를 불안하게 하는 엄격한 특징이 있다. 칸트는 질문한다. 나의 특이한 비전의 결과인 내 개인적인 인상이 어떻게 일반적인 효력을 띨 수 있을까? 인간 전체가 공유하는 판단 능력을 실행시키기 때문인가? 만일 경우가 그렇다면 나의 개인적이고 유일한 인상과 비교가 근거하는 미학적 판단은 외부에 의해 설정된 기준에 근거하는 판단과 보편적인 수용이 가능하게 될 것이다.

　인간은 무엇에 대해 동의를 할까? 먼저 판단의 언술에 근거하고 다음으로 우주의 인식을 확산시키기 위해 사용되어, 판단으로 귀결된 표상의 정의에 근거할까? 정신은 이 일련의 작용 속에서 동일한 방법으로 실천을 할 것이다. 그렇지 않다면 인간은 어떤 결론에 도달할 수 있는 적합성이 아닌 가능성에 대해 결코 합의점에 이를 수 없을 것이기 때문이다. 흥미도 유발시키지 않고 즐거움도 주지 않는 예술품의 경우 이에 작용하는 것은 인식 능력이다. 여기에서 보편적인 사실은 누구나 시도할 수 있는 방식이 있다는 것이며, 인식을 가능케 하는 두 능력, 즉 상상력과 이해력을 실행시켜 편견이나 선험적 개념 없이 작품을 바라보는 방식이 있다는 것이다. 오브제의 이념을 제안하기 전에 그 형태가 인식 능력과 일치(조화라고도 할 수 있다)할 수 있도록 이를 즉각적으로 이해하고 포착하는 것이 관건이다.

예술품에 대한 일련의 유쾌한 다양성 이외에 미학을 유일하게 포착하게 하는 것이 무엇인지 칸트의 단호한 확신은 다음과 같다. "개념 없이 보편적으로 기쁨을 주는 것이 아름다운 것이다."[21] 이 인용문에서 우리는 응축된 형태로 작품을 처음 접할 때 우리가 직관에 대해 언급했던 것을 다시 발견할 수 있는데, 여기에 칸트는 일반적 찬성이라는 확실한 것을 첨가하고 있다. 이에 대해서는 보편성의 문제를 생각해 볼 수 있겠으나, 그러나 이로부터 직관이 자발적으로 실행되는 것인지 혹은 독특한 모든 작품이 구성하는 자극에 대한 반응인지 생각해 볼 수 있을 것이다. 칸트는 이 주제에 대해서는 언급하지 않고 있다. 그는 사람들이 자신의 텍스트에서 일종의 함축적인 의지론을 지각하지 못하도록, 주체가 경험한 감정의 결정적인 힘과 개인적인 주도권에 대해 지나치게 강조하고 있다. 말하자면 미란 이를 느끼기를 바라는 자가 추구하는 것이라는 말이다.

여기에서 칸트는 심사숙고를 요하는 수수께끼 같은 형식을 취한다. 그는 미를 '목적 없는 합목적성'이라고 말하고 있다. 목적, 말하자면 목표물의 부재는 과거에 개시된 추론으로부터 생겨난다. 사회적 활동은 유효성이나 성공이라는 목적을 지닌다. 그런데 분명한 것은 미는 아무것에도 소용되지 못하며, 구제나 교육이나 도시 계획이 갖는 어떠한 타이틀의 기능도 지니지 않는다는 것이다. 또한 분명한 것은 미

---

21) 같은 책, 62쪽.

는 어느 곳을 향하지도 않으며 어떤 특별한 표현도 자체로써 미를 실현시키지 못한다는 것이다. 그럼에도 작품 속에는 무엇인가 작용하고 있으며 그런 까닭에 합목적성이 있다는 것이다. 정신이 스케치를 하는 도정에서, 정신은 전체를 실현시키기 위해서는 부분적인 협력이 필요하다는 것을 깨닫는다. 또한 정신은 작품의 구성과 판단 능력 사이의 합일, 즉 미학을 인식하는 커다란 기쁨도 누릴 수 있다. 관찰자가 작품의 하모니를 스스로 표상하는 방식은 의사소통이 가능한 것보다 훨씬 커다란 만족감의 근원이 된다.

판단과 참여

이러한 방법의 힘은 대부분 우리의 습관과 연계되어 있다. 우리는 어떤 방송 프로그램의 시적 특징에서 즐거움을 얻을 수 있으며, 엄중한 문제 분석에서 주체성과 공리주의의 문제에 빠질 수도 있다. 이러한 것들이 분명 합법적인 것이긴 하지만 우리가 미학을 고려하지 않을 경우 이것들은 대략 우리를 미학과 분리시킬 것이다. 마찬가지로 이념과 그 표현을 구성하는 '형태와 근원 사이의 일치'에 대한 일반적인 표현은 지금 우리가 생각하는 미학적 관점에서는 인정하기 힘들어 보인다. 이념. 표현이 작품의 목표는 아니기 때문이다. 칸트는 이러한 생각에 대해 거의 강박관념을 가지고 있었다.

자체로써 고려된 미학적 판단은 사물을 인식하기 위한 아무런 작용도 하지 않는다…. 표상에 있어 주관적인 요인은 인식의 부분이 될 수 없다…. 나는 오브제에 대해 아무것도 알지 못한다…. 미학적 판단은 오브제의 개념에 아무런 근거가 되지 못하며 어떠한 개념도 생산해 내지 못한다…. 그 양식에서 유일한 미학적 판단은 오브제를 인식하는 데 전혀 도움이 되지 못한다…. 미학적 판단은 주체를 오브제가 주어진 표상과 연관시키는 것일 뿐이므로, 미학적 판단은 오브제의 아무런 속성도 파악할 수 없다(앞의 책, 19, 36, 37, 70쪽).

이러한 주장은 미학적 이해를 문화적 산물 분석, 특히 텍스트 연구 분석과 거리를 두기 위해서는 꼭 필요한 것이었다. 영화를 연구할 때 보통은 오디오비주얼 언어의 근본적인 규칙을 규명하기 위해, 또 영화 의미의 생산 방식을 결정하기 위해 정신분석학·사회학·언어학으로 다져진 개념을 적용하게 될 것이다. 그러므로 영화 연구는 영화의 양상 전개나 그 연출의 전개를 목표로 하며 이것이 잘 운용되었을 때 차후 다른 영화에도 적용이 가능하다. 영화 연구는 객관적이고자 노력한다. 일반성에서 벗어나고 증명이 불가능한 주관적인 미학적 연구가 인간 전체의 공통적인 판단 능력을 지닌 개인적 실행에 의거하는 반면 영화 연구는 인식의 영역을 확산시키기 위해 개념에서 오브제로 나아간다.

아마도 칸트는 인식 일반의 토대를 탐색하고자 했기 때문에 미학적 연구가 아닌 다른 부분을 지나치게 강조한 것으로 보인다. 하지만 그의 저서 저변에는 능동적 참여에 대한 거대한 선들이 그려져 있음을 알 수 있다. 평심을 유지하면서 오브제의 특징을 묘사하는 인식론적 태도와는 달리 직관은 개개 작품의 다양성을 펼쳐 보인다. 직관은 상상력이다. 이것이 의미하는 바는 직관은 다른 언어로는 표현이 되지 않는다는 것이다. 그렇지만 직관은 다른 언어를 구축하기 위해 오브제를 취한다. 직관은 예술품을 재창조하면서 이의 특징과 한계에 순응한다. 이 여정이 새로운 스케치가 되는 바로 그 지점에서 직관은 드러나며, 정신은 이 발견물 속에 완전하게 침잠할 것이다. 지각에 있어 즐거움의 근원인 유쾌한 인상, 색, 소리 또는 대조의 의미에 대한 단순한 대답에 만족하는 대신, 정신은 특별한 오브제에 오랫동안 작용해온 생생한 전개와 사유를 재가동시킨다. 이런 까닭에 우리는 아름다운 것을 아름다운 것으로 인식하기 위해 준비를 해온 것이 되며, 순수 감각을 수용하지 않는 우리의 주의력을 훈련시켜 왔던 것이다.

칸트에게 있어 취미란 자신의 고유한 판단에 따른 개인 사유의 결과이자 바라보는 자가 스스로 교육한 결과이다. 취미는 자발성과 지적 능력, 창의성과 이해력이 균형을 이룰 때 활짝 피어난다. 감각적인 것보다는 엄격한 표현을 신봉했던 철학자 칸트에게 놀랄 만큼 따뜻한 문장들이 발견되는 경우가 있다. 예컨대 "자연 자체가 제공하는 물질을 통해 제2의 천성을 창조할" 수 있는 상상력의 힘이 그것이다. 미학은 인식이 아니며, 미학은 모델을 제시할 수도 드러내 보일 수도 없음을 언급한 이 아름다운 교훈은 그러나 결핍된 느낌을 지울 수 없다. 아마도 전체 인간의 판단은 동일한 기초에 의거한다는 사실을 보여주고자 했던 칸트는 예술 자체에 지나치게 접근했던 것으로 보인다. 개인적 판단 능력은 보편적이고 형태적인 규칙에 따르기 때문에 미와 무한, 예컨대 셀 수 없는 무수함과는 다른 사유를 실행시킬 수 있을 것이다. 여하튼 좀 더 난처한 것은 감성에 대한 집요한 경멸이다. 칸트는 작품에 대한 자발적인 찬성을 거부했지만 그렇다고 헤겔과 같은 급진주의를 표명한 것은 분명 아니다. 헤겔은 예술 작업에 있어 최소한의 욕망을 지니는 것을 금지[22]시켰으며, 이 작업에서 얻을 수 있는 기쁨이란 창백하고 비밀스럽고 고도로 정신적인 것이었다. 본질적으로 칸트는

---

22) 헤겔, 앞의 책, **XIII**, 59-60; *Tr. J.*, I, 88-89.

헤겔을 예언한 것처럼 보인다. 헤겔은 작품의 물질성을 등한시하였고, 사물의 특징을 정신을 통해 펼칠 수 있어야 하며, 사물이 무게나 차원을 지니고 있음을 잊어야 한다고 확신했다. 그는 외형을 경멸했던 것이다.[23] 칸트 역시 이 논점에서 크게 벗어나지는 않는다. 그 역시 질료에 주목하는 것에 동의하지 않는다. 작품에서 날것의 요소들을 변형시켜 즐거움을 느낄 수 있다는 사실에도 동의하지 않는다. 칸트에게서는 단순한 장식에 지나지 않는 색, 순수하지 않을 경우 비난의 대상이 되는 소리와 선들, 일반적으로 판단의 긴장을 동반하지 않을 경우 무시했던 직접적인 이해력에 대해 낯선 문장들이 발견된다.[24]

질료와 대면하면서 욕망도 품지 않고 아무런 작용도 하지 않으면서 우리는 어느 정도에서 예술에 의해 행해진 변형에 대해 스스로를 열 수 있을까? 특히 20세기는 사물의 재질에 관심을 기울인 시대이며 회화에서 붓의 움직임, 붓의 선, 두터운 물감의 풍부함을 추구한 시대이다. 하지만 18세기에 이미 애호가들은 조각의 재료인 나무ㆍ돌ㆍ금속의 부드러움이나 단단함에 열광한 바 있고, 우리 역시 그들처럼 조각상을 만지는 기쁨을 억누르지 않는다. 미학적 참여는 감각의 각성일 뿐 아니라 창조성 또는 지적 능력의 각성이다. 미학적 참여는 질료의 저항과 약속을, 또한 질료의 특별한 성향을 지각하는 것이다. 오디오비주얼의 방식을 따르는 것은 무엇보다도 이 규칙에서 벗어나는 것처럼 보인다. 그 이유는 손을 배제시키기 때문이다. 손의 개입은 조형 예술에서는 본질적인 것이지만 그 일상적인 실천을 생각해 볼 때 손이 청각과 시각에 개입하는 것은 아주 미미하다는 사실을 금방 알 수 있

---

23) 같은 책, **XIII**, 60-61; *Tr. J.*, **I**, 90-91.
24) 칸트, 앞의 책, 67-68쪽.

〈앉아 있는 형체의 옷〉, 레오나르도 다빈치 그림

다. 텔레비전은 개인적인 조절, 소리 테이프의 특별한 변조, 조명의 대조와 색채의 분사에 대한 일련의 다양함이 용인되는 곳이다. 물론 관찰자는 계획에 의거하여 조명이나 음향 작업을 하는 자는 아니다. 하지만 관찰자가 최소한의 호기심을 갖고 있기만 한다면 개인적으로 물질의 질감에 개입하여 사용된 물질의 고유한 특징을 발견해 낸 다음

이를 통합시키는 것은 어려운 일이 아니다.

칸트는 판단의 활동성을 정의내리는 엄격한 연구를 통해 모든 인간에게 공통적인 두 능력, 즉 상상력과 이해력을 미의 근거로 삼고자 하였다. 우리의 목표는 더욱 소소하다. 우리의 목표는 보편성을 추구하려는 것이 아니라 오디오비주얼의 미학적 측면에 주목하려는 것이다. 영화와 텔레비전 프로그램은 교육도 시키며 오락도 제공하고 또한 정보도 제공한다. 이것들은 이야기하거나 드러내 보이거나 숨기는 것에도 이용된다. 이것들의 예술적 가치는 분명하지 않다. 영화와 텔레비전의 예술적 가치는 그것이 방영될 때 **선험적으로** 최대한 운용되는 것도 아니어서 관객뿐 아니라 특별한 전문가들조차도 이에 무관심한 것처럼 보인다. 이들 예술적 가치를 파악하기 위해서는 작품의 형상화 속에, 또한 감각적인 소여의 독자적인 조합과 관련된 독창성 속에 침잠할 수 있어야 한다. 영화의 미학적 힘을 인식하는 것은 누구나 적합성을 인정할 수 있는 판단을 표현할 수 있음을 가정하는 것이다. 뿐만 아니라 영화의 도정을 되풀이하는 것이며, 영화가 사용한 요소들 및 이 요소들을 전체로 통합시키는 방법을 즐겁게 탐구하는 것이다. 판단이 일종의 점유에만 전념한다면 판단은 창조되어진 것에 참여하기 위한 노력에 불과할 뿐이다.

3. 의견들

취미는 사회 계층의 소속을 나타낸다

칸트는 세속적인 사람이었을까? 그가 살던 쾨니히스베르크라는 도시의 귀족들에게 자신을 알리고, 취미를 통해 귀족들이 가깝게 지내던 궁정의 대귀족들에게 자신을 알리려 한 것은 아닐까? 칸트는 판단능력의 보편성을 선언하였지만 교양이 없는 인간들은 숭고에 대해 아무런 개념이 없다는 사실을 선언하고 있으며, 진실한 미를 알아보지 못하는 자들에 대한 경멸을 서슴지 않았다. 조각상의 위신을 실추시키는 것은 쉬운 일이다. 논리적으로 이론의 여지가 없는 추론하에 숨겨진 이데올로기를 추방시키기만 하면 되기 때문이다. 칸트의 기념비에서 몇 개의 볼트를 제거해 버린 피에르 부르디외는 철학자 칸트보다는 순수한 예술 찬미 뒤에 위장한 지배 전략을 겨누고 있다. 권력의 분할과 자원의 배분이 근본적으로 불평등한 사회에서 그 거리감을 표현하기 위한 기호는 필수적이다. 이것은 부르디외가 단어들이 지니는 차이를 통해 단어를 수용한다는 의미로 **구별**(distinction)이라고 부른 것이다. "내가 지니고 있는 탁월한 취미는 다른 자들과 차별성을 지니게 하며 이로써 나는 구별이 된다. 나는 나와 먼 거리를 유지하고 있는 자들과 일정한 거리를 유지하고 있다."[25] 의복·가구·레저는 오랫동안 우아한 특징으로 규격화되는 경향이 있어 왔다. 그런데 여기에는 예술품의 매력인 무상성이 결핍되어 있다. 그것은 소비재처럼 최상의 것이 되려는 일반화된 경향이 예술품에는 존재하지 않기 때문이며, 이 장벽이 오랫동안 유지되어 왔기 때문이다. 칸트는 오브제를 즉시 사용하기 위해 덤벼드는 속물적인 욕망을 비난하고 있다. 그렇다면 소수의 사람만이 실천의 욕망을 느끼는 일종의 금욕주의를 이상적인 것으로 제시하는 것이 아닐까? 오디오비주얼의 영역에 이를 대입

---

25) P. 부르디외, 《구별. 판단의 사회 비판 *La Distinction. Critique sociale du jugement*》, Paris, Éd. de Minuit, 1979.

시켜 보자. 어떤 관객은 '이야기를' 하는 '쉬운' 영화는 싫어하는 반면 어두운 스크린이나 움직이지 않는 롱 숏에서 대사의 파편들로 아무렇게나 이루어진 영화를 좋아하는 경우가 있다. 이러한 관객이 분명하게 느끼는 기쁨에 대해서 여기서는 논의하지 않기로 하겠다. 다만 이 관객이 원하는 것은 아니라 하더라도 이들은 분명하게 '구별되고' 있다는 사실과, 오로지 이들이 지니고 있는 까다롭고 제한적인 실천을 위해 그들이 이러한 영화를 선택한 것이라는 사실만을 언급하고자 한다.

이렇듯 부르디외는 우리 모두가 사용자인 동시에 포로가 되는 계층의 체계 속에, 처음에는 전혀 무관심하게 보이는 취미의 판단을 통합시키기를, 말하자면 지상으로 다시 이끌기를 제안하고 있다.

미학적 경향은 객관적 거리와 확신을 암시하는 세계와 타인들과의 단호하고 냉담한 관계의 차원이다. 실존 조건의 특별한 계급과 연결되어 있는 사회 조건이 생산해 내는 것은 경향 체계의 표상이다(《구별. 판단의 사회 비판》, 59쪽).

예술을 쉽게 판단하기 위해서는 풍요로움이나 경망스러움에 쉽게 길들여져야 한다. 모든 효과가 들을 수 없는 음성과 볼 수 없는 영상 사이의 부조화에 근거하는 실험 영화는 좌석의 가치를 위협할 준비가 되어 있다는 것 또한 지겨움에 진저리를 치면서 시간을 보낼 위험을 준비하고 있다는 것을 증명하는 영화이다. 확실한 것을 충분히 얻을 수 없는 사람들은 (비록 그들이 소비할 돈과 시간이 있더라도 이런 경향은 그 사회적 이미지를 준비하는 방법으로 간단히 재정적인 문제로 귀착되지 않는다) 이런 종류의 영화에 모험을 걸지 않는다. 반대로 이들이 미국 텔레비전 시리즈물이나 브라질 연속극이 훌륭한 것이라고 판단하는 것은, 엄격한 영상물 앞에서 부자연스러움을 느끼고 이것을 해석할 수 없다는 두려움의 증거이기도 하다.

그 결론에 이르기 위해 600여 쪽의 통계 자료가 필요할 수도 있고 필요 없을 수도 있지만 여하튼 피에르 부르디외의 결론은 지배적인 의견과 궤를 달리한다. 그의 결론은 사람들이 갖고 있는 판단으로 표현된 취미와 그들이 레저를 구성하는 방법은 사회적으로 형성되어 있는 습관과 부합한다는 것이다. 또한 이들이 갖고 있는 선호도도 사회 그룹이 만들어 낸 것이며, 이들 사이에서 계급을 형성하고 재산과 시간과 자유의 순간으로부터 기존에 설정된 거리감을 영속화시키고자 한다.

선택이나 경향이 사회 조건과 유지하고 있는 관계는 분명하다. 또한 우리는 우리가 살고 있는 환경에 따라 합법적으로 인정된 오브제에 둘러싸여 있다는 것도 분명하다. 여기에 부르디외가 덧붙이고 있는 본질적인 것은 인간이 자신 고유의 위치와 취미에 대한 의식의 자발적인 획득이다. 칸트도 이를 인식하고 있었다. 하지만 칸트의 경우 좋아하는 것이 분명하지 않고 서서히 형성된다고 보았기 때문에 지적 사고방식의 영역을 떠날 수 없었던 반면 부르디외는 행위, 선택, 만족이 피차간에 어떻게 조건을 맺고 있는지 설명하고 이들을 연계시키고 있다. 이 당시만 해도 사회학은 예술적 경향이나 선호도를 표방하면서 그 속에 참여하는 전략에 대해서는 거의 의문을 품지 않았었다. 나아가 사회학은, 1860년에 나타난 인상주의와 한 세기 후에 나타난 누벨바그를 미처 알지 못하고 그들 시대의 새로운 흐름을 알아챌 수 없었던 '지각생들'을 비웃기도 하였다. 부르디외가 강조한 바와 같이, '유행'이란 우연히 형성되는 것이 아니며 상징적 방법(미와 선에 허용된 정의에 관한 것)뿐 아니라 실천적인 방법(예컨대 예술가들에게 작품 탐구의 수단을 부여하는 것)의 실행 능력을 제시하는 갈등의 영토이다.

판단에 영향을 끼치는 결정론이 우리 연구에서 중요한 것은 아니지만 몇몇 사회학자들이 참여하고 있는 근본적인 비판 이후 간단하게나마 그 결과를 고려하지 않을 수 없다.

미학과 자아 확신

그러므로 우리가 '우리의' 취미라고 부르는 것이 우리에게 고유하게 소속되어 있는 것은 아니라는 것이다. 사실상 이것은 우리가 게시하는 관점을 통해 경험하면서 살아가는 세계의 규칙적인 메커니즘이다. 그렇다면 만일 사회의 절대적 필요성에 대해 비판적 태도를 견지하고자 할 때 개인적인 경향은 무시해도 좋다는 말인가? 마르크스주의에서 이데올로기의 비평과 모든 권력이 낳는 강제성과 구속의 결과를 염려하는 또 다른 연구들은 환경의 압력과 미학적 확신 사이의 관계를 다른 방법으로 고찰하고 있다.

마르크스주의자들은, 칸트가 예술 애호가를 자신의 판단 능력을 모호한 상태로 실행시키는 정신적인 순수 실체로 보고 있다고 비판하여 왔다. 그러나 마르크스주의자들은 오랫동안 미에 대한 문제 자체에 무관심해 왔으며 예술품을 이데올로기의 단순한 반영으로 간주하여 왔다. 말하자면 예술품을 세계를 논하고 표상하고 이해시키는 방법으로 간주하였는데, 사회 지배 그룹으로부터 계시된 이 방법은 정치나 경제 관계에 대한 마르크스주의자들의 관점을 영속화시키고, 이 방법이야말로 유일한 것으로 생각하게끔 하였다. 성공한 영화들 특히 할리우드 영화들은 되도록 폭넓은 사회적 연결에 있어 '중산층'에 초점을 맞추고 권력기관이 안심하는 이미지를 제안하며 사회적 충돌보다는 가정적 갈등을 우위에 두어 왔다. 이것이 바로 예술이 실존적 질서를 강화시키는 데 공헌하고 있다는 증거가 아니고 무엇이겠는가? 순수하게 경제적인 용어로 역사를 분석한다는 것은 충분하지 못한 것이다. 마르크스적 사유는 본질적으로 물질적 질서인 깊이 있는 힘을 바탕으로 예술적 실현, 이미지, 언술, 힘에 대해 묘사하고 명명하는 도구들을 염두에 두어야 했다. 여하튼 마르크스주의는 테리 이글턴에 이르러서야 미학적 사유에 대해 상당한 공헌을 하게 된다.[26]

마르크스는 자본주의가 발전을 이루기 위해서는 개인에게 전적인 독립을 부여할 필요성이 있었다고 생각한다. 회사가 발전을 이룰 수 있도록 또한 노동자들이 지닌 유일한 자산인 노동력을 가지고 사주와 협상하고자 할 때 사주와 직접적인 관계를 맺기 위해서, 전통적 경제에서 지니고 있는 다양한 중간 조직체를 마르크스는 폐지하고자 했다. 마르크스가 보기에 부르주아 이데올로기는 이 근본적인 경제적 필요성을 도덕적으로 지적으로 정당화시키기 위해 개인을 만들어 냈고, 이 개인을 의견과 행동과 운명의 주체로 묘사하였던 것이다. 각자가 자신의 위치를 알고 있는 계급과 그룹과 위상을 과감하게 재정비하고 원칙적으로 모두가 평등하고 다양한 개인으로 변모될 때, 제한되어 있기는 하지만 예술품에 대한 응시는 의미적인 위치를 차지한다. 프레스코 벽화, 조각상들, 왕이나 위인들이 세운 교회나 궁전의 유리 장식은 집단적인 경탄의 대상이었다. 세대가 바뀌고 군주들이 바뀌면서 표상은 변하게 되었고 새로운 형상들이 받아들여지고 인정되다가 결국은 고대의 형상보다 우위의 것으로 선언되기도 하였다. 하지만 정말

---

26) T. 이글턴, 《미학의 이데올로기 *The Ideologie of Aesthetic*》, Oxford, Blackwell, 1990.

아주 오랫동안 그 근원은 르네상스(상업적 자본주의의 전조와 더불어)로 간주되어 왔는데, 취미는 순전히 개인적인 것으로 취급되어 왔다. 만일 미에 대한 이론적 인식인 미학이 자본주의가 산업 생산을 갑자기 바꾸어 버린 바로 그 순간에 나타났다면, 프랑스 대혁명으로 인해 구체제의 다양한 자유의 구속이 청산된 순간에 나타났다면 그것이 우연의 일치일까? 또한 이들이 예술 시장 혁명의 날짜를 변화시켰다고 한다면 이 역시 우연의 일치일까? 과거에 왕족들과 귀족들은 자신의 명예를 높이기 위해 작품을 만들 것을 명령했다. 이들이 먼저 언급을 한 다음 예술가들이 실천을 했던 것이다. 18세기 말경 기업자와 재력가들은 자신의 법을 강요하면서 선택하기를 좋아하였고, 화가나 건축가들을 경쟁시키거나 자신들의 고유한 취미를 드러내는 데 아주 익숙한 사람들이었다. 여기에서 간략하게 언급하고자 하는 영국 풍경의 예는 다음의 사실을 보여준다. 즉 고객의 선호도는 자신의 미래나 각자 스스로에 의해 만들어진 이미지로 표현되었다는 점이다. 자신의 의견이 사회에 의해 조건 지어진 이 광대들은 그럼에도 불구하고 그들이 좋아하는 것을 스스로 결정할 수 있는 주체로 느꼈던 것이다.

이러한 관점에서 미학은 특별히 이데올로기의 메커니즘의 표상적 분야를 구축한다고 할 수 있다. 마르크스주의자들은 심도 있는 방법으로 여러 다른 '도구들'을 연구하였다. 도구들이란 이들 덕택에 사회가 사고방식을 다듬고 전파할 수 있는 법원, 학교, 공공 구호기관이나 보건기관이며, 또한 사회에서 삶을 영위하는 자들을 위해 사회가 사물의 자연적 질서를 표상하고 기능하고 자아로 돌아가도록 하는 것이다. 미학은 주입되는 것이 아니다. 미학은 직접적으로는 아무런 도구도 드러내지 않으며 우리가 좋아하는 것과 개성을 묘사할 뿐이다. 개인들은 집, 거리, 텔레비전 등 주위를 돌아보며 '자신의' 취미를 형성한다. 개인들은 자신의 선택이 개인적인 경향과 부합하는 것이라고 생각한다. 삶의 원형 속에 받아들여지지 않는 것을 무시하거나 순응하는 것은 강한 자율성의 확신과 완벽하게 일치한다. 나는 다른 사람들이 보는 것을 본다. 하지만 나는 전적으로 판단의 자유가 있다. 개인들은 자신을 둘러싸고 있는 환경의 권위 있는 의견을 재현하지만 나아가 자기들이 좋아하는 것을 드러내 보이면서 '주체'로 표현된다고 믿는다.

부르디외의 연구와 마르크스적 비평이, 미학적 자발성이란 환상에 근거하는 것이라고 하더라도 그 결론이 동일한 것은 아니다. 부르디외의 연구는 취미의 표상에 있어 기존에 설정되었던 구별의 중복을 파악하고 있을 뿐이다. 그의 연구가 무슨 까닭으로 이처럼 두터운 단행본을 내게 되었을까 의아할 정도로 개인적 선호도가 부차적인 역할과 일치되고 있다. 이글턴 또한 출입문을 전체적으로 다 잠가 버린 것은 아니다. 지적 능력, 판단의 객관성과 안정성에 회의적이었지만 이글턴은 개인적 선호도의 표상에 실질적인 중요성을 두었다. 어떠한 선택이 재정적 여유와 학교의 학습과 일치하는지 이를 제시하는 것은 유익한 동시에 쉬운 일이기도 하다. 누구는 재정적으로 여유가 있다면 전위예술품을 구입하는 데 주저하지 않을 것이다. 하지만 다른 사람의 경우는 방법이 제한되어 있고 훌륭한 대학의 지식을 가지고 있다면 비용이 들지 않으면서도 '지속적으로 존재하는' 박물관으로 방향을 바꿀 것이다. 또 다른 사람의 경우 재산도 지식도 없다면 텔레비전 앞에서 조촐하게 시간을 보내는 것에 만족할 것이다. 이러한 측면은 전반적으로 인정되는 것들이다. 이글턴의 견해에 따르면 개인적 차이라는 여백이 남아 있으며, 우리는 주관적 환상의 관점에서 예술 영역을 사랑하는 것과 사랑할 수 없는 것을 선택하도록 강요받는다는 것이다.

예술 영역은 어떠한 갈등도 유발시키지 않고 어떠한 중대한 정신적인 역량의 결정에도 참여하지 않기 때문인데, 이러한 이유로 예술 영역은 의견이 가장 자유롭게 표현될 수 있는 영역 중 하나이다. 예술품이나 공연에 대해 자신의 의견을 개진하고자 할 때 무엇을 언급할 것인가? 그것은 이미 말한 것처럼 우선은 자신에 대해 언급할 것이다. 우리는 강력한 감각에 부합하기 위해 (일상적 자신의 상태) 자아로부터 떠나려는 경향, 그러한 감정에 접근한다. 그 다음으로 이러한 감정이 미학적 참여의 동기가 되었다는 것을 암시한다. 그러나 이것은 하나의 가정일 뿐이며 만일 취미의 판단에 대한 내재적인 가치를 믿지 못한다면 의견이나 감각의 표현이 행위라는 단순한 경로로 간주될 수 있을 것이다. 한 권의 책이나 한 편의 영화가 등장인물들을 장면화하고 픽션의 세계를 구축한다면, 독자 혹은 관객은 주제 비평을 통해 이루어진 지나치게 생생한 인상으로부터 자유로워질 것이다. 하지만 거의 아무것도 언급하지 않는 소설 《제인 에어》나 간단한 논거로 표현된 덴마크 감독 칼 드레이어의 영화 〈오뎃트〉의 경우에는 또 다른 도움이 필연적이 된다. 말하자면 소설이나 영화 미학을 코멘트하는 것은 깊이 있게 주목한 적이 있는 자신의 상대자에게 이를 알리는 것이다.

　이데올로기 비평은 우리를 이해시키고 싶어하는 것이 분명하다. 이데올로기 비평은 낯선 사고에 대한 표현과 분리될 수 없는 콘텍스트 안에 개입되어 있다는 사실을 강조한다. 사람들은 판단을 하면서 집단과의 비교를 통해 스스로 정의를 내리고 경우에 따라 융합 또는 배제라는 감정적인 연결을 꾀하기도 한다. 강한 인상에 대한 반응으로 어떤 사람들은 일반적인 기쁨을 경험하거나 집단에 접근할 필요성을 느낄 것이고, 또 어떤 사람들은 반대로 고독의 순간에 갇히기를 원할 수 있다. 바로 여기에 순응주의 또는 남의 눈에 띄고자 하는 염원을 덧붙일 수 있으며, 또 빗나간 감정을 정당화해야 한다는 의무의 공포 또는 남과 다르게 보이지 않으려는 두려움을 덧붙일 수 있다. 미학적 편견에 빠져 있는 사람들은 보통은 잘 이해하지 못한 상태에서 '자신의' 진실을 더욱 신뢰하고 사회적인 전략에 의지한다. 이들은 주체적으로 활용할 수 있는 어떤 위치를 확실히 해두는 것이다. 미학적 의견을 개진하는 것은 고독과 실수라는 이중의 위험을 의미하지만 그러나 이에 대한 이익은 노출된 위험과 비례한다. 요컨대 누구든지 주제를 요약할 수 있다는 말이다. '주제'의 문제 이외에도 그림이나 극작품이나 텔레비전 방송 등에 나타난 특징들 잡아낼 수 있을 것이다. 그렇지만 미학적으로 연결되어 있는 것을 결정하고자 모험을 감행하는 사람들은 매우 드물다. 재산이 많은 애호가들이 미래에 웃음거리가 될 수도 있는 작품에 내기를 걸면서 자신의 재산을 과시한다고 부르디외는 지적한다. 이들은 주위 사람들에게 다음과 같이 말하면서 압박을 가하기도 한다. "나는 친구들에게 X라는 연극을 소개시켜 주기도 하였고 Z라는 영화를 보여주기도 하였지. 그런데 그들은 아무런 관심도 기울이지 않더군."

비평이란 전체적으로 말과 글의 언론을 통해서뿐 아니라 일상적인 삶을 통한 일종의 힘의 형태이다. 그림은 저널리스트들이 미치는 놀라운 영향력의 예를 제공하고 이를 통해 그들에게 이익을 제공하기도 한다. 미국인들에게 전혀 알려진 바 없던 잭슨 폴록의 그림은 처음에 유명했던 잡지 《지평》의 캠페인에 의해 소개되어 '발견되었고' 이어 많은 판매 부수를 자랑하는 잡지들을 통해 확산되었다. 그 결과 화폭에 던진 색깔의 자국들을 지칭하기 위해 액션 페인팅(action painting)이라는 표현을 즉흥적으로 만들어 낸 무명의 연대기 작가 폴록은 명망 있는 **뉴욕 시민들**과 계약을 이끌어 낼 수 있었던 것이다. 마찬가지로 오디오비주얼의 경우에도 부과(imposition) 효과는 대단하다. 영화의 성공은 예기치 못한 대단한 것으로, 광고나 전문가의 의견보다는 상호 밀접하게 연결되어 있는 동호 모임에서 리더의 의견에 더욱 커다란 영향을 받을 수 있는 것이다.

어떤 그림을 유명하게 만든 덕택에 이름이 알려진 비평가, 훌륭한 공연을 알아보는 것으로 정평이 나 있어 측근들이 귀담아 듣는 사람은 이미 정해진 궤도에 위치한 사람들이다. 그들은 어느 누구도 청중의 사회적 논리에서 벗어나지 않으며 사람들이 들을 준비가 되었을 때 말하는 자들이다. 그들은 사람들로 하여금 귀를 기울이게 함으로써 순수하게 개인적인 만족감을 얻으며 꼭 상징적인 경우만은 아닌 일종의 상승도 얻는다. 사회적 질서는 구별이라는 '코드'를 질서화시킨다. 그러나 이 코드의 사용은 적어도 취미의 코드가 같은 주변적인 영역에서 개인적인 주도권 및 책략과 관계가 있다.

유산으로의 취미

폴록의 기사는 미국 문화의 경향 중 그림에 대한 것인데, 《지평》의 독자들이 인식했던 것으로 추정되는 유행과 흐름에 대한 함축적인 자료가 된다. 각 동호회나 단체의 멤버들은 매우 깊이 있게 동화되어 분명한 것처럼 보이는 지식을 통해 이같은 항구적인 놀이를 했던 것이다. 우리를 둘러싸고 있는 틀은 우리의 생각과는 상관없이 이미 우리가 순응하는 미학적 모델의 운반자이다. 건물들, 거리들, 구역이라는 우리의 일상 세계는 그 유일한 실존을 통해 삶의 환경에 대한 선택권을 나타낸다. 그리고 우리가 이를 받아들일 수 없는 경우에도 이 틀은 비교의 방식을 통해 우리에게 제공된다. 반대로 만일 우리가 다른 것을 원하거나 변화를 바란다면, 우리가 원하는 것은 마음에 들지 않는 분위기와 대조를 통해 명확해진다. 단순한 경우로 우리의 미학적 지식에 속하는 그리스 건축이 이미 여러 광고에서 재생산된 많은 예를 보여주고 있다. 우리는 우리 도시에서 그 이미지에 맞게 건축된 교회들과 법원들을 알고 있다. 그런데 만일 어떤 현대적인 건축물이 코린트식 기둥이나 아치형 함각과 통합될 경우 유리나 철골 같은 산업적 물질이나 기하학적인 엄격한 선들과 유사하다는 사실에 놀라게 될 것이다. 그리스의 건축 요소들은 자체적으로 우리와 어울리지 않는 것이 아니며 건축 예술의 구성인자가 되기도 하다. 그리스 건축은 우리의 관점에서 볼 때, 예술 영역을 분명하게 해주는 기존의 개념이 간직되어 있는 저장 창고이다. 이렇게 본질적으로 누적된 우리의 경험은 역사적 준거에서 벗어나 커다란 전체로 확산된다. 오늘날 대부분의 서양인들은 그리스 시대의 사원과 중세의 성당 바로크의 궁전과 **현대 스타일**의 건축물을 동일시한다. 하지만 이들 계층의 사람들은 시간적인 두께를 지니고 있지 못하고 있고 예술과 사회의 교환 형태라든가, 변화와 모순의 시기도 규정짓지 못한다. 이들은 현 세계에서 유통에 꼭 필요한 도구 일체만을 단순하게 제시할 뿐이다. 사실 모든 사람들이 만족해하는 그리스의 기념물들은 완벽한 예술의 모범이며 걸작으로 인정된 것들이다. 누군들 판테온의 도리아식 소간벽(小間壁)을 바라보았을 때 기쁨을 느끼지 않겠는가. 이 기념물을 진부하거나 추하다고 말한다면 스캔들감이 될 것이다. 이 부분에서 **구별**은 사라지고 오직 거대한 동의가 존재할 뿐이다. 과거의 것을 바라보고 감동을 받았다면, 이렇게 인정된 가치는 공통의 재산이 되며 개인적 판단은 동일한 선입견에 근거한다. 우리가 '고전'이라고 말하는 것은 바로 이런 의미에서이다. 말하자면 미의 경계에 도달한 작품이기보다는 그렇게 인식되

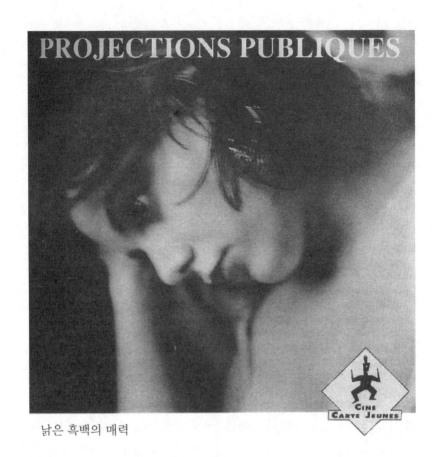

낡은 흑백의 매력

고 받아들여지고 아름답다고 꼬리표가 붙은 작품인 것이다.

영화와 텔레비전은 아주 오래된 과거에 의존하지는 않지만 역시 나름대로의 고전이 있다. 때문에 현재의 작업을 판단하기 위해 모델을 이끌어 낼 수도 있고 주목을 받았던 방송이나 '영화'의 리스트를 설정할 수도 있다. 인정을 받은 작품들은 보통은 약간 오래 묵은 향기를 지니고 있다. 사람들은 이들이 지니고 있는 미학적이고 사회적인 가치와 영원성 때문에 이들을 찬미한다고 주장하지만, 이것이 과거에 속하기 때문이라는 사실은 잘 알고 있다. 한편 오디오비주얼은 흑백을 과대평과하면서 특별히 주목할 만한 관찰 영역을 제시하고 있다. 여기에서 연대기적 단절은 매우 특징적이라는 사실을 알아야 한다. 왜냐하면 정확히 비연대기에 근거하는 몇몇 예외를 제외한다면 70년대 이래 스크린에 인정되었던 것은 오직 컬러였기 때문이다. 이렇게 해서 흑백은 일종의 유산이 되어 광고가 그 지표를 만들어 내는 전통 및 지속의 사유와 아주 강하게 연결되어 있다. 요컨대 한 장의 흑백 사진으로 이루어진 짧은 광고는, 시간이 지나도 광고주가 변치 않는 특성과 오래되었음을 강조하는 것이다. 만일 유산의 운반자로서 흑백이 텔레비전 프로그램이나 영화를 이해하는 데 하나의 관점을 제시하고 흑백이 본질적이면서 단 하나뿐인 특징인 작품에 매력을 돋보이게 한 것이라면 컬러 작품 역시 시간의 흐름에 따라 구분되어 왔다는 사실을 아는 것이 중요하다. 따라서 과학 소설이 붐을 타기 이전에는 거의 탐구되지 않았던 이 영역에서 준거들이 급하게 마련되었고 어떤 영화는 매우 보편적인 방법으로 성공적인 모델이 되었다. 우주 공간과 미래 영화의 탐구에 있어 뚜렷한 역할을 하였던 〈2001년 스페이스 오디세이〉(1968)를 예로 들어 보자. 이 영화를 어떤 시리즈로 정리할 수는 없다. 이 영화는 이전에 사람들이 시도했던 모든 것을 참고로 영상을 재단하였고 엄격한 서사성과 다양한 음향도 도입하였다. 이 강인한 작품은 유사한 다른 영화, 그러나 완벽하게 이르지 못했던 다른 영화를 배경으로 뚜렷이 부각되고 있다. 유산이란 한편으로 새로운 해결책을 제시하면서 관례의 틀을 깨부수는 작품의 흔적이다. 〈2001년 스페이스 오디세이〉는 오늘날에도 여전히 인정받고 있는 새로운 해결책과 영화에 나타난 훌륭한 기량으로 인해, 또한 시점의 리듬을 통해 시간이 드러나고, 이미지와 소리가 조화를 이루고, 영화의 특수 제작 방법의 향수 때문에 고전으로 취급되고 있다. 이것이 엄청난 졸작을 정당화시킬 수 있는 흑백이라면 있을 수 없는 일이다. 흑백이 컬러보다는 덜 직접적이긴 하지만 그렇다고 덜 분명한 것은 아니다. 유산이란 또한 보수주의적인 인자인 것이다.

잘 알려진 것은 필연적인 것으로 생각되어 변화를 받아들이기가 아주 어렵다. 혁신적인 것을 비난할 때 사람들은 유산이라는 이름을 기반으로 하며 젊은 사람들이 정의를 내리려고 하면 유산에 반대하는 것이라고들 한다. 어떤 경우 과거가 지나치게 무거워 적극적으로 해체되는 경우가 있긴 하지만 과거를 제거할 수는 없다. 광고를 통해 알 수 있는 것으로, 과거는 우리와 일상과의 본질적인 소여를 구성한다. 사실상 우리는 과거로부터 가장 훌륭한 부분을 추구하기 때문에 이를 인정하지 않을 수도 없다. 우리가 즐거움을 느끼는 것이 어떤 것인지 의문을 품기 이전부터 취미와 인식의 방법은 전수되어 왔다. 따라서 이렇게 전수된 것을 통하거나 아니면 이와는 상관없이 능동적인 미학적 참여를 어떻게 발전시킬 것인가 하는 문제가 남는다.

위험한 판단

환경의 조절이 개입되는 사회적 비평은, 마르크스보다는 개인적 이해력과 상상력의 자유로운 실천적 측면과 보편적 역량의 확신에 대한 유효성의 측면을 미학적 판단을 통해 화합시키고자 하였던 칸트식의 건조물을 파괴시켰다. 칸트에 의해 개진된 이 두 어휘는 매우 추상적이다. 우리는 '순수한'이라는 견해 뒤에 숨어 외부에서 부여된 관점을 우리 것처럼 간주하는 타성과 대립적인 것과 권력의 갈등을 바라보도록 강요받았던 것이다. 그렇다면 미학은 19세기 이상주의가 속에 숨어 있는 변장이거나 철학적 꿈이었던 것은 아닐까?

선결되어야 할 이 두 경향은 쟁점을 개시함에 있어 필연적인 것이다. 우선 칸트는 판단의 '순수성'에 대해 아무런 환상도 없었다. 여러 자료를 통해 볼 때 칸트는 미학적 견해의 상대성을 인식하고 있었으며, 미학적 견해를 가공하는 선입견에 대해서도 어렴풋이 알고 있었고 앞에서 언급한 유산이 주는 중압감도 알고 있었다. 분명하고 유일한 검증에 의거하지 않은 채 판단의 이론적 가능성을 설정하기 위해 그는 하나의 가설을 세웠던 것이다. 일종의 내기를 걸었다고나 할까. 그런데 칸트주의에 의문을 던지는 비평적 체계 역시 **선험적**인 것에서 출발한다. 개인적 '주체'의 선택 뒤로 경제적 현실을 숨기는 이데올로기의 논리이든 아니면 **구별**이라는 사회적 논리이든 이것이 문화적 생산물의 수용과 관계가 있다면, 이 비평적 체계는 사람들이 투쟁이라는 용어로 사회를 분석하려는 것을 방해하는 장애물을 배제시킬 것이라는 점을 암시한다. 칸트나 사회학이 취하는 이러한 가정은 해명을 위한 것이 아니라 사유의 틀을 제공하며 이 틀의 유용성은 이들 가정이 설정하는 관계를 따를 것이다. 그러므로 이들 가정이 교류하는 통로가 막혀서는 안 되며 이들이 제안하는 진보나 보수를 고려해서 미학 탐구의 목적을 정의내려야 한다.

취미는 개인적 환상의 변덕을 의미하는 것이 아니다. 취미는 환경에 대한 두려움이나 야망을 나타낸다. 어떤 취미는 정치적으로 표명되는 의견과 동일한 견해에 속하기도 한다. 회피를 하면서도 가끔은 적합하기도 한 '취미'라는 어휘를 없애지 않는 까닭은 취미가 계층의 개념과 강하게 연결되어 있다고 생각하기 때문이다. 이런 계층은 이런 것을 좋아하고 저런 계층은 저런 것을 좋아한다는 식이다. 어떤 작품의 가치를 떨어뜨리기 위해 다른 작품을 보상해 주는 식의 인기도 순위를 사회적 비평이 비난한다고 비평한다면 이 비평은 정당한 것이 된다. 하지만 미학은 비교 리스트 작성을 목표로 하지 않는다. 미학은 작품 속에서 직관을 일깨워 주거나 감정과 즐거움을 표현하는 경향 및 이들을 발굴하는 경향이 있다. 반대의 위험성이 있긴 하지만, 사회적 비평은 일상적 활동 특히 힘의 경쟁에서 드러나는 예술적 선택을 분석하고, 작품의 수준을 가늠하기 위한 노력으로 작품의 도전에 대한 반응으로 이해된 미학은 다루지 않으려 할 것이다.

미학적 판단은 이를 제시한 사람의 영향력의 보호하에 있는 것이 아니다. 미학적 판단은 그 사람의 개성 및 사고의 습관과 참조 체계를 드러내 준다. 그럼에도 불구하고 미학적 판단은 오브제가 만들어 내는 특이한 인상을 통해 오브제로 향하는 특별한 무엇인가가 있다. 그러므로 미학적 판단은 비교적인 것이 아니며 시스템을 만들지도 않는다. 이미 언급한 것처럼 미학적 판단은 〈2001년 스페이스 오디세이〉를 과학 픽션 영화라든가 1968년 미국 작품이라든가 오디오비주얼과 관계 있다는 것으로 취급하지 않을 것이다. 미학적 판단이 위험한 것은 바로 이런 방식이기 때문이다. 이야기 형태나 텍스트 형태 같은 다른 방법들은 미지의 것과 이미 탐구된 것 사이를 왕래하고, 개념과 개념의 적용을 왕래하면서 이루어진다. 이 방법들이 적어도 잠재적으로나마 그들의 표현 방식에 이르게 될 때 다른 경우로 확대 해석할 수 있고 확인이 가능한 명제도 설정할 수 있다. 그러나 감수성에 의거하는 미학적 참여는 이러한 확신에 아무런 도움을 주지 못하고 다만 과감하게 돌진하는 자를 통해 진보하게 될 것이다.

왜 이런 위험이 도사리고 있는 것일까? 사회적인 무게를 도입하였던 칸트의 사유에서 대답을 찾을 수 있을 것 같다. 만일 부분적이고 편파적 의견인 취미가 홀로 존재할 수 있다면 예술이라는 것은 문명의 전쟁터일 뿐이며 사람들이 권력을 다투는 정말 부차적인 장소뿐일 것이다. 예술은 매우 폭넓은 것이긴 하지만 독보적인 것은 아니다. 즐거움, 주의력, 감동은 갈등이 아닌 또 다른 특징을 지닌 채 예술과 접촉할 수 있기 때문이다. 가다머는 이렇게 말한다. "예술품은 이를 경험한 인간을 변화시킬 수 있는 경험이라는 사실에서 그 진실한 본질을 발견할 수 있다."[27] 칸트가 원했던 것처럼, 이 인용문에서 오늘날 보편적 형태는 유토피아로부터 온다는 사실을 인식할 수 있다. 또한 반대로 우리는 미학이 어떻게 복수적이 되어야 하는지 어떻게 미학이 참여의 도약에서 여러 다른 순간들을 받아들이는지 살펴보았다. 단순하게 작품으로 향하는 이 방법은 주관적인 순수한 표현도 아니고 사회적 순응주의에 대한 표현도 아니다. 이 방법은 하나의 형식을 부여할 수도 있고 쟁점을 이해할 수 있으며 이를 공유하지 못하는 자들에게도 미치게 할 수도 있다. 그러나 이 방법은 어떠한 보장을 해주지는 못한다. 왜냐하면 여기에는 미학적 판단을 위험에 빠뜨리는 자들이 저지르는 진짜 위험성이 존재하기 때문이다. 또 비교도 할 수 없는 영역, 최상의 자료인 아름다움이 정의될 수 없는 이 영역에는 어떤 종류의 증거도 존재하지 않기 때문이다.

---

27) 프랑스어 번역판은 이 문장이 축소되어 있어 독일어 판을 참조하는 것이 좋다. 《진실과 방법 *Wahrheit und Method*》, Tübingen, J. C. B. Mohr, 1960, 98쪽.

제2장

말을 위한 단어들

　예술품은 지식에 대한 일종의 도전이자 자극이다. 예술품은 관객에게 즐거움과 감동을 선사한다. 또한 관객이 예술품과 매우 밀접한 관계를 이루어 이로부터 즉시 생겨나는 인상에 만족하지 않도록 긴박하고 가능한 확신을 관객에게 부여한다. 직관으로는 충분하지 못한 것이다. 관객은 작품과의 접촉이 좀 더 많아야 한다는 스스로의 질문에 순응하면서 작품을 변화시키고, 작품을 풍부한 창의력으로 실행시킬 수 있는 재료로 변형시켜야 한다는 사실을 잘 알고 있다. 처음에 매우 강하게 감동을 받은 만족감은 이를 재구성하고 다시 만들려는 만족 의지를 겸하고 있다. 이에 대한 해결책은 무궁무진하다. 어떤 사람들은 꿈을 꾸고 어떤 사람들은 회상하며 어떤 사람들은 최초의 충격을 지속시키고자 시도하고 다른 곳으로 방향을 바꾸려는 사람들도 있다. 자신의 덕성을 지닌 단순한 소비와는 달리 미학적 참여는 창조적인 활동을 통해 전개된다. 미학적 참여는 영감을 받는 창조로써 표현 수단들을 요구하는데 대부분의 경우 이 표현 수단들은 단어이거나 개념이다. 이러한 미학은 시대에 의해 좌우되며 그 목표에 분명히 적응을 하지만 그 고유한 것에 속하지는 않는 조작적인 장비를 수용하기도 한다. 사람들이 어떤 영화에 대해 감탄했다고 말하고 싶어한다면 또 평범한 것을 넘어서고자 한다면, 감탄하다의 동사의 뉘앙스를 잘 알아야 하는 것이다.

미학적 참여는 대부분의 경우 관객에게 제공되지 않는 판단, 그러나 논의가 가능하고 의사소통이 이루어질 수 있는 판단을 통해 실현된다. 어떤 주제이든 간에 오디오비주얼을 통해 전해진 영감을 활성화시키기 위해 우리는 주위에서 이해되고 인정받은 동기나 도구를 사용하고자 한다. 각 세대는 자기의 가정을 형식화하고 사회에 제시되는 다양한 문제점을 재검토할 필요성이 있다. 각 세대는 독창적인 해결책을 찾게 되겠지만 이 해결책은 표현 가능한 범주, 말하자면 당장에 통용되는 지적 도구들을 언급하는 범주를 넘어서지는 않을 것이다. 오디오비주얼과 인접하는 가능성의 영역은 지난 30년 동안 재빠르게 둘로 나뉘어졌고 우리는 이 유산의 수혜자이자 포로가 되었다. 우리가 새로운 탐구의 장을 열었다면 그것은 우리가 태어나기 이전에 논의되었던 것을 토대로 개시한 것이 된다.

1. 담론의 고고학

1895년 뤼미에르가 최초로 영화를 상영했을 때 몇몇 재미있는 논평은 있었지만 이슈가 되지는 못했다. 그 후 약 20년이 흐른 뒤 영사기는 뮤직홀, 서커스, 연극과 경쟁을 하게 되었다. 처음에 예측할 수 없는 호기심으로부터, 우리가 정확한 방법으로 날짜를 정하거나 위치를 설정할 수 없는 사건을 구성하는 전체적인 스펙터클로의 놀랄 만한 빠른 변형이 이루어졌다. 관객은 이러한 성공을 열렬히 환호하였다. 다른 오락의 형태들 역시 20여 년 동안 활발한 논의의 대상도 되지 못했고 사회적으로 중요한 활동을 하지는 못했지만 여전히 많은 관객을 유지하고 있었다.

영화는 모든 담론, 말하자면 말과 말의 교환과 논쟁의 연속적 전체는 음성이나 글쓰기를 통해 그 주제가 발전되었고, 나아가 사람들이 영화에 대해 더 많이 이야기를 하게 되면서 더욱 돋보이게 되었다. 어제는 존재하지 않았던 것을 어떻게 묘사하고 비평하고 전개시킬 수 있을까? 가능성과 배제라는 새로운 영역 탐구, 그것이 요구하는 열림과 모든 어휘와 표현과 언어적 조합은 언제나 흥미로운 일이다. 미셸 푸코[1]는 이 형태에 대한 연구에서 일종의 고고학을 발견한다. 그는 일부러 애매한 어휘를 선택한다. 상식적으로 고고학자는 발굴 작업을 벌이는 자이다. 고고학자는 지명을 분석하고 대기를 관찰하며 해석을 하는 뚜렷한 특징을 지니고 있다. 또한 구덩이를 파헤치는 작업에 대해 대다수 사람들은 고고학자를 공사판의 노동자로 생각하기 때문에 고고학자는 대중의 호기심에서 비켜서 있다. 고고학자는 과거, 가능한 오래된 과거에 존재하는 자이며 발전의 이론적 연구를 통해 이해되는 역사에 선행하는 자이다. 오래 전부터 영화의 역사와 영화 이론의 역사는 존재해 왔다. 그러나 이론 구축을 위해 정의를 내리기 이전에 오브제로부터 출발해야 함으로 바로 이 순간 고고학이 존재한다. 어떠한 단어와 형용사 어떠한 개념이 영화 논쟁에 있어 근거를 제공해 왔는가? 질문은 곧바로 질문 자체로 회귀한다. 중요한 어휘들, 결정적인 표현 방식들 혹은 영화를 언급하기 시작한 텍스트들을 어디서 찾아낼 것인가? 고고학자는 뒤에서 다시 다루게 될 이러한 구조적인 취약함에 괴로워한다. 고고학자자는 개념(혹은 새로운 행위들)과 이념의 출현을 포착하고자 한다지만 가령 그것이 포착된다면 이미 사용된 것이 아

---

1) M. 푸코, 《말과 사물들. 인문과학의 고고학 Les Mots et les choses. Une archéologie des sciences humaines》, Paris, Gallimard, 1966; 《지식의 고고학 L'Archéologie du savoir》, Paris, Gallimard, 1969.

닐까? 그러므로 고고학자가 스스로 정당함을 갖기 위해서는 발전, 말하자면 역사를 도외시할 수밖에 없고 순간적으로 드러나는 사건들을 다루어야 한다. 맨 처음 문제가 제기되었을 때가 아니라(이것은 항상 우리를 비켜간다) 문제를 글로써 표현하는 고통을 겪은 이후에 어떻게, 어떤 형태로, 어떤 맥락에서 문제가 제시되는 걸까? 그러므로 고고학은 시간 속에서 순간적인 것으로 나타난다. 고고학은 우리 고유의 일상에 적합한 오브제가 된 사진술의 기교적인 완벽함에서 출발을 했지만 이로부터 논증적 조합, 표현, 단어의 출현과 확신을 사건의 여러 다른 단계별(이는 20년간 지속되었으며 다른 영역에서는 한 세기 동안이나 이어졌다)로 포착하게 되었다.

고고학은 근원을 밝히려는 것을 목표로 삼지만 근원에 도달하지 못할 것이며, 접근이 가능한 것은 이미 역사에 속해 있다는 사실을 잘 알고 있다. 따라서 우리는 여기에서 영화의 미래를 예견하고 그 특성을 분석하기 시작한 텍스트를 연대기적으로 다루지는 않을 것이다. 상당한 저서들은 이미 폭넓은 영역을 설정하고 있으며 구이도 아리스타르코 · 더들리 앤드류 · 조반나 그리그나피니의 저서[2]에 덧붙일 것도 별로 없는 실정이다. 이와는 달리 우리는 초창기에 쓰인 글들을 참고로

---

2) G. 아리스타르코, 《영화 이론의 역사 *Storia delle teorie del film*》, Turin, Einaudi, 1960 재판; D. 앤드류, 《주요 영화의 이론 *The Major Film Theories*》, New York, Oxford University Press, 1976, 《영화 이론의 개념 *Concepts in Film Theory*》, New York, Oxford University Press, 1984; G. 그리그나피니, 《영화 이론과 지식. 무성 영화 시대 *Sapere e teorie del cinema. Il periodo del muto*》, Bologne, CLUEB, 1989. N. 캐롤, 《고전 영화 이론의 철학적 문제 *Philosophical Problems of Classical Film Theory*》, Princeton, Princeton University Press, 1988. 《영화의 신비화: 현대 영화 이론의 사실과 착오 *Mystifying Movies: Facts and Fallacies in Contemporary Film Theory*》, New York Columbia University Press, 1988. R. 랩슬리, M. 웨스트레이크 공저, 《영화 이론 서설 *Film Theory: an Introduction*》, Manchester University Press, 1989.

영화 일반에 대한 사유, 특히 영화 미학에 대한 사유를 어떻게 할 수 있는지 살펴보고자 한다.

발화체

글쓰기라면 어떤 글쓰기인가? 연구자들은 19세기 말 이래로 영화를 다루었던 상당량의 인쇄물[3]에 매몰되어 일종의 게임의 입구에 들어서 있다. 이 산더미 속에서 합리적으로 연구하기 위해서 어떠한 선택을 해야 하는가? 푸코는 원칙적인 해결책을 암시한 바 있다. 모든 문장들, 모든 절들이 고고학과 관계되는 것은 아니며 이들 중 대다수는 기록적인 역할을 할 뿐이라는 것이다. 이것들은 오브제(여기서는 영화)를 사실적인 상태로 다루고 다른 오브제들을 참조하여 명백한 현실로 간주한다. 제1차 세계대전 이전부터 전 세계를 통틀어 영화전문잡지가 약 200여 권 생겨났다. 잡지 출판은 근본적으로 상업적인 목적을 지니고 있었다. 각 출판사들은 자신의 잡지를 극장 경영주들에게 선전하기 위해 이들에게 보도 자료를 돌렸다. 한편 독자의 기대치에 예민한 저널리스트들은 새로운 영화에 대한 전체적인 정보를 제공하였다. 이러한 잡지는 오늘날 텔레비전 잡지와 전적으로 비교가 된다. 이 잡지는 글을 쓴다는 사실에 만족하였고 역사가처럼 정확한 기록을 목적으로 하였다(이런 잡지가 없었다면 사라진 영화라든지 녹화되지 않은 자료를 오늘날 알 수 없을 것이다). 20세기가 시작될 무렵 하나의 스타일에 초점이 맞춰졌고 사용자의 필요성에 부합하여 지속적으로 존재하게 되었

---

3) 1973년 뉴욕 타임스는 1896년부터 잡지에서 분석된 모든 저서들을 조사하였다. 이것이 《뉴욕 타임스 북 리뷰 *New York Times Book Reviews Index*》, New York, New York Times는 미국에서 출판된 엄청난 양의 저서들을 보여주고 있다.

다. 이 스타일은 그 목표에 잘 적응하였는데, 목표란 오래된 영화 제목이나 고유명사를 바꾸어 최근의 텔레비전 시리즈물로 반영하기 위해 과거 영화 해설을 다시 참조하는 것으로 그다지 어려운 일은 아니었다. 전문 잡지든 대중잡지든 잡지는 과거의 모델을 따랐다. 잡지들은 말하자면 이미 오래 전부터 독자들에게 익숙한 범위(배우들, 내레이션), 즉 스타 배우들이 장면을 만들고 말하는 이야기의 기능을 지닌 영화에 열광했던 것이다. 영화 담론 형성에 관심이 있는 사람들에게 있어 이러한 잡지의 기사들, 즉 고착된 구조에 대한 무한한 다양성은, 훨씬 이전에 설정된 공연들과 영화와의 차이점을 차단하거나 거부하는 것이 된다.

푸코에 의해 계속해서 반복된 어휘들의 보수주의와 그가 소위 '발화체'라고 부른 것과는 대립적이다. 그에 따르면 이것은 엄격하게 경계가 설정된 정확한 텍스트 문제가 아니라 상호 교차적인 관계, 규칙, 관례를 설정하면서 의문 영역을 드러내는 표현 단위, 교차점에 관한 것이다. 변함없이 반복되는 판매 촉진을 위한 기사와는 달리 발화체는 불안정하다. 발화체는 오로지 상호 관계에 의해서만 정의될 수 있고 그에 따라 정체성이 확인된다. 이들의 공통적인 특징은 상호 동일한 영역으로 연결되어 있다는 것인데 이 영역 밖에서 발화체는 무상의 언술이 될 것이다. 조반나 그리그나피니는 초창기 영화 지식에 대한 저서[4]에서 아주 중요한 사전학적 추이를 기록하고 있다. 약 10년 동안의 텍스트 특히 잡지들은 의식적으로 사진의 연장선상에 위치해서 영화를 다루었다는 것이다. 새로운 발견은 과학적 · 지적 · 군사적 · 경제적으로 어떠한 전망을 갖게 하였을까? 당시의 사진작가 쥘 팽사르가

---

4) G. 그리그나피니, 앞의 책, 30쪽.

표현한 '미의 정복'[5]을 어떻게 확인할 수 있었을까? 움직임을 글로 표현한다는 것이 인간의 감각과 인식 양식에 대한 우리의 이해를 어떻게 변화시킬 것인가? 이때부터 탐정 소설과 모험 소설이 대량으로 나타났으며, 이들 소설에 범죄의 흔적과 영웅의 행위를 간직한 영화[6]가 참여하면서 진실이 드러났다. 이렇듯 영사기가 하나의 도구로 간주되어 다른 것을 실현시킬 때 흥미의 대상이 되었던 것이다. 15년이 지난 뒤 영사기는 스크린의 뒤편으로 사라졌다. 기술적 울림이 전혀 포함되지 않고 이미 실험을 거친 다른 기계나 시스템과의 혈족 관계가 전무한 새로운 어휘가 생겨났다. 이 어휘는 1970년경 '기본적 장치'라고 일컫는 영화 제작 기계와 동시에 장소와 의례와 프로그램과 관객이라는 스펙터클 전체를 포괄하고 있다.

역사적인 연구는 어떠한 의심이 있어서도 안 된다. 호기심을 지닌 군중들 혹은 팬(이 단어는 적어도 미국에서 이미 사용되고 있었다)들은 1900년부터 영화를 좋아하게 되었고 수시로 영화관에 드나들었다. 이런 점이 위에서 강조한 고고학적 어려움이다. 고고학은 베껴 쓰는 것이 아니라 감동하고 속삭이고 증명한 모든 것이 이전에 존재하지 않았던 것처럼 보여야 하기 때문이다. 이러한 이유로 발화체의 쓰임새와 발화체를 통한 담론의 실행은 실제가 전개되면서 결정적인 순간에 다다른다. 게임, 스포츠, 여가와 같은 수많은 사회적 행위들은 아무런 담론을 생산하지 않고도 각자의 어휘를 지니고 있으며 전문적인 잡지도 있다. 영화는 명칭을 바꾸거나 전단지 이외의 다른 문학을 선동하지

---

5) J. 팽사르, 《사진과 현대 서적의 삽화 L'Illustration du livre moderne et la photographie》, Paris, Mendel, 1897, 24쪽.
6) 《영화에 대한 할리우드 소설 및 기타 소설. 주석이 있는 전기 The Hollywood Novel and Other Novels about Film. An Annotated Bibliography》, New York, Garland, 1985.

않으면서, 또한 기교적 촬영 기계만 가지고도 열정적인 스펙터클로 잘 생존할 수 있을 것이다. 그러므로 고고학은 담론의 형상화를 가능하게 하는 조건들을 분명히 해야 한다.

담론의 공간들

사람들은 질문을 던지지 않은 채 무슨 까닭으로 어떤 순간 사회에서 그때까지 실천했던 것을 토의하고 인식하기 위해 거리를 두려는 것일까? 이에 대해 푸코는 해석의 무게는 권력의 형태라고 대답한다. 즉 문제가 되는 것은 사회적 교류가 이루어진 분야에서 좋은 것과 나쁜 것, 정당한 것과 부당한 것을 정의내리는 권리라는 것이다. 자네트 스테이거는 이러한 가정을 발전시켜, 할리우드 시스템이 자리를 잡는 순간 거대한 생산 사회는 이들 작업을 합리화시켜 주는 단순하고 분명한 형식을 필요로 했음을 제시한다.[7] 저널리스트들이나 이론가들은 영화제도가 완성시킨 제작을 염두에 두고, 영화제도의 기능을 서술하면서 그 합법성을 확고하게 하였다. 동시에 이들은 영화 작품의 수준을 인가하는 재판관이라고 스스로 선언하고 실제로 금전적인 이익과 명성을 확보하였다.[8] 영화에 대한 글이나 저서가, 할리우드가 세계 정복에 나서는 동안 다양화되었다는 사실은 단순한 일치로 볼 수는 없다. 하지만 영화를 다룬 엄청난 양의 글은 '발화체'를 구성한 것이 아니라 기

---

7) 이런 문제를 다룬 기본서들은 다음과 같다. D. 보드웰, J. 스테이거, K. 톰프슨, 《할리우드 고전 영화. 영화 스타일과 1960년 프로덕션의 양상 *The Classical Holly-wood Cinema. Film Style and Mode of Production to 1960*》, Londres, Routledge, 1985.

8) 〈영화 경전의 정치학 The Politics of Film Canons〉, in 《영화저널 *Cinema Journal*》, XXIV, 3, 봄호, 1985, 4–5쪽.

존의 형식 속에 스스로 갇혀 제작자에게 흥행 수입을 제공하거나 관객에게 영화의 수준을 각인시켜 주는 데 그쳤다. 경제와 창작 관계를 연구한 스테이거는 사람들이 영화를 서술하는 대신 제작 비용이나 기타의 것을 언급하고 있음을 다양한 예를 통해 제시하면서 수많은 저서들의 편협한 지평을 강조한 바 있다. 스테이거는 한 저서를 인용하여 다음과 같이 확인하고 있다. 페이드아웃이나 이중인화는 주관적 시퀀스를 개시하는 데 유용하다. 그런데 페이드아웃이 비용이 절감되고 시간적으로도 경제적이므로 적극적으로 권장[9]되었다. 이런 종류의 조언은 의미 체계의 사용에 있어 자본의 무게를 더욱 분명하게 해준다.

푸코는 모델 적용 영역으로 형벌제도와 정신의학을 들고 있다. 이 두 분야에서 격리와 제명의 절차를 마련하기 위해 일탈에 대한 선결적 정의는 필연적인데, 이 정의는 파롤과 권력 관계를 특권화시키고 있다. 문화활동이나 유희활동은 받아들여지는 것과 그렇지 못한 것으로 뚜렷하게 구분할 필요는 없다. 이러한 특징은 레저가 소비됨에 있어 권력의 무게와 연관되어 있지 않다는 것이다. 이것은 이론의 여지없이 이익의 논리가 할리우드를 지배한다는 것을 의미한다. 하지만 상업적 스타일을 지니고 있는 현재의 문학은 경제적 성공을 담보해 주고 있다. 만일 영화 제작자들이 자신들 영화에 대한 언급에 집착한다면 약속이나 장래 같은 질문은 원하지도 않을 것이다. 권력과 효율성이 혼합되어 있는 스튜디오에서 엄격한 지시는 필요한 것이겠지만 여기서 우리가 밝히고자 하는 것은 내적인 규율에 대한 정의가 아니다. 우리는 제도의 안과 밖에서 영화를 언급할 수 있는 조건을 규정짓자는 것이다.

---

9) J. 스테이거, 〈대량 생산된 극영화. 할리우드 초창기에 경제와 의미 실천 Mass-produced Photoplays. Economic and Signifying Practices in the First Years of Hollywood〉, in 《광각 Wide Angle》, IV, 3, 1980, 22쪽.

담론이 어떻게 전개되는지를 이해하기 위해서는 제법 널리 퍼져 있는 편견에서 벗어나야 한다. 영화는 지식인들에게도 경멸의 대상이 아니었다. 일찍이 1908-10년 이래로 영화는 일반 대중뿐 아니라 부르주아에게도 관심의 대상이었다. 프랑스 지식인들의 모임에서 영화에 대한 상당한 경멸감이 표현되었다는 것이 사실이라면 그것은 극히 예외적인 경우일 것이다. 이탈리아 문학의 두 거장 가브리엘 단눈치오와 피란델로는 영화에 매우 높은 관심을 보였고 독일과 오스트리아에서 대부분의 작가와 예술가들도 영화에 심취하였다. 러시아의 톨스토이는 80세가 넘은 고령이었음에도 영화를 보기 위해 먼 길을 달려왔으며, 젊은 작가 알렉산드르 블록이나 고리키는 열렬한 영화 애호가였다. 독일 영화 비평의 탄생을 다룬 최근의 저서에서 헬무트 디에드리히는, 영화 제작이 미약하여 스튜디오들이 아무런 영향력을 행사하지 못하던 국가에서 20세기 초부터 대중잡지나 수준 높은 잡지에서 어떻게 새로운 예술인 영화에 열광했는지를 설명하고 있다. 1960년부터 큰돈을 벌 수 있다는 생각을 가지고 베를린의 저널 《내일》은, 1907년 이래로 영화는 "우리 작가들에게 삶의 수단이 되었던 구텐베르크의 시스템(이를 이을 유일한 새로움은 은하계를 언급하는 것이 될 것이다)을 교체할 어떤 다른 것보다 훨씬 당황스럽고 결정적인 문화 요인"[10]이라고 언급하고 있다. 중요한 것은 인텔리겐치아와 스튜디오의 만남이라는 약간의 지엽적인 특징이 아니라 현대인들이 영화와의 대면을 통해 거의 즉각적으로 갖게 된 일종의 긴박한 활동성이다. 피란델로 같은 사람들은 영화를 경멸하기는커녕 위협을 느끼고 이를 예술적 표현으로 변화

---

10) H. 디에드리히, 《초기의 독일 영화 비평 *Anfänge deutscher Filmkritik*》, Francfort, Verlag Robert Fischer, 1986.

시킬 방법을 모색하였으며, 또 다른 사람들 특히 독일 사람들[11]은 그
들의 영화를 비평하기 위해 사유의 도구를 만들기도 했다. 이러한 것
은 영화에 대한 담론을 가능하게 한 것으로 영화에 의해 제시된 열림
과 화가나 시인들이 해결책을 찾고자 했던 문제들 사이의 교차점이 된
다. 호프만슈탈이나 슈니츨러도 영화를 경유하였다. 그 이유는 시나리
오를 쓴다는 즐거움 때문이 아니라 이들이 기대했던 것을 스크린이 생
각하도록 강요했기 때문이다. 이제 하나의 공간이 열렸다. 이 공간에
서 시인들은 색깔, 움직임, 리듬을 언급함으로써 테크닉 속에 갇히지
않으면서 영화 '내용'과 간격을 유지하고 있던 영화 애호가들에게 도
움을 주었다. 후고 뮌스터베르크는 대중심리학에 대한 저서 머리말에
서 1916년 이래로 영화가 어떻게 의미를 만들어 내고 취하는지 분석하
기 위해 카메라가 기록하고 재생시키는 방법들에 대해서 등한시하였
음을 분명하게 언급하고 있다.[12]

　이렇듯 1925년까지 많은 서적들은 영화가 해야 할 것을 끈질기게 강
요하였고 또 다른 서적들 역시 영화의 존재에 대해 질문을 던졌다. 토

---

11) 독일이나 오스트리아 지식인과 영화의 관계에 대한 기록은 아주 많다. L. 그
레브, M. 페레, H. 웨스트호프, 《난 영화관에 갈 거야! 작가와 무성 영화 *Hätte ich
das Kino! Die Schriftsteller und der Stummfilm*》, Stuttgart, Klett, 1976; A. 카에스,
《영화 논쟁. 1909-1929년 사이의 문학과 영화의 관계 텍스트 *Kino-Debatte. Texte
zum Verhältnis von Literatur und Film, 1909-1929*》, Tübingen, Niemeyer, 1978; F.
귀틴게르, 《영화 없인 하루도 없다: 무성 영화 작가 *Kein Tag ohne Kino: Schriftsteller
über den Stummfilm*》, Francfort a/Main, Deutsches Filmmuseum, 1984; L. 쿼레시마,
《빈의 꿈 *Sogno Viennese*》, Florence, Casa Usher, 1984. 이 외에도 정치적 텍스트가
있다. 즉 G. 쿤, K. 투머, W. 빔머, 《독일에서 영화와 혁명 운동 *Film und revolutionäre
Arbeitbewegung in Deutschland*》, Berlin, Henschelverlag, 1975. 영화 초기 빈의 분위
기를 다룬 저서 J. 르 리더, 《빈의 현대성과 정체성의 위기 *Modernité viennoise et
crise de l'identité*》, Paris, PUF, 1990.
12) H. 뮌스터베르크, 《영화. 심리적 연구 *The Film. A Psychological Study*》, New
York, Dover Publications, 1916, 1970 재판.

론에 대처할 수 있는 적법한 심급의 부재로 인해 잡지와 전문 문학이나 시라는 기존의 세 영역의 가장자리에 간접적으로 도입된 언어는 상호간에 교환되고 교차되어 화답을 이루었다. 이것은 영역을 구조화시키지 못한 발화체에 관한 것이긴 하지만 여기에는 하나의 여정이 존재한다. 영화인들, 저널리스트들, 작가들, 에세이스트들은 자신들이 사랑하는 것과 원하는 것, 그들이 보고 원하는 영화를 언급했기 때문이다.[13]

우리가 실천하고 있는 담론의 형상화에 의해 탐구와 망설임과 모순이 사라졌다는 것을 사람들은 언제쯤에나 알게 될까? 여기에 연대적 사실은 없으며 다만 징후가 있을 뿐이다. 답이 없는 질문은 조금씩 확신으로 나아가 일반적 논거로 바뀌게 된다. 몇 가지 예를 들어 보자. 텔레비전은 글 읽기를 죽이는 것인가? 20세기 초 주간 일요 잡지에서 던졌던 이 상투적인 질문이 '진짜' 질문으로 새롭게 제시된 적이 있다. 난투극과 살인 장면을 보여주는 텔레비전은 아이와 청소년들에게 폭력을 부추길 위험이 있는 것은 아닌가? 1907년과 1910년 사이 미국에서 진정한 캠페인으로 이 주제에 대해 특히 영화에서 전개된 적이 있었다.[14] 또 다른 예가 있다. 물질 세계를 충실하게 재현하는 사진과 영화는 모방을 염려하는 회화를 자유롭게 할 것인가? 사진과 영화는 회

---

13) 특히 영화의 기원에 대한 비평 서적이 여러 권 있다. M. 라피에르, 《영화선집 *Anthologie du cinéma*》, Paris, Plon, 1946; D. 탈보, 《영화: 선집 *Film: An Anthology*》, New York, Simon and Schuster, 1959; R. 잔, Ch. 포르 공저, 《영화와 잡지, 1895-1960 *Le Cinéma et la presse, 1895-1960*》, Paris, A. Colin, 1961; D. 프로코프, 《영화 이론을 위한 자료 *Materialen zur Theorie des Films*》, Munich, Car Hansen Verlag, 1971; D. 덴비, 《미국 영화 비평선집, 1915년부터 현재까지 *An Anthology of American Film Criticism, 1915 to the Present*》, New York, Vintage Books, 1977; A. 슬라이드, 《영화 비평선집, 1912-1920 *Selected Film Criticism, 1912-1920*》, Metuchen N. J., New York, Scarecrow Press, 1982.

화로 하여금 우선적으로 형체와 색깔에 대해 작업을 하도록 이끄는 것은 아닐까? 컨스터블이나 다른 여러 화가들이 사진이 나타나기 전에 이미 회화를 흔들어댔음에도 1907년 카누도의 모험적인 가정이 증명된 진실로 변형되었다는 것을 염두에 두지 않은 채, 모두는 위의 질문에 대해 그렇다고 믿었다. 날짜라는 것은 고고학에서 약간의 무게를 더할 뿐이다. 우리는 발화체들이 어느 순간부터 엄격해졌는지 명확하게 분석할 생각은 없다. 다만 본질적으로 20세기 와중에 오디오비주얼에 대한 언어들은 의심에서 확신으로, 팽창에서 엄격으로 변모해 왔음을 확인하고자 한다.

최초의 파롤들

단어들과 단어의 사용 및 영화의 어휘는 한정되어 있다. 단순하고 쉬운 용어들이 모여 있을 뿐이다. 그렇긴 하지만 영화의 어휘는 흥미롭고 다양한 언어들을 포함하고 있다. 어떤 단어들은 아주 빠르게 채택되어 우리가 애초의 범위를 인식하지 못한 영화 행위 개념에 경계를 그으며 이 나라 저 나라에서 동일한 의미로 포장되었다. 영화인들은 마치 단편들을 숨기고 자신 주위를 단순하게 재생시키는 것에 만족하지 않는 듯 국가에 따라 영화 필름을 une prise, eine Aufnahme, a take, una toma, s'emka 등으로 불렀다. '영화를 찍다'라는 러시아 말은

---

14) 1914년에 영화와 글 읽기의 관계 문제는 여전히 토론거리였다. 〈영화로 인한 서적 유통의 감소 Decrease in book circulation as result of movies discussed〉, in 《뉴욕 타임스》, 1914년 11월 1일자. 1916년 뮌스터베르크는 이를 규칙화시킨다. "우리는 오늘날 대중들이 단어보다는 이미지를 통해 이해하려 한다는 사실을 무시할 수 없다"(11쪽). 영화에서 폭력에 대한 자료는 윌리엄 우리치노가 제공한 것이며 그에게 감사의 말을 전한다.

snjat'film인데, 이것은 말 그대로 그 영화가 속한 환경에서 영화를 '제거하다' '공제하다' 라는 뜻을 지닌다. 또한 피란델로의 소설 《촬영하다》(1915)[15]는 분명히 환상과 영화의 특징을 다룬 최초의 소설일 것인데 영화를 감각 세계에서 견본을 채취하는 기계로 그리고 있다. 촬영기사인 세라피노 구비오는 매일 아침 카메라로 사각형의 경계를 설정하는데, 결국 카메라는 배우들의 이미지가 영원한 삶으로 변형된다는 믿음을 주면서 그들의 존재를 사취한다. '촬영하다' 라는 표현은 '핸들을 돌리다' 의 뜻을 지닌 독일어 Kubeln의 의미로 선택되었음이 분명하다. 객관적이고 전경을 제시하는 이중인화 같은 흔적, 전반적으로 사진에 의해 만들어진 모든 흔적은 적어도 20여 년 동안 채택되어 온 것들이다. 위에서 언급된 테스트는 바로 이 점에서 타당성을 갖는다. 한 단어의 보편화를 의미하는 일반적인 쓰임새로 직접 이행된 것이기 때문이다. '프레임(cadre)' 을 과감히 변화시켜 영화 스튜디오에서 만들어 낸 '프레임화하다(cadrer)' 라는 어휘는 곧장 대중 속으로 퍼져갔고 언어의 정확성에 매우 엄격했던 시인 페기조차 이를 사용했다. 신비감이 없는 단어에 대해서는 언급하지 않겠다. 우리는 그러한 단어보다는 오랫동안 사용이 고정되지 않은 단어들을 더 잘 이해할 수 있을 것이다.

시네마(cinéma)와 필름(film)이라는 짝은 단단한 것처럼 보인다. 이들 짝은 매우 자연스러워서 사람들은 이들 두 요소를 대립시키거나 조합시키는 놀이를 하여 왔다. 프랑스어에서 벗어나 다른 언어로 가보자.

---

15) *Si gira*(Milan, Treves, 1915, 프랑스어 번역 *On tourne*, Paris, Kra, 1925)라는 타이틀로 출판된 이 소설은 1925년 《촬영기사 세라피노 구비오의 노트 *Quaderni di Serafino Gubbio operatore*》(Florence, Bomporad, 프랑스어 번역, 《마지막 시퀀스》, Paris, Balland, 1985)에서 다시 출판되었다.

고대 영어 어휘인 film은 오브제를 감싸는 얇은 막을 지칭하는 것으로, 독일어로 '가는 피부'의 뜻을 지닌 Haütchen과 더불어 pellicola 혹은 película와 갈등을 일으켜 왔다. 프랑스인들은 또 다른 짝, pellicule=최초의 질료/film=완성된 제품을 구성하여 불확실성의 위험을 유발시키고 한편으로 애매한 상태로 놔두었다. 'cinéma'라는 신조어는 프랑스어로는 장소, 생산 기계, 시스템을 지칭하는 것이 되었고, 독일인·영국인·러시아인들은 오랫동안 자신의 언어에 속하는 용어들, 이를테면 Lichtspiel, moving-pictures, kartina, lenta 등을 병치시켜 사용해 왔다. 이 단어들은 cinéma의 전문적인 객관성을 지니지 않는 울림으로 가득 찬 단어들이다. 한편 상대적인 불명확성이 미학적으로 흥미를 주는 어휘에 대해 알아보도록 하자. 여기서는 특히 프랑스 사람들이 당황하는 두 경우만을 예로 들어 보자. Picture는 이미지, 재현, 복사의 의미를 갖는다. 대중적인 표현 "그녀는 어머니의 복사판이다(she's the picture of her mother)"는 이를 잘 보여준다. picture라는 단어에 자연스럽게 영향을 받은 film은 이미지 이전의 모든 전통과 결합되어 있다. film을 moving-pictures라고도 말하지만 이 표현은 이미 투시화나 동영상화된 또 다른 고정 이미지를 지칭하기도 한다. picture는 cinéma/film의 짝에 혼란을 일으키면서 film뿐 아니라 cinéma, 즉 picture-house 영화관을 지칭하기도 하고 film의 구성 요소들을 제삼자로 개입시키기 위해 이 두 용어를 넘어서기도 한다. 1921년 헉슬리는 친구에게 다음과 같은 글을 썼다. "The days flit past like pictures on a cinema film." 이 뜻은 하루하루가 이미지처럼 또는 상(像)처럼 아니면 시네마 필름의 장면처럼 지나간다는 뜻으로, 어떠한 해석도 picture의 의미론적 흐름을 잡아낼 수 없다. 러시아인들[16] 역시 film, kartina, lenta라는 세 단어를 사용한다. 이 가운데 lenta는 프랑스어의 'bande(밴드 또는 필름 테이프)'에 해당하는 것으로 film과 kartina의 사용을 애매하게 만들기 때문에 이 정도 언급하는 것으로 그치고자 한다. 여하튼 kartina 는 picture의 의미를 지니고 있다. 즉 벽에 거는 그림을 뜻하며, 그 유사성은 kadr가 의미하는 '숏'보다 더욱 크다. 상당히 모순적(이 모순은 러시아 원어민들이 사용하는 유일한 표현이므로 이를 이해하지 못하고 외국인들만이 알아챌 수 있다)이긴 한데 러시아인들은 '영화적 그림,' 나아가 '말하는 그림'이라고 말한다. 일찍이 영화를 텍스트의 규칙 분석을 위해 규정된 전체로, 즉 단일한 개념으로 파악한 프랑스어는 다른 문화권에서 암시하는 접근성과 파생 관계를 금하고 있다. 영화를 그럴듯한 한 폭의 그림으로 사유한다는 것은 프랑스어에서는 있을 수 없는 일인 것이다.

플래시백을 연구한 튜림[17]은 오늘날 규범에 맞는 고정된 표현에 선행했던 불확실성을 언급하고 있다. 우리는 이 흥미로운 여정에 동참하면서 지금부터 이 여정이 아주 단순히 개념적인 불명확성을 반영하는 것은 아닌지 생각해 보려 한다. 많은 언어들이 상대적으로 부정확한 어휘로 사용되고 있다. 이것은 이따금 단어를 맨 처음 사용한 자에게 되돌림으로써 단어의 특징을 강화시키는 외적인 적응이 될 수도 있다. 튜림이 언급한 바, 플래시백은 문학과 정신의학에서 훌륭한 여정을 마친 후 영화에 정착되었다는 것이다.

단어들은 그것들이 사용된 콘텍스트 속에서 생명을 가지게 된다. 또

---

16) R. 소보레프, 《사람들 그리고 혁명 이전 러시아의 영화 *Ljudi i fil'my ruskogo dorevoljucionogo kino*》, Moscou, 1961, 이 저서는 러시아어의 영화 어휘에 대한 흥미로운 연구이다.

17) M. 튜림, 《영화의 플래시백. 기억과 역사 *Flashbacks in Film. Memory and History*》, New York-Londres, Routledge, 1989, 3-4쪽.

한 고고학자의 작업은 단어의 출현을 연구하고 단어들이 어떻게 발화체를 형성하는지 또 "아무것이나 만들다," 코미디를 연기하다, 이웃을 귀찮게 하다, 꿈을 꾸다 이전에 "자기 영화를 만들다"라는 표현이 의미하는 것을 재발견하려는 것으로 이루어져 있다.

2. 견자(見者)

뤼미에르가 영화의 미래를 예견하지 못했음을 상기한다면 관객은 웃음을 자아낼 것이다. 그러나 이러한 맥락에서 벌어진 일화는 그렇게 코믹한 것은 아니다. 물리학자이자 사업가였던 뤼미에르는 자신의 발명품이 과학적으로 응용될 수 있다거나 단순하게 실용적이 될 수는 없을 것으로 판단하였다. 우리에게 굉장한 탐험의 도구가 되어 버린 오디오비주얼이 이러한 발전을 가능케 한 움직임의 재생산과 기록이 아니라 전자공학에 관한 것이라고 생각했던 것이다. 초기 영화에 대한 감탄이 식기 시작하자 사람들은 영화의 불완전성을 생각하게 되었다. 영화는 완전히 평면적인 것으로 우리가 지각하는 3차원의 특징과는 전혀 거리가 멀다고 생각했던 것이다.

뮌스터베르크는 영화에 대해 이렇게 말하였다. 우리는 영화의 평면의 스크린을 바라보며 오브제가 2차원적이라는 사실을 알고 있다…. 오브제의 차원, 프레임, 장면의 전체적인 구성은 스펙터클의 환상적 특징을 전해 준다…. 영화는 실제적인 깊이는 없지만 피상적이고 허구적인 직관이라는 특징을 지니고 있다.

조셉 로스가 풍자적으로 해석한 것은 다음과 같다. "지상의 실제적 삶과 스크린에 재현된 삶 사이의 유일한 차이점은 다음과 같이 요약된다. 지상은 둥글고 스크린은 평면이라는 것이다."[18] 다음으로 생각해 봐야 할 것은 움직임은 실제로 재현된 것이 아니라 연속적 숏들은 단순한 사진들이며 어떤 저널리스트가 아이러니하게 표현한 것처럼 '인화된 사진 시리즈'라는 것이다. 장 엡스탱은 좀 더 직접적으로 언급한다. "연속적으로 고정되어 있는 한 남자의 1,120개의 스냅사진은 다른 남자를 만들어 낸다. 1분 동안 생생한 표현을 만들어 내는 1,120개의 스냅사진은 그것이 표현하는 것이 아니며 그에 해당하는 시간인 1분도 아닌 것이다."[19] 이런 것들은 1900년부터 대다수의 관객들이 의식하고 있었던 것으로 상영이 진행되는 동안 인물들의 움직임이나 피사체의 심도를 이해하는 데 하등 방해를 받지 않았다. 영화에 대한 사유는 기계의 메커니즘에 대한 지식과 이 지식을 쓸모없게 만드는 아주 생생한 인상적 실행이 만나는 지점에서 전개되었다. 영화는 신기루가 아니라 환상이며 관객은 자기가 원하는 것을 보게 된다. 또한 관객은 시각적으로 다른 것을 인식하면서 엡스탱에 따르면 "존재하지 않는 움직임"을 구성하기도 한다. 그랑 카페에서 저 유명한 상영이 있은 후 한 신문에서 발표된 찬사의 기사는 영화가 컬러였다고 언급할 정도였다. 저널리스트가 틀린 것은 아니었다. 그는 흑백을 보았을 뿐이지만

---

18) 뮌스터베르크, 앞의 책, 19-24쪽. 영화에 열광한 오스트리아의 다른 지성인과 마찬가지로 조셉 로스 역시 약 20여 년간 비평서를 썼다. 다음을 참고할 것. L. 쿼레시마, 〈그림자, 목소리, 영화비평가 조셉 로스 Die Schatten, die Stimme. Joseph Roth als Filmkritiker〉, in M. 케슬러, F. 해커트 편집, 《조셉 로스, 해석, 비평, 수용 Joseph Roth, Interpretation, Kritik, Rezeption》, Stuttgart, Staufenburg Verlag, 1990; 1919년에 초판되었으나 여기서는 재판을 인용하였다. 250쪽.

19) J. 엡스탱, 《1921-1953년 사이 영화의 글쓰기 Écrits sur le cinéma, 1921-1953》, Paris, Seghers, 1974, t.I, 184-185쪽. 여기에 인용한 것은 1928년 판이다.

컬러를 좋아했기 때문에 존재하지 않는 컬러로 보완을 했던 것이다.

이렇듯 관객은 아마도 가장 중요한, 카누도가 말한 '궁륭의 핵심'이 되는 영화의 장인(匠人)이다. 객석에서 형성된 이념은 곧바로 밖으로 드러나고 이 이념은 동시대 사람들에게 영화를 미학적 용어로 언급할 수 있게 한다. 이는 다시 카누도가 언급한 것처럼 한 작품이 오로지 "관객의 정신 속에서 전개되는 테마"를 지니고 있다면, 영화가 재현하는 것을 상세하게 관찰하는 것이 영화가 어떤 수단으로 감동과 해답을 이끌어 내는지 파악하는 것보다 더욱 중요할 것이다. 관객의 반작용과 관련된 기호 작용이 언제나 날카로운 것은 아니다. 이 기호 작용은 이따금 평범한 도덕주의에 빠지기도 하고 영화광의 집단적 정신 이상을 자극하는 불분명한 공포감에 확신을 주기도 한다. 분명한 것은 우리가 제시한 미학적 참여의 최초의 가정들이 영화의 근원 자체를 표명하고 있다는 것이다.

순수하게 가시적인 것

만일 우리가 영화 초기의 대토론회에서 언급된 전적으로 바라보는 힘과 시각의 훈련에 대한 중요성을 이해하고자 한다면 정신 속에 존재하는 특징들을 고려해야 한다. 전문적인 이론가나 시나리오 작가가 아니라 아마추어로서 영화를 좋아했던 로베르트 무질은 영화가 지니는 '순수 가시성'[20]의 특징에 푹 빠져 버렸다. 독일의 어떤 비평가는 영화를 통해 '시각의 예술(die Augenkunst),' 즉 '눈의 예술'[21]을 알았다고 언급하고 있다. 이 두 어휘는 영화가 시각 예술이라는 당시 분위기를

---

20) 《이미지와 영화 Bild und Film》, 11, 1914, in Diedrichs, 앞의 책, 116쪽.

잘 반영하고 있다. 하지만 이러한 사유는 약간은 과한 것으로 보이며 회화·조각·무용이나 다른 공연 예술을 가볍게 보는 경향으로 나타났다. 따라서 이를 탐구하기 전에 눈에 대한 기준이 함축하는 것을 이해해야 할 필요가 있다.

우리는 이미 관객에 대한 보고서와 저널에 대해 언급하였고 또한 영화의 시대가 도래했을 때 어떤 저널리스트들이 이야기를 단순히 요약하기보다는 더욱 자세히 기술하고자 시도하였음을 언급한 바 있다. 미학적이기를 바랐던 저널리스트들의 판단은, 비교 용어를 통해 연극과 회화처럼 조형적 구성과 무대적 특징을 제각기 제공하는 것으로 인정된 예술과의 유사성에 의거하고 있다. 저널리스트들이 생각하기에 이미지화라는 제2의 어휘는 매우 중요하다. 이미지화가 잘 이루어지기 위해서는 전체를 조화롭게 배치해야 하고, 색의 균형을 이루고, 미국 비평가이자 저널리스트인 줄리안 존슨이 '시각적 시'라고 일컬었던 것을 실현시켜야 한다. '회화'라는 용어의 모호성은 여기에서 아주 커다란 효과를 보이고 있는데 존슨은 영화를 '회화적 관점에 따라' '회화적으로' 전개시키고 있다. 존슨은 '회화의 구성을 보였던' 그리피스를 존경하였다. 영화 〈방앗간 너머〉의 연출에 대한 다음의 판단은 그의 회화의 중요성을 잘 보여준다.

여기에는 이상하게도 회화적 유혹이 결핍되어 있다. 우리가 인식할 수 있는 것이 드물고 외적인 것이 놀랄 만큼 부족하여 이야기의 극적 요소

---

21) 〈새로운 미학 연구. 영화 드라마의 특징 Ansätze zu neuer Ästhetik. Bemerkungen über eine Dramaturgie des Films〉, 1925 in 《다이어리, 에세이 (…) 그리고 담론 Tagebücher, Essays, Aphorismen und Reden》, Hambourg, Rowohlt, 1965, 668쪽. 독일어로는 Nursichtbar인데 이 어휘를 '전적으로 시각적인' 것으로 번역한다면 의미가 약해질 것 같다(프랑스어 번역판, 《에세이 Essais》, Paris, 1978, Seuil, 189쪽).

를 강화시키거나 시각을 만족시키기 위해 자연미를 이용하지 못하고 있는 것이다. 그러나 여기에는 이미지의 흐름, 장식의 하모니, 후경을 통해 얻어진 통일성의 인상이 존재한다. 장식의 단순성과 친밀성은 인물들 및 이야기와 조화를 이루는데 이러한 사물들의 속성은 예술 원리의 특징이자 실천이다(〈특별한 사진놀이〉, 1921년 1-2월, in Slide, 187쪽).[22]

저널리스트가 이처럼 언급한 표현들은 심사숙고한 것들이다. 이렇게 사용된 표현들이 성공을 거두기 위해서는 적절한 환경을 선택해야 하고, 프레임의 정신과 줄거리의 의미를 일치시켜야 하며, 이 하모니가 끝까지 유지되어야 한다. 이 단계에 이르면 아름다움을 아름다움 자체로 예상하는 이념이 완벽하게 기능한다. 왜냐하면 여기에는 화가나 사진작가들이 만들어 낸 용법으로 정의된 기막힌 풍경이 존재하기 때문이다. 영화인들도 이들을 포착할 수 있어야 한다. 비평가 존슨은 후경과 형태라는 고전적인 이분법을 뒤흔들면서 영화의 서술적 가치와 회화적 특징 사이에서 일반적인 문장 자체로도 인지가 가능한 새로운 분리를 생성시켰다. 〈꺾인 꽃들〉에 대해 한 비평가가 "극작가, 화가, 시인의 작품"이라고 언급했던 것처럼 그리피스의 영화들은 구성과 이야기를 조화롭게 했다. 반면 영화 〈카비라〉는 시나리오는 약하지만 촬영은 훌륭한 것으로 평가받았다. 이것은 단순히 조형 예술이나 문학에 이미 적용되었던 과거의 기준을 갱신하려는 시도이다. 결국 저널리스트들의 의견은 우리의 연구에 별 도움이 되지 못한다고 결론지을 수 있을 것이다. 사실 비평이란 다변(多辯)과 불필요하게 반복된 언어를 배경으로 미학을 통해 영화와 관객을 연결시키는 리뷰와 관객과 영

---

22) 여기에 인용된 영화 비평 텍스트 참고 문헌은 주석 10과 12에서 찾을 수 있다.

화의 모든 개념을 발전시켜야 한다.

잡지에 놀랄 만큼 자주 등장하는 메타포는 시선에 관한 것이다. 존슨은 이를 '카메라 눈(camera eye)'이라고 언급하면서 객석의 한 구석에서 '눈에 허락된' 기쁨이라고 말한다. 눈은 둘이지만 하나로 작용한다. 언젠가 멜리에스는 "영화에서는 오직 카메라만이 관객이다"라는 아주 이상한 말을 했다. 이 말은 관객은 카메라가 본 것만을 본다는 의미이다. 존슨이나 멜리에스 이외에도 당시 피란델로의 영웅이었던 세라피노 구비오도 실존을 의심하면서 다음과 같이 말한다. 관객의 기능은 전적으로 '카메라에 눈을 빌려 주는 것'이거나 차라리 줘버리는 것이다. 왜냐하면 두 눈이 카메라에 흡입되기 때문이다. 그는 계속해서 "이미 내 눈과 귀는 이러한 기계적 재생의 기능을 통해 보고 듣기 시작했다"고 말한다. 녹화와 복원은 카메라가 주위에서 이미지를 추출한다는 것을 인정하는 것으로, 카메라는 눈-카메라가 된다. 카메라는 렌즈의 형태에 따라 제약이 주어지며, 프레임 안에서 형태들의 가장 훌륭한 배치를 선택하고 스크린을 캔버스처럼 다시 그린다. 세라피노는 두 단어 스크린과 캔버스를 혼동하고 있는데 스크린을 지칭하기 위해 캔버스(tela)라고 말하고 있다. 반면 줄리안 존슨은 영화 영상은 '최상의 캔버스,' 즉 가장 훌륭한 캔버스와 동등하다고 언급한다.[23] 여기서 관객의 역할이 분명하게 정의된다. 카메라가 부여하는 관점을 통해 관객은 판단한다는 것이다. 영화란 하나의 정보인 까닭에 관객은 단지 영화를 받아들이고 연구한 결과가 얻어졌는지 결정하고 카메라

---

23) 프랑스어의 영화 스크린에 해당하는 독일어는 Leinwand이며 이 역시 회화의 의미를 지닌 캔버스를 나타낸다. 숨어 있는 스크린의 단어는 Schirm이다. 비독일어권 정신분석학자들은, 프로이트의 정의에 따르면 받아들일 수 없는 심리적 정서를 숨기는 기억, 즉 '스크린 기억'을 영화 스크린으로 전이시키면서 프로이트와는 다른 언어적 논리를 언급한다.

의 논리에 적응하기만 하면 된다는 것이다. 주간지 독자들을 위해 영화 연출의 본질을 기고한 바 있는 독일 비평가 조 메이는 '모든 예술적 생산성이 집중된' 활동들, 말하자면 계산과 구성이 존재하는 지배적인 부분을 강조한다. 여러 예술품과 마찬가지로 영화도 관객의 시선에 의해 보여지는 것으로 인지되어 왔다. 그러나 영화는 시선과 카메라 및 회화의 전통적 규칙과 현대적 기술을 연결시키는 특별한 성격을 지닌다. 그러므로 영화를 이해하기 위해서 관객은 먼저 시선과 카메라에 동의해야 하며 그런 다음 영상을 통해 조형적 작업의 영원한 가치를 발견해야 한다.

예나 지금이나 작품들에 대한 동일한 기준을 발견하기 위해서는 어떤 것이라도 충분히 논의할 수 있다. 대략 1920년대까지 비평은 관객이 비평적 능력을 빠르고 효과적으로 실천할 수 있도록 매우 단순한 격자에 초점을 맞추었고, 모델은 견고했다. 그러나 아직 정의되지 않은 기존의 미의 여정 속에서 이 모델은 분명한 미학적 소명을 지니고 있었다. 규칙을 기계적으로 응용하면서 사람들은 오디오비주얼 프로그램이 어떤 미를 목적으로 하고 있는지 결정할 수 있게 되었다. 전체가 되는 프레임은 굳건한 일종의 독점권을 부여받았다. 만일 양적으로 훨씬 적은 다른 발화체가 이 프레임과 어긋날 경우에, 이들 발화체는 단순한 암시로써 제시될 터이기 때문이다. 불완전하고 모순적인 이러한 암시는 결코 체계를 만들 수 없으나 어찌 되었든 간에 이들도 시각의 우위성에서 출발한다. 동일한 시각적 메타포를 기반으로 장소에 따른 미에 대한 숙고 또는 시선의 구조적 행위와 관련이 있는 엄청난 명제들이 쏟아졌다.

우리는 보기 위해 극장에 간다. 뭘 본다는 것인가? 미에 도달하기 위한 노력인가? 이 물음에 대답을 한다면 비평은 이따금 만족스러워할 것이다. 좀 더 진전된 단계에서 어떤 사람들은 인간 존재의 근본적인 기쁨을 얻기 위한 시선 훈련이라고 할 것이다. 영화가 제시하는 반최면 상태의 제식 덕분에 영화를 만족스럽게 바라볼 필요성과 충동의 이념은 상당히 오래 전에 제안된 것이다.[24] 이 이념은 엄격한 심리적 탐구에 의한 것이 아니고, 절반은 수동적인 태도를 가정하는 것이기 때문에 미학적 차원에서 아무런 결과도 도출하지 못한다. 보는 것인가 아니면 보는 것을 이해하는 것인가? 가장 환영을 받았던 이 가정은 영화가 시각의 조건을 변화시킨다는 것과 의심의 여지가 없는 관점을 열었다는 것이다. 눈-카메라는 인간의 시각이 인식하지 못하는 것을 느낄 수 있다. 그 기계적인 특징이 핸디캡이 되기도 하지만 반대로 새로운 잠재성, 말하자면 "셔터의 찰칵 소리는 영화 이전에 존재하지 않았던 사진 효과를 만들어 내기도 한다. 렌즈, 조리개, 암실, 광학 시스템 등이 존재하므로 예술가는 동력을 주기만 하면 되는 것이다…. 생각해 보라. 이 시선은 우리가 인지할 수 없는 파장을 본다."[25] 동일한 장면의 계속적인 반복으로 눈이 멀게 된 인간에게 영화는 예기치 못

---

24) 조반니 파피니는 1907년 이에 대해 명쾌하게 언급한다. 영화는 "시각이라는 하나의 감각에 매우 집중한다…. 그리고 이 감각은 주의력의 점진적인 변화와 연극에서 아주 흔한 기준이 되는 시선과 기호를 예견케 하는 바그너식의 어두운 객석을 통해 인위적인 기분전환에서 벗어나게 해준다"(앞의 책, 23쪽). 세라피노 구비오는 초현실주의자들과 동일한 관점을 취한다(특히 장 구달의 텍스트가 그렇다. 1925, 알랭과 오데트 비르모의 다음 저서 인용, 《초현실주의와 영화 Les surréalistes et le cinéma》, Paris, Seghers, 1977). 독일의 경우 이 주제는 특히 H. 리히터가 주장하고 있다. 《오늘 이후의 대립적인 영화. 아침의 영화 친구 Filmgegner von Heute. Filmfreunde von Morgen》, Berlin, Reckendorf, 1929. 20세기 초 무시되었던 형이상학적 연구는 메츠가 주로 연구를 하였다. 《상상적 시니피앙 Le Signifiant imaginaire》, Paris, U.G.E., 1977.

25) J. 엡스탱, 《반갑다 영화 Bonjour cinéma》, 1921, in 《글쓰기 Ecrits》, I, 앞의 책, 91쪽. 또한 같은 내용으로 쿠르츠의 《표현주의와 영화 Expressionismus und Film》, Berlin, Verlag des Lichbildbühne, 1926, 56쪽. 프랑스어 번역, Grenoble, PUG, 1986, 98쪽.

한 놀라움을 가져다준다. 영화가 보여주는 사물들이나 장면들은 자체적으로는 별 가치가 없지만 이들이 돌발적 출현함으로써 인간들은 당황하게 된다. 더구나 이들은 당신과 나, 우리 이웃들로서 일상적인 삶에서 눈이 먼 채로 서로 행동하던 우리 모두는 스크린 덕택에 벨라 발라즈가 선언한 바와 같이 결국 볼 수 있게 된 것이다.[26] 필립 수포는 이렇게 말한다. 영화를 통해 "인간은 더욱 참을성 있고 날카롭고 정확한 새로운 눈을 갖게 되었다."[27]

1920년대 중반에 발라즈와 무질은 영화에 대한 동일한 관점을 발전시켰다. 영화는 세상을 모방하는 것이 아니라 선택하고 단순화시키고 이동시키면서 미지의 낯선 형상을 제안한다는 것이다. 무질은 다음과 같이 말한다. 영화는 "무한하고 설명이 불가능한 존재의 특징을 드러나게 한다."[28] 동일한 이념을 가진 두 사람에게 있어 평범한 집중 자체보다는 이 집중이 의거하는 다른 전제가 더욱 중요하다. 스튜디오에서 주로 작업을 했던 발라즈는 자신의 저서에서 언급하고 있듯 실제적인 경험이 풍부하다. 그는 영화를 더욱 발전시켜 자신이 원하는 충분한 실천에 이르기를 꿈꾸었다. 무질의 경우 아무런 변화를 원치 않았고 위대한 소설 《특징 없는 인간》을 저술하기 위한 엄청난 노력을 보여주는 것으로 만족한다. 다시 말하지만 발화체는 가지별로 분류되어 연구되어서는 안 된다. 원래 매우 다양했던 발화체는 최근에는 담론의 몇몇 핵심 사항과 상호 교류하고 있는 실정이다.

---

26) B. 발라즈, 《볼 수 있는 인간 또는 영화 문화 *Der sichtbare Mensch oder die Kultur des Films*》, 1924, Vienne-Leipzig, Deutsch-Österreichisches Verlag, 1924. 여기서는 독일 초판을 인용하였지만 재판도 나와 있다. 《영화의 글쓰기 *Schriften zum Film*》의 I, Munich, Carl Hansen Verlag, 1982.

27) 앞의 책, 비르모, 215쪽.

28) R. 무질, 672쪽, 프랑스 번역판, 199쪽.

영화가 나오기 15년 전 독일어를 사용하는 지식인들이 아직은 새로운 예술과 접촉하기 이전에[29] 무질은 단편 소설에서 '사랑의 완성'[30]이라는 표현을 썼다. 아주 세심한 구조로 짜인 이 소설은 젊은 여자 클로딘의 여행에 관한 것이다. 여행은 기차로 이루어지고 있으나 이야기는 기차와 풍경에 대한 클로딘의 내밀한 생각을 화자와 한 인물의 두 시선이 혼합되어 있다. 여자 주인공이 기차 안에 있을 때 화자의 발화는 약해지면서 내부와 외부가 꿈처럼 불안정하고 몸처럼 무거운 모호하고 예리한 형상과 그림자가 개입하고 멀어지는 채색으로 융해된다. 순수한 내적인 감정의 힘, 이름도 원인도 없는 혼돈의 힘, 우리가 인식하고 있다고 믿는 단단한 세계 그러나 그 뉘앙스가 우리에게 영향을 미치는 혼란을 전적으로 나쁜 것으로 감지하는 이 단단한 세계를 어떻게 대체시킬 수 있을까? 이 시대에 무질은 영화를 생각했던 것은 아니다. 단편 소설 속에서 '영화적 글쓰기'를 찾는다는 것은 부조리한 것이다. 그렇다면 소설의 어떤 부분을 취해야 할까? 서로 다른 두 각도에서 잡은 세 개의 프레임을 교대로 취해야 할 것인가 아니면 일련의 여러 영상을 이중인화시킨 부분을 취해야 할 것인가? 무질은 자신의 소설을 각색한 적이 없으며 시나리오를 써 볼 생각도 하지 않았다. 영화에 관심이 있었던 것은 영화가 그의 본질적 의견과는 다른 질문들을 제기했기 때문이다. 우리를 둘러싼 이 세계에서 우리는 무엇을 볼 수 있는가? 별로 볼 것이 없다. 이처럼 다른 영역에 위치했던 무질과 발라즈는 이미 뮌스터베르크가 제기했던 문제에 천착하였

---

29) 독일과 오스트리아 지식인들과 영화가 진짜로 만난 것은 1913년이다. 다음을 비교해 볼 것. 레오나르도 쿼레시마, 〈영화 속 예술 Kunst im Kino〉, in A. 코스타 ed., 《시각적 메커니즘 La Meccanica del visibile》, Florence, Casa Usher, 1983.

30) R. 무질, 1911. 프랑스어 번역판, 《세 여자/결혼 Trois Femmes/Noces》, Paris, Seuil, 1962.

던 것이다. 이들 세 사람은 사실은 서로 단절되지 않은 상태에서 시각에 대한 토론의 영역을 무한히 확장시킨 사람들이다. 뮌스터베르크는 우리를 즉각적으로 감동시키지 못하는 것은 무엇이든 무시할 수 있는 주의력의 역할을 주장하였고, 무질은 방황하는 시선의 무용성을 언급하였으며, 발라즈는 시각을 위축된 감각으로 묘사했다. 그러나 뮌스터베르크가 "외부 세계는 그 법칙에 의거하는 것이 아니라 우리 주의력의 노력 여하에 따라 정의되고 정신 속에 입력된다"[31]고 언급한 바와 같이, 이 세 사람은 시선이 세계를 향하고 세계가 시선을 향하면서 영화가 일종의 실명 상태에서 벗어나게 해줄 것을 기대했다. 카누도는 매우 암시적이면서 약간은 모호한 방법으로 관객이 영상 속으로 들어가기 위해 외부에서의 응시, 즉 **전방**의 부동성에서 벗어나는 현상을 제시하고 있다. 영화에 열광했던 사람들에 대한 선험적 추리는 분명 토론의 여지가 있지만 다음의 사실은 분명하다. 전통 예술은 관객과 작품 사이에 거리가 설정되어 있으며 작품을 멀리서 바라보는 자족적이고 완벽한 전체로서 제시되어 있다. 그러나 오브제의 단절된 정지와 부유하는 어둠 사이에서 분리와 불안정과 분열과 다양성을 지닌 영화는 일정한 노력을 요구하며, 발라즈가 언급한 것처럼 관객이 자기 육체의 한계를 넘고 스크린이 제공하는 것에 스스로를 던지기를 요구한다.

문학 텍스트의 고립 및 울타리와의 절연에 대해 고심했던 호프만슈탈은 소설 《안드레아스》[32]에서, 과거와 현재의 구분을 거부하고 독자와 화자의 공통적인 순간, 그들이 동시에 통과하는 순간을 창조하는 시간적인 응축성을 창출하고자 시도한다. 이 순간은 절반은 사라져 버

---

31) H. 뮌스터베르크, 앞의 책, 39쪽.
32) 1907년과 1913년 사이에 쓰인 글, 프랑스어 번역판, Paris, Gallimard, 1970.

린 사건들이 인상이나 그림으로 대체되는 순간, 말하자면 연속적인 형태 전체가 배제되어 일종의 공간의 탐구로 대체되는 순간이다. 텍스트의 선조성에 의해 제약된 동시성의 효과가 불완전하긴 하지만 여기에 생겨난다. 호프만슈탈은 질문에 대한 반응으로 일단 영화 쪽으로 시선을 돌린 다음 자신의 극작품 《장미의 기사》[33]를 영화로 각색하여 주도권을 갖고자 한다. 그의 시나리오 각 장면에는 넓은 관찰 영역을 향해 시선을 열고 시선을 이끌어 펼치며 다양한 여정의 얽힘이 나타날 수 있도록 사건을 제약하려는 분명한 의지가 엿보인다. 영화가 계획한 수준에 이르지는 못했지만 이것이 중요했던 것은 아니다. 중요한 것은 시인이 연극 대사에서 영상화로 나가면서 주위 사람들이 요구한 대로 실천하려 했다는 점이다. 이것은 호프만슈탈이 자신의 여정을 향한 간단한 지지대로서 '시각적 상황'이라고 지적했던 것으로 시선으로 하여금 선택하도록 했던 것이며, 시선을 지배하지 않으면서 자극을 주어 시각적 자극과 부합하려 했던 것이다.

우리는 큰 어려움 없이 어떤 계획이 유토피아를 함유하고 있는지 드러내 보일 수 있지만 그러한 논쟁에 끼어들려는 것은 아니다. 우리는 다만 동시대의 여러 다른 발화체들의 공통적인 논리를 파악하고자 한다. 기본적인 이념은 다음과 같다. 영화는 형태와 재현의 엄폐를 통해 또한 전혀 다른 연속적인 관점을 통해 시선에 도전하는 동시에 즐거움을 제공한다는 것이다. 이것은 동의에 의거한 것이기보다는 호프만슈탈이 '관객 내부의 인격'[34]이라고 언급했던 궤적, 흔적, 라인의 재

---

33) Gallimard에서 프랑스어로 번역이 되었지만 극작품은 포함되지 않았다. 따라서 독일어판을 참조해야 한다. 《장미의 기사, 번역문, 시나리오, 서신 *Der Rosenkavalier, Fassungen, Filmszenarien, Briefe*》, Francfort am Main, Fischer, 1971. 여기에는 시나리오, 영화에 대한 서신들, 주요 비평들이 포함되어 있다.

구성과 다양성의 산포를 왕래하면서 생겨나는 즐거움이다.

동영상

 그렇다면 영화는 다양한 관점들이 병렬되어 있는 그림, 예컨대 배경
에서 장면 앞까지의 사건을 단계별로 해체시키면서 시간적 연속성을
완벽하게 보여주는 회화와는 어떻게 구별되는가? 호프만슈탈은 시나
리오의 전 페이지에 걸쳐 이에 대답하고 있다. 두 인물이 만나는 장면
에서 그들이 말을 주고받는 동안 스크린의 다른 부분에서는 기사가 말
을 타고 출발한다. 서로 아무런 연관성이 없는 이 두 행동은 차후의 에
피소드를 준비하는 것이 아니라 경쟁적인 두 긴장감을 조성시키고 있
다. 이것이 회화의 경우라면 관객은 자신의 생각대로 이 장면을 구성
할 것이다. 캔버스의 여러 부분들을 차례로 집중해서 관찰하든가 두
부분 중 하나에 더욱 관심을 가지면 되기 때문이다. 하지만 영화는 이
러한 선택을 허락하지 않는다. 영화는 동시다발적인 반응을 요구한다.
이 차이점은 동영상이 수용하는 시간성과 관계가 있는 것이 아니라 시
선을 자극하는 움직임에서 온다.
 거의 보편적으로 쓰이는 표현으로 영화는 '움직임의 글쓰기'라는 표
현이다. 독일인들은 das bewegte Photo라고 하여 '살아 있는 사진' 혹
은 das kinetische Bild라고 하여 '운동하는 이미지'로 표현하였고, 러
시아인들은 dvigopis라고 하여 '움직임의 묘사'로 표현하였다. 그러나
이 표현은 국제 용어로 지속되지는 못했다. 반면 영어권에서는 movies

---

 34) 호프만슈탈, 〈꿈의 대체 Le substitut du rêve〉, 1921, in 《샹도스 경의 편지와
에세이들 Lettre de Lord Chandos et autres essais》, Paris, Gallimard, 1980, 319쪽.

나 moving-pictures의 어휘가 쓰였다. 이처럼 새로운 유동성에 반응하여 영화 초기의 텍스트들은 고지식한 감탄사를 나열하였다. "영화는 우리에게 세계 자체를, 그 겉모습을 재현한다." 그러나 환상은 지속되지 않았다. 20세기 전반기에 영화에 관심이 있던 사람들의 공통점이 있다면 스크린에 비치는 것이 실제를 재생되는 것이 아니라는 확신이었다. "영화적 진실은 눈에 보이는 현실과는 전혀 무관한 것이다"(카누도). "영화는 현실의 형태를 초월하여 말한다…. 우리는 객관적 현실을 보는 것이 아니라 여러 다른 이미지들을 모아서 우리가 형성하는 정신적인 이미지를 보는 것이다"(뮌스터베르크). "영화는 소위 삶이라는 것과는 항상 멀리 떨어져 있다"(무시낙). 영화는 "하나의 비현실"(무질)이다. "숏은 현실에 대한 우연한 시선을 기억할 뿐이다…. 숏은 현실 자체를 보여주는 것이 아니라 렌즈 앞에 나타나는 대로 제시할 뿐이다"(로스). 사람들이 영화에 대해 말하는 것 중 가장 유감스러운 것은 "영화를 현실의 정확한 재생으로 간주하는 것이다"(알베르토 사비니오). "영화 예술의 발전은 천연의 자연에서 더욱 멀어지게 한다"(발라즈). "영화에 담겨 있는 것이 일상적 현실이 아니라는 사실을 이해하는 것은 절대적으로 필요한 것이다. 하지만 반대로 일상적 현실이란 오브제의, 말하자면 영화 예술 구조의 비핵심적인 원리에 따라 전적으로 재구성되는 것이다"(쿠르츠).

이러한 일치감은 매우 강한 것이어서 그 준거를 기반으로 미의 일치를 내세우는 저널리스트나 비평가들은 영화가 삶을 재현한다는 주장을 경계한다. 이후에도 다른 가정들이 제기된다. 사람들은 영화가 외적 현실을 초월한다면 더욱 심오한 진실에 도달하지 못하는 것은 아닌가 생각하게 된 것이다. 그들은 실제 미학에 반대하기도 찬성하기도 하면서 현실의 환상을 이론화하였다. 지금 당장 우리의 논의와 관계가 없는 이 문제는 차후 거론될 것이다. 미학적 담론의 영역에서 실제의 효과는 전적으로 거부되어 왔기 때문이다.

그러므로 움직임은 인생을, 시간성을 재현하는 것이 아니다. 움직임은 공간의 활성화이다. 우리가 영화에서 볼 수 있는 공간의 이동은 거리에서 볼 수 있는 것과는 비교가 되지 않는다. 우리와 1미터 떨어져 위치한 인물은 거대한 형체로 나타나지 않지만 같은 거리를 카메라로 잡으면 비정상적이고 아주 인상적인 스케일로 보일 것이다. 이러한 다양성이 스크린을 생생하게 만들며 움직임이 단순한 이동이 아니라는 사실을 보여준다. 이 다양성은 내레이션의 필요성을 초월하는 효과를 만들어 낸다. 프레임과 내용의 관계가 변형의 매 순간 존재하며, 우리가 움직이지 않는다는 것을 알고 있는 스크린의 표면은 제한되어 있거나 또는 이를 통과하는 자동차의 움직임의 리듬에 따라 확대되기도 한다. 이렇듯 그림은 고정된 구조와 안정된 차원을 제시하는 데 반해 영화는 언제나 전복의 가능성을 지니고 있으며 그것이 실행되는 순간 관계들은 아무런 담보를 제공하지 못하고 또 다른 조합들이 연이어 뒤를 잇는다. 진짜 신분이 전혀 노출된 적이 없는 독일 저널리스트 린스는 영화를 다음과 같이 특징짓는다. 영화는 "우리의 기대치를 다양화하는 늦춰진 움직임의 비자연적 전개, 서로를 뒤쫓는 부차적인 장면들, 끔찍한 사건들의 인위적인 가속, 끊임없는 움직임"[35]의 특징을 갖는다. 바셀 린지[36]는 아마도 많은 동시대인들이 자각했던 이러한 잠재성을 가장 잘 분석한 사람 중 하나일 것이다. 그 역시 줄리안 존슨처럼

---

35) 린스, 《그림과 영화 *Bild und Film*》, 3/4, 1913, in Diedrichs, 앞의 책, 110쪽.

36) V. 린지, 《움직이는 그림 예술 *The Arts of Moving Picture*》, 1915, New York, Liveright Publications, 1970 재판; 〈극영화와 무대 사이의 30가지 차이점 *Thirty differences between the photoplays and the stage*〉, 1915 in Denby, 11쪽 이하.

비평가 · 저널리스트 · 에세이스트였다. 이미 앞서 하나의 판단이 미의 준거가 된다는 것과 잠재적인 미학적 발화체 사이에 일종의 경계선을 그은 바 있는데 이것은 불확실한 구분이었다. 하지만 린지는 이 경계선을 잘 제시하고 있다. 그의 말을 대략적으로 살펴보면 다음과 같다. 린지는 영화와 그림의 비교는 수용할 수 없다고 정확히 말한다. 스크린은 캔버스가 아니다. 그림이 무시하는 폭발적인 잠재성이 최소한의 움직임을 통해 영화 속에 들어 있다. 위에서 구분한 두 관점은 원칙적으로 비교할 수 있는 것은 아니다. 하나는 내적 구조와 균형으로 인정된 아름다운 이미지로 한 시대에 특권을 누린 것이며, 다른 하나는 지속성과 전복, 허용된 재분배와 새로운 전개와 관련되어 있기 때문이다. 물론 여기서는 시대를 더욱 잘 표상하며 다른 예술적 실천과 비교해서 영화의 독창성을 가장 잘 나타내는 후자를 강조하고자 한다. 그러나 린지의 경우 아주 신중하다. 그는 저널적 비평이 미와 회화를 단하나의 라인으로 혼용하는 것을 금한다. 발화체는 동질적 전체를 구성하는 것이 아니라 공동의 영역을 다르게 표시하는 것이라고 주장한다. 움직임은 발화체가 서로 만나는 장소이며 하나의 연결선인 것은 분명하지만 그러나 이를 언급하는 발화체가 전체적으로 똑같은 중요성을 지니는 것은 아니다.

움직임 속에서 프레임은 폭발한다. 스크린의 표면과 연극 무대를 비교하면서 린지는 다음을 강조한다. 연극 무대는 필연적으로 벽면, 출입문, 창문 같은 위치가 정해진 영역 내부에 한정되어 있다. 반면 스크린의 표면은 경계가 없다. 린지는 말은 하지는 않았지만 '화면 밖 영역(hors-champ)'이라고 부르는 개념을 지니고 있는 것이 분명하다. 이 공간은 필히 드러나는 것은 아니지만 우리에게 제시된 부분적 공간의 연장으로 가정할 수 있다. 말하자면 만일 누군가가 등장했다면 그 사람이 등장한 그쪽 어디엔가 문이 있음을 보여주는 것이다. 앞으로 다시 언급하겠지만 린지는 화면 밖 영역이 내포하는 서사적 잠재성의 문제에 오랫동안 매달리지는 않았지만 화면 밖 영역의 폭발적 힘에 더욱 관심을 보였다. 움직임은 단지 카메라가 영상으로 잡은 것만이 아니다. 표상된 모든 이동은 영상 표면의 약한 균형을 파괴시키는 가상의 다른 이동들을 강화시킨다.

루카치는 이러한 근본적인 불안정성을 완벽하게 인식하고 있었다. "영화의 잠재성은 자체적 움직임, 영원한 변화, 사물들의 끊임없는 변화이다."[37] '관점과 근원의 부재'를 의미하는 그가 지적한 영원한 변모는 좀 위험해 보인다. 왜냐하면 그는 자신이 싫어했던 것이 하나의 미학, 즉 영화 자체가 아닌 공연적 참여를 이해하는 방식이었음을 염두에 두지 않은 채, 이 새로운 예술을 단죄했기 때문이다. 그 동시대인들이 일반적으로 움직임을 통해 감각적 세계에 도달하는 참신한 방법을 발견할 수 있다고 생각한 데 반해 루카치는 움직임을 정해지지 않은 도피로 해석하였다. 영화에서 위치가 변하는 오브제나 인물은 그들 고유의 존재와는 다른 것이다. 이들이 재현하는 전체는 이들과 그 주위에서 작용하는 변화를 통해 드러난다. 사진이나 그림에서 웃음은 그냥 웃음이다. 엡스탱이 언급한 것처럼 "스크린에서 제스처의 근본적인 특징은 완성되지 않았다는 것이다…. 단절된 웃음, 언뜻 보이는 웃음의 출현을 통해 우리는 웃음을 상상할 수 있다."[38] 이 유혹 속에는 순간적으로 추측할 수 있는 전체의 연속적인 것이 있으며 더욱이 스케치

---

37) 루카치, 〈영화 미학의 사유 Gedanken zu einer Ästhetik des Kinos〉, 1913, in 《문학사회학의 글쓰기 Schriften zur Literatursoziologie》, Darmstadt, Luchterhand, 1961, 75쪽.
38) J. 엡스탱, 《글쓰기 Écrits》, t.I, 1920, 67쪽.

를 통해 우리가 구축할 수 있는 모든 연결들이 존재한다. 루카치가 불안해했던 불안정성은 그러나 그의 동시대인들을 열광시켰다. 영화에서 움직이는 것들은 연극의 경우처럼 공간을 편력하면서 시간적 간격을 결정하거나 그림처럼 지속을 암시하는 단순한 그런 것이 아니다. 영화에서의 움직임은 팽창이며 부정이며 지속의 증대이다. "영화에서 시간적 요소들은 사라진다…. 우리는 지속적인 움직임 속에서 사건들을 바라보며 영상들은 순간적 인상의 빠른 연속체 속에서 움직임을 제한하기도 한다." 영화는 "공간과 시간과 인과관계라는 현실의 형태를 초월한다."[39] 영화에는 의무감을 갖거나 주의를 기울이지 않아도 완성이 가능한 기능적인 이동이 있다. 발라즈가 언급한 것처럼 "사물들의 비밀스런 현상을 발견하기 위해"[40] 결코 안주하지 않으며 습관의 베일을 꿰뚫도록 강요하고 눈을 속이면서 눈을 유혹하고 움직이게 하는 생산적인 움직임이 있는 것이다.

"어둠 속에서 빛나는 남자들과 여자들"

시선 및 움직임과 더불어 빛은 제3의 극점을 구성하는데 이 지점에서 발화체들이 서로 만난다. 통계적으로 가장 무거운 무게를 지니는 것은 용어 자체이다. 데스노스[41]가 어둠 한가운데 빛의 존재들을 일깨우고 카누도가 '빛의 형태'[42]로 변형된 사물들 혹은 존재들을 '빛의 붓'으로 그리면서 영화인이 되기를 꿈꾸었을 때, 하나의 신을 분명히

---

39) 뮌스터베르크, 앞의 책, 45쪽과 74쪽.
40) 같은 책, 88쪽.
41) R. 데스노스, 1923, in 《영화 *Cinéma*》, Paris, Gallimard, 1966, 101쪽.
42) 《이미지 공장 *L'usine aux images*》, 17쪽과 22쪽.

밝게 하기 위해 해결해야 하는 실천적인 문제를 생각하지 않았음이 분명하다. 그러나 우리는 그들의 사유에서 기술적 관심이 부재한다는 사실보다는 이 관심이 새로운 예술에 열광한 사람들에게 부여한 중요성에 주목할 것이다. 그리고 이제부터 많은 특징들이 빛의 다양한 강도로 얻어진 결과이며, 아크등과 태양광의 각각의 이점에 관심을 갖고 있다는 사실도 강조할 것이다. 영화 애호가나 이론가들이 다루는 조명은 양으로 측정되는 것이 아니라 영화 연출에 대한 표현의 특징이 된다.

영화 상영관은 독일에서는 Lichtspiel Bühne로 불렸는데 이는 '극장' 또는 '빛이 연기하는 무대'를 뜻한다. Lichtspiel은 '빛의 이미지,' 말하자면 사진의 의미를 지닌 Lichtbild와 짝을 이룬다. 이들은 고정

〈10월의 발라드〉, 1973.

〈산딸기〉, 1954

된 것에서 연기로의 이행, 다시 말하면 운동을 강조한다. 이 표현은
다만 스펙터클의 새로운 장소를 지칭하기 위한 것은 아니고 모든 시
적 전통과 관계가 있으며, 순간적으로 연극 무대를 통과하거나 그림
의 한 구석에 줄무늬를 넣으면서 구름 위로 날거나 구름 속을 통과하
는 빛줄기의 유희를 뜻하는 Spiel der Lichstrahlen과 관계가 있다. 이
런 의미에서 빛은 움직임, 어둠 속에서 솟아나는 일종의 섬광, 격렬하
고 난폭한 움직임에 참여하는 것이다. 영국에서는 영화를 지칭하는 단
어로 flickers 또는 flicks가 흔히 쓰인다. 이 단어는 '깜빡이는 빛'이라
는 의미이다. 호프만슈탈은 영화를 좋아하기 이전에 저술한 단행본에
서 이러한 단어들이 뜻하는 바를 완벽하게 찾아낸 바 있다.

신을 만들려는 자는 자체를 넘어 어두운 장면 위에 떨어지는 빛줄기를 재현할 줄 알아야 한다···. 신 속에서 이러한 빛줄기를 자신의 손아귀에 쥐고 있는 거장은 공포의 빛, 번득이는 칼로 마르그리트의 영혼을 산산조각 낼 줄 알아야 하며 모든 어둠을 물리치는 빛과 내세의 꿈, 색을 지닌 황홀경의 빛을 구름 너머로 던질 줄 알아야 한다(《샹도스 경의 편지》, 1903, 98쪽).

스튜디오에서 사용되는 언어 중 이 빛은 재빠르게 하나의 이름을 만들어 냈다. 그것이 짧은 섬광과 이 섬광이 번쩍이는 사실을 동시에 의미하는 어휘 flash이다. 미국에서는 1915년경까지, 한 인물의 시야에 나타나는 것이나 혹은 뒤로 물러서서 자신의 추억을 지칭하는 a view와 갑작스러움 또는 침입하는 힘이 그 주요 특징인 a flash를 구분하여 사용하였다. flash는 그리피스가 과거의 장면을 회상할 때 자주 사용한 것으로 순수한 내레이션의 방법이다. 그리피스는 이를 통해 시간의 두 순간을 연결시키거나 대립시켰다. 그리피스는 플래시를 이야기로 사용하는 것이 아니라 평탄한 전개를 방해하는 데 사용한다. 오브제와 인물의 고유한 운동성을 떠받치면서 한순간 스크린을 쓸어가는 빛, 어둠에서 밝음으로 혹은 백에서 흑으로 갑자기 통과하는 빛은 영화를 선형적 시간이 아닌 나선형이나 망령을 불러내는 순서에 의거하여 낯설고 부차적인 차원으로 인도한다. 린지는 "플래시 이후의 플래시"[43]의 구조를 통해 동일한 순간들의 연속성을 피하는 수단을 찾았고 이로부터 사건들은 상호간에 연관을 맺지 않으면서 서로 화답하게 되었다. 엡스탱은 다음과 같이 말한다. "수많은 과거들의 단편은 단 하

---

43) V. 린지, 앞의 책, 13쪽.

나의 오늘 속에 고정되어 있다. 미래는 여러 추억 가운데 빛을 발한다."[44] 플래시는 빛과 파편의 관점 속에 존재한다. 플래시는 재현(그림, 연극 무대)이나 상영의 표면이 지니는 한계를 초월하면서 표현 형태의 기대치에 화답한다. 플래시는 던져지는 순간 단절된 움직임의 효과를 강화시키면서 영화가 실천해야 하는 시선 깨우기에 도움을 준다.

그러나 **플래시**란 어휘는 실제적으로 영화 용어에서 사라져 버렸다. 대신 우리는 대부분의 경우 주요 이야기의 내부에 존재하는 부차적인 에피소드를 지시하던 과거의 **view**와 등가인 **플래시-백**을 사용하게 되었다. 영화가 생겨나 처음 몇 십 년 동안 형성된 모든 발화체 가운데, 시선을 강화시키고 스크린을 통과하는 빛, 섬광에 관한 발화체는 시간의 지속성에 의거한 영화적 서술성이 허약하다는 사실을 들춰냈다. 말하자면 조명이 효과가 없는 것으로 치부해 버렸던 것이다. 그 이후에 생겨난 비디오는 갑작스런 움직임의 단절과 색조의 대조를 연결시키고 연속성의 이념을 버리면서 동일한 기초에서 다시 출발한다. 우리는 여러 양상하에서 20세기 전반 30년대까지 형성된 기대치에 부응하는 이러한 경험들을 언급할 수 있다. 그러나 조명에 대한 영화적 담론은 커다란 영향을 끼치지 못했고 간략하게 언급되었던 단어들 역시 사라져 버렸다.

그럼에도 만일 발화체가 조명의 주된 부분을 언급한다면 대조보다는 다양성의 전망을 언급하게 될 것이다. 야외에서 작업을 하였던 초기 영화인들은 화가들이 오랫동안 실험했던 대조와 충돌하였다. 자연광이란 본래 불안정하다. 자연광의 변화에 따라 사물들도 변한다. 또한 오직 자연광만이 사물들의 면모를 포착하게 해준다. 오랫동안 화가

---

44) J. 엡스탱, 1927년, 앞의 책, I, 161쪽.

클로드 모네의 그림, 〈에프트 지방의 포플러〉

들은 모든 지점이 완벽하게 동등하고 안정적인 동일한 조명을 택하거나 또는 빛의 근원이 캔버스나 그림 밖에서 들어오도록 하면서, 조명을 중성화시켜 난점들을 극복해 왔다. 화가들은 이런 식으로 시간의 정지를 받아들였고 특별한 순간을 지속적으로 고정시킨 것이다. 영화가 탄생해서 지금 우리가 관심을 갖고 있는 초기의 몇 십 년 동안 미학적 담론은 윤곽이 잡혔고 또 다른 시도들이 지속적으로 이어졌다. 절벽, 루앙 성당, 건초 더미 같은 제한된 오브제를 선택한 클로드 모네는 색의 가치와 색조의 관계를 완벽하게 변형시키면서 동일한 데생을 끊임없이 반복하였다. 이렇게 해서 유사한 것 같지만 전혀 다른 40여 개의 성당 그림이 동시에 제시되었다. 이 그림들은 하루 중 어떤 특별한 '순간' 을 나타내는 것이 아니라 그 하루와 오브제와의 관계 및 어지럽고 불확실하며 잠재적인 다양성을 나타내고 있다. 모네가 빛의 순간성을 포착한 최초의 화가는 아니다. 50여 년 이전에 영국 화가인 터너가 이를 사용한 적이 있지만 그는 채색된 빛 속으로 풍경이 스며들게 한 반면, 모네는 그 '주체' 를 단단하게 유지시켰다. 이는 (건초 더미에 대한) 순수한 관심에서라기보다는 세계를 비추어 우리 눈에 존재하도록 하는 자연광을 목적으로 한 것이다. 아마 모네는 깨닫지 못했겠지만 그가 한 작업은 오늘날 많은 영화인들이 하고 있는 작업과 동일하다.

화가가 아무리 캔버스를 다양하게 한다 하더라도 캔버스 각각은 부동적이며 '화가의' 채광은 인위적인 항구성을 지니고 있다. 순간 속에서 석화 작용이나 태양의 선회에 따르며 지각할 수 없는 다양성에 의거하지 않으며, 놀랄 만한 변형이 가능한 영화의 조명은 창백하고 유동적인 빛줄기를 통해 차례로 나타났다 사라지고 암시하고 지워진다. 어떤 때 조명은 물질을 조각하기도 한다. 엡스탱은 다음과 같이 언급하고 있다. "사람들은 삶을 바라보는 것이 아니라 그 속에 스며든다.

3천 도 램프의 열기가 전해지는 이 부조의 단층 속에는 엄청난 양의 전기가 흐른다. 40개의 램프가 사정없이 얼굴의 피부를 공격할 때 비물질적인 꽃들은 어떻게 되겠는가?"[45] 가끔은 반대로 조명이 아주 미세할 경우에는 약간 설명을 하거나 볼륨을 강조하거나 또 다른 희미한 어둠 속에 흡수되기도 한다. 화가들 역시 최상의 경우에 어떤 관계를 인지하도록 하며, 빛이라는 붓을 통해 빛과 어둠을 분리시키면서 세계의 모습을 제시할 수 있을 것이다. 영화에서 조명은 구성의 재료가 되기도 하고 변화의 근원이 되기도 한다. 안정된 조명은 뚜렷이 구분되는 가치, 이를테면 불투명과 밝음, 대조된 색 또는 동일한 색조를 생산해 낸다. 따라서 재현은 부동적이 되며 후경과 인물들은 명백하게 정의된 전체로 나뉜다. 그러나 만일 빛의 세기가 변하거나 광속이 오브제의 위치를 바꾸게 하여 오브제를 사라지게 하거나 왜곡시키려 한다면 한순간 균형은 무너져 버리고 스크린 내부에 다른 거리감이 부여될 것이다.

영화에서 예상할 수 있는 작업은, 모네가 빛의 효과를 캔버스에 전이한다기보다는 사물의 외관을 다시 개조하기 위해 빛의 효과를 이용했다는 점에서 동일한 맥락을 지닌다. 영화와 붓의 유사성은 카누도가 주장한바 있는 진부한 메타포와는 거리가 멀다. 이 유사성은 빛이 영상 안에서 노선을 그리고 형태를 암시하는 것을 의미하며, 인물이나 후경에 대해 사진적인 재생을 강요하는 엄격성으로부터 자유로워진다는 것을 의미한다. 또한 이 유사성은 예컨대 발라즈가 제시했던 것처럼[46] 광채를 받아 완벽하게 빛나는 아름다운 얼굴을 단순한 외관

---

45) J. 엡스탱, 1920, 앞의 책, 66쪽과 68쪽.
46) B. 발라즈, 앞의 책, 59쪽.

〈뉴 바빌론〉

으로 귀결시키는 특별한 특징들을 사라지게 한다는 의미이기도 하다. 조명은 이상적으로 부드러운 도구이며 미세한 다양성이 준비되어 있어 움직임이 유발시키는 반작용과는 또 다른 반작용을 불러일으킨다. 자리의 이동은 공간에 구멍을 내거나 나누지만 조명은 공간이 전개되도록 한다. 만일 제삼자의 위치에 선 관객의 시선이 개입하지 않는다면 조명은 그 어느 공간도 분절시키지 않을 것이다.

3. "영화와 인생에는 테크닉이 존재한다"

테크닉을 통해 세워진 영화와 현실 사이의 경계가 영화의 핸디캡이 되는 것은 아니다. 반대로 이 경계는 영화가 모방하려는 시도에서 벗어나 고품격의 언어에 접근할 수 있도록 해준다. 루돌프 쿠르츠[47]는 아주 분명한 표현으로 이러한 관계를 밝히고 세심하게 분석을 하고 있다. 그 분석 방법은 지각적인 세계로부터 영화의 여러 구성 요소들을 추출하여 이들을 "가능한 미학적 질료"로 변형시키는 것이다. 상대적으로 늦게 출간(1926년)된 그의 저서는 기존의 발화체 속에서 부분적으로 언급되었던 것을 종합한다. 또한 이 저서는, 오랫동안 제기되어 온 영화가 언어 행위인가라는 골치 아픈 주제, 그러니까 지금까지 사람들이 외면해 온 문제들을 서슴없이 제기한다. 영화는 서로 다른 표현적 잠재성(형식, 조명, 움직임, 단어 그리고 음악)을 스스로 이루는 수많은 영상들과의 관계 정립으로 이루어진다. 영화는 무한대의

---

47) R. 쿠르츠, 《표현주의와 영화 *Expressionismus und Film*》, 56쪽. 프랑스어 번역판(98쪽)은 어휘들이 도치되어 있어 저자의 주장이 약화되어 있다.

관객에게 도달 가능한 메시지를 추출하기 위해 그 도구에 질서를 부여함으로 하나의 '글쓰기'가 된다. 만일 독일 언론에서 일반 영화를 '언어 행위'라고 명명한다면 작가와 비평가들은 이 언어 행위를 영화의 표현 양식에는 전혀 사용되지 않는 '자연'어와 본질적으로 구분하려 할 것이다.[48] 이 점에 있어 엡스탱은 주요 관점을 지니고 앞서 나아간다. 엡스탱은 언어 행위는 단어들이 지칭하는 것 이외의 것을 표현하도록 단어의 지시성을 강조하고 있으며, 영화가 영상들을 결합시켜 세계를 반영하고자 할 때 다른 방식을 사용하지 않는다고 언급하고 있다.[49]

그러나 언어 행위와 영화를 접근시키는 것은 그다지 대단한 일은 아니다. 이러한 접근 방식은 모든 영화가 시스템을 이루고 있으므로 당연한 것이며 그다지 유용한 것도 아니다. 만일 랑그와 단어 또는 문법 형태의 구성 요소에 관심을 가진다면 이러한 대조는 근거 없는 것이 될 것이고, 그렇다고 더욱 광범위한 단위를 취한다면 영화가 다른 점을 지니고 있다는 사실을 포착할 수 없게 될 것이다. 아마도 호프만슈탈은 언어와의 유사성을 분석한 최초의 학자일 것이다.[50] 그 다음으로 발라즈가 오랫동안 이 분야를 발전시켰으며 엡스탱은 아주 세세하게 이를 제시하였다. 그러므로 이에 대한 사유는 다수의 관중을 향하는 메시지 창출에 있어 영화 고유의 것을 분명하게 하려는 목표를 지니고 있다. 이런 까닭에 루돌프 쿠르츠가 사용한 '테크닉'이란 어휘는 전적으로 정당한 것 같지는 않다. 왜냐하면 이 어휘는 감도나 노출 시간 혹은 채색과 같은 주요 변수의 정확한 기호 체계에 대한 것이 아니기 때문이다. 따라서 영화에 있어 기자재에 대한 영화인들의 직접적인 개입

---

48) H. 디에드리히, 앞의 책, 56, 59, 130쪽.
49) J. 엡스탱, 1927, 앞의 책, I, 184쪽.
50) 호프만슈탈, 앞의 책, 320쪽.

이나 '장비 다루기'가 어느 선까지 이루어져야 하는지 잘 인지해야 한다. 랑그가 정착된 단어를 사용한다면 그 고유의 영상 창출에 제한을 받는 것이 된다.

클로즈업

카메라가 눈과 닮기를 원했던 세라피노 구비오에게 있어 카메라는 카메라맨이 선택한 영역을 가까운 것과 먼 것을 포괄하는 일종의 기계 장치일 뿐이다. 가끔 역사가들은 영화인들이 어떻게 해서 클로즈업에 이르게 되었는지 질문을 한다. 참으로 이상한 질문이다. 왜냐하면 영화의 탄생에 참여했던 영화인들에게 있어 접근의 시각이 새로운 예술을 구성한다고 보았기 때문이다. 영화 전체로부터 분리되어 숏의 내용과 구성의 관점에서 채택된 '롱' 숏 혹은 '전신' 숏은 커다란 관심을 끌지 못했다. 구성적 측면에서 이들 숏은 회화를 연상시킨다. 그림은 부동성을 뛰어넘기 위해 활용했던 다른 숏과의 리듬적인 관계 및 내적 밝기를 염두에 두어야 했기 때문이다. 반대로 클로즈업은 순식간에 열정적인 주의력을 환기시키고 어떤 사람은 이를 서정성의 발로로 간주하기도 한다.

갑자기 얼굴과 드라마를 대면시키면서 스크린이 나에게 말을 놓는다…. 제5막의 장식은 웃음을 메마르게 하는 얼굴 볼의 한 면이다…. 그림자들이 움직이고, 흔들리고, 멈칫한다. 무엇인가 결정되었다. 감동의 바람이 구름의 입술을 강조한다. 지진의 흔들림. 균열이 분열되는 모세관의 주름들… 클로즈업은 영화의 영혼이다(엡스탱, 앞의 책, 16쪽, 33-35쪽).

〈페르소나〉, 1961

영혼이 스며든 그곳에서 클로즈업은 영화적 연쇄를 재구성하기 위해
이 연쇄를 터뜨린다. 엡스탱은 여러 다른 많은 문장에서 이러한 클로
즈업의 도발적인 힘을 언급하고 있다. 아주 가까이 접근함으로써 대상
물은 어두운 부분, 홀로 떨어져 전혀 인식되지 못하는 부분이 발견되
고 자율적인 것으로 변모한다. 미디엄 숏의 화면 배치는 그 '주체'를
주위 환경 속에 정착시키고 모든 차원을 상대화시키는 층위를 창출한
다. 여기서 절대적으로 큰 것과 작은 것은 존재하지 않는다. 반대로
하나의 장면은 모든 구속에서 해방된 것처럼 보인다. 이 장면은 거대
한 모습으로 나타난다. 그 이유는 다른 장면과 전혀 경쟁을 하지 않기
때문이고 스크린의 사각형에서 넘쳐나기 때문이며, 위에서 보는지 아

〈페르소나〉

래에서 보는지 전혀 알 수 없기 때문이다. 사실상 가끔은 이 장면은 이전에 인지된 전체에 속하기도 한다. 하지만 영화는 매개적인 흐름을 거부하거나, 조직적이지 않고 자족적이며 근간이 없는 형태를 통해 잘 알려진 공간적 분배(그림이나 사진의 분배)로 갑자기 대체시키고 시선을 직접적으로 동요시킴으로써 다음과 같은 질문을 하도록 한다. 우리가 바라본 것은 진정으로 우리의 인식에 의한 것인가? 그 순간까지 우리의 감각에서 벗어나 있던 다른 세계가 드러난 것은 아닐까? 그러므로 여기서 구축되는 것은 수량으로 표현할 수 없는 모호한 척도이다. 말하자면 '롱' '미디엄' '근접'으로 표현되는 이 척도는 무용한 것으로 오로지 공간적 배치만이 고려되는 것이다. 가령 어떤 영상들이 하나의 지형·윤곽·배경을 지니고 있다면 이것은 일상적인 시각이다. 이들과 다른 영상으로 탈영역화된 것을 우리는 클로즈업이라고 부른다.

근접 숏에 대한 또 다른 읽기는 전적으로 기능적인 것으로 이것이 합리적이라는 사실이다. 어떤 사람이 허리를 구부리고 골동품을 바라보고 있을 때 한 사람이 지나가다 넘어지면 그를 넘어지게 한 장애물이 무엇인지 알 수 있다. 본질적으로 서사적 시각에서 볼 때 디테일은 장시간 촬영을 절약해 준다. 이것은 분명한 사실이다. 이 분명함에 대한 인식은 갑작스런 층위의 변화 속에서 이야기의 편리성 이외에 또 다른 것을 발견하도록 해준다. 클로즈업이 꼭 필요한 것은 아니다. 영화의 전형적이고 특징적인 정의를 내리기 위해 클로즈업에 주목한 뮌스터베르크는 이러한 기교를 사용하지 않는 연극 역시 무엇인가를 강하게 언급하고 있다고 말하고 있다. 예를 들어 연극배우도 자신과 부딪힌 것을 보여주거나 명명할 수 있다는 것이다. 이렇듯 스크린이 우리에게 제시하는 것은 단순한 지시 이상을 넘어선다.[51]

클로즈업은 관객 마음대로의 정보 인식을 통해, 또는 예기치 못한 형상이 구성하는 도전을 통해 관객의 중재 능력을 자극한다. 이렇게 하여 하나의 장애물인 길가의 단순한 돌이 길에서 일어날 수 있는 수많은 사고 중 하나가 아니라 상당히 중요한 차원에 놓이게 된다. 이 돌의 모서리는 엄청난 불안을 강조하는 것이다. 클로즈업은 시각적 관계, 거리감, 관습적 비율을 깨뜨린다. 델뤽은 클로즈업을 냉혹하다고 판단했으며 다른 사람들은 난삽한 것으로 생각했다. 그러나 픽션의 영역을 초월하며 특히 인식적인 습관을 교란시키는 이 낯섦은 즐거움이

---

51) J. 엡스탱, 1921, 앞의 책, 91쪽.

나 호기심의 근원이 된다. 무질은 총체적인 우리의 일상적 경험을 반
박하는 세분화는 특히 감각적인 것이라고 주장한다. 이를테면 영상의
내적 조직이 서로를 연결시켜 일련의 시리즈를 형성하는 연속적인 영
상 속에서, 근접된 시각은 이질성의 원칙을 도입한다는 것이다. 풍경
들과 파노라마는 테마의 연속성으로 쉽게 구성된다. 반대로 부분적이
고 불완전하고 임의적인 상세함은 관객에게 부차적인 노력을 요구하
고, 감정 집중은 일정한 응집력을 확고하게 한다. 무질에 의거하여 앞
서 상기한 것처럼 불안 속에서 이루어진 것과는 또 다른 이유로, 우리
는 순수 만족의 영역에 이르게 되고 이곳에서 발라즈처럼 단순하게 클
로즈업의 시학을 사랑하는 자들과 함께 머물게 될 것이다. "클로즈업
은 감정으로 빠지지 않고서도 감동을 주는 비밀스런 서정성과 열기를
전한다." 우리는 우리를 둘러싼 세계를 분별할 수는 없지만 우리 각자
는 본질적이며 소중한 것으로 혼자서도 세계를 개괄할 수 있는 목소리
의 심포니이다. 무질이 감탄한 단편들에 대해 발라즈는 디테일을 통
해 전체적으로 재구성한다. 사람들이 바라보지 않는 곳에 머물면서 그
림자, 손의 주름, 커지는 대상물은 "사물에 대한 부드러운 동감의 반
작용"[52]을 불러일으킬 것이다.

클로즈업의 특징에 대해서 대개는 쉽사리 동의를 한다. 말하자면 이
것은 형상이 삽입되어 있는 콘텍스트와 강하게 단절되어 공간적으로
정착되어 있지 않은 형상에 관한 것으로, 그 표현적 잠재성이 미약하
긴 하지만 감수성을 강하게 자극한다는 것이다. 전체가 강력한 주관적

---

52) B. 발라즈, 앞의 책, 75쪽. 《보이는 인간 Der sichtbare Mensch》에서 발라즈는
손, 담배, 그림자, 얼굴 등을 클로즈업의 여러 종류의 총체로 다룬다. 그 이전 저서 《영
화의 정신 Der Geist des Films》(1930)(프랑스어 번역판, 《영화의 정신》, Paris, Payot,
1972)에서는 단지 얼굴에 대한 비공간화를 겨냥한 바 있다.

〈페르소나〉

인 감정과 관계가 있는 조명이나 움직임과 맞닿아 있으므로 이제 우
리는 그 테크닉의 효과가 (초점의 길이에 따라) 계산이 되고 척도가 가
능한 지점, 시선의 지각 영역이 객관적으로 확장되는 지점, 순수하게
개인적인 반작용이 증가하는 지점에 이르게 될 것이다. 들뢰즈는 이 주
체를 "힘 또는 발현된 것으로 자체적으로 간주된 특질"인 "영상-가
정"[53]이라고 언급한다. 그는 영화에 대한 최초의 언급에서 반복적인 확
실성을 재발견한다(이것은 무질이 표명한 것이기도 하다). 감정 집중의

---

53) G. 들뢰즈, 《영화 1. 동영상 *Cinéma 1. L'image mouvement*》, Paris, Minuit,
1983, 138쪽.

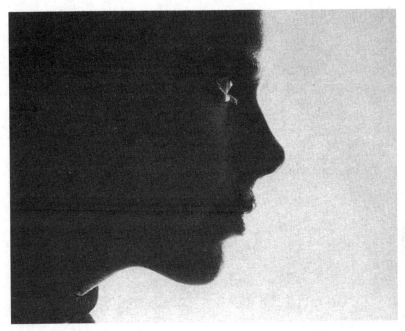

〈페르소나〉

방향은 상호 모순을 갖지 않은 다양한 해석의 대상을 만들어 내며 그
전체는 클로즈업을 통해 가능한 여러 여정의 흔적을 긋는다. 두려움,
총체성의 의미 상실, 서정성은 서로간에 대립되는 것은 아니지만 필연
적으로 상호 보완되어야 하는 것도 아니다. 클로즈업이 거의 사용되지
않은 〈편협〉에서 그리피스는 경우에 따라 렌즈를 매우 다양하게 사용
하였다. 강간당하는 순간 브룬스의 얼굴에 가득 찬 공포가 읽혀진다.
또한 액셀러레이터 페달은 소년의 목숨을 구하기 위하여 총독의 기차
를 뒤따라 달려오는 광기가 가득 찬 경주를 강조한다. 이 페달은 순수
하게 빠르기 이외에 또 다른 것을 암시하고 있는데 그것은 가능한 공
포(페달이 끊어질 수도 있다), 화면 영역의 폭발(발판과 손잡이만 남아

있다), 힘, 도약 등이 그것이다. 엡스탱은 클로즈업을 우주의 비밀 속에 카메라를 들이대는 것으로 영화 속의 영화(깨진 리듬), 영화 속에서의 관객으로 생각하였다. "우리는 삶을 바라보는 것이 아니라 그 안으로 들어간다…. 스크린에 투사된 나는 입술들의 행간에 이른다."[54] 이러한 강력한 접근은 관객뿐 아니라 스크린도 혼란에 빠뜨린다. 말하자면 감동, 즐거움과 두려움, 반작용이 미학적 참여로 인해 갑자기 잠재적인 형상이 되어 버리는 것이다. 그러나 매우 근접적인 시각은 자체적으로는 전혀 '아름답지' 않다. 페달이나 조약돌은 경우에 따라 우리에게 반향을 불러일으킬 수 있지만 사람들은 이것들을 보고 감탄하지 않는다. 클로즈업은 애초에는 영화를 깊이 있게 생각했던 사람들을 난처하게 했다. 이들은 클로즈업을 하모니나 내용보다는 어떤 힘으로 인식했다. 영상에서 클로즈업은 사람들의 기억 속에 오래 남아 있기 때문이다.

자르기와 편집하기

역시 기술적인 문제로, 여러 다른 숏의 조합을 우리는 습관적으로 몽타주라고 부르는데 몽타주가 지니는 흥미로운 혼용에 대해서는 별로 주의를 기울이지 않는다. 에이젠슈테인은 발라즈를 비웃었다. 발라즈가 지나치게 카메라를 중요하게 생각하고 가위라는 영화인의 가장 기본적인 도구를 무시한다는 것이 그 이유였다. 영화에서 작업을 한다는 것은 무엇보다도 정확하게 잘라내는 것이며, 보다 나은 전체를 위하여 필수불가결한 것만을 영상으로 취한다는 것을 의미한다. 영화 작

---

54) J. 엡스탱, 1920, 앞의 책, I. 66쪽.

업이라는 것이 영어로는 오랫동안 커팅(cutting)으로 일컬어졌지만 독어권에서는 다양하게 표현되어 왔다. 헝가리 출신이지만 자주 독일어로 글을 썼던 발라즈는 einschneiden(자르다)과 Bilderführung(관리 또는 이미지 조작)를 구분하여 사용하였으며 아주 세밀하게 숏의 배열(Reihenfolge)로 정의하기도 하였다.[55] 여기에는 서로 다른 두 원리가 있다. 첫째 자르다는 실제적인 의미이며 둘째 배열하다는 개념적인 의미인 것이다. 그 결과 '편집하다'는 전체에 대한 각 부분의 관계와 영화의 일반적 작업을 고정시키는 것(이의 동의어는 문학에서 양식에 해당한다고 발라즈는 언급하고 있다)을 또는 '깨끗이 한 다음' 합산하는 것을 의미한다. 그러나 결국은 하나의 어휘만이 강조되었고, 이 논쟁에서 구성이 우선이고 그 다음에 작업이라고 주장한 에이젠슈테인이 공헌한 바는 거의 없다.

에이젠슈테인 이전, 그가 쓴 팸플릿이 스튜디오의 세계를 뒤흔들기 이전에 이미 리듬에 대해 언급한 적이 있다. 카누도·엡스탱·무시낙[56] 등이 처음에 사용한 리듬이란 단어는 영화의 체계적 개념으로 인식된 몽타주와 매우 유사하다. 또한 뮌스터베르크가 어떠한 특별한 용어를 사용하지 않고 단순하게 '영화의 언어'라고 불렀던 것은 앞선 것들과 역시 같은 의미를 지니고 있었기 때문이다. 이것은 말하자면 하모니에 대한 문제이며, 영상이 보여야 하는 순간에 정확히 이를 나타내는 능력과 내용, 주된 색채 그리고 길이 사이의 정확한 비율에 대한 문제이기도 하다. 그러나 텍스트를 자세히 살펴보면 서로 다른 두 가지 작업이 있음을 알게 된다. 하나는 실용적인 것이며 다른 하나는 시적인

---

55) B. 발라즈, 앞의 책, 76쪽, 123쪽.

56) 《영화의 탄생 *Naissance du cinéma*》, 1925(《영화의 사춘기 시대 *L'Âge ingrat du cinéma*》에 재수록, Paris, Éditeurs français réunis, 1967).

것이다. 위에서 언급한 인물이 부딪친 돌멩이가 드러나는 곳에서 관객은 고통을 느낄 것이다. 또한 관객의 주의력이 자동차 경주에서 가속화하기 위해 액셀러레이터를 밟는 페달로 내려갈 때, 그 리듬은 주의와 기억과 관심을 차례로 나타내면서 관객이 영화의 움직임 속에 스며들도록 할 것이다. 이와 동시에 순수한 표상 너머로 어느 정도 형식화된, 그러나 매우 생생하고 강한 감동이 객석에서 생겨날 것이다. 그리고 감동적인 조응이 창출되며, 단절이 깨지면서 한 영역에서 다른 영역으로, 움직임에서 색으로, 조명에서 연기자의 연기로 이어지거나 연장되는 팽팽한 선들이 창출될 것이다.

조형적인 리듬은 하나의 전체성으로 간주되고 리듬은 영화의 전개 자체 내에서 활성화된다. 러시아 영화인들은 이에 대해 매우 엄격하였다. 몽타주 기능과 관련하여 러시아 감독들의 불일치는 대단한 것이어서 이를 극복하기란 거의 불가능하다. 이들 대립은 지나치게 빈번하여[57] 우리 연구와 직접적으로 관계가 없다고 말할 수 있을 정도이다. 그러나 러시아 영화인들은 적어도 한 가지 점에서는 일치한다. 영화를 전체적인 측면으로 고려한다는 것은 각 숏의 특이한 힘을 무시하는 것이며, 텍스트에 산재해 있는 갈등, 급변, 진퇴양난 등을 무시한다는 것이다. 그러므로 '몽타주' 라는 어휘의 선택은 오해나 근사치에서 생겨난 것이 아니다. 몽타주라는 어휘는 모든 영화적 요소들을 사전에 분명히 하는 설계에 의거하여 영화가 조각들의 모음으로 구성된다는 것을 의미한다. 관객은 일반적 경향에 이끌리는 것이 아니라, 매 순간 주어진 상황, 제스처, 주제에 반응을 보인다. 따라서 관객을 끌어들이고

---

57) D. 앤드류, 《메이저 영화론 *Major Film Théories*》, 51-57쪽; G. 그리그나피니, 앞의 책, 53-58쪽; G. 들뢰즈, 앞의 책, 50-61쪽과 244-250쪽.

자 한다면 이들을 흡입할 수 있는 영상을 선택해야 하며 이를 **크레셴도**로 확산시켜야 한다. 그러므로 추락이란 단순한 장애물이나 넘어지는 인물이 아니다. 연속적 투사가 서로를 이끌어 완성시키는 규칙 속에서 심연, 현기증, 하강이 개입되는 것이다. 에이젠슈테인은 영화라는 것은 "최후의 결과가 사전에 부여된 것으로 이끌림의 연쇄로 이루어진 테마의 전이"[58]라고 언급하고 있다. 먼저 폭군을 그 다음에 저항을 편집하는 것은 너무 단순하게 관계를 설정하는 것이 된다. 부당함이 혁명을 자극하기 위해 꼭 필요한 것은 아니다. 영화는 혼성적이고 집중적인 디테일(예컨대 공허와 으스러뜨림의 주제가 그러하다)이 연속적으로 개입되어야 한다. 또한 새로운 이념, 거절의 이념이 분명하게 드러나면서 하나의 의문점이 생성된다. 영상은 암시되거나 부정되어야 하며, 각각의 영상은 그를 둘러싸고 있는 숏들과의 연결 속에서 혹은 자체적으로 대립의 장소(이러한 것으로 약간의 경사를 매우 빠르게 내려가는 것과 슬로 모션을 취하는 추락이 있다)가 되어야 한다. 일반 라인을 후경으로 연쇄의 여러 다른 지점들에 갈등의 분명한 조합들이 존재해야 하며, 이 조합들은 관객으로 하여금 전체와 그 구성 요소들, 일반 운동과 정지, 후퇴, 앞으로의 전진을 지각하도록 해야 한다.

다양한 러시아인들의 연구는 혁명적 이념을 퍼뜨리는 고유한 표현 형태를 지향하였다. 그들 연구는 미학보다는 텍스트(영화에서 의미를 만들어 낸다는 것은 무엇인가?) 이론과 제휴했던 것이다. 그러나 20년대 일어난 영화의 발화체 영역에서 근본적 구조화 작용과 테크닉의 이중성을 인정한 몽타주의 개념은 어렵지 않게 어떤 위치를 점할 수 있

---

58) S. M. 에이젠슈테인, 〈영화에서 인력의 몽타주 Le montage des attractions aux cinéma〉, in 《성좌를 넘어 Au-delà des étoiles》, Paris, U.G.E., 1974, 137쪽.

었고 이전에 혼란스러웠던 개념을 분명히 하는 데 공헌하였다. 이렇듯 변증법적 구성에 따른 생산적인 힘은, 매우 간접적인 방법으로 영화에서 움직임의 기능에 대한 토론에 의거하여 고찰되었고 더욱 분명해졌다. 모든 발전은 필연적으로 이전 단계와 연결되어 있다. 영화 속에 개입된 변화, 조형적 형태나 행동과 관계가 있는 변화는 영원한 대립의 결과이다. 그리고 만일 연속적인 두 숏이 연속적이라는 환상을 줄 경우 이들을 분리시키는 절단 또한 이들 사이의 극복할 수 없는 거리를 창조해 낸다. 이에 대한 토론이 생겨날 것처럼 보였지만 그러나 몽타주 싸움은 토론을 유발시키지 못했다. 어떤 의미로는 몽타주 싸움이 토론을 중단시킨 것이 된다. 형태와 응용 분야, 발전성을 간직한 최초의 발화체들은 공통적으로 규칙을 열기도 하고 거절하기도 하였다. 이 발화체들은 몇몇 지점이 서로 겹치기도 하고 영화 영역 전체를 표시하지는 않았지만 하나의 전진이자 암시였다. 20년대 러시아 영화인들의 몇몇 서로 다른 입장들이 일치하지 않고 충돌하는 모습을 보여주었다. 그러나 이들은 완벽한 시스템처럼 영화의 대상물과 수단과 방법을 완벽하게 묘사한다고 주장하였다. 말하자면 이들의 다른 입장이란 긴밀하고 밀접한 것이었으며 푸코가 이해한 의미로 진정한 '담론'을 구성하였던 것이다. '몽타주'라는 어휘와 개념 자체는 쉽게 받아들여졌다. 그 이유는 단호한 이론적 전개가 배경 역할을 하였고 소위 의무적인 교차점이 형성되었기 때문이다. 이로부터 그 어떤 누구도 영화를 언급하면서 몽타주를 거절하거나 멈추게 할 수는 없었다. '몽타주'와 더불어 망설임의 양상도 완성되었고, 어휘는 완벽해졌으며 대체로 보편화되었다. 새로운 규칙이 미래의 토론에 부여된 것이다.

제2장에서 우리는 20세기 초부터 20년까지 대략 20년에 걸친 짧은

기간 동안 개진된 주목받은 것들을 살펴보았다. 오늘날에도 여전히 공헌하고 있다고 생각이 드는 미학적 대상으로 영화를 고찰하는 가장 일반적인 세 가지 연구에 대해서도 살펴보았다.

첫번째 연구는 미의 이념에 대한 정의였다. 이 연구는 미가 절대 현실로서 스스로 실존한다는 것을 필연적으로 암시하지는 않는다. 그러나 이 연구는 아름다운 작품이 존재하며 이 기준에 의해 새로운 작품도 만들어 낼 수 있음을 보여준다. 미는 기쁨을 준다. 그 이유는 미에는 충만한 완성도가 있기 때문이며 미를 발견한다는 것은 유쾌한 일이기 때문이다. 여기에는 근본적인 몇 가지 기준이 제시되어야 하며 이러한 전망에서 역사에 도움을 구하는 것도 매우 중요하다. 레오나르도 다빈치가 언급했던 것처럼 미가 '당신의 판단보다는 명성'에 더욱 기인하는 것이라면 우리는 여러 해를 거치면서 그저 하나의 의견을 제시하기 위해 자료로 삼을 수밖에 없었던 성공한 작품을 축적해 왔을 뿐이다. 실수하는 것을 피하기 위해서는 그림이나 문학처럼 오랫동안 합법적이었던 예술이나 과거에 축적된 성과에 보장된 평가를 제안하는 것으로 충분할 것이다. 미학이 이러한 의미를 지니고 있다면 미학은 각자가 경쟁력을 갖춘 다음 걸작의 목록을 늘여 나가는 식의 걸작 명부가 될 것이다. 약간 농담조로 언급한 것이긴 하지만 정도는 달라도 우리 모두 포로가 되어 있는 오디오비주얼에 대한 이러한 접근 방법을 비웃으려는 것은 아니다. 미의 함축적인 개념은 영화와 텔레비전 프로그램의 구성 기반이 된다. 미의 함축적인 개념은 신문 기사에서 기능하기도 하며, 작품이 이용하는 예들을 보증하기 위해 이 개념을 사용하는 유명한 작품에서도 능동적인 역할을 한다. 미가 이미 존재하고 있었다는 것을 우리가 인식하기만 한다면 결국 모든 것은 이처럼 단순해진다.

20년대에 있었던 영화에 대한 담론은 미가 아닌 효용성의 문제였다. 그러나 영화 담론은 그 힘과 일관성에 의해 하나의 모델이 부여 되었는데 영화 예술에 대한 글쓰기는 종종 이 모델로부터 영감을 받곤했다. 영화 현장인이나 이론가들에게 있어 제2의 사상적 흐름은 영원한 유혹의 근원이었다. 만일 누군가가 규칙들을 코드화하고 이를 통해 오디오비주얼의 생산이 대번에 관중에게 확실한 영향을 미칠 수 있다면, 미에 도달하기 위해 관찰해야 할 법칙을 정의할 권리가 있을 것이다. 미적인 작품이 지니는 가장 커다란 어려움은 규범적인 것으로 드러나지 않고, 그렇게 되어야 할 것과 그렇지 않아야 할 것이 구분되지 않으며, 어떤 처방을 제안하지 않는다는 데 있다. 이러한 관점에서 미는 선험적인 것이 아니며 구축되어 가는 것임을 알아야 한다. 그리고 이를 위한 지식이 있어야 한다는 것이다. 쉽게 이해할 수 있는 혼동의 결과로 우리는 취미에 대한 규칙을 간단한 기술적 규정으로 다루어 버렸다. 말하자면 조명 효과를 어떻게 얻게 될 것인가 뿐만 아니라 그러한 효과가 무엇을 의미하는지를 다루었던 것이다. 하지만 아직은 신중해야 한다. 우리는 규범 속에 갇혀 있기 때문이며 많은 학술 저서들은 저자들의 유머에 대한 반작용을 의심의 여지가 없는 진실로 강요하고 있기 때문이다.

결론적으로 영화의 초창기에 제기된 세 가지 연구 가운데 세번째 것을 우리가 선호하고 있음을 숨길 이유는 없다고 말하고 싶다. 우리가 시도하고자 했던 것과 완벽하게 부합하는 문제 제기 양식을 제2장에서 직접적인 흐름으로 사용된 텍스트 속에서 발견했다고 생각한다. 영화에 열정을 지닌 사람들은 그러나 영화를 많이 보지 못했고 자신들에게 제공된 프로그램 전체가 진부하다고 불평했다. 이 영화광들은 새로운 예술이 그들에게 제공하는 영감을 통해 즐거움과 반작용을 분석할 수 있을 것으로 기대했었다. 그들은 아주 단순히 자신의 끊이지 않는 상상력과 그들 자신에 대해서만 생각했던 것이다. 레오나르도 다빈치 역시 자신의 독자에게 경고한 바 있다. 만일 당신이 벽에서 얼룩들을 바라볼 경우,

당신은 그로부터 여러 다양한 언덕, 커다란 계곡, 평원, 나무, 바위, 강, 산 같은 다양한 경치를 볼 수 있을 것이다. 또한 당신은 그로부터 이국적 의상과 용모를 지닌 낯선 분위기와 재빠른 움직임을 지닌 형상들, 그들의 싸움을 볼 수 있을 것이다(《수첩》, II, 207쪽).

영화는 서투른 표면보다는 훨씬 많은 모험 정신을 제공한다. 영화는 움직임 · 조명 · 색 · 대조 · 조각, 전체의 배치를 작동시킨다. 그러나 이러한 만남——시선에 대한 호소와 열린 시선——에서 20세기 초의 발화체는 하나의 미학을 구축하지는 못했다. 이 발화체는 영화의 도전에 응답하고 감동이나 즐거움을 거부하지 않으면서 그 방식을 다시 취하려는 노력으로 관객을 사로잡았다. 이제 우리는 똑같은 길을 엄격하게 뒤따라가지는 않을 것이다. 한편으로 사회학은 지나치게 이상적인 관객을 경계하였으며 다른 한편으로 지나친 혁신(두 가지 중요한 것만 인용하자면 텔레비전과 비디오를 들 수 있다)은 카드 패를 더욱 복잡하게 만들었다. 근원적 만남의 지점이 더 이상 존재하지 않게 된 것이다. 만일 미가 더 이상 제공되지 못한다면 또 미가 정의를 내릴 수 있는 구성(이것은 어떠한 논증으로도 드러낼 수 없는 선험적인 선택을 구축하는 것을 일컫는다)의 규칙에 따르지 않는다면, 오디오비주얼의 미학적 연구를 스케치하는 것은 20세기 초 연구자들이 따랐던 자유로운 노선을 다시 취하는 것으로 가정할 수 있다.

제3장
제스처, 신체, 목소리

    시간이 흐름에 따라 영화를 표현하기 위해 사용된 단어들은 그 울림을 잃고 말았다. 영화 작품에서 표상의 중요성을 지시하기 위해 최초에 선택된 pictures, kartiny라는 단어는 단순히 '영화'를 의미하게 되었고 넓게 보더라도 데생이나 그림을 뜻하는 것과는 거리가 멀어졌다. 별로 많지 않던 기술적 용어 이외에 영화 어휘는 20년대 이래 전혀 풍부해지지 않았다. 두 가지 큰 변화는 파롤과 색에 대한 동시적 도입인데 이것들은 언어로는 아무런 흔적도 남기지 않았다. 솔직히 말해서 두번째 혁신은 예기치 않은 혼란밖에는 없었다. 몇몇 영화는 19세기 말부터 스텐실에 색칠을 하는 것이었고, 오랫동안 애호가와 이론가들은 흑백을 언급하면서 흑에서 백으로 무한정한 색조 처리를 생각하다가 그 결과 '컬러를 생각하기에' 이르렀다.

    영상 필름의 사운드 트랙의 첨가는 오디오비주얼의 사유에 대해 더욱 심오한 영향력을 행사하였다. 사람들은 종종 영화가 정말 침묵하는 것이 아니라는 것과 오케스트라나 '변사'의 설명이 화면에 동반한다는 것을 인지하고 있었다. 그래서 이런 것들이 사라졌을 때 배우들이 시각적으로 파롤을 언급하고 이 파롤이 표적에 전사된다는 사실을, 적어도 청각적 환각이 유지되고 있음을 알 수 있었다. 기술적으로 '기입되어 있는' 소리는 컬러와 마찬가지로 단순한 실제적인 개선을 의미하는 것이었지만 그 존재는 이상하게 영화에 대한 인식을 변화시켰다. 먼저 순수하게 스펙터클의 관점에서 본다면, 1919년부터 정기적으로 영화관에 드나들어 매우 소중한 증인이라 할 수 있는 조셉 로스는 음향 효과의 크기와 지속성이 상당히 오랫동안 영화를 방해하고 있었다는 사실을 언급[1]하고 있다. 만일 그 역시 다른 모든 사람들처럼 새로운 흐름에 익숙했더라면 스크린에 대한 그의 보고서는 획기적으로 변하였을 것이다. 당시 그는 영화에 열광하고 있었는데 그 이유는 영화에는 움직이는 그림자들이 존재하기 때문이었다. 그런데 파롤을 갖추게 된 이 그림자들은 자리를 이동하기도 하고, 그림자가 지나치게 현존하여 벽의 포로에게 벗어나는 것처럼 보였다. 이러한 향수를 전혀 가지지 않은 앙드레 바쟁 역시 상당히 제한된 결론을 이끌어 냈던 이와 유사한 고찰에서 출발하고 있다. 그는 주장하기를 청각적 파롤과 더불어 영화는 "관객에게 현실과 가능한 완벽한 환상을 줄 수 있게"[2] 되었다는 것이다.

사실 그 이전의 영화인들은 자신들이 충격이나 센세이션을 이해시키기 위해 종종 복잡한 은유나 완곡법에 의존하여 왔다. 평범한 의학적 두통에 시적 악센트를 즉시 부여하는 떨림이나 뒤섞인 상투적인 표

---

1) L. 쿼레시마, 〈그림자와 목소리 Der Schatten, die Stimme…〉, 앞의 책, 252-253쪽. 영국의 영화인인 그리어슨 역시 동일한 관점을 전개시키고 있다. 1925년 그는 "영화가 유혹적인 것은 스크린의 침묵 때문이다"라고 선언했고 4년 뒤 이 '마술적인' 효력을 상실한 유성 영화에 대해 강한 신중함을 표명하였다(《영화의 그리어슨 *Grierson on Film*》, Londres, Faber et Faber, 1981, 19쪽과 26-28쪽).

2) A. 바쟁, 《영화란 무엇인가? *Qu'est-ce que le cinéma?*》 IV. 《현실 미학: 네오리얼리즘 *Une esthétisque de la réalité: le néoréalisme*》, Paris, Cerf, 1962년, 21. 바쟁의 논리 일반을 알기 위해서는 D. 앤드류의 《메이저 영화 이론 *Major Film Theories*》의 134-178쪽, 그리고 《앙드레 바쟁 *André Bazin*》, Paris, Édition de l'Étoile, 1978, 프랑스어 번역판 1983년을 참고할 것.

현이나 소용돌이를 이용하지 않고서 두통에 괴로워하는 인물을 어떻게 표현할 수 있겠는가. 만일 그 인물이 "머리가 돌아"라는 표현으로 국한시킨다면 사물은 더욱 진부한 의미만을 갖게 될 것이다. 설명이란 약간은 성급한 것이다. 만일 동시음과 더불어 개입된 총체적인 혼란을 이해하고자 한다면 또 다른 결정적인 요인들을 언급해야만 할 것이다. 이 요인이란 예컨대 대사를 구성하는 작가에게 의지하는 경우가 될 것이며, 화면 안 혹은 화면 밖(프레임의 변화와 고정된 마이크)에서 대화를 유성 영화의 지배적인 형상으로 만들었던 녹음이라는 물질적 무게가 될 것이다. 여기에서 우리가 관심을 갖는 것은 변화의 역사적 근원이 아니라 바쟁이 잘 느끼고 있었고 계속해서 되풀이했던 그 이론화에 관한 것이다. 즉 파롤의 출현은 현실의 재현으로써 영화의 새로운 정의와 일치(그렇게 이끌었다고 확신하는) 한다는 것이다.[3] 우리가 확인했던 바 이전 시대에서는 정말로 드물었던 이러한 관심은 우리가 머무르는 시대의 중심에서 매우 집요한 것이 되어 버렸다.

현실 개념과 마찬가지로 불확실한 개념에 대한 모험은 토론을 혼란시킬 위험이 있다. 바쟁은 이런 점을 분명하게 의식하고 있었다. 이것은 다른 것을 가정하는 이념, 즉시 분명하게 다가오지 않는 의미, 결국 영상을 관객에게 반사시키는 그러한 문제이다. 이것은 유심론자인 바쟁이 지적한 것으로 현실이라는 어휘 아래 일상에서 우리를 포위하고 있는 조잡한 사건들 너머 세계에 대한 최고의 일관성을 바라는 관점일 수 있지만, 그러나 유물론자는 여기에서 우리가 인식하고 있는 외관을 부여하고 우리 세계를 규제하는 사회적 권력의 총제를 본다.

---

3) A. 바쟁, 《영화란 무엇인가? *Qu'est-ce que le cinéma?*》 I. 《본체론과 언어 *Ontologie et langage*》, Paris, Cerf, 1962, 103쪽; 《잔혹 영화 *Le Cinéma de la cruauté*》, Paris, Flammarion, 1975, 29쪽.

우리는 바쟁의 이러한 직관을 인정하기 위해 현실이라는 단어 자체를 통해야 할 어떤 필요성을 가지고 있지는 않다. 바쟁의 직관에 따르면 닮음(바쟁은 환상이라고 언급한다)은 오디오비주얼 미학의 중대한 구성인자이다. 그러나 유사 관계는 영화나 사진이나 건축 설계도에서 특별한 것이 아니다. 건축 설계도는 거의 말이 없다. 문외한이 보기에도 그 비율에 있어 설계도를 바탕으로 한 건물과 유사한 것은 아무 것도 없다. 그런데 무슨 이유로 기술자는 이 설계도를 금방 알아볼까? 그것은 기술자는 건축하게 될 건물의 크기를 설계도 위에 투사할 줄 알기 때문이며, 완성된 건물을 보면서 어떤 의미로 도식에 관심을 가지면서 중요한 라인들을 포착해야 하는지 알 수 있기 때문이다. 달리 말하면 두 표상을 일치시켜 종이와 건물이라는 두 오브제 사이에 존재하는 전체적인 차이점보다 훨씬 중요한 순순한 관계를 발견할 줄 알기 때문이다. 우리로 하여금 닮음의 문제에 천착하도록 한 바쟁은 옳은 것이었지만 그러나 현실에 대한 인상이나 환상을 언급한 것은 우리가 찾는 대답에 별 도움이 되지는 못한다. 영화는 자체적으로는 지도나 그림보다 더 '진정한 것'은 아닌 것이다. 그러나 영화가 이들과 다른 점은 행위, 단어들, 소리를 통해 나타내는 유사성의 형태라는 점이다. 바쟁의 주장을 연장하면서 몇몇 영화에 의거하여 그 요소들과 영화들이 사용한 표현적인 재료에 질문을 던지고자 한다. 물론 영화에 대한 분석이나 묘사는 하지 않을 것이다. 또한 관객의 미학적 참여를 실천시키는 몇 가지 관점에 국한시킬 것을 밝힌다.

1. 영화는 삶이다

장 뤽 고다르는 〈정열〉(1981)에서 한 단락의 시간을 멈추게 하는 상당히 혼란스러운 경험을 시도한 바 있다. 이것은 영화 속 영화에 대한 이야기가 아니다. 영화 속 영화는 〈8과 1/2〉 이후 진부한 것이 되어 버렸고 그 감독은 다른 여러 작품에서도 이미 선보인 바 있다. 〈정열〉에서는 행동 전개의 대위법으로 순수 색이나 데생을 사용한 것도 아니다. 이 영화에서 시도한 것은 그림과 영화 사이의 놀라운 대면이라고 생각한다. 그러나 그림이 영화의 재료로 사용된 것은 아니며 영화나 그림을 활성화하려고 시도한 것도 아니다. 우리가 곧바로 접하게 될 일종의 최초의 탐구에 대해, 고다르는 렘브란트의 그림, 〈프란스 반닝 코크 대위의 중대〉 말하자면 〈야간 순찰〉(초등학교 이래로 우리는 〈주간 순찰〉로 알고 있다)을 제시하고 있다. 이 그림에는 여러 인물들이 나타난다. 요컨대 카메라는 표면과 심연을 탐구하며, 밝은 노란색으로 나타나는 어린 소녀가 여러 다른 장소에 위치하면서 드러났다가 사라지기도 한다. 부대원들의 얼굴과 자세가 주위 깊게 탐색되고 있다. 만일 전체가 인물들의 위치로부터 시작되지 않거나 그들의 등장이나 망설임 그리고 한쪽 끝에서 다른 한쪽 끝으로 움직이는 어린 소녀의 긴 이동에서 시작되지 않는다면, 이러한 숏들은 일련의 슬라이드와 다를 바 없을 것이다. 영화 속에서 그림들은 더욱 앞으로 나오면서 분해되고, 살아 움직이면서 그 농도를 상실해 간다. 그러나 처음에는 화폭이 존재한다. 이 최초의 숏, 이 유일한 숏 안에서 각자는 여전히 움직이고 있으며 그 이후에 오는 모든 숏들에 자극을 줄 것이다. 이어 카메라는 얼굴의 파노라마를 보여주고 축을 변화시켜 접근한다. 카메라는 렘브란트의 여러 가능한 장면을 지시하지만 최초의 장면은 렘브란트로부터 벗어나고 그림으로부터 벗어난다. 영화가 영상의 움직임으로 시작하는 것이다.

이미지들

여기서 우리는 그 정의가 함축적이고 분명한 의미를 지닌 채 자주 사용되고 있는 단어를 다시 발견할 수 있다. 렘브란트 그림을 통한 고다르의 영상은 그러나 하나의 문제점을 야기하고 있다. 즉 이들의 이미지가 닮았냐는 것이며, 만일 이들 이미지가 닮지 않았다면 그 차이점은 무엇이냐는 것이다. 여기서 이미지에 대한 특징을 구분하려고 하지는 않겠다. 에른스트 곰브리치와 자크 오몽이 이미 이를 밝힌 바 있기 때문이다.[4] 여기서는 단지 우리에게 유용하다고 판단되는 몇 가지 점을 분명히 짚고 넘어 갈 것이다. 첫째, 이미지는 흔적이다. 물리적 현상에 의해 남겨진 자국이며, 화폭에 색이 칠해진 물감이며, 예민한 필름 위의 조명 효과이다. 소리 이미지의 경우에는 테이프의 자력이 될 것이다. 둘째, 이미지는 분리가 가능하다. 렘브란트의 그림은 규모가 크기 때문에 한 번의 시선으로 전체를 볼 수 없는 거대한 조각품이나 프레스코 벽화처럼 생각할 수도 있다. 그렇긴 하지만 그의 그림은 전체 맥락에서 분리할 수 있고 더욱이 운반도 가능한 독립성을 지닌 오브제인 것이다.[5] 셋째, 이미지는 과거의 특징에서 유래한다. 이미지는

---

4) E. 곰브리치, 《예술과 환상 *L'Art et l'illusion*》, Paris, Gallimard, 1971; J. 오몽, 《끝없는 시선 *L'Œil interminable*》, Paris, Séguier, 1981, 또한 《이미지 *L'image*》, Paris, Nathan, 1990.

5) 분리가 가능한 실체로서의 이미지와 모든 예술품이 이미지를 향한다는 사실에 대해서는 H. G. 가다머, 앞의 책 참조. 128-129쪽.

구조화가 가능하다. 이를테면 이미지는 한계, 즉 '경계'를 지니고 있으므로 이미지를 구성하는 요소들의 하나 혹은 여럿의 **내적인** 재분배에 동참한다. 이미지는 관찰자에게 그 특징과 총체를 대립시키거나 다시 모을 수 있는 여유를 제공하기도 한다. 이미지는 세계의 특징을 간직하기도 하고 세계와 분리될 수도 있다. 그런데 이미지 연구에 있어 유사성은 구성적 소여가 아니라는 사실을 기억해야 한다. '닮은' 이미지는 우리가 최상으로 이해하는 이미지이며 우리가 감지한 결과이다. 비록 우리가 오브제, 동물들, 인간들로부터 기인된 수많은 흔적의 한가운데에 존재하지만 우리는 우리에게 말을 걸고 이미 인지한 것을 상기시키는 이미지만을 구별해 낼 수 있을 뿐이다.

우리가 이미지를 만드는 것은 직접적인 방법(고다르가 사용한 렘브란트)과 간접적인 방법, 즉 이전에 우리에게 낯익은 것과의 근접성에 있다. 한계가 정해지고 개별화되어 있는 흔적은 다른 것과 연계되어 있다. 우리와 다른 것 사이의 중간 매개인 흔적은 우리의 관점에서 흔적에 선행하는 상황, 인상, 형태를 표시한다. 대부분의 경우 관계를 설정하는 것은 쉬운 일이다. 누군들 〈야간 순찰〉의 복사본을 보지 않았겠는가? 뿐만 아니라 준거는 종종 모호하거나 불충분하여 우리가 이미지에 대해 갖고 있는 관심을 정당화시켜 주지 않는다. 우리는 이미지에 우리 고유한 감정의 무게를 부여한다. 또 이 흔적을 통해 우리는 엄밀하게 미학적 실행인 재구성의 노력을 실천한다. 형태와 색과 소리의 흔적인 영화 영상은 이미지를 자율화시키는 프레임을 지니고 있다. 즉 화면 영역이 존재하는 것이다. 잊지 말아야 할 것은 설령 원형 스크린이라 하더라도 여기에는 마치 관객이 머리에 모자를 쓰고 있어 방해가 되는 것처럼 고정된, 그러나 중요한 표면을 제시하는 프레임이 존재한다는 사실이다.

영화와 그림은 별개의 오브제로 이루어진 흔적들이다. 이 점에서는 이들을 분리시킬 수 없다. 그렇다면 이제 구조화가 남게 된다. 그림의 경우에 어휘는 작품의 고유한 흔적과 작품을 바라보는 관객의 행동을 동시에 지칭한다. 〈야간 순찰〉에서 군기 · 보병총 · 창 · 북이 대각선으로 비스듬히 두 개의 줄무늬를 그려 넣고 있다. 중앙에 두 명의 장교와 왼쪽에 한 명의 보병, 오른쪽에 북이 그림 전면의 경계를 설정한다. 그림 후면에는 기병들이 깊이 있는 층을 형성하고 있다. 어린 소녀와 대위는 그림의 전반적인 어둠 속에서 두 개의 빛을 발하고 있다. 이처럼 분명한 흔적들에 대해 각 관찰자들은 자신의 기준을 선택하거나 그룹으로 모으거나, 대립시키거나, 고립시키거나, 종합시킬 것이다. 이따금 내적인 구조는 기본적이고 더욱 분명해지기를 바라는데 이것이 고야의 그림 〈마요의 학살〉의 경우이다. 훗날 고다르는 이 작품과 과감하게 맞선다. 이 그림에서 하늘은 어둡고, 왼쪽에 비스듬한 언덕이 있으며, 긴장한 두 부류의 인간들이 보이고, 중앙에는 피에 젖은 거대한 빛의 흔적이 있다. 한편 모네가 제시했던 것처럼, 색과 선은 망설이면서 거대한 반짝거림 속으로 사라지는 듯 보인다. 이 그림을 바라보는 시선은 어느 흔적에도 머물 수 없다. 각각의 관객은 만일 이 그림을 비난하기를 원한다면, 그 충만함과 환상을 제시하는 그림의 형상과 맞서서 싸워야 하며, 자신의 고유한 노선을 그려야 한다. 또 고다르가 그랬던 것처럼 렘브란트의 그림에 나타나는 밝은 빛의 어린 소녀와 같은 속임수에 고정되는 것을 거절하거나 수용해야 한다. 전체로부터 디테일을 이끌어 내기 위해서는 그림에 코를 대고 관찰해야 하며, 부분들을 선택해야 한다. 또한 부분들에 의거하여 작품에 대한 자신의 개념과 감정이 들어 있는 특별한 구조를 관례에 따라 다시 세워야 한다.

영화 관객은 템포나 관점에 있어 선택의 여지가 없다. 영화의 숏들은 관객을 이끄는 영상이다. 영화의 숏들은 사진의 음화처럼 제법 엄격하게 구성되어 있다. 그러나 이 숏들의 주된 선은 시선에 대해서는 구조적이고 이질적인 힘을, 움직임이라는 부동적 형태에 대해서는 불안정한 힘을 조합한다. 고다르가 바라본 〈야간 순찰〉에 있어 최초의 움직임은 우리의 주의를 끄는 자리 이동이었다. 조연들의 움직임과 어린 소녀의 이동은 우리가 익히 알고 있는 그림 구성에 대한 이해를 방해한다. 그렇게 되면 우리는 부동성의 차원에서 모자들, 무기들, 얼굴들만을 포착하게 될 것이다. 움직임은 관객을 왜곡시키는 것이며 움직이는 방향으로 관객을 이끌어 가는 것이며, 또 반대로 그림에서 허용된 재분배를 금지시키는 것이다. 또한 이 움직임은 프레임이라는 미리 조절된 배치 및 후경의 배치에 반발하는 것이다. 이 움직임은 매우 단단한 형태를 흐트러뜨리는 것이고 불확실한 형태를 역동화시키는 것이며 관객으로 하여금 고정되어 있는 구조에 대항하도록 하는 것이다.

아무런 주의를 기울이지 않은 채 안내인에 의해 안내된 영화에는 응시의 여지가 거의 남아 있지 않다. 영화는 일종의 여정으로 이해하는 것이 가능한데, 그 이유는 첫째, 상영 시간이 고정되어 있기 때문이고 둘째, 영상 속에는 영원한 이동이 도입되어 있기 때문이다. 이것은 다음과 같은 설명이 가능하다. "사람들이 아무것도 이해하지 못하고," 영화를 대상으로 생각하지 못하고, 영화 속의 말을 알아듣지 못한다고 하더라도 계속 영화를 보게 될 것이다. 어찌 되었든 간에 영화에는 움직이는 형태들이 존재한다. 폴 발레리는 "실제 속의 실제적인 것"[6]인 움직임과 연관되어 있을 경우 왜 사람들이 모방하거나 모방하는 척하려는지 생각한다. 기본적인 방법으로 영화는 우리에게 이러한 근본적인

---

6) P. 발레리, 《영혼과 무용 L'Âme et la danse》, 1921, in 《전집》 II, 164쪽.

능력, 스스로 움직이는 능력을 증명해 보이고 있다. 유명한 구절 "영화는 삶이다"라는 말은 바로 여기에서 근원을 찾을 수 있다. 영화는 '실제'가 아니다. 영화는 단순히 우리에게 삶의 첫번째 기호인 움직임을 상기시켜 줄 뿐이다.

도피

주목할 가치가 있는 몇 개의 영화 가운데 고정 이미지들과 절대적으로 연결되어 있는 영화가 있다. 수많은 고정 이미지를 통한 시청각적 생산은 우리 시선에 분명한 움직임을 제시한다. 이것은 관객에게 있어 일상적 현실에서 관찰하는 것과 전혀 다른 것이 아니다. 영화적 환상을 구축하는 움직임은 분명한 것이고 이 움직임은 영화 전체에 있어 기본적이고 필연적인 것이지만 그 의미는 허약하다. 〈정열〉은 연속적인 영상을 통해 고정성과 유동성이 유지시키는 긴 관계의 다양성을 제시하면서 이 거짓의 확실성을 혼란에 빠뜨리고 있다. 고다르는 관객을 게임의 입구로 세차게 몰아붙이고 있는 것이다. 고다르는 관객이 스크린 안에서 일어나는 전이적 방법에 대해 질문을 던지기 이전에 몽타주를 사유하도록 강요한다. 사실상 뛰어넘을 수 없는 사각형의 프레임과 인간과 사물의 무한한 잠재적인 도약 사이의 긴장이 초기 영화들 이래로 존재하여 왔다. 채플린의 '초기 영화'에서 이러한 근원을 발견하는 것은 단순한 오마주의 차원이 아니다. 이것은 영화에서 움직임을 가중시키거나 과시하는 방법에 질문을 던지고, 움직임을 영화에서 유일하고 근원적인 원동력으로 간주하며, 요컨대 배우들의 자유로운 이동과 프레임의 엄격성을 상호간에 어떻게 연결시키고 있는지 이해시키기 위해 스크린 경계를 감추는 것과 관계가 있다.

채플린의 영화 〈모험〉(1916)[7]을 보자. 언덕의 비탈길은 완벽한 대각선을 형성하고 있다. 왼쪽 위로 지평선, 하늘, 바다가 혼재되어 있고 오른쪽 아래는 풀포기가 보이는 사막이 있다. 제복 차림의 무장한 간수들이 경사를 내려온다. 그들은 장방형 아래로 수평선을 이루는 지면에 도착하면서 동작이 느려진다. 사진적인 구조와 이동이 상호 영향을 미치면서 완벽하게 화답한다. 이러한 역동적과 지속성 속에 하나의 인서트가 존재한다. 어둡고 울창하고 매우 모호한 깊은 숲 속에서 등이 보이는 하나의 실루엣이 불완전하게 부각되는 것이다. 유니폼을 입은 남자 실루엣이 몸의 방향을 바꾼 다음 가야 할 길을 팔로 가리키면서 왼쪽으로 나아간다. 이 단절은 아주 짧지만 강한 인상을 준다. 후경에서 기하학적인 엄격성과 회화적인 경사가 사라진다. 이로부터 도약이 일어나고 새로운 영상은 이전 숏의 지속성과 단절된다. 새로운 영상은 전적으로 오른쪽에서 왼쪽으로의 부단한 전진과 몸짓이라는 움직임에 대해, 말하자면 영화적인 요소에 대해 지속성을 갖는다. 한순간 간수들이 멈춘다. 이것은 새로운 변화 단계로서 이제부터 모래라는 비정형의 표면에 대한 근접 숏이 이어진다. 모래 속 이곳저곳에서 주인공 샤를로의 머리가 솟아오른다. 그를 추격하는 간수들이 그를 찾아 헤매다가 발견했다고 생각하는 순간 그는 다시 모래 속으로 사라진다. 순간적으로 샤를로가 나타나면서 하나의 구성이 암시되고 이미지는 처음의 불확실한 이미지로 곧바로 되돌아간다. 순수하게 사용된 소품과 인정 많은 한 간수가 기대고 있는 커다란 바위가 다시 화면 안으로 들어온다. 샤를로가 구멍 밖으로 기어나온다. 시각적 균형 요소들을 구

---

7) 〈모험 Charlot s'évade〉은 1917년에 제작된 영화지만 1916년으로 잘못 표기되어 있다.〔역주〕

축하지 않는 소품에는 무관심한 카메라맨은 그가 포복하는 동작 하나만으로 가벼운 파노라마를 그려내고, 그 지점에서 프레임은 새로운 구조를 생성한다. 그 사람의 순수한 동작은 부자연스럽고 몸에 꼭 끼는 옷을 입었으며 파노라마는 사라져 버린 도망자를 추적하기 위해 출발점 이전으로 되돌아온다. 도망자는 처음 숏의 배치로 되돌아가 대각선으로 접어든다. 그는 아래쪽에서 위쪽으로 또는 거꾸로 향하면서 방향을 바꾼다. 움직임이 역행하는 것이다. 샤를로는 길에서 빠져나와 사각형이 이루는 대각선을 해체시키면서 상당한 높이의 수직 경사면을 한번 살펴본 후 기어오른다. 간수들이 그를 추적하려 하지만 움직일 수조차 없는 프레임의 주요 선에서 미끄러지며 실패하고 만다.

약 40초 정도의 영상에서 움직임은 다섯 번이나 프레임을 횡단하고 있음을 보여준다. 상호간에 일치가 이루어지고, 경사면을 기어오르는 간수들의 완벽한 구조적 조화가 생겨나는가 하면 샤를로가 대각선들을 직각으로 자르면서 앞서의 대각선은 다음의 대각선에 의해 파괴되기도 한다. 만일 영화 상영 시간인 19분 전체를 조망한다면 열 개 이상의 대립을 발견할 수 있을 것이다. 그러나 이 조합들은 우연히 이루어진 것이 아니다. 이것들은 각자 지배적 관계 형태에 해당하는 움직임이나 그룹으로 재통합된다. 우리가 앞서 설명했던 최초의 연속적인 배열에 있어 배우들의 자리 이동이 균형을 이루고 있다. 그것들은 자체로 완성되거나 사라지거나, 자체로 파괴되었다가 복구되고 또다시 사각형의 변을 부수기도 한다. 마지막에 모래에서 솟아나온 머리 효과의 증폭을 통해 움직임은 스크린으로 수렴된다. 중성화된 프레임은 어느 이동에도 열려 있는 결정되어 있지 않은 표면이 되고 이로부터 자리 이동은 균형을 이루게 된다. 배우들의 얼굴과 얼굴 또는 등과 등을 통해 스크린의 사각형 안쪽 프레임을 다시 형성하는 것이다. 마지막 장면은, 짧은 파편으로 인지될 수 있는 하나의 삼각형, 분명하게 추측할 수 있고 적어도 상상할 수 있지만 안정적인 기준으로 배열이 불가능한 서로 다른 세 지점의 장소를 인물들이 끊임없이 왕복으로 생성한다.

〈모험〉 및 채플린의 동시대 작품들을 분석한 앙드레 바쟁[8]은 연기자가 사물들, 사건들, 다른 인물들과 맺는 놀랄 만한 관계를 강조한다. 바쟁은, 샤를로가 방해물을 무시하거나, 한 번에 뛰어넘거나, 우회하거나, 아예 쳐다보지 않거나 하여 방해물을 무력화시키는 방법을 예시하면서 매우 설득력 있는 논지를 펼친다. 감각 능력이 풍요로운 그의 지적은 샤를로라는 인물의 반응을 해석하고 심리적으로 정의할 수 있도록 해준다. 그런데 인물의 반응이 매우 상세하게 설명되고 있다 하더라도 영화 전반에 구축된 도정과는 무관하다. 샤를로의 도피는 주변에 대한 단순한 부정이 아니다. 그의 도피는 영원한 주고받음으로 구성되며, 끊임없이 새로워지는 불안정한 관계 속에서 소품·장소·배우·연기 등 서로 다른 것들을 위치시키고 있다. 또 여기에는 모순, 부정, 보완성과 예상이 동시에 존재하기도 한다. 한편 샤를로가 피할 수 없는 최악의 상황을 맞이하게 되었을 때 그는 눈을 감은 상태에서 몇 초 동안 움직이지 않는다. 이 움직이지 않은 짧은 시간에 대해 바쟁은 합리적인 섬세한 분석을 한다. 이런 종류의 정지에 대해서는 차후 자세히 설명을 하겠지만 영화 전체를 이끌어 가는 과감한 경향과 비교해 볼 때, 이 정지는 방향 전환의 지점들을 표시하는 것처럼 보인다. 스포츠에서 본다면 새로운 출발에 앞선 표식으로 간주할 수 있을 것이다. 채플린 작품을 접하는 사람들은 종종 발레 예술을 떠올린다. 이 비교가 진부한 면은 있지만 이것은 등장인물들의 전개에 있어 기초가 되

---

8) A. 바쟁, 앞의 책, I, 98-104쪽.

는 동시성의 기적을 설명해 준다. 샤를로는 다른 인물들이 때를 잘 맞추어 경로를 피해 주기 때문에 도망칠 수 있는 것이다. 만일 한순간 한 쌍의 쫓는 자와 쫓기는 자가 무겁고 감정적인 의무를 망각한다 하더라도, 이들의 전개가 어떤 점에서 완벽하게 조화를 이루는지 아주 쉽게 알아차릴 수 있다.

인물들의 움직임은 스크린의 공간을 만들어 낸다. 이 움직임들은 경우에 따라 엄격하게 그려진 토대에서 이루어지거나 혹은 새롭게 규정되거나 해체된 불확실한 토대에서 이루어지기도 한다. 그러나 우리는 폭주하는 매개자들의 교묘한 엇갈림과 순수한 팬터마임과 이 움직임을 동화시킬 수는 없다. 각자는 생각할 겨를도 없이 이 움직임을 강한 주제로 느낄 것이며, 기본적으로 감정은 이미 행동과 분리될 수 없는 것이 되어 버린다. 대립된 두 경사면에서 급히 내려오는 샤를로와 간수들은 서로 만나게 될 곳을 향해 나아간다. 우리는 탈주자를 생각할 때 불분명한 불안감(그는 이 난관에서 벗어날까?)을 느낄 것이며 또 다른 수수께끼로 이중화될 것이다. 말하자면 이들의 만남에서 어떤 새로운 외형이 생겨날까 하는 것이다. 움직임은 시각적 조합을 다양화한다. 시각적 조합이란 일시적인 방법으로 내용과 구조를 게시하는 영상들이다. 영화에서 프레임을 구성하는 긴장감은 사전에 설정되지 않는다. 이 긴장감은 이동 방향과 동시에 빠르기에 의거하는 리듬에 따라 설정되고 해체된다. 관객은 마치 음화처럼 장소 이동 자체가 구조화를 이루는 순간들, 아주 빠른 걸음으로 지나가는 주인공이 규칙적인 선으로 지평선을 방해하는 가로막는 순간들을 기억한다. 이것이 잡지에서 예술적 촬영이라고 말하는 것으로, 사진을 찍을 때 '인용'할 수 있는 유일한 것이기도 하다. 그러나 이들 아름다운 음화들 사이에서 시선은 스케치만을 포착한다. 시선은 스스로 곧 사라지는 형식적인 배열과 구조의 윤곽을 본다. 시선은 움직임이 후경을 파괴할 때 생겨나는 공허 속에서 방황을 한다. 영화가 생산해 내는 최초의 효과는 바로 그곳에 남게 된다. 시각은 불안정성과 대면한다. 시각은 그 고유의 탐사 능력, 영상에 의문을 제기하고 평가하며 이를 거대한 덩어리로 배열하는 습관, 그리고 눈앞에 보이는 것에 대한 끊임없는 은유와 순간적으로 포착할 수 없는 특징 사이에서 타협을 시도한다. 마치 인생 같지 않은가? 물론 그렇지는 않다. 영화의 영상은 하늘의 무한성과는 다르다. 영화의 영상은 한계를 지니는 영상, 스크린 경계를 넘지 못하는 영상인 것이다. 샤를로는 영화에서는 드물게 무한정한 확장 모델을 제시하였다. 그러므로 지금부터 움직임이 고정되는 순간에 대해 관심을 가질 필요가 있다.

2. 프레임 법칙

경계 없는 하늘

〈열정〉에서 시선은 하늘을 향해 열려 있다. 매우 청명한 쪽빛, 높이 걸쳐 있는 회색 구름 그리고 아래쪽에는 벤치가 있다. 형상들은 불확실하지만 이들 배치와 색들의 대조는 충분히 묘사가 가능하다. 네모난 화면 속에는 길고 흰 흔적을 남기는 구름들 사이로 간간이 열린 대각선으로 거대한 푸른색이 여기저기에 배치되어 있다. 그림엽서와 마찬가지로 카메라는 왼쪽을 향한 파노라마 촬영을 단호하게 거부한다. 마치 저 머나먼 곳을 향해 나아가려는 것 같다. 카메라의 움직임 속에서 렌즈는 하얀 선이 시작되는 점을 발견한다. 그 선은 움직이는 비행기의 흔적으로 두 번에 걸쳐 자리 이동이 나타난다. 하나는 숏의 내부에서 제트 분사에 의한 자리 이동이며, 다른 하나는 외부 카메라의 자리 이동이다. 이들의 자리 이동은 서로 겹치지 않고 병렬로 전개된다. 아주 짧은 인서트가 군데군데 삽입되어 여러 명의 인물들이 나타난다. 이들은 알아볼 수 있지만 곧바로 사라진다. 이처럼 하늘에 대한 탐사가 약 2분 동안 지속된다. 카메라는 어떠한 오브제도 포착하지 않으며 가끔 비행기가 사라졌다가 다시 나타날 뿐이다. 카메라는 구름을 통과하고 또 구름을 통과한다. 카메라는 느려졌다가 다시 속도감을 찾는다. 카메라는 세 번에 걸쳐 흔들리다가 아래로 떨어진다. '고전적' 영화라면 이러한 흔들림이 미숙함 때문에 생긴 것으로 생각할 것이다. 결국에 화면은 고정 숏으로 채워진다. 이 점에 대해서는 잠시 후 다시 설명하기로 하자.

몇몇 단편이 제공하는 영화의 의미나 역사에 관심을 갖는다면 이러한 서곡은 수수께끼[9]처럼 보일 수 있다. 그러나 지금 우리가 상당히 충격적인 채플린의 영화에 의거하여 연구하고자 하는 분야는 과거의 불충분한 명제들에 관한 것이다. 프레임의 문제가 샤를로를 통해서만 제기되는 것은 아니다. 본질적인 것은 정확한 지점에서 아니면 적어도 제한된 구역에서 작용하는 등장인물들의 대립이다. 중심축과의 관계에서 등장인물들은 어떤 경우에는 엄격한 중심에 놓이기도 하고 또 어떤 때는 어긋나기도 한다. 이 중심축이 없다면 인물들의 위치나 만남이

---

9) 이에 대해서는 많은 연구가 있다. J.-L. 뢰트라, 《우리를 닮은 흔적들. 장-뤽 고다르의 열정 Des traces qui nous ressemblent. Passion de Jean-Luc Godard》, Seyssel, Éditions Comp'Act, 5-15쪽, R. 오댕, 〈세 번 있었다, 번호 2: 영화의 세 번의 시작 단계에 대한 화용론적 연구 Il était trois fois, numéro deux: approche pragmatique de trois débuts de film〉, in 《벨기에 영화 잡지 Revue belge de cinéma》, 22/23, 75-80쪽.

경계나 가장자리의 이념을 이끌어 낼 수 없을 것이며, 이 경계나 가장자리를 넘어선다면 영화 밖으로 나가는 것이 될 것이다. 질주로 인해 사라지는 근거가 별로 중요하지 않거나 아니면 무한히 탄력적인 것처럼, 에피소드에서 에피소드로의 이행은 배우들 사이의 주고받기를 통해 쉽게 이루어진다. 〈모험〉을 한마디로 요약하자면 영상들은 구조화되어 있고 내적으로 해체되어 있다.

　프레임에 대한 무관심이 영화 고유의 것은 아니다. 우리는 그림에서 이러한 현상을 만날 수 있다. 모네는 그림 시리즈를 통해, 특히 〈수련〉 시리즈를 통해 마치 프레스코 벽화처럼 벽이나 화폭의 한계를 무시하려는 태도를 지향한다. 바로 이 점에 영화와 데생의 부분적인 집중이 존재한다는 것인데 고다르는 이에 대해 관심이 없었다. 고다르가 공격했던 화가들, 예컨대 렘브란트 · 고야 · 들라크루아 · 앵그르 등은 반대로 프레임을 지배하기 위해 이를 이중화시키면서 그 효과를 상당히 의식한 화가들이었다. 이 점에 대해서 우리는 이미 〈마요의 학살〉과 〈야간 순찰〉에서 어느 정도 표명한 바 있으며, 〈십자군에 의한 콘스탄티노플의 함락〉이나 〈천사와 싸우는 야곱〉에서도 비슷한 흔적이 나타난다. 최근 들어 고다르는 이와는 대조적으로 일종의 유출 또는 초과를 시도한다. 〈열정〉에서 열려 있는 하늘을 향한 카메라의 흐름은 지속을 위한 것으로 짧은 단편들 사이에서 이어진다. 영화에서 이 흐름은 반복적으로 오른쪽에서 왼쪽으로의 집요한 이동으로 나타난다. 만일 숏들의 내용을 연결시킨다면 푸른 하늘을 마지막으로 바라본 다음 단절되어 지상으로 되돌아오고 영화의 세계가 배열되기 시작할 것이다. 잠시 표상된 것을 잊는다면, 하늘을 바라보는 시선을 따르는 롱 숏은 고정될 것이다. 그러나 이 롱 숏은 강한 추진력으로 오른쪽에서 왼쪽으로 실루엣을 관통한다. 여기에서 특히 오토바이들과 한 대의 트럭은 이전의 방향을 유지시키고 있다. 이전의 방향이란 카메라가 〈야간 순찰〉에서 탐구했던 것으로, 마치 휴지(休止)의 특징을 지니는 조각상의 세계 같은 것이다. 그림을 막 훑고 지나가면 빠른 자동차에 의해 이루어진 격렬한 이동 촬영이 질주를 시작한다. 나무들, 하늘, 물, 태양, 그림자는 예상을 뛰어넘고 프레임은 사라진다. 아무것도 없으며 스크린에는 아무런 형태도 제시되지 않는다. 이어 자동차 한 대가 동일한 선을 뒤따른다. 안쪽에 설치되어 있는 카메라는 창을 통하여 걸어가는 여자를 잡아낸다. 오른쪽에서 왼쪽으로 움직이는 그녀가 지나가면 연이어 풍경이 뒤따라온다. 그 다음 카메라는 멈춘다. 하지만 카메라가 멈춘 다음에도 오랫동안 오토바이, 트럭, 승용차, 보행자들은 스크린 왼쪽 가장자리를 향해 지나간다.

끈질기게 이루어진 일탈은 프레임과 다시 연결될 수 있는 모든 것에서 빠져나온다. 일탈은 비행기가 그려내는 궤적과 분리된다. 일탈은 풍경에 대한 상세한 설명을 무시하고 다만 연결을 위해 무명의 개인들이나 자동차를 잡아낼 뿐이다. 왼쪽으로 향하는 일탈은 서양인들이 영상을 탐구하거나 글을 읽기 위해 왼쪽에서 오른쪽으로 눈을 움직이는 경향과는 어긋나는 것이다. 어떻게 하면 스크린의 관례에서 빠져나올 수 있을 것인가? 아주 미세한 형태라고 할지라도 관객의 시선하에서 경직되는 것을 거부할 때 가능할 것이다. 상당히 오랜 시간 동안 고다르는 무동성과 움직임 사이, 구조화와 유동성 사이, 도로에서 펼쳐지는 촬영과 엄격하게 구성된 엄중한 〈야간 순찰〉 사이에서 긴장을 고조시키고 있다. 채플린이 경계를 중성화시키면서 이를 이용하였다면 고다르는 우선은 이 경계를 초월하려고 시도했던 것이다. 그런 다음 고다르는 이 경험마저도 거부한다. 이후 일련의 영화에서 영상이 제시되거나 촬영으로 이루어진 자리 이동은 다양하게 나타나는데(〈열정〉에서 허구적인 라인으로 영화를 제작하는 문제라든지 크레인 카메라가 다른 카메라들을 촬영한다든지 이동식 촬영대에서 계속 움직이는 카메라로 촬영한다든지 하는 것), 여기에서 프레임 법칙은 더 이상 별 문제가 되지도 않는다는 사실을 알게 될 것이다. 영화는 안정적인 구조와 확장 사이에서 상당한 거리감을 창출해 내고 있다. 동일한 속도로 지속된 영화와 그림의 유사성은 별로 생산적이지 못한 대립, 축소할 수 없는 차이점에 대한 단순한 보고서가 되는 것이다. 고다르는 하나의 탐색의 길을 열었지만, 경계가 모호한 모서리의 표면에서 하나의 영상을 기록하는 두 방법을 대립시키기 위해 그는 이 탐색의 길을 다시 폐쇄시켜 버렸다.

영화 영상, 움직임과 프레임

영화가 시작되면 하늘은 세 번에 걸쳐 5초의 아주 짧은 인서트에 의해 차단된다. 이 순간은 관객이 인물들을 알아볼 수 있는 충분한 여유가 있기 때문에 그 내용을 상세하게 알 수 있다. 왼쪽을 향한 흐름이 멈추고 화면에 매우 근접 숏으로 잡은 일련의 얼굴들이 나타난다. 경우에 따라 이 숏들은 카메라의 줌업으로 인물의 어깨와 팔이 드러나기도 하는데 어쨌든 그 후경은 언제나 무한하고 비정형이다. 여기에서 고다르는 자신이 임의로 인용한 화가들과 반대의 입장에 서 있다. 들라크루아는 프레스코 벽화에서 야곱과 천사를 왼쪽에 분명하게 설정하고 오른쪽은 빛의 화살로 채우고 있다. 또 이중화된 프레임 한가운데는 모호한 색이 흔적으로만 남아 있다. 반면 고다르는 구성의 모든 힘을 스크린 중앙에 존재하는 형상으로 향하게 한다. 자크 오몽은 〈열정〉을 비롯하여 여러 영화의 주제에 대해 다음과 같이 언급한다.

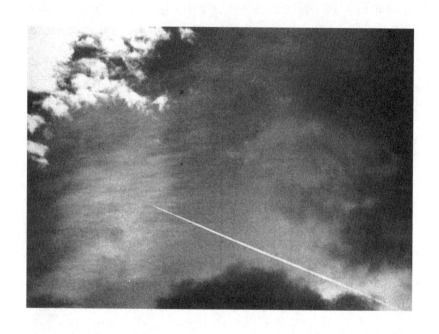

"프레임은 그 자체로는 결코 고다르식의 관념이 아니다. 그에게 있어서는 세밀한 구성도 없고, 공들여 다듬은 아름다운 프레임도 없으며, 관점과 장소를 선택함에 있어 지배적인 전개도 없다. 그렇다고 거친 프레이밍이 있는 것도 아니며, 영상 가장자리에 특별한 가치를 두지도 않고, 봉합 예술을 장려하는 것도 아니다…. 프레임은 결코 주요 도구로 사용되지 않는 것이다"[10]((끝없는 시선), 242-243쪽).

이러한 분명한 무관심은 현재 이에 대해 관심이 있는 우리에게 있어 매우 중요한 것으로, 이로부터 촬영의 시각이 구축된다 하겠다. 말하자면 영상을 결정짓는 것은 프레임이 아니라는 것이다. 영상을 결정하는 것은 영상으로 뚜렷이 부각되어 스크린의 가장자리를 제시하고 그 주위에 의해 추상화되고 고립되는 오브제인 것이다. 그렇다면 〈열정〉의 시작 부분에서 왼쪽으로 향하는 전이의 중단이 단지 인물들에게만 적용된 것은 무슨 까닭일까? 무생명체인 오브제들도 동일한 힘을 지니고 있을 텐데 말이다. 그 이유는 여기에 개입된 것이 무엇보다 프레이밍이고 고립된 주체(이것이 사람이든 아니든)의 기능이란 경계를 지시하고, 그 스스로 사각형의 중심에서 일탈하는 유일한 사실을 통해서만 경계를 분명하게 하기 때문이다. 이것은 우선적으로 살아 있는 주체가 프레임 내에서 그 유동성을 통해 드러난다는 사실을 말해 주고 있다. 프레임의 외부를 향하는 팽팽한 질주와 단절된 장시간 노출된 얼굴들, 그리고 반대로 사각형의 한가운데에 과감히 드러나는 이 얼굴들은 하나의 다양성과 무한한 유동성을 암시하고 있다. 조명을 받

---

10) 이 전체의 장은 〈열정〉을 다양하게 설명하고 있다. 매우 뛰어난 작품이기 때문이다.

은 이 얼굴들은 동요하고 눈을 깜빡이며 소스라치게 놀라기도 하고, 역광에 의해 어둠 속에 묻힌 이 얼굴들은 실루엣이 되어 숨결로 인해 머리카락이 움직이고 어깨의 으쓱거림으로 어둠 속으로 미광이 스며든다. 고다르는 경계에 대해 관심도 가지지 않았고 사전에 이를 정의하려고 하지 않았으며, 화가들이 그랬던 것처럼 이를 강조하려 하지도 않았다. 왜냐하면 움직임의 제한된 진폭은 그 고유한 유폐를 드러내기 때문이다. 영화의 재현은 프레임 속의 흔적이며 영상이다. 그러나 이 재현은 그림과는 달리 자체적으로 그 경계를 보이면서 뚜렷해지는 특별한 능력을 지니고 있다.

채플린은 움직임을 확대시켜 프레임을 인지할 수 없도록 하였으며, 관객으로 하여금 이 프레임을 망각하도록 하였다. 고다르는 경계를 부정하기 위해 전이를 과장하거나 아니면 반대로 미세하지만 지속적이고 내적인 다양성을 지닌 카메라를 멈추게 하고, 카메라로 하여금 형상을 지시할 책임, 추론을 통해 경계를 구성할 책임을 갖도록 하였다. 조각과 데생과 영화일 경우 이미지 문제는 동일한 어휘로 제기되지만 그 실현화의 양상은 다르게 나타난다. 뮌스터베르크는 처음으로 영화에 의해 제기된 두 가지 새로운 사실, 즉 움직임의 환상과 깊이의 인상을 분명하게 한 학자이다.

이미지의 진부함은 우리가 영화에서 볼 수 있는 방법에 있어 본질적인 특징은 아니다. 우리는 여기에서 삼차원의 세계와 인물들의 움직임처럼 동물들, 나아가 사물들의 움직임을 만날 수 있을 것이다. 바람에 의해 움직이는 나뭇잎이나 흐르는 개울물은 깊이가 있으며 즉각적인 인상을 엄격하게 유지하고 있다. 예컨대 고전적인 시각적 환상을 염두에 둔다면 우리는 전경을 고정시키고 후경을 활성화시켜 깊이의 인상을 강조할 수 있을 것이다(《영화: 심리학적 연구》, 22쪽).

　영화에 대한 명철한 관찰자이면서도 아직은 초보자였던 뮌스터베르크는 관객의 지각을 구축하는 관계적 효과를 완벽하게 이용하였다. 하지만 그의 호기심은 순수하게 심리학적인 것이었다. 동일한 흔적을 지니고 있는 고다르도 회화와 영화를 분리시키는 미학적 거리에 특히 관심을 두었다. 화가들은 깊이에 의해 제기된 문제를 전혀 무시한다는 것이다. 특별히 고야는 화폭의 '전경에' 설치된 형상들과 후경을 눈속임 없이 대립시키기 위해 후경을 전복시키고 확산시키는 데 뛰어난 화가였다. 고다르가 이 스페인 화가와 관계는 없겠지만 경험적으로 영감을 받은 것은 확실하다. 균일하게 검은색을 후경으로 한 창백한 색채와 부동의 〈누드 마하〉는 볼륨에 대한 환상을 주지 않는다. 영화에서는 양산을 든 젊은 여자가 이 그림 앞을 지나간다. 그리고 영화는 미끼처럼 관객의 코앞에 〈마요의 학살〉에 나오는 한 구의 시체를 보여준다. 똑같이 고정되어 있는 후경과 전경 사이에서 산책하는 여자는 약간의 생명력을 창조할 단 하나의 목적으로 개입되어 있는 것은 아니다. 구름 한가운데 창공에 궤적을 그리며 반응하는 비행기처럼 그녀는 새로운 두 경계를 제시한다. 이 두 경계는 측면이 아니라 정면에 존재하며, 스크린을 환상적으로 평행육면체로 변화시키는 경계이다. 전체 표면 위에 갇혀 있는 장방형은 양산을 든 젊은 여자가 관객의 시야로 지나가면서 만질 수 없는 순간을 형성하는 동안 영화적인 영상이 만들어진다.

　움직이는 오브제는 프레임을 선동하고 프레임은 움직임을 세팅한다. 앙드레 바쟁은 신기하게도 부분적으로 인용한 한 텍스트에서 이러한 이중성을 분명하게 제시하고 있다. 윌리엄 와일러 감독[11]에 대한 바쟁의 깊이 있는 연구에서 화면 영역의 깊이에 대한 종교적(바쟁은 얀센파를 언급하고 있다)인 찬사는 유명하다. 바쟁은 말하기를, 와일러 감독은 거대한 앵글 렌즈를 사용하여 주요 행동뿐 아니라 숏의 배열을 이루는 여러 움직임에 있어 매우 열린 조망을 이끌어 냈다는 것이다. 동일한 연구에서 바쟁은 와일러 감독이 망원렌즈를 사용하여 전경의 한 인물을 어떻게 고립시키는지 동시에 그 인물의 주위에 대한 모든 것을, 즉 그 프레임을 어떻게 후경의 흐름 속에 다시 던지는가를 언급한다.[12]

바쟁의 관심은 우리의 관심과는 다르다. 그는 무엇보다도 의미의 적용 및 관객의 작용 능력과 영화 메시지의 해석 능력에 관심을 두었다. 움직임을 준거로 프레임을 구축하는 두 가지 방법에 대한 그의 관점은 고다르의 연구를 통해 제안했던 것들과 직접적으로 일치하지는 않는다. 〈열정〉은 이 점에서 우리의 안내자가 되는데 부차적 세부 사항에 대한 고다르의 거부는 영화를 전개할 때 직면하는 힘들이 적나라하게 드러나기 때문이다. 물론 이 영화가 제시하는 문제들은 '현대적'인 또는 '할리우드'의 모든 영화인에게 해당되는 것이다. 영화 제작에 있어 극단적으로 다른 길을 간 와일러와 고다르 사이의 구조적인 일치점은 바쟁이 파악한 것처럼 매우 일반적인 성격을 강조한다는 것이다. 바쟁의 분석에서 많은 부분은 슈퍼마켓의 카운터 외부에서 촬영된 〈우리 생애 최고의 해〉(1946)의 한 대목에 관한 것이다. 여기서 관객의 시선하에 드러나는, 스크린을 가로막는 차단기에 함축되어 있는 손님과 구경꾼과 주인공들의 여러 움직임들은 서로 교차하거나 일치

---

11) 〈로마의 휴일〉 감독. (역주)
12) A. 바쟁, 앞의 책, 150−154쪽과 159−160쪽 참조.

한다. 바쟁이 지적한 것처럼 이들 움직임은 스크린의 표면을 분할하면서 일련의 긴장 영역을 구성하는 것이다. 고다르 영화에서 인물들은 뛰어넘을 수 없는 프레임이 보이지 않는 필연적 장애물과 부딪힌다. 이러한 것이 카메라의 존재 지점에서 벗어난다면 영화는 성립할 수 없게 될 것이다. 우리는 창문을 통해 우리 쪽으로 계속 다가오다가는 창문과 충돌하게 될 젊은 여성을 알아차린다. 카메라가 그녀를 다시 잡았을 때에도 그녀는 언제나 거실 옆에 존재하는 우리를 향하고 있다. 과연 그녀는 어떻게 밖으로 나갈 수 있을 것인가? 그녀는 망설이며 후경을 향해 걸음을 떼어 놓는다. 한 남자가 나타나면서 그녀 앞을 가로막게 된다. 두 사람은 서로 돌면서 관객 쪽으로 향한다. 그러므로 그들 중 한 사람이 빠져나오려고 한다면 다른 사람이 그 앞을 막아서는 꼴이 될 것이다. 한편 촬영용 크레인에 앉아 있는 남자는 공중에서 무게감 없이 우아하게 그리고 손쉽게 선회를 한다. 그는 다시 내려와 스크린 왼쪽으로 빠져나가려고 하지만 출구가 막혀 있다. 열 명의 사람이 그가 지나가는 것을 방해한다. 그 중 마지막 사람은 들라크루아의 그림에 나오는 천사로서 생-쉴피스가 있는 바로 그 장소를 차지하고 있다. 남자는 마치 프레스코 벽화를 차단하는 것처럼 스크린을 닫는다.[13] 여기에서 고다르는 다른 많은 감독들이 자주 시도하는 배치를 표방하고 있는데 보통 이러한 배치는 픽션이 전개되면서 사라진다. 고다르는 배우들의 위치 이동을 표현하기 위해 스크린의 경계를 물질화시키고 있는 것이다.

---

13) 우리가 영화에서 의미를 발견할 필요성을 부정하지 않는다면, 허구적으로 감독이 되는 등장인물이 영화에서 평온한 상태를 유지할 것이지만, 그러나 그가 무대를 포기하는 순간 압력을 가하는 관객과 충돌하게 될 것이라는 사실을 분명하게 언급할 수 있다. 그렇다면 이 경우 '천사와 싸움'에서 무슨 일이 생겨날 것인가?

영화의 형식적 작업은 이처럼 처음에는 장소 이동의 힘과 스크린 경계 사이에서 세 형태의 관계라는 다양하고 무한정한 새로운 것으로 나타난다. 경우에 따라 움직임은 영상의 근원적 세 구성 중 프레임과 구조라는 두 구성을 배치하거나 부정하기도 하고 분명하게 하기도 한다. 만일 영화를 다른 창조적 예술과 대립시키기 위해 움직임이라는 어휘를 사용하고자 하더라도 이것이 '특별한' 어떤 것은 아니다. 회화 역시 동일한 절대적 필요성에 직면해 있기 때문이다. 회화는 유일하게 다른 해결책들을 발견한 예술로 그 이유는 회화는 변화를 현동화시킬 수 없기 때문이다. 고다르의 교훈은 영화가 닫힌 공간의 지평에서 유동성의 역할을 하면서 자리 이동이라는 환상을 적용하는 데 무한한 가능성을 지니고 있다는 것이다. 관객이 민감하게 반응하는 삶의 외관인 움직임은 스크린의 경계에서만 현동화가 이루어진다. 영화를 만든다는 것은 무엇보다도 영화의 제약을 무시하는 척하면서 엄격한 프레임과의 관계에서 이루어진 전이와 조화롭게 하는 것이다.

생성과 지속

모순적이긴 하지만 영화는 지금까지 우리가 정의를 내린 움직임을 부정할 수도 있다. 앞서 이 점을 암시한 바 있으며 영화 애호가는 분명히 오래 전부터, 부동성을 추구하는 영화를 우리가 어떻게 이해하고 있는지 궁금해했을 것이다. 특히 눈꺼풀의 움직임 이외에 모든 숏이 사진판으로 구성된 크리스 마르케의 영화 〈선창〉(1963)의 경우가 그렇다. 이야기뿐 아니라 소리를 강하게 제시하는 오디오 테이프를 통해서도 영상이 전개된다. 로제 오댕[14]이 잘 제시한 것처럼 오디오 테이프가 그 고유의 전개 속에서 영상들을 이끌고 있는 것이다. 그러나 오디

〈창문〉, 피에르 보나르의 그림

〈구두닦이〉, 1946

오 테이프만으로 영상의 엄격성이 균형을 이루고 있는 것 같지는 않다. 만일 〈선창〉이 슬라이드의 단순한 몽타주와 혼동된다면 다른 이유가 있을 것이다. 레다 방스마이아는 사진뿐 아니라 지속과 연결, 즉 영화가 사진들 사이에서 창출해 내는 지속과 연결을 염두에 두는 텍스트에서, 영상이 감추어지고 상호 혼합되며 어두워지고 오버랩됨으로써 묘사가 불가능한 행위의 힘을 통해 텍스트에서 벗어나는 '다른' 형상과 예기치 않았던 성좌가 어떻게 창조되는지 설명하고 있다.[15] 영화는 재현의 부동성에 반대하면서 시간을 통해 여러 다양한 촬영의 중첩이

---

14) R. 오댕, 〈테이프-소리로 지지되며 사진으로 위협받는 픽션 영화. 크리스 마르케의 〈선창〉에 대하여〉, in Château, Gardies, Jost, 《현대성의 시네마, 영화, 이론 Cinémas de la modernité, films, théories》, Paris, Klincksieck, 1981, 147-173쪽.

15) R. 방스마이아 〈양화에서 그림문자로; 크리스 마르케의 〈선창〉에 관하여〉, Iris, n° 8, 2e semestre 1988, 9-31쪽.

만들어 내는 변화에 기대를 건다. 페이드는 어떤 특이한 형태로 정해지거나 재생산될 수 없는 것이다. 그것은 계속해서 변모하기 때문이며, 페이드의 프레그넌스[16]가 아주 단순하고 순수하게 기계적으로 두 사진의 일시적 상태와 과감하게 맞서기 때문이다. 〈선창〉은 움직임을 기피하는 것이 아니며 정지에 우선권을 주는 것도 아니다. 움직임과 정지라는 두 어휘 사이에서 또한 자리의 이동과 오랫동안의 부동성 사이에서 서로 화답하며 번갈아 이루어지는 독창적인 관계를 그려내고 있을 뿐이다.

　그러므로 〈선창〉은 '이야기'에 의해 연결된 고정 숏의 연쇄가 아니라 필름과 동일한 펼침으로 생산된 가공물, 결과, 사진 음화의 변조로 구성되어 있다. 이 영화가 지닌 매우 드문 형식으로 인해 많은 연구자들은 영화 전체를 구성하는 확산과 정지 사이에서 일어나는 협상을 부정하거나 아예 도외시하게 되었다. 정지가 사라진 영화에서 쉽게 상상할 수 있는 경험이란 사실은 모순적인 것이다. 움직임의 논리가 최고조에 이른 1970년대 사람들은 배터리가 다 소모될 때까지 길을 따라 촬영하면서 카메라를 이동시켰고, 이러한 편력에서 생겨난 이상스런 영화들은 매우 재미있는 방법으로 도시의 빠름과 영화인의 횡설수설을 섞어 놓기도 하였다. 만일 '세상을 향해 열린 창문'이라는 영화에 대한 진부한 은유가 적용된다면, 그것은 바로 카메라의 자유가 프레임으로부터 승리한 것을 의미하는 경우가 될 것이다. 이로부터 카메라가 이동하는 순간, 언뜻 보이는 행동이나 오브제는 사라져 버릴 것이며, 파인더는 공간의 단편을 자르게 될 것이다. 이러한 시도는 영화 작업이 결과를 부정하기 위해 노력하는 것(이것은 불가능하다)이 아니라 이를

---

16) 심리학 용어로 기억 · 지각에 대한 강한 호소력을 뜻한다. 〔역주〕

이용하거나 조정하기 위해 노력한다는 것을 분명하게 보여준다.

헝클어진 산발 상태의 경주가 채플린의 영화를 지배하긴 하지만 이 영화에서 이완된 움직임도 발견할 수 있다. 이 영화의 여러 단편들은 매우 효과적인 교차 시스템을 이끌어 내고 있다. 처음에 채플린은 다른 인물과 대립하거나 도망을 친다. 다음으로 그는 상대방한테 얻어맞거나 도피한 후 혼자 남는다. 이어 새로운 자리 이동으로 그는 다른 두 인물과 조우하게 된다. 그들 중 한 사람과 화해를 하면서 채플린은 또 다른 사람과 충돌하게 되고 처음 상태로 되돌아간다. 요약하면 세번째 순간은 채플린을 포위하고 있는 두 명의 배우 및 스크린을 둘러싼 전반적인 후경을 바탕으로 고정 숏으로서 제시된다. 이 원리는 〈선창〉에서 지배적인 원리와는 다른 것이지만 그러나 규칙은 동일하다. 움직임이 정지를 하든(채플린) 정지한 척하든(크리스 마르케) 다양한 양상이 서로 화답하며, 연결과 분리의 순간들로 영화의 역동성이 형성되는 것이다.

롤랑 바르트는 사진과 영화를 비교한다.[17] 사진은 "변형될 수 없음에도" 어떻게 "시각을 가득 채울 수 있는지"를 보여주는 반면 영화는 끊임없는 흐름 속에서 "다른 시각을 향해 나아가면서" 그 흐름이 앞으로 계속 이어질 것을 전제한다는 것이다. 이같은 대립은 우리의 견해와 합당한 것은 아니다. 이 주장과는 달리 우리는 영화란 근본적으로 사진의 생성과 관련된 영상의 두 상태가 협력함으로써 전개될 수 있다고 믿기 때문이다. 그러나 약간이라도 사진을 영화 쪽으로 전이시키고자 한다면 바르트의 지적은 옳은 것이 될 것이다. 영화는 하나의 생성으

---

17) R. 바르트, 《밝은 방. 사진에 대하여 La Chambre claire. Note sur la photo-graphie》, Paris, Gallimard/Seuil, 1978, 140-143쪽.

로서 거의 매 순간 변화를 일으킨다. 그렇다면 영화에는 미래가 존재하는가 혹은 프로그램화된 결말 이외의 또 다른 미래가 존재하는가? 20분이든 세 시간이든 영화는 모든 수단을 동원하여 목적을 향해 나아간다. 그 전개되는 내부에서도 각각의 이동은 고정된 지점과 일시적 정지를 향한다. 만일 〈열정〉에서 맨 처음의 파노라마가 몇 분 동안 멈추지 않고 지속된다면 이 파노라마는 하늘을 향하고 있는 창문과 다를 바 없을 것이다. 제한 없는 진전은 표상에서 배제된다. 그 까닭은 진전이란 형상을 그 생성 속에서 포착하기 때문이며 그 형상들의 고유한 변화 이외에 다른 것이 될 수 없기 때문이다. 진전은 형상이 아니라 조명에 의한 자국과 흔적으로만 남는다. 반대로 고정된 시각과 자리 이동에 의한 교차는 새로운 긴장감을 불러일으킨다. 이 교차는 지속적인 운동의 자의성을 강조하면서 그 힘을 드러낸다. 고다르는 배우들(등장인물이라고 언급하는 것을 자제하고자 한다. 〈열정〉의 인물들은 허구적 정체성이 확립되어 있지 않기 때문이다)과 후경과 오브제를 개입시키면서 우선적으로 시도했던 정열적인 도피를 빠르게 제거해 버린다. 그가 회화를 참조한 것은 분명하다. 바르트가 아주 잘 설명한 바와 같이 부동의 숏들은 '시각적으로 부여' 받기 위해 이루어진 것으로, 사람들로 하여금 무엇인가를 추구하도록 하는 대신 주의 깊게 탐색하도록 한다.

〈열정〉의 정가운데를 향해 동기가 부여되지 않은 엄숙한 이동 카메라가 공간을 가로지른다. 이동 카메라가 반대 방향으로 자리를 이동하는 가운데 카메라를 인도하는(혹은 인도당하는) 한 젊은 여자가 포착된다. 한 남자가 여자의 가운을 벗긴다. 누드인 그녀는 풀장 곁에 부동의 상태로 앉아 있다. 이유도 원인도 없이 방황이라는 어휘로 앵그르 그림에 대한 긴 응답을 이렇게 제시하고 있는 것이다. '앵그르에 대한 오마주(hommage à Ingres)'로 앞서의 여정을 결론 맺으려는 것은 아니다. 엄숙하고 인상적이기를 바라면서 훌륭한 제어로서 실행된 카메라가 포착한 두 순간 역시 임의적이다. 다만 그 순간들이 카메라에 담겨졌고 꾸며졌다는 사실만이 정당하다. 카메라의 지속적인 촬영 이외에 그 어느것도 이들을 묶지 못한다. 이 여정에 대해 멋진 해설을 한 장 루이 뢰트라는 다음과 같이 논리적으로 지적하고 있다. 포즈를 취하고 있는 젊은 여자는 "끊임없는 생성과 항구적인 움직임이 역류하는 시간과 공간에 정박한 것"[18]으로 이동 카메라가 이를 보여주고 있다는 것이다. 화면 영역에서 자리 이동이나 카메라의 움직임이 조화로운 관점의 배열로 완성되는 이 과정이 (벌거벗은) 이곳에서 잘 드러나고 있는 것이다. 따라서 대부분 영화에서 이러한 과정은 아주 은밀한 방법으로 예컨대 영화를 결론짓는 마지막 숏의 정지에서 작동하고 있다는 것을 잘 알아야 한다. 앞서의 도정을 '영원히' 종결시키거나 혹은 계단을 오르는 인물들을 밖에서 카메라의 수직 움직임이 잡아 이들을 창문과 교차시키면서 프레임 안으로 들어오게 하고 결국 인물들로 하여금 문 앞에 고정시키는 방식인 것이다.

우리가 언급한 이중의 상승은 유용성이 그다지 크지 않은 허구적인 생산성을 지닌다. 상승이 생성을 지속과 연결시키지 않고 전체 영화와 움직임으로 프로그램화된 완성이 시간의 조작과 연결되지 않는다면, 이 상승은 우리에서 아무것도 '알려 주지' 않는 것이 되며 무용한 것이 되고 말 것이다. 여기에 근본적 관점이 존재하며 이는 바르트의 사고에서 더욱 분명해진다. 풀장에서 누드의 여인은 단어가 주는 평범한 의미로 '아름답다.' 이 여인은 그림과 마찬가지로 긴 응시를 한

18) 앞의 책, 62쪽.

다. 반대로 방의 한 구석을 비추고 있는 주목받지 못하는 실루엣은 관심의 대상이 되지 못한다. 만일 방 한가운데서 실루엣의 존재를 강조한다면 관객은 지속에 대한 감각을 유지하는 데 방해를 받을 것이다.[19] 파졸리니는 '일종의 기술적 스캔들로'[20] 확대될 수 있는 특별한 숏 및 '비정상적인 지속'에 대해 언급한 바 있다. 움직임은 시간을 동질화시킨다. 어느 순간도 선행하거나 뒤따르는 것을 구분하지 않는다. 반대로 고정 숏은 그 숏 자체에 고정되어 있는 순간의 무게를 중시한다. 〈열정〉은 부동적인 음화들을 별로 고려하지는 않지만 한 숏이 정물화로 시작하거나 아예 멈춰 있거나 오랫동안 고정되어 있기도 하다. 그 결과 프레임에 대한 조사를 마친 관찰자는 영화가 연장되기를 바라는 정체 속을 흐르는 순간을 의식하면서 자신의 고유한 기대감을 유예시킨 것으로 생각한다. 무용과 데생을 비판한 폴 발레리는 일시적 안정성의 순간들, '폭력과 이행'[21]의 상태처럼 비약이 멈춰 버린 정지를 거부한다. 비안정성은 영화의 흐름을 지지한다. 정지는 사고처럼 보일 뿐이다. 영화관의 관객에게 단순한 슬라이드처럼 보이는 영상을 제시한다면 관객은 이 슬라이드가 어느 순간에 이르러 생동하고 움직이고 활동적 현존으로 충만해지는 것을 기대할 것이다.

우리는 무엇보다도 영상의 배열에 질문을 던지면서 움직임이 프레임 속에서 어떠한 방식으로 영원한 속임수를 쓰는지 알아보았고, 스

---

19) 레이몽 브루르의 연구에서 고정 이미지와 시간의 관계에 대한 또 다른 견해를 발견할 수 있다. 《이미지 사이. 사진, 영화, 비디오 L'Entre-image. Photo, Cinéma, Vidéo》, Paris, La Découverte, 1990, 109-133쪽.

20) P. 파졸리니, 《이교적 경험 Empirismo eretico》, Milan, Garzanti, 1972; 프랑스어 번역판, 《이교적 경험. 언어와 영화 L'Expérience hérétique. Langue et cinéma》, Paris, Payot, 1976, 149-150쪽.

21) P. 발레리, 《드가, 무용, 데생 Degas, danse, dessin》, 1936, in 《전집》 II, 1172쪽.

크린의 경계에서 빠져나오기도 하고 통합하기도 하는 다양한 구조를 창출하는 영화 작업을 분명하게 파악하였다. 경계 없는 변화를 향한 긴장된 최초의 팽창에 덧붙여야 할 것은 이 팽창에 대한 반발, 브레이크와 또 다른 시도들이다. 관객들은 또한 1970년대에 몇 분 동안이나 고정된 사진 같은 하나의 숏으로 이루어진 영화를 경험하였다. 이것은 물론 슬라이드가 아닌 영화의 경우인데 관객은 조명이 들어올 때까지 전율, 섬광, 새의 비상, 낙엽의 떨어짐 등을 엿보고 있었다. 이 영화에 부여된 절대적 '폭력성'은 관객이 기대하는 생동의 효과를 드러냈다. 고정 숏은 움직임의 열망을 선언하는 것이며, 또한 그 마지막 영상을 고정시키기 위해 프로그램화된 영화의 운명을 밝히는 것이다. 부동의 영상은 시선을 통해 그 구조 파악이 가능하며, 그림에서처럼 실험의 준비가 완료된 상태이다. 이를 파졸리니는 "순수한 회화적 아름다움의 신화에 의해 지배된"[22] 세계라고 언급한 바 있다. 관객은 자신의 환상에 따라 다소 오랫동안 그림을 응시하듯 극장에 오는 것은 아니다. 즉 어두운 극장이라는 특별한 환경 속에서 이곳은 지속과 시간의 공허한 흐름이 터치 가능한 것이 된다. 우리가 이 공간을 어떻게 활용하느냐에 따라 이곳은 자극을 주기도 하고, 반대로 앞으로의 활성화에 대한 기대감을 더욱 높여 주기도 한다. 연극과 발레는 안정성과 비안정성의 교차를 매우 잘 인식하고 있다. 안정성과 비안정성의 전이는 무대에서 실천되는 것으로, 설령 무대장치가 변한다 하더라도 배우나 무용수들이 유지하는 프레임과의 관계는 변하지 않는다. 영화의 특징은 정지와 움직임이라는 두 개의 축이 대칭적이 아니라는 점이다. 고정 숏은 언제나 이를 규정하는 경계를 기준으로 이루어지며, 반대로 움직임

---

22) P. 파졸리니, 앞의 책, 148쪽.

은 감독이 사용하려는 의도에 따라 가장자리와 형상을 고려하여 그 배치를 변형시킨다. 움직임은 프레임 법칙을 확정할 수도 있고 감출 수도 있다. 때문에 예상할 수 있는 조합은 엄청난 것으로 거의 무한대에 가깝다. 구조의 선택, 화면 분할과 컬러의 배치는 그림에서 생성된 효과를 예측할 수 있지만, 정지와 움직임, 프레임 밖으로 나가기와 들어오기의 배치는 차후 영화에서 일어나게 될 여정을 전혀 예측할 수 없다. 채플린의 〈모험〉에서 연속적인 네 개의 조합이 개입된 것을 우리는 이미 살펴보았다. 그런데 그의 다른 영화에서 이런 조합은 더욱 자주 사용되거나 아니면 반대로 단 한 번만 사용되는 경우도 있다. 만일 프레임 법칙이 다른 오디오비주얼과 같은 형태로 영화에 부여된다면 이 프레임 법칙은 분명 덜 구속적인 형태를 취할 것이다. 그러나 프레임 법칙은 매 순간 자신의 존재를 새롭게 한다. 프레임 법칙을 수용하거나 회피하기 위해 고정 숏을 이용하는 것은 영화감독이 취하는 수단 중 하나일 뿐이다. 그러므로 이제 우리는 앞서 했던 제안을 완성해야 한다. 영화 미학은 프레임과의 관계에서 움직임과 연결되어 있을 뿐 아니라 움직임을 지탱하기 위한 부동성과도 관계가 있다는 것이다.

3. 예민한 눈

고다르가 평가했던 그림은 19세기 중반 이후의 그림과는 관계가 없다. 그 그림들은 현대 조형의 다양한 근본적 흐름이나 추상 및 인상주의를 경험하지 못한 것들이다. 고다르의 개인적인 취미는 그 어떤 것일 수 있겠지만 우리와 관계가 있는 것도 아니다. 반대로 〈열정〉을 구성하는 그림과 영화 사이의 순환은 19세기 말 이래로 더 이상은 채색화가나 데생화가의 주요 관심사가 되지 못했던 움직임을 통해 분명히 정리되었다. 특별히 회화는 아주 생생한 몸짓을 그려내는 방법과 자연을 비결정의 상태에 적응시킬 줄 알았다. 완전한 부동성이 영화에서 있을 수 없는 것은 아니지만 그러나 매우 예외적인 것으로 받아들여졌다. 영화인들이 비·구름·바다와 같은 비생명체 세계의 거친 움직임이 커다란 효과가 있음을 확인할 수 있었고, 대부분의 영화에서 그 역동성을 드러낼 수 있었던 것은 인간의 움직이는 구조나 생명체의 존재를 통해서였다. 고다르는 자동차와 말들, 특히 남자와 여자들을 주로 영화에 담았다. 영화에는 다큐멘터리를 포함해서 거의 대부분 이야기가 존재하는데 이는 인물 구축을 강화하는 것이다. 픽션에 대한 지배적인 취미와 자리 이동을 실행한다는 근원적인 필연성이 스크린에서 인물들과 부차적으로 동물들의 끈질긴 현존을 정당화시킬 수 있을까? 그렇다면 결국 영화의 실체는 무엇일까?

면제품의 훌륭한 사용법

인간 몸을 재현하려는 화가에게는 많은 구실이 있다. 신들이 존재하기 때문이며 동화와 역사, 군주, 권력자와 부자들이 존재하기 때문이다. 약간은 세속적으로 생각을 했던 데이비드 프리드버그[23]는 가장 보편적이면서 심오한 동기를 추구하고자 하였다. 그는 말한다. 우리가 타인의 이미지에 이끌리는 것은 그 이미지가 우리에게 드러나는 전체, 그 이미지에서 우리가 발견하는 전체 때문이 아닐까? 〈마요의 학살〉

---

23) D. 프리드버그, 《영상의 힘: 역사와 반응 연구 *The Power of Images: Studies in the History and Theory of Response*》, University of Chicago Press, 1989.

에는 참을 수 없는 분노와 공포의 외침이 존재하는 것은 아닐까? 〈마하〉에는 우리가 자꾸 되풀이하는 열린 감수성이 존재하는 것은 아닐까? 그만큼 우리가 이 그림들을 좋아하는 것은 아닐까? 반대로 일반적 상황에서 돌발적인 인상에 의해 우리는 충격을 받으며 동시에 그로부터 빠져나오려는 것은 아닐까? 프리드버그의 분석은 약간 짧은 감이 있는데 도상적 연구가 일반적으로 무시했던 문제를 제시하고 있다. 즉 연극과 박물관과 스크린에서 우리가 무엇을 바라보는가 하는 문제이다. 이는 단순히 형태와 움직임의 조화로운 조합이나 훌륭한 플롯을 의미하는 것만은 아니다. 〈열정〉에는 몸으로 가득 차 있다. 특히 누드, 젊고 아름답고 마른 여성의 누드로 가득 차 있다. 고다르는 그녀들을 드러내고 전시하는 여정이 영화에서 추진 기능을 지니고 있음을 즐겁게 증명한다. 해체하기에 앞서 재구성하는 있는 그림 가운데 〈카를로스 4세 가족〉은 〈마하〉와 짝을 이루고 있다. 고다르는 왕족의 한가운데 흰 면제품의 속옷을 착용한 젊은 여성을 위치시킨다. 누드의 그녀는 궁중 의상을 입은 백치들의 매혹적인 컬렉션과는 황폐한 대조를 이루고 있다. 반팔의 블라우스와 이제 막 재봉틀에서 나온 슬립을 착용한 그녀는 단순하게 부조리한 모습을 하고 있다. 좀 더 진행이 되면서 고다르는 같은 실수를 되풀이한다. 하녀가 호텔 방에 들어서자마자 치마를 벗어 버린다. 손님은 벌써 기분이 동한다. 젊은 여자는 흰 면제품의 속옷차림으로 물구나무를 선다. 다리를 뒤로 접은 채 두 손을 짚은 상태에서 그녀는 주문서를 작성하고는 나가 버린다. 이런 장면은 대단히 성욕을 자극하거나 아니면 훌륭한 서커스 장면이 될 터인데 기이한 복장 때문에 이상스런 판타지로 전락해 버리고 만다. 고다르는 여기에서 인간적 재현이 아무런 주체와 어울리는 것은 아니며 인간적 재현은 강하고 중성적이고, 나아가 부정적 형태도 인지하고 있

음을 암시하고 있다.

〈열정〉에서 화가들의 기법을 사용한 것은 서로 다른 두 가지 원칙과
부합된다. 렘브란트, 들라크루아의 그림, 〈마요의 학살〉 같은 고야의
그림은 프레임 안에서 움직임을 연구할 때 이용되며, 〈마하〉나 〈콘스
탄티노플의 함락〉 같은 그림 또는 앵그르의 그림은 후경에서 후경을
넘나들며, 없애거나 끄집어 내어 결국은 왜곡시키는 몸과 형상, 그러
면서도 끊임없이 영화로 담아내는 몸과 형상을 제공한다. 여기에서 화
가의 선택은 영화가 인간적 현존[24]을 마련해 놓고 있어야 한다는 관점

---

24) 19세기 그림에서, 특히 들라크루아의 그림에서 나타난 여인의 몸에 대한 양면
감정 혹은 다감정에 대해서는 M. 포인톤을 참고할 수 있다. M. 포인톤, 《노출된 권
력: 서양화에서 몸, 1830-1908 *Naked Authority: the Body in Western Painting,
1830-1908*》, Cambridge University Press, 1990.

과 잘 부합한다. 〈열정〉에서 박물관은 성적 이미지 전개를 위한 구실이 된다. 그러나 영화가 자극적인 인상에 멈추고 만다면 매우 피상적인 게 될 것이다. 여기에서 몸은 모호한 욕망을 자극하는 것과는 다르게 사용된다. 우리의 연구에서 개념의 전이나 손쉬운 동일시를 거부하는 것은 중요하다.[25] 사람들은 종종 공연의 관음증에 대해 언급하는데, 영화에서 즐거움에 대한 메타심리학적 연구인 이 정당한 정신분석학적 흔적은 우리에게는 전혀 도움이 되지 않는다. 관음증은 일종의 타락이다. 말하자면 바라는 목적과 아무런 관계없이 행위를 통해 만족을 추구하는 것이다. 관음증 환자는 숨어서(스트립쇼를 보는 것처럼), 보도록 되어 있지 않는 것을 보면서 즐기는 자이다. 관음증 환자는 다른 사람들이 숨어서 (열쇠 구멍)으로 듣는 것에 대해 놀라워한다. 이와는 달리 배우는 드러내는 자이다. 사람들이 자신을 볼 수 있도록 모든 것을 행한다. 관객은 영화관의 방문을 대중적 행위로 변화시키는 자이다. 지각적 행위와 성적 발달의 소아적 상태로의 퇴행(성도착자에게서 나타나는 것이다)을 동일시하는 것은 본질적인 것을 희생시키거나 배우의 행위와 관객에 대한 도전을 희생시켜 심리적 메커니즘을 특권화시키려는 것과 같은 것이다.

상실된 몸짓

바쟁은 채플린의 몸짓에 대해 아낌없는 찬사를 보낸 바 있다. 인물들이 싸움을 벌이고 있는 상황에서 그처럼 잘 적용되고 추상화된 몸

---

25) 이는 프리드버그가 지속적으로 언급한 물신숭배적인 응시 또는 감각적인 분산 지점이다. 한 그림을 노골적인 시선으로 바라보는 것으로는 '물신숭배자'가 되지 않는다는 것이다.

짓[26]을 발견할 수 있는 것은 놀라운 일이라는 것이다. 채플린이 모래에서 솟아나면서 조용히 전체를 살펴본 다음 갑자기 자기를 쫓는 사람의 후경이었던 출발점으로 되돌아오는 것은 그가 위험을 무시하려 한다는 것을 의미하며, 우리로 하여금 그가 좋아하는 지연이라는 책략과 공범이 되도록 한다. 영화의 역동성을 위해, 다시 말해 죄수와 간수들이 다른 지평을 향해 무한히 뻗어 나가는 공간의 영원한 대혼란을 위해, 원을 그리는 시선은 그 효율성이 그다지 큰 것은 아니다. 그러나 관객을 웃게 하는 데는 성공하고 있다. 그리하여 우리는 흉내라는 하나의 의미를 발견하게 되며 이 흉내를 두려움과 놀라움과 의심을 나타내는 것으로 읽히게 될 것이다. 반대로 나타남과 사라짐이 분리되어 있는 동안 우리는 다만 전체적인 인상을 포착하게 될 터인데, 이것이 소위 바르트가 '분위기'라고 일컬은 것으로 '분리할 수 없음'[27]을 확인한 것이다. 얼굴의 주름과 팔이나 허리의 갑작스런 긴장에는 감독이 원하는 의도가 들어 있지만 또 다른 것, 즉 분위기로써 이를 좀 더 멋지게 표현하자면 앙토냉 아르토가 '공간 속 표현'[28]이라고 말한 바로 그것이다. 요컨대 스크린에 드러난 물질적 차원을 말하는 것이다. 채플린의 흉내는 아마도 시선이 의미하기를 원하는 것 이상의 것을 시선에 제공한다. 우리에게 있어 시선은 정신 상태를 이해하게 해주는 찌푸린 얼굴뿐 아니라 전체에 해당한다. 카메라로 찍는 동안 배우는 자신의 역할과 동시에 자신의 현존을 연기한다. 자신의 몸이 공간을 소유하며 공간적 지속성을 부여받고 있는 것처럼 해야 하는 것이다. 관

---

26) A. 바쟁, 앞의 책, I, 103쪽.

27) R. 바르트, 앞의 책, 167쪽.

28) A. 아르토, 《연극과 그 이중 Le Théâttre et son double》, 1936, in Œuvres complètes, Paris, Gallimard, t. IV, 1978, 86쪽.

객의 경우 무질서한 메시지와 실루엣의 두께를 수용한다. 만약 관객이 연기자가 발산하는 확산된 감정을 폐기시키지 않고도 이야기나 정보에 심취할 수 있다면 경우에 따라 관객은 특권을 가지고 있는 것이 된다. 연기의 자질에 대해 스크린을 '터뜨리는' 재능에 대해 흔히 사용되는 말은, 배우가 어떤 점에서 개인으로 존재하며 어떤 점에서 인물의 마스크를 착용하는가 하는 점이다. 그러므로 배우의 작업이란 전적으로 텍스트만을 해석하는 것이 아니다. 배우는 자신이 완성해야 하는 순수한 기능적 자리 이동을 시선을 위한 것으로 변형시키고 스크린의 표면에 적응시켜 자리를 잡도록 해야 한다.

이런 점에서 연극과 영화 사이에는 공통점이 많다. 연극 무대와 카메라 앞에 서는 것은 연기자에게는 큰 차이가 있는 것이 아니다. 그러나 영화는 연기자와 영화 사이에 거의 완벽한 혼합이라는 특수성이 있다. 어떤 영화는 스타들 덕택에 인기가 있다는 말이다. 이런 영화는 만

일 다른 배우가 출연한다면 전적으로 다른 영화가 될 것이다. 이것은 배우의 능력과 관계가 있는 것으로, 전반적이며 결정된 인물에 대해 자료가 전혀 없다면 영화 미학 속에서 배우들과 관계되는 몫을 우리는 전혀 이해하지 못할 것이다. 〈열정〉에서 나타난 특징은 하나의 길을 제시해 주고 있는데, 영화란 그 움직임을 강조하면서 연극이 허용하는 것 이상으로 생명체를 표현하는 작업을 한다는 것이다.

앵그르의 화려한 목욕하는 여인을 장식과 균형과 컬러로 재구성한 다음 고다르는 즉시 어투를 바꾸어[29] 4분 이상의 고정 숏을 제안한다. 상반신 숏의 안나 쉬길라는 화면 오른쪽 텔레비전 모니터 정면에 존재한다. 비디오로 그녀를 영상에 담은 제르지 라드지빌로비츠(영화 속 감독)는 그녀로 하여금 테이프를 바라보도록 한다. 그때 끊임없이 전화벨 소리가 울려댄다. 그는 화면 영역 밖으로 나간다. 시끄러운 대화 소리가 화면의 후경을 가득 채운다. 그는 되돌아왔다가 또다시 나간다. 소리의 혼란은 자극적이며 카메라의 시점은 일상의 정점을 제시한다. 반면 〈열정〉의 다른 에피소드에서 고다르는 몸들을 펼쳐 보이면서 관능성과 화려함과 영화 도구의 하이 테크닉을 제시한다. 여기에서의 색조는 평범하다. 안나가 착용한 엷은 보라색의 블라우스에 푸르스름한 후광이 비치고 있다. 모니터에 비친 젊은 여자의 영상은 프레임 설정이 잘못되어 있다. 그리하여 관객은 자유롭게 이야기를 만들어 낼 수 있으며 안나가 외부로부터의 힘과 그녀 자신의 반사광 사이에서 무엇을 취할 수 있는지 결정할 수 있다. 어떠한 해석도 반박 혹은 동의가 이루어질 수 없다. 영화가 보이고자 하는 것을 이해하려고

---

29) J.-L. 뢰트라(앞의 책, 58-59쪽)는 여기에서 사랑/일이라는 두 개의 항으로 주제의 연속성을 제시하고 있다.

시도하면 되는 것이다. 아무런 확실한 감정도 보이지 않는 안나는 머리와 손을 움직일 뿐이다. 그녀는 자기 앞을 바라보거나 모니터에 시선을 주거나 상체를 굽히거나 가볍게 흔든다. 손가락을 벌려 살짝 열린 입술로 가져갔다가 다시 되돌아오고 미소 짓고 머리를 흔들고 수수께끼 같은 시선으로 이곳저곳을 바라보고 텔레비전이 놓여 있는 테이블에서 떨어지기도 한다. 여기에 이야기가 없다는 것을 수긍한다면 혹은 각자가 원하는 대로 이야기를 전개시킨다면, 심리적 버팀대가 사라진 이 공허한 흉내는 상당히 매혹적인 것이 될 터이다. 안나는 배우 같은 모습을 하고 있다. 그녀는 이 역할을 함에 있어 어떤 텍스트의 도움도 받지 않았다. 그녀는 스스로 카메라가 제공하는 제한된 자리 이동, 표현, 얼굴에 전적으로 의지한다. 이러한 연기와 채플린의 연기 사이에는 예민한 차이점이 존재하지만 원리는 동일하다. 배우는 시선에 동참하고 자신을 촬영할 때 제시 가능한 이미지를 기대하면서 연기를 한다. 이것은 연극의 연기와는 다르다. 연극 연기는 두 손가락이나 입술의 벌림으로 이루어질 수 없다. 연극의 연기는 객석에서 관객의 분산을 염두에 두어야 한다. 그러나 영화에서 분명한 것은 나누는 것이 본질적인 게 아니라는 것이다. 영화에서는 인물의 화면 배치에 있어 가장 중요한 자리를 인물에 부여하고, 순수하게 허구적인 두 순간 사이에서 그 인물을 홀로 전개시킨다. 또 '배우 만들기'를 분명하게 하는 매우 커다란 능력과 관련하여 한 스펙터클 형태에서 다른 스펙터클 형태로의 전이가 존재하기도 한다.

　심리화되어 있는 안나의 행동은 '진짜'인 것처럼 보인다. 관객은 그녀가 남에게 보이기를 원하지 않거나 지겹거나 어쨌든 어떤 상태라고 생각할 것이다. 그러나 그 상황이 무엇이든 간에 고다르의 비전통적 시도이든 고전적 작품에 관한 것이든 그 영상은 어찌 되었든 '진실'이다. 안나는 오랫동안 그 자세를 유지하고 있다. 하지만 이 영상은 역시 '가짜'이다. 할리우드 영화도 마찬가지지만 카메라는 항상 이야기의 필요성에 의해 순수하게 규정되지 않은 태도 및 배우의 연기와 배치를 구성하는 태도를 촬영한다. 관객의 시선을 지배하는 유명 여배우의 재능을 이러한 낯선 어휘로 제시하면서 스크린의 스타의 '현존'에 대해 엄밀하게 언급하는 것은 바로 이런 의미이다. 결국 고다르는 어떤 영화에서든지 주의 깊게 관찰을 한다면 발견할 수 있는 것을 강조한 것이다. 포착 가능한 손쉬운 경험이란 배우들을 바라보는 것이다. 배우들은 문을 닫거나 전화 수화기를 들어 올렸다 제자리에 놓거나 자동차를 몰거나 하는 매우 단순한 것들을 축적한다. 그러나 우리가 픽션 속으로 깊이 들어간다면 다음의 것들을 놓칠 수 있다. 즉 배우가 몸짓을 취하면서 이를 오랫동안 연장시키기 위해 전화기에 손을 대는 동작이라든가, 몽타주의 거친 단절이 일어나지 않도록 닫힘의 순간을 지속시키는 것이 그것이다. 특히 자동차의 경우는 분명하다. 가짜 자동차 앞 유리창 뒤에서 카메라를 정면으로 바라보는 연기자는 옆 사람을 실제로는 달리지 않는 길을 향해 차 밖으로 던져 버릴 자세를 취하면서 이야기를 한다. 관객은 그들이 주고받는 말을 통해 전반적으로 장면을 이해할 것인데, 이는 바르트가 말한 것처럼 '분해될 수 없는' 장면이다. 관객은 모든 대사를 들으면서 화면에 머무르는 태도로 이를 수용한다(혹은 연출이 진부할 때는 거절을 하기도 한다).

폴 발레리는 우리가 몸에 대해 집착하고 있는 무지에 대해 놀라워한다. 우리 삶의 틀인 우리의 몸짓이 우리의 관심에서 멀어졌다는 것이다. "우리는 생각도 하지 않은 채 몸짓을 상실하였다." 몸짓을 재발견하기 위해서 우리는 전적으로 스펙터클에 우리 자신을 맡겨야 하며 예술가는 물질적 현존의 물질성, 즉 몸으로 표현할 수 있어야 한다. 무용수나 연기자는 가능한 태도로 이상적 수단이나 종합을 추구하지는 않는다. 그들은 '지속적으로 영토'를 짜면서 그곳에 거주하고 시간의 경과와 사물의 두께, 볼륨과 움직임이 유지시키는 관계를 우리가 민감하게 지각할 수 있도록 공간을 가득 채운다.[30] 만일 예술가의 개성(테크닉)이 모든 공연 예술의 공통적 논제 중 하나라면 뉘앙스는 그 실천으로 모든 예술에 개입하게 될 것이다. 변함이 없는 무대는 연극과 무용을 가둔다. 무대는 어떠한 단절도 허용하지 않는다. 무대는 예술가들이 깨어 있기를 요구한다. 그만큼 객석 앞에 존재하는 예술가들은 연속적인 움직임과 자세를 취해야 하는 것이다. 반대로 영화배우들은 이중적 분열에 복종한다. 촬영이 진행되는 동안 카메라가 연속

---

30) P. 발레리, 앞의 책, 157-160쪽.

적으로 취하는 포지션에 따라 시나리오를 해체시키고 배우에게 공간적 논리와 특별한 강조를 부여한다. 영화배우는 모니터를 고려해야 하고 촬영을 용이하게 하기 위해 충분한 몸짓을 보여주어야 한다. 결국 영화배우는 비록 자신과 관계없이 형상화된 숏이 영화 전체 속에서 하나의 인서트나 단편이라 하더라도 공간 자체를 완벽하게 다시 부여하는 자이다. 영화는 언제든지 충만한 몸이 움직이도록 하며, 그리 중요하지 않은 경우라도 확신을 갖고 스크린 표면에 기재된다는 태도를 취할 것을 배우에게 요구한다.

마주 선 몸

'배우'를 언급하는 것은 대략적으로 언급하는 것이다. 앞으로 다시 언급하겠지만 로셀리니의 〈인간의 목소리〉와 같은 예외적인 경우를 제외하고 연기자는 혼자서 작업을 하지 않는다. 우리는 채플린이 프레임의 경계를 분명히 하거나 초월하기 위해 파트너들을 어떻게 이용하였는지, 약간의 자리 이동이 적대자들의 자리 이동을 이중화시키거나 어긋나게 하므로 파트너들이 채플린을 허구적 반응과 동시에 시각적 대치점으로 이용한 방법에 대해 살펴본 바 있다. 우리는 여기서 기꺼이 사회적인 '역할'을 언급하고자 한다. 이 표현은 어떤 고유한 의미가 있는 것은 아니라 우리의 행위가 주위 사람들과 부합되는 양극화된 교류에 관한 것이다. 배우의 경우에는 세 단계의 노선을 포함하고 있다. 그들은 관객의 의도에 따라 자신들을 서로 속인다. 어떤 공연이든 외부로부터의 시선을 고려하지 않을 수 없다. 배우들은 자신의 고유한 이미지를 지닌 채 청자들을 향해 상호간에 이루어진 관계적 역동성을 투사한다. 앞서 언급한 안나와 제르지가 만든 장면에서 제르지의 침투는 젊은 여자의 행동을 변형시킨다. 이러한 것은 그녀가 픽션에서 '당황해서'가 아니라 남자 배우가 스크린에 부여한 방식이 여배우의 몸짓인 공간 논리를 변형시켰기 때문이다. 제르지의 자리 이동으로 그는 안나 앞에 서게 된다. 또한 안나는 프레임 밖에 존재할 경우, 그 결과 그녀의 손과 팔이 화면 아래쪽에 나타난다. 또 남자가 젊은 여자의 왼쪽에 앉는 경우가 있다. 처음에 안나가 손과 입술과 머리 기울기와 의미 없는 미소 등으로 지속적으로 연기를 했던 것은 화면 영역에 들어와 있지 않은 파트너를 향한 것이었다. 이때 제르지의 소매와 손목이 젊은 여자를 밖으로 이끌어 내려는 것처럼 보인 것이다. 이제 그의 연기는 다른 차원으로 넘어가 스크린을 가로지른다. 반대로 두 배우가 나란히 있을 때 안나의 자세는 변함없이 프레임 한 부분에 포함되어 있다. 여기에서 고다르는 고정 숏 안쪽에서 두 몸의 방향과 근접성을 다양화시킨다. 영화의 나약한 허구적 밀도는 감독이 선택한 조합과 빠르게 동일시된다. 그러나 아무 영화나 연기자의 현존화 전략을 탐구하기 위해 과도한 노력을 해야 하는 것은 아니다.[31]

배우들은 전체적 거동에 있어 신체적으로 시나리오에 의해 부여된 것과 자신의 연기를 조절한다.[32] 이들 사이의 교류는 채플린의 경우에서 언급한 것처럼 매우 강한 감동적인 구성 요소를 이룬다. 제르지가 안나의 머리를 쓰다듬거나 그녀를 붙잡고 빗으로 머리를 꼴 때, 우리는 자동적으로 '부드러움' 혹은 '거침'을 떠올릴 것이다. 우리가 느끼

---

31) 안-마리 포는 고다르의 〈경멸 Le Mépris〉에서 배우들 사이에 깊어진 공간의 중요성을 잘 파악하고 있다(〈듣고 바라보는 어떤 것〉, in 《시네마 벨기에 잡지 Revue belge de cinéma》 22/23, 104-106쪽).
32) 신기하게도 영화 연구에서 제외되어 있던 이 문제는 J. 네어모어의 《영화 연기 Acting in the Cinema》(Berkley, University of California Press, 1988)에서 연구되었다. 그는 '마당을 향한 창'에서 배우들 사이의 상호 작용과 관계를 체계적으로 연구하였다.

는 감정은 문화적(사람이 항상 애무에 몰입하는 것은 아니다) 또는 허구적(각각 '이야기'는 배우들 사이의 관계를 우리에게 제시한다) 코드화의 부분을 이룬다. 또 이러한 인상은 '단계화'의 정도나 배우들 사이에 개입되는 일치 정도에 기인하기도 한다. 한나와 제르지의 숏에서, 앵그르 그림의 재구성 이전의 이동 촬영이 진행되는 동안 기술자 한 사람이 조각상처럼 움직이지 않는 등장인물의 머리를 손으로 훑고 지나간다. 이같이 동일한 두 제스처의 거리감을 신체적 관계와 볼륨으로 표현하는 것은 바로 안나의 부드러운 유동성과 딱딱함이다. 여기에서 허구는 배우들 간의 공간적 관계를 흐리게 할 위험이 있다. 예컨대 만일 기술자가 인물을 동물이나 도구처럼 다루고자 한다면 반응의 차이는 사회적인 두 지점(안나와는 무관한 배우들의 수동성)을 표현하는 것이 될 터이다. 그렇지만 서로 다른 두 반응을 수용하는 두 차례의 손길이 어떻게 다르게 스크린에 나타나는지 이를 제시하는 것이 영화의 의도는 아니다.

한편 고다르는 두 개의 가정을 분명하게 하고 있는데 하나는 허구적 가정이며, 다른 하나는 '중립적' 가정이다. 끊임없는 발길질과 따귀 때리기로 소음과 분노가 가득한 그의 영화에서 몇 가지 대립은 시나리오(해고된 여자 직공이 공장을 떠나기를 거부하자 사장이 그녀를 쫓아낸다)에 의해 이루어지지만 또 다른 대립의 경우는 아무런 정당성도 갖고 있지 않다. 신이나 대화나 산책이 갑자기 중단되고 사람들은 막연한 장소에서 서로를 뒤쫓으며 몰려들어 목덜미나 팔을 붙잡기도 하고 소리치며 서로를 밀치기도 한다. 설명할 필요도 없으며 어떤 싸움꾼 편이 될 필요도 없는 관객은 여유롭게 재현 양식을 관찰한다. 허위의 갈등은 '비정상적인' 위치와 간격을 실천한다. 추격은 연기자들 사이의 거리를 강조하고 배우 각자는 적대자의 태도에 따라 행동한다.

반대로 싸움에서는 몸이 서로 직접 접촉하거나 도피나 반박이나 후퇴나 무질서한 몸짓의 경우도 생겨난다. 또 개인적 공격성이 여기에 덧붙여진다. 얼굴들이 나타났다 사라지고 쫙 벌린 입들이 언뜻 드러나며 맨 처음 얼굴은 찡그리거나 손으로 덮치는 경우도 있다. 형태와 색깔이 맴돌며 선명한 색들, 검은색, 붉은색, 선명한 파란색이 화면에 줄무늬로 나타난다. 이들은 플래시처럼 깜박거리거나 사라지는 힘을 지니고 있다. 그러므로 영화의 난폭성이 빠르기나 힘의 과시에 유일한 희망을 걸고 있는 것은 아니라는 사실을 알 수 있다. 이 난폭성은 몸의 조합과 균형 및 상호간의 대체, 몸 각자의 부위를 세밀하게 함축하고 있다. 우리는 이 장을 시작하면서 영화의 표상에서 인간 존재의 지배적인 위치가 '이야기'에 대한 관객의 취미와 관계가 있는지 혹은 스크린에 생동감을 주기 위한 것인지 생각한 적이 있다. 이 두 경우를 배제하지 않으면서, 우리는 작업의 실천적 측면으로 이해할 수 있는 예술적 '공연'을 통합시키는 또 다른 관점에서 이들을 완성시킬 수 있을 것이다. 영화 작업은 어떤 움직임, 자체적인 움직임을 기록하는 것에 국한되는 것이 아니다. 영화 작업은 이들 움직임 사이에 서로 연결된 변화나 상태를 기록한다. 장소가 꼭 조화를 이루어야 하는 것은 아니며, 영상을 통해 대조와 거리감이 완벽한 협력 관계 및 압축된 관계를 창출한다. 적절하게 다루어진 움직이는 오브제와 동물들은 원하는 효과를 드러낼 것이며 이를 직업으로 하는 배우들은 이에 훨씬 빠르게 잘 적응을 할 것이다. 아마도 표현의 의미를 잘 알지 못한 채 사람들은 종종 이런 말을 한다. 영화를 연출하는 것은 배우들을 관리하는 것이라고.

4. 보는 것을 듣기

앞서 우리는 두 번이나 안나와 제르지의 고정 롱 숏에 대해 언급한 바 있지만 다시 한 번 이를 언급해야 할 것 같다. 이 장면에서 사운드 역시 상대적으로 충족되어 있다는 것도 강조한 바 있다. 안나는 소음과 무관한 것처럼 보이지만 제르지의 목소리는 배우의 개성과 밀접한 관계를 유지하고 있고 그 목소리는 제르지 자신의 현존에 부여된 신체적 특징이므로 관객은 이 소음을 전적으로 배제할 수 없다. 그렇다면 우리가 재현의 체계와 몸 연기를 연구할 때 왜 이를 고려하지 않았는가? 여러 많은 이유가 있다. 먼저 목소리의 영화적 사용은 모순적이다. 말하자면 우리가 영화를 바라볼 때 연기자와 이를 발성하는 파롤을 분리시킬 수 없다. 그가 말하는 단어나 억양이나 몸짓은 전체를 형성한다. 그러나 대부분의 경우 이것은 배우 자신이나 다른 연기자에 의해 실현되는 더빙과 관련이 있다. 어떤 배역이 독일 남자와 그리스 여자와 일본 남자로 이루어져 있다면 화를 낸들 무슨 소용이 있겠는가. 이 영화를 관객에게 이해시키고자 한다면 인물들 사이에 공통적인 언어 표현을 잘 찾아야 할 것이다. 일본 남자의 연기를 중복시키거나 변화시키고 독일 남자는 자신의 음성과 낯선 몸을 창출해야 한다. 이처럼 특별한 경우를 염두에 두면서 영화 작업의 단계를 구분 짓는 것은 매우 중요하게 보인다. 우리는 여기에 미학적 참여에 대한 연구, 즉 관객이 보고 들은 것에 대한 역동적 반작용에 대한 연구를 덧붙일 수 있다. 관객은 아마도 역사적인 이유로 인해 표상과 음향에 대해 똑같은 주의력을 기울이지는 않을 것이다. 그 이유는 비평이란, 들어왔던 것과 비교하여 바라본 것이 항시 우선하기 때문이며 대부분의 청자들은 청각적 감수성이 약하기 때문이다. 니콜라스 쿡의 연구에 따르면 대부분 사람들은 소리를 잘 선별하지 못한다. 그리하여 그들은 약 10여 분 정도 멈춘다면 목소리 및 음악의 소절이나 주제를 파악하는데 어려움을 겪는다는 것이다.[33] 실제적으로 관객이 시각에 지속적으로 집중할 경우라도, 시청각이란 어휘에서 영화의 청각적 구성 요인은 중요하다. 우리가 음성 녹음을 별개의 것으로 치부하는 것은, 별로 중요하지 않은 목적에 천착하면서 문제를 파악하는 것으로 그다지 유용한 방법은 아니라고 생각한다. 이와는 달리 미학적 연구 원리가 확립된다면 영화에서 청각적 구성 요인은 중요한 인자로 자리매김하게 될 것이다.

프레임, 프레임들

바쟁이 소리에 대해 이해하고 있었던 기능은 무엇보다도 경제적인 것이었다. 특히 대사와 관련된 그의 언급을 확대해 보자면 다음과 같다. 배우들은 말을 통해 줄거리를 간결하게 한다. 소음은 주목해야 할 인물들과 오브제를 지시하며 음악은 분위기를 창출한다. 그러나 이렇게 언급하는 것은 풍자적이다. 영화에서 소리의 역할에 대해 단순히 사람들이 **믿는** 것을 강조하려는 것뿐이다. 말하자면 사진을 이완시켜 그 효율성을 더욱 증대시키는 것과 유사하다. 관음증의 메타포가 사물들의 문제를 해결하는 것은 분명 아니다. 관음증의 메타포는 주의 깊게 바라보는 자로 하여금 영화가 시선을 향한 영원한 호소인 시니

---

33) N. 쿡, 《음악, 상상력과 문화 *Music, Imagination and Culture*》, Oxford, Clarendon Press, 1990.

피앙의 유희가 되도록 한다.[34] 여기에서 하나의 가정을 설정하고자 한다. 영화를 해설하는 것은 주로 영화를 설명하는 것이며 부분적으로는 영화의 기능을 염두에 둔다는 것이다. 그런데 우리는 음악이나 소리를 설명하지는 않는다. 음악이나 소리를 영화 필름과 대치시키면서 사람들은 자주 이것들을 단순하고 부차적인 것으로 간주하는 경향이 있다. 이들의 순수 표현적 가치를 파악하기 위해서는 오랜 세월이 요구되었으며, 이러한 관점의 이동은 음악학자들의 노력으로 특히 음악적 표현에 대한 피터 키비의 사유에 의해 가능한 것이 되었다.[35] 키비가 연구한 바와 같이 전문가는 악보나 소리의 발성을 쉽게 기록할 수 있다. 따라서 전문가에게는 음악학이나 청각의 영역이 존재한다. 그는 측정하고 비교하지만 개념화시키지는 않는다. 어떤 유성적 오브제는 자체적으로 감동을 준다. 말하자면 다른 것을 해석하지 않으며 외적 사건(우리를 슬프게 '만드는' 슬픔과는 대조적이다)에 의해 자극받지 않는 전체적인 감정적인 현상이라 하겠다. 악보는 명랑할 수도 슬플 수도 있다. 그것은 작곡자가 작곡 당시 그에 해당하는 영혼의 상태가 그래서도 아니며 음악을 듣는 순간 우리의 경향이 그래서인 것도 아니다. 다만 그 음악 고유의 성격이 '청취될 수 있는' 문화적 환경 속에서 그러한 감정을 나타내는 것으로 수용되기 때문이다.

---

34) 특히 프레데릭 제임슨이 영화 에세이에서 언급한 서설을 염두에 두고자 한다. 《시각적 기호 *Signatures of the Visible*》, Londres, Routledge, 1991. 훔쳐보기의 개념을 높이 평가한 그는 영화를 세상을 향해 열린 열쇠 구멍으로 생각하였다. 또한 그는 매우 평범한 야망을 드러내기도 하였는데 문화와 영화와 사회와의 관계에 대해 질문을 던지고 있다.

35) P. 키비, 《사운드 정서: 음악 감정에 대한 에세이 *Sound Sentiment: An Essay on the Musical Emotion*》, Philadelphie, Temple University Press, 1989. 또한 《오직 음악: 순수 음악 경험에 대한 철학적 사유 *Music Alone: Philosophical Reflections on the Purely Musical Experience*》, Ithaca, Cornell University Press, 1990.

〈열정〉은 키비의 주제에 좋은 예를 제시하고 있다. 〈마요의 학살〉로 구성된 영화의 본질적인 통로는 모차르트의 〈레퀴엠 미사〉가 유성적 기저로 작용하고 있다. 이 곡에는 죽음과 엄숙함이 암시되고 있음을 우리는 별 어려움 없이 발견할 수 있다. 베이스를 지배하는 레 마이너의 음조와 대조의 부재가 이를 증명한다. 그러나 이것으로만 국한한다면 아무것도 설명된 것이 없으며, 〈미사〉가 작곡될 당시 작곡가가 기억하고 있던 젊은 여인의 죽음이나 모차르트의 질병에 대해 언급한다 해도 아무런 도움이 되지 않을 것이다. 악보는 슬픈 감정을 **표현**하고 있다. 그것을 자체적으로 인지하기 위해 더 이상의 해석을 필요로 하지 않는다. 영화 내부에, 이처럼 효과가 강화되고 극적인 죽음의 에피소드에 모차르트 음악의 삽입을 방해하는 것은 아무것도 없다. 그렇지만 고다르는 다른 식으로 전개한다. 그는 고야의 울부짖는 그림을 해체시키고 분산시키며 편력을 통해 되돌아오게 함으로써 비극보다 더욱 비통스러운 분위기를 만들고 있다. 고다르는 장례식이 화면을 횡단할 때에도 먼저 모차르트 음악을 들려준다. 그림을 읽어내도록 암시하는 것이 음악이지 그림으로 음악을 암시하는 것이 아니다.

음악 영역에 전념하는 키비의 태도는 청각적 경험에 대한 가치를 회복시켜 준다. 하지만 미셸 시옹[36]의 저서들이 여러 다양한 표현적 녹음 사이의 충돌을 체계적으로 연구한 것과는 달리 키비는 영화에 대해서는 별다른 언급을 하지 않고 있다. 그의 저서에서 취해진 방식은 다양한 흔적을 남긴 시옹의 방식과는 다르다. 지금까지 우리는 프레임 법칙에도 불구하고 움직이는 몸들의 생성을 위한 투쟁을 강조하여 왔다.

---

36) M. 시옹, 《영화의 목소리, 영화의 소리, 구멍 뚫린 그림 *La Voix au cinéma, Le Son au cinéma, La Toile trouée*》, Paris, Cahiers du Cinéma, 1982, 1985, 1988. 또한 《시청각 *L'Audiovision*》, Paris, Nathan, 1990.

그렇다면 소리는 이 투쟁에 어떤 식으로 참여할 것인가? 안나와 제르지에 대한 고정 숏은, 의자에서 떠나지 않는 안나가 어떻게 여러 번 화면의 경계 밖으로 나가는 것처럼 보이는지 연구하고 사각형의 출구를 연구하기 위한 좋은 예를 제공한다. 그러나 사실 이 숏은 소리의 프레임이라는 또 다른 프레임에 단단하게 고정되어 있기 때문에 우리는 이를 채택하지 않았다. 그렇다면 고다르는 우리를 어디로 이끌고 가는가? 화면에서 텔레비전 수상기가 당당히 자리잡고 있는 푸르스름한 부분은 무엇인가? 이에 대해서는 아무런 대답을 할 수가 없다. 영화는 전체적으로 조망하는 것도 거부한다. 그럼에도 잘못 설정되어 있는 이 장소는 청각적 개성화를 지니고 있다. 제르지의 목소리는 강한 방법으로 균등하게 울려 퍼진다. 그 목소리는 그가 화면을 떠날 때 또는 화면에 다시 나타날 때 가볍게 한계를 뛰어넘는다. 시옹은 이와 비슷한 경우를 뛰어난 정의로 제안하고 있다. 그는 이를 '소리의 음성적 그릇'[37]으로 지칭한다. 비록 보이지 않더라도 식별이 가능한 전체는 모든 소음들, 목소리와 분위기를 통합하며 이것들을 공통적으로 정착하도록 한다. 여기서 소리는 영상으로 드러난다. 즉 무한하고 구조화가 가능한 흔적으로 나타나는 것이다. 그러므로 영화는 화면의 사각형의 대치점으로 또 다른 그릇을 창출한다. 영화는 다른 경계들, 소리의 경계를 긋는 것이다.

〈열정〉의 시작에서 하늘을 표류하는 장면은 라벨의 〈왼손을 위한 콘체르토〉의 시작 부분과 일치한다. 음악의 첫 소절로 시작되는 이 장면은, 오케스트라가 짧은 정지 이후 솔리스트에게 자리를 양보하기 위해 멈출 때 정지된다. 어떤 의미에서 오케스트라의 전개는 그 길이가 오

---

37) M. 시옹, 《시청각 *L'Audiovision*》, 61쪽.

케스트라 지휘자(약간 느슨한 연주는 영상의 길이를 연장시킨다)에 의해 자의적으로 고정되는 파노라마를 에워싸고 있다. 음악의 시작과 영상의 시작을 맞추는 매우 고전적인 시작인 것이다. 처음에 콘체르토는 피아노시모의 현악기로 연주되는 슬픈 사라반드이다. 이때 호른으로 주제가 도입된다. 다음 전체 오케스트라가 이 주제를 다시 취해 발전시키고 확산시키다가 폭발이 일어나고 그런 다음 갑자기 잠잠해진다. 화면 영역에서 반동하는 비행기를 잡은 카메라는 높이 왼쪽(왼손일 수도 있다)으로 회전한다. 바로 순간 콘체르토도 상승을 하게 된다. 악절과 무비올라(영화 편집기)의 반복은 실제적으로는 동시적이 아니다. 그러나 이러한 디테일은 그리 중요한 것은 아니다. 관객은 자신의 환상을 간직한 채 세 움직임에서 관계를 느끼는 수도 있고 그렇지 않을 수도 있다. 그러나 음악과 영상의 이 유사성은 어떠한 합일성도 포함하고 있지 않다. 영상은 음악을 드러내지 않으며 콘체르토 역시 창공의 경로를 해석하지 않는다. 영상과 음악은 서로를 활용한다. 음악은 도입과 전개 및 동기의 사라짐에 의해 갇혀 있고, 파노라마의 영상은 혼합 숏들로 구멍이 난 채 외부를 향해 열려 있다.

매우 놀랄 만한 방법으로 피아노를 배제시키는 〈콘체르토〉는 부차적으로 악기를 개입시키면서 다른 멜로디 라인으로 심포니의 변화를 개시한다. 그런데 이러한 박자는 피아노가 공격을 시작하는 순간 시각적 변화를 요구하고, 하늘을 탐색한 후 이미 언급한 부동 숏을 구축하는 강한 단절을 야기시킨다. 오케스트라와 피아노의 결합이 클로즈업된 얼굴이 나타나기 전까지 어떻게 영화를 지배하는지 쉽게 이해할 수 있다. 이에 대한 분석은 다음 연구로 미루고자 한다. 왜냐하면 어떤 점에서 음악적 '그릇'이 영상을 강하게 구속하고 있는가를 제시하는 것으로 충분하다고 생각하기 때문이다. 고다르는 부차적인 용이함(폭우가 쏟아지는 동안 물방울로 떨어지는 물은 주인공의 성공을 알리는 **훌룡한 알레그로**이다)을 제시하는 대신, 소리를 프레이밍의 은밀한 형태로 암시한다. 영화는 지속과 시퀀스의 의미화를 미리 판단케 하는 소리의 특징을 관객에게 제시한다. 그리고 이를 통해 영화는 고정된 경계 속에서 카메라의 시각을 삽입한다. 프레임의 관계는 이처럼 우리가 생각했던 것보다 훨씬 복잡하다. 영화는 다른 대립되는 것과의 관계 속에서 기록(사진 혹은 소리)으로부터 전적인 독립을 이루게 될 때 다양화된다. 사진과 소리 역시 자체적으로 모순적일 수 있으며 부분적으로 상대방을 약화시키기도 한다. 〈열정〉의 시작에서 창공으로의 상승을 단절시키는 짧은 세 개의 숏은 오케스트라의 움직임의 지속성과 대립되며 차후 음성적 특징, 모터, 목소리, 공장의 시끄러운 소음이 피아노 솔로를 집어삼키는 파노라마와도 대립된다.

영화가 엮어내는 관계를 통해 영상과 소리는 이야기의 지속성 속에서 깊이 있게 정착되거나 아니면 반대로 급변을 유도하여 경계의 개념을 흐리게 하기도 한다. 여기에 소리는 프레임에서 벗어나기라는 강한 잠재성을 덧붙이기도 한다. 카메라의 시각과는 달리 소리는 사각형의 경계로 구분할 수 없으며 스크린이 아닌 객석을 떠다닌다. 안나와 제르지의 장면에서 배우의 목소리는 관객 앞에 차례로 나타난다. 배우는 프레임을 넘어 밖으로 나갔다가 되돌아온다. 배우가 보이지 않더라도 그의 목소리는 존재한다. 이 목소리 덕택으로 영화의 세계는 화면을 뛰어넘고, 시각적으로는 뛰어넘을 수 없는 장벽, 즉 카메라가 위치하는 장소를 초월한다. 제르지는 어디로 간 것일까? 영화가 공간의 반대 영역을 거부하는 한 우리는 이에 대해 대답을 할 수가 없다. 허구적 공간은 우리에게 제시된 단편(벽, 창문, 텔레비전 수상기)으로 축소되지만 그러나 목소리는 매우 강하게 현존한다. 목소리는 영화에 참여하고 구체적이며 쉽게 동일화가 이루어진다. 목소리는 분노와 불확실성을 드러내 보인다. 그렇지만 목소리는 우리의 시선을 경멸하며 그 근원, 그 발성 장소를 드러내지 않은 채 **재현된다.** 제르지가 전화로 말하는 담화는 허구적인 장소, 즉 인물들이 존재하는 방을 포함하며 동시에 화면의 옆면도 포함한다. 그 담화는 프레임의 경계를 전체적으로 거부하면서 장면을 부분적으로 내포한다. 여기에서 볼륨이나 깊이를 말할 수는 없다. 영화 지형도와 비교해 볼 때 알 수 없는 어떤 장소로 사라진 제르지는 앞이나 뒤에도 존재하지 않는다. 제르지는 또 다른 어떤 부분을 지시하고 있는데 그곳은 영화에서 도달할 수는 없지만 통합적 부분일 될 것이다. 제르지의 대사는 영화의 프레임을 벗어나는 다른 공간을 암시한다.

울림들

이렇게 해서 우리는 화면에 근원이 제시되는 소리 인(in)과 근원을 볼 수는 없으나 그 지향성이 전혀 다른 소리 오프(off) 사이의 고전적 구분을 하게 되었다. 이 문제를 매우 분명하게 제시하고 인과 오프 개념의 상대성을 강조한 미셸 시옹[38]은 아주 흥미로운 방법으로 결부된 목소리와 결부되어 있지 않은 목소리를 구분하고 있다. 이것은 도미니크 샤토와 프랑수아 조스트[39]에 의거하면 연결된 소리와 자유로운 소리 혹은 연결되지 않은 소리라고 말할 수 있을 것이다. 여러 다른 의

---

38) M. 시옹, 《영화의 목소리 *La Voix au cinéma*》, 48-50쪽.

39) D. 샤토와 F. 조스트, 《새 영화, 새 기호학. 알랭 로브그리예의 영화 분석 시도 *Nouveau Cinéma, nouvelle sémiologie. Essai d'analyse des films d'Alain Robbe-Grillet*》, Paris, U.G.E., 1979, 32쪽.

미를 지닌 소리들이 동일한 효과를 나타낼 때 그 소리는 '연결되어' 있다. 예컨대 제르지는 텔레비전 수상기를 가리키면서 안나로 하여금 그쪽으로 머리를 돌리게 하고 수상기를 바라보도록 한다. 몸짓과 연기와 언어가 프레임 안에서 서로 교차한다. 그러나 목소리를 화면에 포착하기 위해 그것이 화면에 존재하는 배우의 목소리라는 것으로는 충분하지 않다. 연결과 연결되지 않은 소리의 쌍은 인과 오프의 변형이 아니다. 만일 〈열정〉에서 많은 경우에 연결되지 않은 인 상태의 대사를 제시한다고 한다면 그것은 영화 전반에 분산된 단편들일 것이다. 여기서는 이 차이를 지속적으로 확인할 수 있는 〈열정〉을 거론하는 것으로 만족하고자 한다.

〈인간의 목소리〉(1948)에서 안나 마냐니는 화면에 40분 동안 홀로 존재한다. 그녀는 전날 결혼을 했지만 결정적 헤어짐을 선언하는 남편의 전화를 받는다. 별 다른 이야기는 없다. 대화하기, 공포, 속임수, 여자의 미숙함 등이 처음부터 명료하게 드러난다. 텍스트는 거의 말이 없으며 반복과 끝을 맺지 못하는 질문으로 이어진다. 그녀의 남편에 대한 정보도 없고 대부분 시퀀스의 숏으로 이루어져 있는 카메라의 시선은 이러한 분위기에 처해 있는 여자를 바라보고 있다. 카메라는 방에서 사물로, 또 일종의 난파된 감정을 더욱 드러내는 안나 마냐니의 얼굴을 비춘다. 목소리는 존재하지 않는 메시지나 그 뒤를 잇는 사진으로 제한되어 있지는 않다. 목소리는 어조, 멈춤과 침묵, 단어들의 흐름, 악센트, 음조의 변형들, 한마디로 소리 표출에 있어 감정적인 모든 것이 개입되어 긴 변조로 전개된다. 안나 마냐니의 행동은 라디오의 실험을 완벽하게 보여주고 있다. 그러나 로셀리니가 검은 화면이나 평면 사진이나 부동적 사진과 대비하여 이해가 가능한 목소리의 실험 영화를 만든 것은 아니다. 여기에서 부동적인 몽타주는 각각 자율성을 지닌 채 소리와 영상을 교차시키고 있다. 파롤은 아무것도 '말' 하지 않는다. 계속 이어지는 파롤은 고함의 끝에 이르러 불평으로 변하여 요동치다가 뒤로 물러선다. 관객은 아무것도 들을 수 없다. 음성적 굴절이 자극을 준다는 인상이 없다면 관객은 지겨워질 것이다. 이런 종류의 영화에서 유의미한 음성적 굴절이란 목소리의 '색깔'이다.

물론 영화가 짧고 제2의 배우가 부재하며 단 하나의 후경으로 이루어진 것도 로셀리니의 작업을 용이하게 한다. 〈인간의 목소리〉는 예외적인 경우이다. 하지만 경우에 따라 예외는 다른 시선의 규칙을 검토하도록 한다. 안나 마냐니는 네오리얼리스트 시대에 데뷔하여 연기한 코미디 혹은 말년의 멜로드라마와 관계가 있는데, 그녀가 출연한 영화들에서 비극적 소프라노, 강한 어조, 매우 높은 목에서 나는 소리, 놀라우리만큼 방대한 음역은 어떠한 기능을 했을까? 〈아름다운 여인〉[40] 같은 영화에서 그녀는 로마 가정의 한 어머니의 역할을 완벽하게 해낸다. 이 영화에서는 단절이 강하게 작용하고 주고받는 대사를 손쉽게 예상할 수 있는 것이어서 그 무게를 잃고 있다. 그러나 어법, 어조, 분절 방법, 중얼거림에서 고함으로의 이행은 객석의 의도에 따라 유의미한 것이 되기도 한다. 이러한 분석은 매우 분명한 것으로 시옹은 논리적인 전개를 이끌어 나가고 있다.[41] 한마디로 음역이 관객에게 감동을 주고 영화의 메시지를 더욱 잘 수용할 수 있도록 한다는 것이다. 동시에 상호 조절된 다양한 소리는 하나의 망을 형성하며, 어조와 다양성이 관객에게 영향을 미치는 신체적으로 지각 가능한 전체를 형성한다. 즉 열 명 정도의 여자 배우와 상당량의 악보는 희망이나 두려움을 암

---

40) 루키노 비스콘티 감독의 영화로 원제는 〈Bellissima〉이다. [역주]
41) M. 시옹, 《영화의 소리 Le Son au cinéma》, 119-126쪽.

시할 수 있다는 것이다. 엄격하게 말하자면 어떠한 방식도 이와 동일한 방식을 이룰 수는 없다. 목소리에 대한 작업은 많은 부분을 몸 작업과 같이한다. 또한 이 작업은 소리를 작곡하는 요소 중 하나이기도 하다. 이 소리의 작곡을 통해 영화는 관객의 청각적 감각을 일깨우게 될 것이다. 어떤 영화들은 소리와 연결되어 있고 소리의 중성화 지점에서 픽션을 정립하고 있으며, 또 어떤 영화들은 카메라의 시각과 관련되어 혹은 카메라와의 간극에서 매우 감각적인 특징을 보이기도 한다. 해결책은 다양하지만 아직은 전체적으로 정립되어 있지는 않다. 〈열정〉에서는 여러 음역이 사용된다. 목소리를 연결시키기도 하고 단절시키기도 하며 청각적 프레임과 화면 프레임을 혼용하기도 하고 구분하기도 한다. 〈인간의 목소리〉는 거리감에 특권을 부여한다. 또 다른 많은 영화들은 리듬의 비균형적인 범위를 통해 하모니를 추구하기도 한다. 아주 평범한 영화라고 하더라도 근본적인 것은 다양한 지각 능력의 참여이다. 관객이 이에 동참한다면 목소리와 음악과 소음이 교차된 울림에 귀를 열 것이다.

영화란 움직임의 글쓰기이다. 우리에게 있어 영화가 다르게 변할 수 있을지언정 맨 처음의 정의는 없어지지 않을 것이다. 1931년에 이미 막스 라인하르트의 영화 〈셀리겐의 섬〉에 대해 한 우울한 비평가는 이렇게 말한 적이 있다. 완벽하게 구축된 각각 영상은 진정으로 한 폭의 그림, '예술품'이다. 그러나 여기에 영화는 없다. 왜냐하면 숏 사이에 순환이 없기 때문이다.[42] 제7의 예술에 대한 사유가 이루어진 1930년

---

42) L. 함부르거, 〈영화인감 Kinodichtung〉, in 《그림과 영화 Bild und Film》, 3/4, 1913/14.

대 이후로 현대는 영화가 움직이는 영상의 세계를 구축하는 수단들을 분명하게 해주기를 바라고 있다. 영화에 대한 대부분의 의미 있는 특징이 표현과 제시에 동시적으로 참여하는 것이다. 화면을 가로질러 움직이는 것이 있다면 아마도 자동차이거나 달리는 사람으로, 프레임의 한쪽 경계에서 다른 한쪽 경계로 전이가 된다. 그러나 관객에게 있어 이러한 구분은 꼭 적절한 것은 아닐 수 있는데, 관객이 흥미를 느끼는 것은 무엇보다도 재현의 주제이기 때문이다. 아무튼 우리는 여기에서 의미 효과를 다루지는 않을 것이다. 수십 년 동안 의미 효과의 연구는 서둘러 이루어지지는 않았다. 그러나 지속적인 관심의 대상이 되어 왔으며, 의미 효과에 고착됨으로써 영화의 질감을 이루는 형식적 요소들의 특별한 무게감을 무시할 위험이 도사리고 있다는 것만을 언급하고자 한다. 사람들은 의미화의 본질적 연구를 나누거나 대립시키면서 구조화시켜 왔다. 그러나 몸짓, 태도, 음성적 발성과 같은 복잡한 전체는 단순한 형태로 쉽게 귀결되지 않는다. 그리고 이따금 사람들이 전념하는 움직임의 유형화나 몸의 기호학에 대한 시도는 요소들의 분할을 통해서만 빛을 볼 수 있다.[43] 숏 안에 자리 이동이 있는가 없는가? 왼쪽에서 오른쪽으로 가는가 혹은 높은 곳에서 낮은 곳으로 가는가? 이렇듯 일정한 체계에 대한 제안을 거부하는 우리는 이 장 전체를 통해 전반적인 움직임을 고려하여 왔으며 이 움직임이 무엇과의 관계에서 제 역할을 하는지 생각하였다. 우리의 출발점은 영화에서 파인더가 주변 세계의 단편을 잘라내고 부여한 영상의 위상이었다. 그림이나 공연예술처럼 영화도 프레임의 법칙에 복종한다. 그러나 그림과는 달리 영

---

43) 몸짓의 체계는 1968년 6월에 출간된 《언어 행위 *Langages*》 10호에서 연구되었다. 특별히 이 잡지의 서문은 A. J. 그레마스의 글 〈자연계에서 기호학의 조건〉으로 이루어져 있다. 3-35쪽.

화에는 움직임이 있으며, 카메라의 움직임과 몽타주 덕택으로 공연 예술과는 달리 이 프레임에서 벗어난다. 이처럼 화면의 고정된 경계들과 움직임을 확장하려는 경향 사이에 어떤 관계가 설정되는지 이를 연구하고자 한 것이다. 우리는 영화의 전체적인 움직임 가운데 인간 존재와 관련된 움직임을 특권화시켰다. 양적으로 다른 움직임을 압도하는 이들 움직임은 참여자, 즉 배우들 사이의 연결, 화답, 교환이라는 다양한 형태로 연결되어 있다.

시작 당시 형식화되었던 질문은 상대적으로 간단하다. 움직이는 것들, 특히 배우들은 어떻게 자신의 몸과 목소리를 화면이라는 평평한 사각형 속에서 활성화시키고 있는가 하는 것이다. 이러한 어휘들로 이루어진 요구는 아름다움과 모델의 개념을 배제시키고 있다. 전이란 아름다운 것도 추한 것도 아니며, 프레임을 빠져나가거나 그 안에 갇히는 것도 좋은 방법은 아니다. 불확실하지만 이런 정도에서 이 장은 끝을 맺어야 할 것 같다. 이 장에서 우리는 스크린 안에서 갈등 혹은 만남들, 조합들, 가능한 관계들을 다루고자 하였다. 그러나 연속적으로 채택되고 변형된 해결책, 부분적이며 일시적인 해결책이 어떻게 일관성 있게 영화를 제작하는 데 도움이 되는지는 언급하지 않았다. 영화의 메시지를 요약하는 것은 가능한 일이겠지만 그러나 전체 영상에서 만들어지고 해체되는 영화의 역동성이란 종합과는 거리가 멀다. 분석적인 명제 저편에, 전체적인 풍부함 속에서 영화를 잘 이해하기 위해서 그 곡선을 추적해야 하는 독창적인 구성을 지닌 영화들이 존재하므로 이 장에서는 미학적 연구가 제기하고 있는 문제들을 주로 다루었다. 이제부터는 동일한 질문을 영화로 돌려 작품을 통해 나타나는 영화 미학에 접근하고자 한다.

제4장

영화의 생성

〈상하이에서 온 여인〉의 마지막 장면에서 얼음 궁전에 들어온 오슨 웰스는 인물들과 오브제가 반사되어 구분되지 않는 세계, 방문객도 살아 있는 존재나 거울과 부딪치는 줄 알지 못하는 가상의 세계를 뚫고 지나간다. 1947년 이래로 우리는 전기의 도움을 받아 좀 더 많은 진전을 이루었다. 시각적 세계에 익숙해진 것이다. 우리는 반작용을 통해 변화되는 환상을 즐거워했고 우리의 행동을 예측하기도 하였다. 이러한 환상적인 기계와 더불어 영화는 고도의 장난감과 닮아갔다. 우리가 깊이 있는 상상력으로 영사기를 인정한다 하더라도 그것이 평면에 불과하다는 것을 알고 있으며, 우리가 움직인다고 해서 후경이 변경될 것으로 생각하지 않으며, 주인공이 우리 옆이나 뒤에 있는지 확인하기 위해 고개를 돌리지는 않을 것이다. 제3장은 스크린의 공간 경계와 차원에 따른 제약을 출발점으로 삼았다. 우리는 영화란 말하고 행동하는 인물들이 프레임을 구성하는 일련의 움직이는 영상으로 간주하였으며, 이러한 토대를 바탕으로 영화적 표현을 형태로 취하는 전략적 영역을 명확하게 하고자 하였다. 그러나 영화와 매우 가까운 다른 창조적 실천과 무엇으로 인해 거리감이 생기는지를 이해할 목적으로 한 최초의 탐구는, 영화에서 관객의 몫인 감동과 참여를 유도하는 것이 무엇인지 분명하게 드러내지는 못했다. 분명해진 특징들은 자체적으로 아무런 미학적 잠재성을 포함하고 있지 않으며 시청각적 시스템은 오로지 메시지를 전달하는 데 사용될 뿐이다. 창조적인 간단한 의사소통의 경로는 영화감독들의 선택에 의거하며 흥행도 그들의 창의력과 능력에 의해 좌우된다. 영화감독은 결코 반복될 수 없는 매우 특이한 조합을 통해 해석을 한다.

어떤 영화의 유일한 특징을 지적한다는 것이 미학적 결과가 분석을 피할 수 있다는 것을 의미하는 것은 아니다. 반대로 우리는 관객에게 감동을 주고 그들을 기쁘게 하며 반응에 대한 강요를 의식하면서 평가의 중요성에 대해 강조하여 왔다. 잘 본다는 것이 중요한 것은, 판단이란 보편적인 적용이 가능하고 정의된 기준에 근거하지 않는다는 것을 의미하기 때문이다. 우리가 앞장에서 언급한 범주는 특별히 미학적인 것을 보여주기 위한 것이 아니었으며, 영화적 사실에 대한 분석으로 이루어진 것이다. 그렇지만 이 범주는 아주 섬세하게 매우 색다른 방법으로 이루어졌다. 프레임이라고 하는 근본적인 논제로 되돌아가 보자. 비록 이것이 스크린의 형태로 물질적으로 조건되어져 있기는 하지만 이미 연구한대로 이 사각형이 단순한 기술적 논제나 순수 물질적 제약을 구성하는 것은 아니다. 또한 이 사각형은 사용되는 방법에 따라 끊임없이 생성되는 영화적 산물이다. 이 산물은 열려 있거나 닫혀 있는 질문, 어떤 때는 포착할 수 없고 어떤 때는 무겁게 제시되는 질문을 통해 이루어진다. 내용과 의미화 작용에 대한 주의 깊은 연구와 미학적 접근을 구별하는 단순한 예시를 통해 우리는 이를 더욱 잘 파악할 수 있다. 앙드레 바쟁은 '창문'이자 사진의 인화틀인 프레임의 이중적 특징을 매우 섬세하게 언급하고 있다.[1] 카메라는 우리에게 공간의 단

---

1) A. 바쟁, 《장 르누아르 *Jean Renoir*》, Paris, Éd. Champ Libre, 1971, 102쪽.

편을 보여주지만 단편의 한계를 제거함으로써 그 이상의 것, 보이지 않는 것, 바쟁의 정의에 따르면 화면 밖 영역으로 정의된 것을 발견하도록 한다.[2]

실제적인 것이든 스튜디오에서 재구성된 것이든[3] 후경은 어떤 전망 속에서 나타난다. 일종의 그릇과 같은 공간 내부에서 줄거리는 배우에 의해 지탱되고 전개된다. 바라보는 것과 '다른 곳에서' 전개되는 것의 교차는 관객으로 하여금 영화를 지지하도록 하는 기초가 된다. 한 배우가 화면 밖 영역인 왼쪽을 바라보는 경우, 또는 이 배우는 발화자가 보이지 않지만 가까이에서 들리는 목소리를 주의 깊게 듣는 경우가 있다. 관객이 영상을 완성시키거나, 부재하는 상대자 또는 눈에 보이는 오브제를 제시하거나, 궁극적으로 행동 논리에 고정되는 것은 매우 자유롭다. 화면의 경계 안에서 표현되는 긴장, 형상화에서 벗어나 무엇인가를 향해 시각과 청각을 통해 이루어진 카메라의 투사와 카메라 정면에 존재하는 신체 사이에서 흔들리는 육체적 긴장, 오로지 영화의 움직임 속에서만 일시적으로 드러나는 긴장, 이러한 긴장이 동일한 인물을 통해 인지되도록 하는 것을 방해하지 않는다. 만일 이 두 태도가 어느것도 배제시키지 않는다면 이들은 동일한 참여 형태를 동원하지 않는 것이 되며, 영상과 소리 전개에 있어 동시적인 그러나 서로 다른 두 반응을 암시하는 것이 된다.

대부분의 경우 우리가 접한 영화들은 '이야기'를 포함하고 있다. 우리는 여기에서부터 제6장에 이르기까지 깊이 있게 다룰 주제를 간략하

---

2) N. 뷔르시, 《영화의 실천. 에세이 *Praxis du cinéma. Essai*》, Paris, Gallimard, 1969.

3) '현대' 영화는 카메라에 담긴 방, 아틀리에, 정원이 '외부'가 아니며 촬영을 위해 만들어진 고립되어 있는 추상적 장소라는 것을 보여주면서 공간적 지속성이라는 미망에서 깨어나도록 한다.

게 언급하고자 한다. 그것은 픽션과 미학의 관계 문제인데, 그러나 형태의 유혹에 대한 능동적인 반응이 금지되어 있지 않다는 사실을 염두에 두어야 한다. 그렇더라도 이 반응이 줄거리에 대한 주의력을 함축하는 것은 아니다. 대부분의 영화 작품의 공통분모인 픽션은 몇몇 단순화에 의해 규범적 형태로 쉽게 귀결된다. 바로 이것이 그 규칙을 연구하고 픽션이 어떻게 공간, 시간, 인물들을 사용하고 있는지 발견해야 하는 이유이다. 서사학을 알지 못한다 하더라도 전체 영화 팬들은 어떤 영화를 어떻게 분류해야 하는지 잘 알고 있다. 또한 반대로 순수 미학적 차원에서 영화는 일반화의 준비가 되어 있지 않으며 어떤 본보기에도 순응적이지 않다. 영화를 이해하기 위해 우리는 영화 여정의 전체를 받아들이고, 이를 잘라낼 권리를 지닌 다양한 '시퀀스'로서가 아니라 그 움직임의 지속성을 고려해야 한다. 줄거리는 서로 연결되어 있으며, 인물의 성격은 개별화되는 바로 그 정확한 시점에서 별다른 노력 없이 정의되고 있다.[4] 반대로 검토, 재정의, 프레임의 중심화와 탈중심화, 비약, 정지, 색깔의 점진적인 변화, 목소리의 진동은 영상의 투사에 따라 끊임없이 추구되며 연속성이 멈춰지는 그 순간 사라지게 될 것이다. 우리가 전 장에서 분명히 했던 조합은 따라서 영화적 표현 계수에 접근하기 위한 열쇠는 아니다. 이들 조합은 영화의 전개에 의거하여 실현되는 방법에 대해 우리가 잘 질문할 수 있도록 도움을 줄 것이다.

미학적 주의력은 훌륭한 규칙에 대한 인식에서 생겨나는 것이 아니

---

4) 이런 경우가 영화에 대한 텍스트 분석의 대부분을 차지한다. 조지 M. 윌슨은 서술이 각 작품의 전체성에 있어 현동화된 수사적 작용이 되기 위해, 영화 전체를 고려하지 않고 분리된 요소에 근거하여 연구가 이루어지고 있다고 비난한다(《조명에 의한 서술. 영화의 관점 연구 *Narration in Light. Studies Cinematic Point of View*》, Baltimore and London, The Johns Hopkins University Press, 1986).

라 독창적인 작품과의 만남에서 생겨난다. 미학적 주의력은 이 만남으로 만족하지는 않지만 이 최초의 단계를 고려하지 않을 수는 없다. 이 문제는 다음에 자세히 소개할 것이다. 지금 우리는 코드나 시스템을 정의하기 위해서가 아니라 역동성을 이해하기 위해 몇몇 특출한 연출을 더듬어 보고자 한다. 어떠한 어휘로 영화의 생성을 상기시킬 수 있을까? 창조적 작업과 논증적 분석 간의 관계를 정의하기 위해서는 해야 할 일이 많다. 연속되는 방식들, 즉 데생이나 소설을 다룰 때는 단순한 서술이 가장 좋은 출발점으로 보인다. 그러나 시간 속에서 현동하는 작품들, 여러 표현적 영역을 연결시키는 작품들은 다음의 질문을 야기한다. 즉 독자를 짓누르지 아니하고 어떻게 기교적인 어휘로 악보를 '기술할' 수 있을까? 에드워드 사이드는 아무 영화나 적용시킬 수는 없지만 이 점에서 우리의 태도를 분명하게 하는 데 도움을 주는 사유를 언급한 바 있다.[5] 그는 아주 자유롭게 풍자적 방식으로 소나타 형식, 말하자면 최초의 자리매김으로 "강하게 점철된 두 개의 축으로 구획된 공간"과 결론을 향해 신중하게 표시된 흐름을 모방하는 연구에 착수한다. 이를 달리 표현하자면 작품의 구조를 따른다는 것은, 다소간 예견할 수 있는 단계들을 발견하고 영화의 마지막에 필연적으로 이르는 일종의 규칙적인 여정만을 발견할 위험이 있다는 것이다. 사이드는 우선적으로 이들의 분명한 단순성의 동기에 전념한 다음 이들의 변형과 연결에 주목하고 반복이 불가능한 영역, 악보의 최초의 소절로 어렴풋한 조합에 결함이 있는 것으로 간주된 불확실한 영역을 탐색한다. 그러나 음악적 동기가 영화적 동기는 아니므로 그 방법을 직접 영화로 전이할 수는 없다. 그렇지만 이 방법은 비대칭성을 고려하도록 하고, 완결과

---

5) E. 사이드, 《음악적 완성 *Musical Elaborations*》, London, Chatto & Windus, 1991.

일치를 추구하지 않으며, 변화 과정이 필연적으로 작품의 '의미'를 드러내지는 못한다는 것을 보여준다. 여기서 제시하는 여정은 논란의 여지가 있으며 다른 여정도 역시 가능하다고 본다. 마찬가지로 다른 영화들도 분석의 대상이 될 수 있다고 생각한다. 그러나 독자는 본 저서가 '형태'나 예시에 대한 연구가 아니라는 점을 염두에 두어야 한다. 이 장은 영화적 물질의 형상화에 대한 문제를 연구할 것이다. 이 문제들이 창조적 행위에 도움이 되는지를 알아보는 것은 중요하다. 그러나 어떤 영화에 대한 분석이 정말 가치가 있는 것인지를 결정하는 것은 그리 중요하지 않다고 생각한다.

1. 사물들의 무관심

모든 재현 예술, 그 중에서도 특히 영화의 경우 다음과 같은 진부성이 존재한다. 길가나 기둥이나 문, 창문을 어떻게 피할 수 있을까? 악수, 인사, 미소가 기계적인 제스처가 되지 않기 위해서는 어떻게 해야 하는가 등의 물음이 그것이다. 사진이 비약적인 발전을 이룬 이래로 일상은 연극과 문학과 그림에서 한 자리를 차지하게 되었다. 여기에 오페라를 첨가할 수 있겠다. 오페라는 현 시대에서 판단 범주에 대한 재분배가, 예술품의 품위와는 무관한 오브제의 상승을 통해 그 자질이 아닌 용도의 기능에 따라 위상이 변하는 '거의 무가치한 것'을 구체화시키는 것은 아닌지 생각하게 한다.[6] "일반적으로 있는 그대로 나타나지

---

6) A. 단토, 《평범한 것의 변형 *The Transfiguration of Commonplace*》, Harvard University Press, 1983. 프랑스어 번역판, 《평범한 것의 변형. 예술철학 *La Transfiguration du banal. Une philosophie de l'art*》, Paris, Seuil, 1991.

않는 것을 발견하게 하는 것"은 영화 창작을 특징짓는 아주 간단한 형식이다. 그렇긴 하지만 이들 진부함으로 압박하는 중요하지 않은 후경을 바탕으로 촬영된, 불완전하게 둘러싸인 인물들과 비실존적인 줄거리로 구성된 어떤 특별한 영화에 대한 지속적인 관심과 열광은 여전하다. 정말 많은 영화 제목들이 순식간에 각각의 머릿속에 떠오를 것이다. 필자의 경우는 특히 안토니오니의 〈붉은 사막〉(1964)이 생각난다. 이 영화는 거의 전적으로 라벤 석호와 땅, 하늘, 바다가 한데 어울리는 겨울철의 안개 속에서 촬영되었다.[7]

물질로서의 세계

영화의 첫 자막 부분은 서서히 진행된다. 그러나 첫 글자가 나타나기 직전 이따금 가벼운 날카로운 소리가 가로지르거나 지속적이고 묵직한 소리가 귀를 때린다. 도입 부분은 공장과 작업장으로 채워지며 관객은 망설임 없이 분명하게 지시되어 있지 않은 거대한 기계로 넘어간다. 시작부터 공장의 소음이 들려오는데 이 소리는 영화가 끝날 때까지 지속될 것이다. 이들 소음의 강도와 성질은 다양하다. 경우에 따라 성좌에 귀기울이는 자들의 속삭임, 팽팽한 긴장을 주는 현의 웅웅거림, 수증기 보일러의 숨소리를 들을 수 있다. 공장과 발전소와 정제공장의 '진실한 소리'는 이곳에서 들을 수 없다. 소리의 흔적은 사실주의를 비웃고 소리가 나는 공간의 변이가 아무런 흔적 없이 갑자기 이

---

7) 안토니오니는 〈붉은 사막〉의 텍스트를 *Sei film*(Turin, Einaudi, 1964)에서 간행하였다. 이것은 촬영 이전의 시나리오인데 배우들은 대사를 충실하게 수행하였으나 최종 몽타주는 예상과는 매우 달랐다. 대부분의 공장에 대한 시선은 즉석에서 즉흥적으로 이루어졌다.

루어진다. 또한 대사가 들렸다가 갑자기 시끄러운 소리가 줄어들었다가 질문에 대한 답변을 들을 수 없게끔 다시 시끄러워진다. 이 무딘 소음은 언어와 침묵과 메아리의 조건일 뿐 아니라 우리를 앞서 가기도 하고 이야기의 변화와 장면 변화를 예고하기도 한다. 지속적이던 소리가 처음으로 멈추면 창백한 잠옷 차림의 납빛의 여배우가 나타난다. 그녀는 석회를 바른 방에 놓여 있는 흰 침대보 한가운데 존재한다. 소리의 갑작스런 낮아짐은 색의 부재를 알려 주는 방식이다. 소리의 분위기는 점진적으로 우리에게 익숙해지고 흐트러진다. 이 분위기는 강박관념도 아니고 불쾌한 것도 아니다. 이 소리에 의한 분위기는 은밀하면서 지속적인 후경처럼 밀도 있는 물질처럼 영화와 연결되어 있다. 이 소리가 끝나기 직전 두 연인이 호텔 방으로 들어가면 단조롭고 부드러운 삐걱거리는 소리와 희미하고 날카로운 소리가 비규칙적 간격으로 화면을 가로지른다. 만일 남자가 몸을 돌린 것(무엇을 향해서? 소음은 어디서든 들리지 않는다)도 아니고 자신의 행동을 요구한 것도 아니라면, 아마도 관객은 젊은 여자의 흥분을 알리는 소리를 통해 해석을 하게 될 것이다. 연속적인 변화를 통해 공장 소음은 기능적 음악이나 소음이 아닌 현 하나에서 울리는 전체를 향해 나아간다. 이 공장의 소음은 이야기 언저리에서 영원한 소음을 만들어 내고 있다. 식별이 가능한 섬광, 발자국 소리들, 망치 소리, 금속 부딪치는 소리가 관객을 작업장으로 이끄는 것이다. 이 작업장에서 한순간 사이렌이 울리고, 홀로 사라졌다 다시 나타나고, 오고 가는 불확실한 울림이 우리로부터 멀어진다.

소리는 카메라의 시각이 보여주는 것보다 훨씬 지속적이다. 영화는 우리에게 공장에 대해 많은 것들을 제안하고 있지만 그러나 실제로 존재하는 공장은 없다. 아주 강한 이유로 배치의 이동은 고려되어 있지 않다. 석호 주위에서 전개된 여러 다른 현동성은 동등한 것으로 상호 교환이 가능한 것처럼 보인다. 처음 자막 장면에서 영화는 벌써 이 세계를 어떻게 다룰 것인지 우리에게 제시하고 있는 것이다. 시각들, 단편적인 것들, 창고, 난로, 증류탑들이 논리적 규칙이나 형식적인 일치점 없이 연속적으로 이어진다. 초점화는 우리의 시선이 상세한 부분에 머무는 것을 방해하듯 아주 가까이에서 조금씩 이루어지고 있다. 카메라는 실루엣과 수직적 흔적들과 둥그런 보일러와 도관으로 향하기도 하고, 연료 탱크의 두 부분 사이에서 하늘 쪽 부분을 프레이밍하기도 하며, 스크린 한가운데 저수지를 포착하기도 한다. 이렇게 전개되는 카메라는 그러나 라벤 지방의 여정을 제시하지는 않는다. 영화에서 이동이란 결코 우연이 아니다. 카메라는 인물들과 동행하며 인물들이 그들 고유의 모험에 의거하여 요구할 경우 새로운 공간이 개입되기도 한다. 그러나 인물을 좇는 카메라는 당분간 이들을 내버려 둔다. 카메라는 몇몇의 지속적인 숏에서 마치 알지 못하는 것처럼 인물들의 세계를 부분적으로 담아내면서 그 간격을 오랫동안 제시하고 있다. 영화는 산업 세계를 보여주는 프레이밍을 끈질기게 암시하고 있다. 영화에서 난로 벽돌은 검고 구멍 난 긴 줄, 바퀴달린 다리와 대조를 이룬다. 영화는 별 탐지의 곡선을 지평선에 던지기 위해 시골을 보여주거나, 선박들에게 음료를 공급하는 굽어 있는 관을 추적하기 위해 바다를 제시하기도 한다.

다른 영화에서도 차원과 힘 또한 공장의 유해한 특징들이 잘 나타난다. 안토니오니는 전체적인 비전을 추구한 적은 없지만, 저장소, 용광로, 철재 더미, 폐기물, 기름 묻은 석호, 선착장과 기중기라고 하는 관점을 잘 파악하고 있었던 것 같다. 이처럼 카메라의 배회는 매우 풍부·한 자료가 되며, 그 일상성 뒤에 존재하는 산업 건축의 공포와 힘을 잘 느끼도록 해준다. 영화의 중반에 이르면 놀랄 만한 시퀀스가 제시된다. 한 어머니가 아픈 아이에게 일종의 동화를 들려주는 것이다. 이 동화는 날아다니는 폴란드의 전설(혹은 알베르트 레빈 감독의 〈판도라〉)의 시작과 매우 닮았다. 바다를 열렬히 사랑하는 한 아가씨가 항해사나 선원도 없는 이상한 돛단배가 다가오는 것을 본다. 그런데 이 이야기는 〈붉은 사막〉의 흐름과는 역행하고 있다. 즉 프레임이 조화롭고 다양하며 태양이 가득한 모습을 일관성 있게 드러내고 있는 것이다. 파도, 동물들, 바위, 식물과 꽃들 같은 전체 자연이 시선에 노출되며, 날씬하고 부드럽고 그을린 그녀의 피부가 전개되는 우아한 숏들이 아무 일 없다는 듯 연속적으로 제시된다. 이러한 무사태평은 물과 모래, 백사장을 달리는 그녀의 모습과 배를 향한 도약으로 표현된다. 이 전체 시퀀스는 분명히 아름다운 이야기가 될 것이다. 풍경에서 나타나는 균형감과 여자 주인공의 기품과 지중해의 작은 만으로 서서히 침입하는 신비로운 선율의 매력이 드러나면서 아름답다는 강한 인상을 준다. 몇 분 동안 서서히 이루어지는 이야기의 시작은 연출에 의해 섬세하게 이루어지고 있다. 그러나 이 시퀀스는 미래를 알 수 없는 하나의 인서트일 뿐이다(이 시퀀스는 최초의 상황 말고는 아무런 전진이 없다). 이처럼 낯선 상황은 〈붉은 사막〉의 다른 부분에서 나타난다. 아가씨와 돛단배의 시퀀스와는 달리 이 부분에서 눈에 띄는 매력이나 행복한 전개는 찾을 길이 없다. 다만 영화는 관객으로 하여금 재구성이 되지 않은 잘린 부분이나 부분적인 요소에 집중하도록 한다.

　아가씨가 등장하는 시퀀스는 영화에서 흔히 사용되는 수법이다. 안토니오니 자신도 다른 영화에서 많이 사용하고 있다. 이러한 시퀀스는 관객들을 유쾌하게 하고 이야기를 쉽게 이해하도록 한다. 그렇지만 경우에 따라 혼란의 원인이 될 수도 있다. 조화로운 프레이밍, 이곳에서 전개되는 구성과 색깔과 움직임의 완벽한 일치, 삽입된 유연한 몽타주는 훌륭한 영화를 위한 영원한 기준은 아니다. 촬영의 섬세함이 영화를 위해 선택된 표현 시스템의 요소이긴 하다. 그러나 〈붉은 사막〉에서 그 고유의 전개 기능에 의거하여 실행되는 고유한 논제는 중요하다. 세심하게 고려된 숏들이 어떤 것이든 간에 〈붉은 사막〉의 경우처럼 분할된 영상에서, 영화의 세계는 그 구성 요소들 사이의 관계를 창출하는(창출하지 않기도 한다) 몽타주 작업 속에 그 원리가 존재한다.

사막의 색

습기와 진흙과 쓰레기 더미에도 불구하고 〈붉은 사막〉은 요한계시록과 같은 시각을 제시하지는 않는다. 영화의 제목이 〈회색빛의 침울한 사막〉도 아니며 〈현대 경제의 재앙〉도 아닌 것이다. 자주 선택되어 다루어지는 제목을 지나치게 의식하는 것은 물론 임의적이다. 한 작품의 '열쇠'가 제목 속에 있는 경우는 매우 드물다. 그러나 '붉은'은 무시될 수 없다. 이 붉은색은 잊어서는 안 된다. 붉은색은 서양 문화[8]에서 거대한 상징을 지니고 있는 것으로 영화 전체에 반영되어 있기 때문이다. 도관, 저장탱크, 트럭이 지나가는 첫 부분에서 벌써 붉은색이 드러나며 또 다른 여러 장면에서 강하게 강조되고 있다. 빠르게 열린 숏을 통해 붉은색은 또 다른 색으로 연결되어 있다. 폭력을 비난하는 창

---

8) 붉은색의 중요성은 P. 프랑카스텔이 예술의 역할에서 강조한 바 있다. 〈현대 회화의 색〉, in Meyerson ed., 《색에 대한 문제들 Problèmes de la couleur》, Paris, SEVPEN, 1957, 262-270쪽. 붉은색은 아마도 대부분의 문명에서 가장 중요한 색일 것이다. P. 메타이스와 비교해 볼 것. 〈누벨-칼레도니에서 붉은색의 용어와 상징〉, in 같은 책, 353쪽. 또한 G. 불리니에, 〈선사시대의 색 사용, 상징의 근원에 대하여 Préhistoire de l'usage des couleurs. À la source du symbolisme〉, in S. 토르네, 《색에 이름 붙이기와 바라보기 Voir et nommer les couleurs》, Nanterre, 비교사회학과 민족학 연구소, 1982, 470-471쪽.

백한 하늘을 향해 노란색의 거대한 유황 불기둥이 횃불로부터 솟아오른다. 또한 회색 분위기로부터 푸른색 외투가 강조된다. 자동차 차체의 빛나는 흰색도 있다. 이러한 색들을 그저 나열하는 것은 무의미하다. 겨울의 불분명한 빛이 흔들거리고 빛을 발하는 원초적인 모든 강렬한 색들이 차례로 드러난다. 그곳은 언제나 공장지대이다. 집들이나 벽이나 옷이나 특징 없는 색으로 더럽혀져 있다. 에릭 로메르는 영화 표현 물질로서 색을 인식했던 최초의 감독 중 하나이다. 숏의 균형을 잘 잡기 위해 색을 이용한 감독들과 결별한 로메르는 히치콕의 스크린에서 드러나는 노란색의 난폭성을 좋아하였다. 그는 모사(模寫)라는 것이 영화에서 최대한의 밀도를 지닐 수 있는 색을 무미건조하게 만든다고 언급한 바 있다.[9]

안토니오니의 작업은 이러한 이론적 제안을 완벽하게 보여준다. 그림 역시 두꺼운 액체의 실체라는 점, 즉 색 사이에서 배합이 일어나기도 하지만 처음 강렬한 느낌 자체로 사용되며, 기본적인 색으로 색칠되고 배합된 질료라는 것을 느끼도록 한다는 것이다. 고다르가 〈열정〉에서 공격적인 붉은색이나 푸른색을 드러냈을 때 그것은 분명하게 연결되어 전체 느낌으로 녹아든 화가의 팔레트를 펼친 것이 된다. 반대로 안토니오니는 최초의 해결책에 우선권을 준다. 거대한 얼룩을 인지하도록 하며, 아주 강력하게 절단된 색들이 순서대로 개입하도록 한다. 괴테는 강렬한 색에 대한 인상을 잘 알고 있었다. 그는 특징이 결핍되어 있는 색들은 과도하고 격렬할 뿐 아니라 동시에 보완적이기 때문에 강한 충격을 준다고 평가했다.[10] 그렇지만 이에 대한 설명은 매우

---

9) E. 로메르, 《미의 취미 *Le Goût de la beauté*》, Paris, Éditions, de l'Étoile/Cahiers du cinéma 1984, 76-77쪽.

단순하기 때문에 이런 점이 심리학이 19세기 초 이래로 상당한 진전을 이룬 것인지는 불분명하다. 다만 뚜렷한 색의 중요 성격에 대한 괴테의 지적은 매우 중요하다.

습기 찬 안개가 뒤덮인 순색의 해변은 〈붉은 사막〉에 산재한 섬광을 구축하고 있다. 또 다른 색감의 사용은 특별히 긴 시퀀스, 이례적으로 엄청난 인물들이 등장하는 시퀀스에서 나타난다. 어느 겨울날 황폐한 오후에 세 남자와 세 여자가 석호 근처 사냥꾼 오두막집에 모여 있다. 두 개의 방 중 하나는 파란색이며 다른 방은 붉은색으로 서둘러 칠해져

10) 괴테는 1810년 색에 대한 논저를 출판하였다. 《색채론 *Farbenlehre*》, in 《작업과 글쓰기의 총비용 *Gesamtausgabe der Werke und Schriften*》, Stuttgart, Gotta'sche Buchhandlung, t. XXI, 1963. 생리적 또는 심리적으로 색이란 성격이라는 것을 보여주는 경구인 셈이다. 색에 대한 주장은 756쪽과 803-805쪽을 참고할 것.

있다. 페인트칠은 두텁고 고르지 못하며 갈라져 있다. 한 눈에도 두터운 물감이 잘못 칠해졌다는 것을 알 수 있다. 한 여자는 우윳빛 금발 머리이고 다른 여자는 피부와 머리가 거무스레하다. 세번째 여자는 조명의 단순한 기법에 의해 금발(그녀의 자연스런 색이다)로 보이기도 하고, 조명이 낮은 곳에서 서로 엇갈려 비춤으로써 머리에 그늘이 있을 때는 갈색으로 보이기도 한다. 그녀는 검은 치마를 입고 있는데 검은색은 붉거나 푸른 벽으로 인해 매우 강하게 강조된다. 이처럼 닫혀 있는 분위기에서 단어와 몸짓과 끊임없이 바꾸는 자세를 통해 여자들은 관능적이고 강렬한 코미디를 기이하게 표출하고 있다. 머리나 의상의 개인적인 다양성은 순환적인 세 여자를 차별화시키고, 반면 벽 색깔의 거슬리는 난폭성과 저질의 페인트는 무대의 저속함을 보여준다. 물질의 파괴가 유일한 출구가 되는 바로 그 순간까지, 물질은 지배적이 되다가 인물 중 한 사람이 판자를 태우기 위해 칸막이를 부수기 시작할 때야 역할을 멈추게 된다.

오두막의 에피소드는 지금까지 정의내린 대립으로 귀속시키기에는 너무 강렬한 것이다. 여기에서 특히 강조하고자 하는 것은 본 저서의 관점에서 연출의 색채에 대한 부분을 분석하려는 것이다. 영화에서 파란색과 붉은색은 대조를 이룬다. 이 두 색은 이야기의 필연성과는 무관한 두 개의 축을 기발하게 보여준다. 방 하나는 그래도 분위기가 유쾌하다. 다른 방보다 덥지도 않고 호의적이다. 두 방의 구성적인 관계를 통해 두 색은 차이점을 단순하게 제시한다. 회화적이고 영화적인 영상은 화가의 팔레트와는 전혀 무관한 방법으로 빛을 통한 양자택일의 수법으로 강한 효과를 이끌어 낸다. 흑백 영화인 베리만의 〈페르소나〉(1966)에도 두 여자가 등장한다. 한 여자는 금발이며 다른 여자는 진한 갈색 머리이다. 베리만은 조명 효과와 모자, 의상을 통해 그 역시 일종

의 보완성인 하나의 대립을 확대시킨다. 여기 안토니오니의 오두막에
서 한 색은 다른 색을 불러오거나 제외시키는 역할을 한다. 동시성, 교
환, 양자택일이 순환 원리로서 개입하고, 스크린은 이러한 차이들로
인해 생동화된다. 하지만 여자들의 색은 베리만과 안토니오니의 경우
동일하게 작용되지 않는다. 베리만의 경우 긴장을 과장하고 금발 머리
정반대편에 진한 갈색을 시각적으로 배치한다. 안토니오니의 경우에
는 점진적 변화가 있다. 세 여자에 의해 포위된 색들은 상호간에 혼용
이 불가능하다. 이 색들은 갈등을 유발시키지도 않으며 조화를 이루지
못한다 하더라도 서로를 용납한다. 〈페르소나〉에서 색은 빛을 발하며
대화를 극화시킨다. 마찬가지로 〈붉은 사막〉에도 갈등의 원리인 대립
적인 색들이 존재한다. 그렇지만 화해의 원리가 병행하기도 한다. 관
능적 코미디의 긴 장면에서 하나의 해결책을 발견하기 전에 완성되는

화해의 원리는 적의와 음모가 뒤섞여 있다.

오두막 내부의 색은 픽션의 중개인이 된다. 색은 아무런 이야기도 하지 않지만 동시에 여러 모티프의 기능을 한다. 색은 오랫동안 남자와 여자의 만남에서 생겨난 목적이 없는 욕망의 상승을 암시하고 있다. 에피소드는 영화 내내 전개되는 관능성을 드러낸다. 비록 관능성이 숨김없이 드러나는 경우는 흔치 않지만 그럼에도 상당히 자극적이다. 영화가 막 시작되어 이야기가 전개되기 전임에도 영상은 순수하게 물질적인 암시로 가득 차 있다. 두 남자가 전기센터 건물을 따라가는 동안 후경 쪽에서 나오는 보일러의 수증기가 전경으로 서서히 규칙적으로 흘러나온다. 집요함과 볼륨을 지닌 검고 생생한 수증기는 점점 다가와 건물과 길과 산적된 통나무와 사람들을 덮는다. 수증기가 스크린 전체를 덮고 기계의 소리까지 덮어 버린다. 이런 순간들은 오두막 분위기에 대한 자료의 역할을 한다. 오두막은 연기와 바다 안개에 싸여 언뜻 보이지만 시각적 밀도, 인물들의 운명적인 관계는 분위기의 단순한 묘사로 귀결되지는 않는다. 카메라는 수증기의 포복하는 듯한 움직임 또는 구름의 무게같이 감각적이며 촉각으로 알 수 있는 인상을 포착하고 있으며 몽타주를 통해 잘 유지되고 있다. 처음부터 끝까지 영화의 분위기는 감각적으로 구축되어 있고 기계 소음은 안개를 통한 음산한 빛과 빛나는 아스팔트와 긁힌 자국이 있으며, 휘고 녹슨 함석과 공장의 거대한 형상과 아주 커다란 흔적으로 칠해진 날카롭고 난폭한 색들이 연결되어 있다. 일별과 섬광의 흔들리는 조합이나, 반대로 움직이지 않는 롱 숏의 조합이 하나의 리포터를 구축하는 것은 아니다. 영화는 픽션을 통해 열리는 간격에 중요한 요소들을 배치한다. 또한 영화는 귀환과 회상과 유추에 의해, 기본 색의 지속성과 공장의 구조와 나아가 공장의 소음으로 전체를 구성한다. 또한 자르고 병치시키고 위치를 바꾸면서 몽타주는 풍경에서 잡아낸 소여(카메라의 시선)를 통해 자신의 세계를 구축한다. 몽타주는 시선을 위해 색과 천연 물질과 금속과 나무, 흙, 물을 제시하고 이들을 조합시키면서 영상과 소리로 만들어진 세계를 암시한다.

다시 한 번 언급하자면 오두막의 시퀀스는 픽션의 언저리에서 전개된다. 왜냐하면 세 인물은 단지 그 순간에만 나타나기 때문이다.[11] 그러나 이 시퀀스를 부차적인 에피소드로서 다루기에는 상당한 양의 전개 양상을 보이고 있다. 우리가 이미 언급한 빛에 대한 대립, 파란 방에서 붉은 방으로의 지속적인 움직임, 갈색 머리와 적갈색 머리의 대립, 세번째 여자의 다양성은 예의 바른 겉모습에도 불구하고 거칢과 같은 대립의 기초가 된다. 적나라하게 말하면 어떤 남자가 어떤 여자를 소유하게 될 것인가를 알려 주는 것이며, 상식을 벗어나는 엉망이 된 장벽의 장면은, 라이벌 중 한 사람이 승리한다는 것을 매우 상징적으로 보여준다. 남자들은 멍청하게 승리자를 바라보는 반면 여자들은 낄낄거리며 박수를 쳐댄다.

이러한 장면들은 〈붉은 사막〉에서 갈등을 은밀하게 제시한다. 영화에서 그려진 환경은 몽타주를 통한 조합에만 국한되지 않으며, 중요한 요소들은 자체적으로 상호간의 관계를 통해 항구적으로 대립한다. 부동의 숏의 프레임 안에서 구름 수증기는 쌓여 있는 통나무들의 붉은 덩어리들을 감싸 버린다. 거대한 검은 선박이 안개 속으로 스며들고 안개비가 대지와 사람들을 적시며, 바람과 바다는 철근을 부식시키고 기름은 물에 떠다니며 물질적인 것과 비물질적인 것이 계속해서 서로를

---

11) 인상적 비난을 피하기 위해, 여자 주인공이 자신의 아들이 아프다고 믿는 순간, 말 없는 두 개의 숏에서 갈색머리 여자가 다시 등장한다는 점을 언급하고자 한다.

부정하며 흔들고 있다.

어느 겨울날 포 지방의 낮은 평원을 횡단하는 한 여행객은 스며드는 습기에 노출되어 있다고 하고, 만일 안토니오니가 이러한 인상을 주려고 한다면 〈붉은 사막〉은 어떤 분위기를 풍기는 영화가 될 것이다. 그런데 이 영화는 또 다른 분위기와 대립되어 있다. 라벤 근처에서 생기는 사물과 경관들이 영화적 물질로 바뀌어 상호간에 병렬되거나 모순되거나 서로 대체되기도 한다. 영화의 세계는 '앞으로 나아가지' 않으며 다른 최종의 상태(예컨대 봄을 알린다든지 아니면 반대로 생태적 재앙)를 향하지도 않는다. 영화는 지속적으로 생성의 상태이며, 음향과 색과 자체적으로 여러 다른 관점을 통해 관객으로 하여금 변화를 느끼게 한다.

어떤 영화들은 매우 특징적인 분위기와 인상을 지닌 채 뒤틀려 있고, 다양하긴 하지만 결론에 이를 때까지 일관성이 있는 분위기를 유지한다. 또 어떤 영화들은 이야기를 언급하기 위해 필요한 후경을 이용하기도 한다. 영화의 미학적 특징은 대부분 독창적 세계의 구축과 더불어 전개된다. 이로부터 관객은 지속적인 관심을 갖게 될 것이며, 영화가 그 고유의 창조성을 유지하고 이것이 연장되거나 풍요로울 때 관객은 생동적인 반응을 보일 것이다. 앞서 언급한 영화에서 안토니오니는 서로 다른 상당량의 질료를 개입시키면서 복잡하게 전개시키고 있다. 그러나 손쉬운 해결책이 더욱 효과적일 때도 있다. 베리만은 주로 중요한 소재에 대해 연구를 한다. 〈페르소나〉에서 그는 두 번에 걸쳐 긴 이동 촬영을 한다. 하나는 병원의 입원실에 지평이 멈추는 것이며, 다른 하나는 관객은 전혀 볼 수 없는 전체적 조망 안에서 연통이나 굴뚝보다 인상적이지 못한 빈약한 소품으로 장식된 바닷가에 서 있는 평범한 빌라를 비추는 것이다. 그러나 이들로부터 하나의 세계를 암시하는 것은 충분하다.

여기서 관심의 대상인 사물들의 무관계성은 이러한 의미로 이해되어야 한다. 즉 오브제는 부차적인 것으로 다만 영화 작업을 통해서만 항구성을 지니는 게 가능하다는 것이다.

2. 유혹의 연기에 대하여

〈붉은 사막〉에서 분위기는 이야기를 잘 이해하도록 해주는 배경이 아니다. 분위기는 영화의 구조이며 영화의 움직임이다. 분위기는 우리에게 제안된 일화를 더욱 분명하게 적용시킨다. 모니카 비티는 자동차 사고로 상해를 당한 인물로, 집에는 거의 없는 남편으로부터 이해를 받지 못하는 젊은 여인 역을 맡았다. 리처드 해리스가 연기한 그녀의 옛 친구, 스쳐가는 친구가 그녀에게 관심을 보인다. 그들은 함께 외출을 하고 연인 사이가 된다. 그러나 남자는 떠나고 여자의 삶은 일상으로 되돌아온다. 그런데 여기에 심리적 해석이 필요하다. 석호의 환경보다 더욱 깊은 상처를 입은 슬픈 환경 속에서 여자 주인공은 언제 어떻게 균형을 되찾을 수 있을 것인가 하는 문제가 그것이다. 이 점에 있어 파졸리니는 분명한 태도를 취한다. 오브제나 동일한 장소를 다른 프레이밍으로 상호 병렬시킴으로써, 토대도 없는 이 불안정한 세계가 바로 신경성의 세계라는 것을 가정하는 것이다. 여자 주인공이 뿌리를 상실한[12] 까닭에 자신의 세계가 흔들린다. 만일 픽션을 '읽으려고' 한다면, 다시 말해 픽션과 연관된 것이 무엇인지 설명하고자 한다면 이 가정이 결코 무시되어서는 안 된다. 그러나 이 가정은 우리로 하여금 영화 이야기를 하도록 하는 것이 아니라 영화가 우리로 하여금 이해하고 볼 수 있도록 제안하는 것이라면 그다지 큰 도움이 되지 못할 것이다. 어떤 때 이야기는 생략이 되기도 한다(픽션은 시간의 경과로 이루어진다고 어떻게 추정할 수 있을까?). 그러나 이야기는 쉽게 이해할 수 있는 연대기적이고 완벽한 논리로 전개된다. 이야기는 산업지대의 모호한 영역에서 아들과 함께 방황하는 모니카 비티의 방랑으로 이루어져 있다. 이 두 개의 축을 기반으로 대부분의 시퀀스는 축약된 공간, 거실, 좁은 거리, 해안의 부두에서 전개된다. 오두막집을 제외한 다른 시퀀스에는 두세 명의 인물만이 등장한다.

벽에 기댄 몸

파졸리니는 상세한 미장센으로 충격을 준바 있다. 화면 영역은 수시로 비어 있고, 한 인물이 화면 영역에 등장하여 말을 하거나 행동을 하다가 다시 나간다. 이때 화면은 다시 비게 된다. 이런 것들은 스크린을 무엇인가로 채운 프레임으로 보려는 영화의 매우 회화적인 개념이 아닐까? 영화가 다른 많은 조합을 제안할 경우 촬영의 형태를 우선시한다는 정확한 특징이 있다. 최초의 산책이 이루어지면서 모니카 비티는 화면 영역을 떠나지만 아들은 풍경에서 검은 후경의 노란 흔적(아들의 외투이다)이 되어 중앙에 남는다. 말라붙은 컵 하나가 우리로 하여금 다른 지점으로 나아가게 하는데, 그곳에는 온통 파란색의 여자 주인공이 프레임 한가운데에 완벽하게 존재한다. 엄마와 아들이 다시

---

12) P. 파졸리니, 앞의 책, 148쪽. 당시 많은 감독들처럼 안토니오니 역시 자신의 고유한 세계를 연출하기 위해 신경질적인 주인공을 선택하였음을 파졸리니는 암시하고 있다. 감독이 자신에게 혹은 자신의 인물에게 말하는 것인지 아닌지를 아는 것은 별로 중요하지 않다.

만나 왼쪽으로 나아가면 카메라는 그들을 따라간다. 그러다 카메라는 그들을 앞서 갑자기 산업지대 전체를 조망한다. 이러한 예들은 힘들이지 않고 얼마든지 찾아낼 수 있다. 파졸리니가 본능적으로 프레임의 중요성을 알아본 예가 될 것이다. 나아가 이 예들이 충분한 것은 아니지만 화가의 화폭과 스크린의 접합을 보여주는 것이기도 하다.

첫 시퀀스와 마지막 시퀀스는 이동의 순간들로 이루어져 있다. 스크린은 여자 배우의 넓은 움직임과 그 외 인물들, 조연들의 움직임으로 구성되어 있다. 움직임의 흔적은 서로 교차되며 여정들로 구성되고 여러 숏으로 연장된다. 여자 주인공이 포함되어 있는 행인들의 움직임은 나름대로 계산에 따라 움직이고 있고 카메라는 그들을 포착한다. 그러나 카메라는 그들을 추적하지 않을 경우에는 산업 세계의 단편들에 집중한다. 카메라는 아무런 동기 부여 없이 군중의 이동 한가운데서 공장지대를 보여주는 것이다. 이런 식으로 카메라가 인물들을 향하는 경우는 상당히 제한되어 있다.

두번째 시퀀스에서 닫혀 있는 여러 장소로의 이동은 다른 규칙이 사용된다. 여자 주인공은 제한된 공간에서 지속적으로 움직이며, 이 장소에서 저 장소로 이동하다가 멈추고 어떤 때는 앉기도 하고 다시 일어나 움직이고 되돌아온다. 처음 그녀의 집에서 그녀는 혼자의 놀이에 몰두한다. 그런데 리처드 해리스가 출현한 다음부터 이 엇갈림은 점점 복잡하게 변한다. 두 사람은 상호 연결되고 교차적인 움직임으로 서로의 자리로 이동한다. 여자가 사라지면 카메라는 남자 배우를 비추고 젊은 여자를 향한 남자의 움직임과 동행한다. 여러 장면에서 생겨나는 이러한 강한 긴장감은 카메라가 만들어 낸 결과이다. 중간 숏에 비해 전반적으로 여정을 재구성하고 변화의 폭을 상대화시키는 카메라는 인물에게 집중한다. 따라서 화면 영역이 빈 것으로 남기 위해서는 갑작스런 떠남으로 충분하다. 이러한 절단을 통해 분명하게 이해할 수 있는 것은, 영화는 이러한 순간에 회화적 효과를 목적으로 하지 않는다는 것이다. 카메라는 단순히 인물만을 추구한다. 대부분 갇힌 공간에서 일어나는 움직임들은 추적의 장면처럼 적어도 부분적으로 읽힐 수 있고, 카메라는 이곳에서 벗어난 여배우를 다른 쪽으로 몰아넣는다. 이것은 하나의 픽션 즉 또 다른 해석과 관련이 있다. 순수하게 심리적인 해석은 맨 처음의 글 읽기와 병행된다. 요컨대 모니카 비티는 자신의 욕망에서 회피하고자 하는 것이다. 그녀는 리처드 해리스 쪽에 존재하지 않기 위해 멀어진다. 그들을 바라보는 방식은 마리보 풍의 평범한 에피소드로써 미장센 덕택에 매우 단단한 강도를 지니게 된다. 이 에피소드들은 여자 주인공의 준비된 감정을 초월하여 그녀의 몸과 연루된다. 모니카 비티는 카메라에서 도망치거나 정면으로 마주하거나 벽에 등을 기대거나 멀어지기도 한다. 카메라는 그녀를 다시 비추거나 문으로 밀어대거나 계단 받침대와 침대 살 사이에서 포착하거나 방 안의 앵글로 다시 내던진다.

채플린의 경우에서 언급한 것처럼 카메라가 지속적으로 움직이는 사물이나 사람을 좇을 때 카메라는 사각형 밖으로 나가기를 시도한다. 카메라가 프레임을 넘어서는 것처럼 보이지만 사실 그렇지는 않다. 그것은 카메라가 스크린은 터치할 수 없기 때문이다. 카메라의 시각에 대한 양자택일은 이미 언급된 바 있는데, 이 양자택일이란 프레임을 인정하는 것이며 중심 잡기를 선택하는 것이다. 안토니오니는 이러한 해결책을 무시하지 않았지만, 매우 다른 방법을 이용하여 추격 장면을 만들어 냈다. 내부의 첫 장면 이후로 시작된 여배우의 후퇴와 카메라에 의해 추구된 이중적 움직임은 일종의 불변수가 된다. 그리고 마지막 시퀀스 이전까지 부정할 수 없는 변화를 통해 이 불변수는 재발견된다. 중심화는 약간 늦게 시작되는데 그것은 모니카 비티가 리처드 해리스와 처음으로 외출할 때이다. 영화가 진행되면서 덩달아 이 중심화도 전개된다. 도식적으로 고려된 이 중심화는 단 하나의 모델과 화답한다. 즉 여배우가 중성적인 후경을 배경으로 프레임 한가운데 근접 숏으로 또는 풀 숏이나 바스트 숏으로 나타나는 것이다. 그러나 서로 대응이 되는 상황들, 에피소드에서 에피소드로 던져지는 상황들은 전혀 유사하지 않다. 왜냐하면 모니카 비티는 신체적으로 매번 다른 여자이기 때문이다. 영화에서 이러한 특징은 힘 있게 드러난다. 그녀의 흰 블라우스와 검은 투피스는 머리카락의 완벽한 라인으로 드러난 얼굴과 함께 일종의 화관을 형성한다. 그녀는 자신이 제안하는 엄격한 이미지로 프레임을 분명하게 하는 것이다. 반대로 그녀의 얼굴이 분산되어 순수성을 상실하는 경우도 있다. 이 경우 머리는 산발이며 어깨는 축 처졌다. 그녀는 공허한 후경에 빠져든 것처럼 보이며, 그녀의 도피는 부재로는 구축될 수 없는 프레임을 무력화시킨다. 또 어떤 때는 두 인물이 불안정한 다양성을 통합시키거나 서로 연결되어 있기도 하다. 여배우의 머리는 전체적으로 변하고(갈색과 금발의 양자택일은 이미 언급하였다), 무미건조한 후경에서 흰 옷을 입은 창백한 모습이거나 아니면 어두운 내장재 앞에서 검고 꽉 조이는 투피스 차림의 모습으로 나타난다. 여기에서 움직이지 않는 카메라는 전혀 개입하지 않고 그저 촬영하는 것으로 만족하고 있다.

얼굴들

여배우가 자리를 뜨거나 멈출 때 그녀는 혼자이다. 카메라의 시선은 남편을 영원히 부재하는 자로 만들고 친구를 지나가는 사람으로 만들며, 신경질을 다른 사람들로 향하는 방해물로 만들면서 픽션은 그녀에게 제시하고 있는 사회적 한계 상황을 보여준다. 그러나 이야기에 의거한 이러한 심리적 해석은 우리가 언급했던 변신 이전의 상황이다. 이 해석은 중심인물의 근본적인 불안정성보다는 고립되어 있는 영원한 형상을 강조한다. 자체적으로 아주 단순한 서술적 라인은 여배우와 카메라 사이의 복잡한 관계에 의해 연결되어 있다. 〈붉은 사막〉은 한편으로 그 고유의 재질을 만들어 내는 주변의 중요한 요소들과 환경적인 관점에 의해, 또 다른 한편으로 배우들의 행동 특히 모니카 비티의 행동에 대한 시선에 의해 전개된다. 이것은 사물들, 환경들, 배우들과 관계가 있다. 카메라는 순서에 따라 관찰자가 되거나 취조관이 된다. 우리가 특징(공장, 색, 소음, 중요한 요인들의 갈등) 짓고자 시도했던 분위기는 영상으로 드러난 관점들의 앙상블에 해당한다. 이 분위기는 전적으로 영화에 의해서 분명해질 것이다. 반대로 여배우는 자신이 오브제가 되는 외적인 힘에 대해 매우 개인적인 방법으로 반응을 보이며, 제스처나 태도, 표현적인 작업을 통해 인물을 구현하고 있다. 리처드 해리스는 여배우를 보여주는 카메라의 움직임에 개입하면서 카메라의 중계자 구실을 한다. 그러나 영화는 한 인물의 '시선에' 의해 바라보는 것을 암시하는 관례를 이용하지는 않는다. 우리는 한 등장인물과 '더불어' 바라보는 것이 아니다. 파트너와 만나는 동안 모니카 비티는 이렇게 말한다. "난 소음과 색과 사람들 모두 다 무서워." 그러나 환경이 직접적인 방법으로 그녀를 공격한 것은 아니다. 영화는 그녀에게 '주관적 인지'(바라보는 인물 혹은 그녀가 보았거나 들었다고 가정하는 청취와 오브제)를 거의 허용하지 않고 있다. 소리와 색은 영화 자체로 우리에게 다가온다. 소리와 색은 인지된 것으로 추정되는 인물에 의해 여과된 것이 아니다. 또 다른 것들도 있다. 여러 번에 걸쳐 카메라는

'불가능한' 앵글을 선택한다. 예컨대 카메라는 창살을 통해 수직으로 배우들을 잡거나 또는 서술의 전개에 따라 관객에게 제공되는 일종의 관점의 자율성을 통해 부감으로 모니카 비티를 잡고 있다.

이처럼 영화에서 중요한 부분은 여자 주인공과 카메라의 대화로 이루어져 있다. 오해를 피하기 위해 다음을 강조하고자 한다. 이를테면 문제의 대사는 이 대사가 기여한 픽션과 구분되는 것이 아니라 반대로 영상화된 것이 우리에게 제안하는 이야기를 유지시킨다는 것이다. 여배우가 말하는 파롤과 제스처는 이야기를 지탱하게 한다. 그 파롤과 제스처는 전체 시퀀스의 음성적이고 시각적인 물질 자체를 형성한다. 비록 안토니오니가 산업 세계라는 구실을 취하면서 영화가 그 고유의 환경을 구축하는 일종의 일탈을 통해 작동되는 장면들을 중지시키고 있지만, 영화가 지속되는 동안 인간의 역할을 강하게 부여하고 있다. 이런 의미에서 〈붉은 사막〉과 베리만의 영화를 대조시키는 것은 필연적인 것이라고 생각한다. 베리만의 영화가 〈얼굴〉과 〈페르소나〉라고 제목 지어진 것은 우연히 아니다. 〈페르소나〉는 일종의 영화에 대한 사유로 보인다. 우리는 이 영화에서 인화 필름, 사진, 텔레비전 그리고 여러 영화에서 차용한 부분들, 일종의 영사기와 만난다. 특히 이 영화의 처음 부분에서 우리는 침대가 놓여 있는 흰 벽을 보게 된다. 어린 소년이 일어나 마치 인화 중인 필름처럼 서서히 드러나는 벽면을 어루만진다. 처음에는 모호하던 여배우 리브 울만의 흔적들이 점진적으로 강화된다. 어두운 방에서 우리는 얼굴과 마주치게 되는 것이다.

리브 울만의 정면이 드러나는 스크린은 주름진 벽면이다. 마치 깊이가 상실된 흔적처럼 라인들이 분명하게 드러난다. 아이의 손이 곡선을 찾다가 평평한 표면을 만난다. 그 다음 여배우가 사진들을 바라보고 이어 텔레비전을 켠다. 그녀는 어린 소년처럼 동일한 현존재(갑자기 방

속에 스며드는 전쟁과 죽음의 공포)와 동일한 멀어짐(사진 앨범이 테이블 위로 떨어지고 텔레비전이 방의 어떤 지점에 고정되어 있다. 사람들이 이를 움직이려다가 손상을 입힐 수 있다)을 깨달은 것처럼 보인다. 영화는 그 고유의 재현적 능력과 연결되어 스스로를 연다. 영화는 다양한 질문을 하는 것처럼, 스크린의 인간 존재들에게서 볼 수 있는 것처럼 다양한 포즈를 축적한다. 맨 먼저 리브 울만의 얼굴이 클로즈업되어 사각형을 가득 메운다. 이어 비비 앤더슨이 한가운데 혼자의 실루엣으로 프레임을 분명하게 하면서 전체적으로 나타난다. 카메라는 칸막이를 따라 이동하는 리브 울만으로 다시 되돌아온다. 여러 다른 차원으로 떨어져 있음을 암시하는 침대가 전경에 나타난다. 그 결과 깊이와 움직임이 사각형을 생동화시키기 위해 서로 연결된다. 마지막 단계는 동일한 장소에서 비비 앤더슨의 등장과 함께 이루어진다. 비비 앤더슨은 시선과 오브제의 변화를 통해 일상적인 영역과 비영역을 확인한다. 픽션은 이미 오래 전부터 확립되었다. 그리하여 리브 울만은 자신의 침묵을 설명하는 데 있어 아무런 생리적 장애 없이 갑자기 실어증에 걸린 유명 여배우의 역할이 가능하게 된다. 사람들은 그녀를 여자 간호사 비비 앤더슨과 함께 바닷가에 있는 빌라로 보낸다. 이야기는 이렇게 흘러가지만 영화는 훈련의 장으로 남는다. 영화는 관점들을 첨가하고 제시한다. 고전적 양자택일이 아니라 몸들이 상호 관계에 위치하는 대립 속에서 영화는 두 여자가 서로 합쳐지는 순간에 이를 때까지 어느 쪽을 취할지 망설이는 것처럼 보인다. 따라서 카메라는 배우들을 안내하기 및 그들을 프레임의 고정된 장소에 위치시키기를 거부한다. 또한 카메라는 벽에 걸린 사진에 의해 아이가 될 수도 있고 투사된 필름과 대면하는 관객이 될 수도 있는 인물들을 외현화시킨다.

영화(cinéma)가 사라질 때 필름(film)이 시작된다고 말할 수도 있다.

스크린에는 두 여자가 얼굴을 맞대고 있고 오로지 비비 앤더슨만 말을 한다. 이 '시작'에서부터 변하는 것이 있다면, 프레임이나 단계가 무엇이든 간에 어떤 숏도 카메라의 기능으로 구성되어 있지 않다는 것이다. 최초의 시선은 카메라와 여자 배우들을 직접적으로 대립시킨다. 여자들은 자신들의 태도, 밖에서부터 들어오는 시선과는 무관한 자세를 취하는데 이것은 카메라와의 관계를 통해 이루어진다. 빌라에 도착한 두 여자는 자신들의 방식대로 행동을 변화시킨다. 여자들은 대개는 프레임 속에 동시에 존재하며 한 여자가 나갈 경우 그녀는 즉각적으로 화면 밖 영역에 머무른다. 그럴 경우 보이는 여자는 말은 하지 않지만 몸 전체의 긴장과 기울기는 다른 여자를 향한다. 화면 영역과 화면 밖 영역이 비워 있는 것은 아니라 각각 새로운 형태를 취하고 있는

것이다. 각 여배우는 순서에 따라 보이지 않는 존재를 추측할 수 있도록 충분히 떨어지거나 중심축에서 벗어난 지점에 위치한다. 일반적으로 영화에서 만날 수 있는 '고전적' 양자택일은 팅 빔 속에서 기능한다. 우리가 바라보는 인물의 정면에 존재하는 인물(인물이거나 단순히 인물의 파편, 즉 어깨의 경우)이 화면에는 존재하지 않는다. 이것은 이야기 속에 수용되기를 바라는 관객을 위해 자유로이 남겨 놓은 자리이다. 그러나 〈페르소나〉에는 여배우들의 교환으로 엮여진 중개적인 공간이 넘쳐난다. 그녀들을 분리시키는 거리는 그녀들이 선택하는 방향과 움직임을 분명하게 해준다. 특히 어떤 중요한 장면의 경우는, 비비 앤더슨과 리브 울만은 빌라 앞에서 두 사람이 마주 서게 될 때 두번째 사람이 밖으로 나갈 때 첫번째 사람이 들어오는 식의 교환으로 이루어진다. 문과 벽이 있음에도 불구하고 전체는 밖에 존재하는 여자를 내적으로 향하도록 한다.

우리는 두 여배우가 고독과 의사소통의 불가능성을 가중시키는 상호 간의 정신적 혼란을 연기력으로 구현시키고 있음을 관찰할 수 있다. 분명한 것은 이야기를 해석하는 방법 속에서 그 이야기의 흥미로운 멋진 부분이 발견된다는 것이다. 여주인공들의 동기 부여를 무한정 해석하지 않고, 픽션이 실행하는 방법을 질문함으로 이야기의 소여는 매우 분명하다. 프레이밍의 완벽함은 언뜻 보아도 확연하게 드러난다. 때때로 마주 선 두 여자의 실루엣은 스크린의 경계를 강조하거나 그녀 중 한 사람이 정확하게 프레임 가운데 위치하거나 두 여자의 균형을 조형적으로 보여주기도 한다. 조명은 한 여자의 황금색 머리와 다른 여자의 더욱 진한 얼굴빛을 강조한다. 과연 이러한 것들이 관객에게 감동을 줄까? 사실상 이같은 회화적 또는 사진의 엄격성은 외적 형식일 뿐이며, 프레임 안에서 전개되는 것을 인용하고 다른 곳으로 향하는 움직임과 영상일 뿐이다. 자, 여기 비비 앤더슨이 앉아 있다. 그녀의 옆모습은 창문 후경에 의해 이상적으로 단절되어 있다. 그녀는 왼쪽으로 향한 채 말을 하지만 그녀의 모든 것은 뒤쪽을, 우리에게는 보이지 않는 리브 울만을 향하고 있다. 조금 앞서 이 간호사는 화면 영역 밖에 위치한 상대방에게 계속해서 말을 하고 있었다. 그녀는 우리에게는 보이지 않는 상대에게 애정 표시를 하기 위해 몸을 숙인다. 모든 영상은 부재하는 리브 울만을 향해 미끄러지고, 구성의 명백한 정지 상태는 비비 앤더슨의 머리를 지탱시키는 비약으로 초월된다.

베리만과 안토니오니가 배우들에게 감각적으로 서로 다른 요구를 하였음에도 두 감독 사이에 설정할 수 있는 대립은, 그들이 실행하려고 했던 것을 잘 이해하게 하도록 해준다. 처음 접했을 때 두 감독의 방법론과 근접성은 그 차이점 때문에 더욱 매력적이 된다. 그렇지만 특징적인 영화에 집중한다는 조건에서 유사성은 우리가 더욱 심사숙고해야 할 개연성을 부여한다. 우선 베리만은 글쓰기와 움직임에 있어 습관적으로 용인하는 **영화적** 이념을 거부한 것처럼 보인다. 영화 초반부에 목표물에 맞서 행동하고 움직이는 두 여배우는 살아 있는 사진이라는 표현이 더 잘 어울린다. 두 사람을 포착하는 카메라는 단순히 사진 필름의 위상을 유지하고 있다. 저장되어 있는 필름은 자리 이동이 일정한 방향을 취하는 순간부터 또 다른 자리 이동과 동일한 방향이면서 동시에 반대 방향으로 나아갈 때 영화가 된다. 안토니오니의 경우에도 주인공은 몸 전체를 통해 하나의 미장센에 참여한다. 주인공은 사라졌다가 접근하고, 분명해졌다가 저절로 사라진다. 그의 파트너는 픽션으로 창조된 다른 배우라기보다 카메라 자체이다. 그렇다면 영화감독들은 선택된 부분에 따라 다양해질 수 있는 문체론적 특징을 위해 대조를 강조한 것일까? 이 질문은 매우 복잡하다. 두 감독이 동일한 문제에 대해 상반된 의견을 보이고 있기 때문이다. 배우의 육체적 공격이 연극적 효과나 최악의 경우 일종의 사이코드라마로 나타나지 않기 위해서는 어떻게 해야 할까? 베리만은 여배우들이 부분적으로 그들의 행동에서 소외되는 프레이밍으로 답변하고 있다. 이 프레이밍은 순수하게 영화적인 스크린의 경계 안에서만 모든 존재의 움직임을 드러내기 위한 것이다. 안토니오니는 카메라의 시각을 다양화시킨다. 그는 몽타주의 가속화된 템포로 모니카 비티의 도약 및 탈주를 이중화시키거나, 여배우가 바라보고 표현하는 변화를 롱 숏으로 잡아 그녀의 얼굴로 구축되는 프레임을 분명하게 한다.

매우 독창적인 이러한 방법들은 동일한 욕망과 부합한다. 우리가 언급한 영화들은 영상과 소리로 다양한 긴장감을 제시한다. 이러한 긴장은 이야기 속에서 가끔 메아리로 발견되지만 그렇다고 꼭 필요한 것은 아니다. 이 긴장은 배우의 연기를 통해, 그들의 대립과 음모를 통해, 카메라가 자신을 향해 배우를 이끌거나 밀어내는 방법을 통해 현동화된다. 이 장을 시작하면서 우리는 영화에 의한 그 고유 세계의 구성을 강조한 바 있다. 지금 배우들에 대한 문제는 그러한 배열의 한 부분을 이루고 있음을 덧붙일 수 있겠다. 연출은 자신의 관점을 선택하는 것이며, 배우를 포착하는 것이 아니라 그의 이미지를 창출하는 것이다. 그러나 영화가 배우에게 부과한 이러한 난폭함 너머, 영화에서 본질적은 것은 배우들이 몸으로 연기를 할 때 사물들은 단지 하나의 물질만을 제시한다는 사실이다.

침묵과 단어들

위의 두 영화의 차이는 만일 우리가 소리를 염두에 둔다면 분명하게 드러날 것이다. 안토니오니는 공장의 소음에서 파생된 기초적인 음색을 구축하고 있으며, 반면 베리만은 어떤 특별한 소음에 주의를 기울이지 않는다. 그러나 두 감독은 침묵에 대해서는 동일한 관심을 보이고 있다. 베리만은 단순히 침묵에 대해 많은 작업을 하였으며, 안토니오니처럼 반복 효과를 통해 침묵을 중시한다. 베리만은 항상 소리의 저의에 주의를 기울인다. 그가 선택한 여러 영화 제목에서 이를 확인할 수 있다. 〈어둠 속의 음악〉 〈외침과 속삭임〉 〈침묵〉이 그러한 것으로 이들 영화는 소리, 음악, 노래에서 모든 외적인 개입이 제거되고 완벽하게 하얗게 녹음되어 음성적 공허와의 관계 속에서 변조되고 있다. 〈페르소나〉에서 들리는 소리는 거의 없으며 인물들이 존재하지 않은 영역, 저 먼 곳 멀리에서 들릴 뿐이다. 〈붉은 사막〉은 간헐적으로 유사한 조합을 취한다. 인물들은 말하고 걷는다. 관객은 그들의 입술과 걸음을 바라보지만 아무것도 듣지 못한다. 한쪽에서 자동차 한 대가 굴러가고 사이렌 소리가 울려 퍼지기 때문이다.

침묵은 영상을 새롭게, 그리고 우리로 하여금 말없는 모니카 비티를 바라보도록 강요한다. 그녀는 부두를 따라 혼자서 멀어지기도 하고 리처드 해리스와 서로 말하기도 한다. 여기에서 대사에 대한 문제를 제기할 수 있다. 〈페르소나〉에서 기본적인 소리는 비비 앤더슨의 긴 독백이다. 그녀는 끊임없이 말하고 말한다. 그녀가 말하는 의미를 곱씹어 보지 않는다면 그녀의 말을 알아들을 수 없을 정도이다. 관객은 이따금 자막이 고문으로 여겨질 것이다. 따라서 그냥 이해하려 하지 말고 목소리의 끈기 있는 독백이라고 생각하는 편이 나을지도 모른다. 이야기를 따라가기 위한 필수적 정보가 언어로부터 오는 것이 사실이지만 관객은 이미 연기가 시작될 무렵에 정보를 얻는다. 이들 정보는 상대적으로 느슨한 〈붉은 사막〉의 남편이나 〈페르소나〉의 의사와 같은 단역으로부터 주어진다.

아주 극단적인 경우는 파졸리니가 〈메데이아〉(1970)에서 채택했던 것이다. 이 영화는 매우 화려한 디테일로 길게 펼쳐져 여자 마술사의 이야기가 서술된다. 연이은 모든 장면들은 단어보다는 제스처, 포즈, 목소리의 울림과 음조로 표현된다. 메데이아의 유혹처럼 이야기가 전개되기 위한 필수불가결한 사태의 급변은 침묵하는 이아손의 긴 시선으로 응축되어 있다. 연속적인 사건을 통해 설명된 형제의 희생은 아무 말 없이 멀리 음악을 배경으로 관객에게 제시된다. 영화는 메데이아와 이아손이 함께 살았던 십여 년간을 시간의 흐름에 대해 아무런 설명도 없이 훌쩍 뛰어 넘는다. 매우 긴장된 순간에 분노와 실망과 거절이 주고받는 언어 속에 가득 차 있다. 그러나 배우들의 태도를 통해 이들을 전달하기 위해서는 더욱 강렬한 감정이 필요하다. 대사가 관계가 없는 것은 아니다. 그러나 베리만, 안토니오니 그리고 파졸리니가 심혈을 기울여 자신들의 대사를 구성하고 어떤 반응을 선택했다면, 이를 전달하는 의미만큼이나 문장의 힘과 단어의 소리를 고려했을 것이다. 〈침묵〉에서 인물들은 언어가 통하지 않는 한 지방을 통과한다. 언어적 커뮤니케이션이 단절되어 있긴 하지만 각자는 말하는 것에 열중한다. 〈붉은 사막〉의 거의 끝부분에서 모니카는 터키 해군이 안내하는 배를 향해 나아간다. 남자와 젊은 여자는 오랫동안 이야기를 나누는데 이해하지 못한 상태에서 대답한다. 그들의 언어는 순수한 목소리일 뿐이며 몸짓보다 더욱 직접적이고 더욱 예리하고 더욱 덧없는 상호 작용의 또 다른 형태인 것이다.

단어는 그것들이 지니고 있는 울림과 외적으로 향하는 호소를 통해 공간을 채우고 거리를 좁히는 것처럼 보인다. 어두운 장면에서 비비 앤더슨은 자신의 성적 모험을 보여준다. 직접적인 동시에 연상적인 그녀의 언어는 두 여자 사이에서 일어나는 애무나 시선의 교환보다는 덜 육감적이다. 무엇보다 이야기는 그 리듬과 망설임과 어조의 다양성과 침묵의 해안이 개입하는 순간 강한 인상을 준다. 조명을 통해 인위적으로 어둠 속에서 빛을 발하는 리브 울만과 빛과 어둠 사이에서 망설이는 비비 앤더슨 사이에서 몽타주가 번갈아 이루어진다. 여기서는 다른 장면과는 달리 여자들은 보이지 않으며 시선에 제시되지 않는 여자들과 목소리가 다시 만난다. 엄숙한 리브 울만의 네 개의 숏은 카메라에 의해 점점 가깝게 다가서고 그녀에게 이르러 그녀를 감싸고 꼼짝 못하게 하다가 결국 파롤이 그녀의 베일을 벗긴다. 그녀 역시 비비 앤더슨 뒤에서, 우리가 아직 보지 못한 복도나 회랑의 어둠에 쌓인 일종의 통로를 부각시킨다. 이 통로는 훗날 경험한 것인지 환상인지 알 수 없는 포옹으로 여자들이 서로 만나게 되는 길이 된다. 단어들은 슬프고 평범한 이야기를 더욱 잘 전달할 수 있다. 단어들은 관능적이고 구체적이며 두 파트너가 가지고 있는 불안이다. 〈붉은 사막〉의 경우 오두막의 장면에서 이러한 것을 추측할 수 있으며 에로티시즘은 단어와 연결되어 있다. 여기서 중요한 것은 담론의 내용이 아니라 열린 마음으로 섹스를 언급한다는 사실, 즉 말을 한다는 사실이다.

우리가 언급하고 있는 두 영화에서 극단적인 움직임의 구조에 대한 영상의 대척점이 되는 사운드는 단순하게 조합되어 있다. 〈페르소나〉는 침묵을 배경으로 텍스트가 전개되며, 〈붉은 사막〉은 작업 중인 공장 소리를 중심으로 대화와 침묵이 서로 얽혀 있다. 베리만의 경우 비대칭이 이용된다. 그의 영화에는 오직 한 목소리만 존재하는데 열정적이었다가 무미건조한 이 목소리는 순수한 음성적 질료이다. 어떤 의미로 단어들은 카메라가 증인이 되는 육체와의 공모 및 은밀함에 참여한다. 또 어떤 의미로 단어들은 지나치게 많고 귀찮을 정도로 과도하게 무더기로 침입하여 영상을 흐트러뜨리기도 한다. 갑자기 벙어리가 되어 버려 정상적인 표현 수단을 빼앗긴 여배우의 감동적인 이야기는, 베리만이 배려하지 않았던 애처로움 이상으로 멜로드라마로 선회할 것이다. 그렇더라도 영화는 울거나 웃게 하는 대신 애매한 모습으로 유혹과 불안에 대해 지속적인 인상을 준다. 완벽한 사진이나 섬세한 조명은 프레임의 경계 안에서 이루어지는 구성의 숏들을 특징짓기에는 불충분하다. 이 경계 안에서 여배우들의 제스처는 긴장하게 되며, 얼굴과 단어들은 일치하게 된다. 그러나 이 일치는 오로지 목소리라는 단조로운 자극물과는 단절되어 있다. 세상의 외적인 것들, 즉 물과 대지와 건물과 색과 사이렌은 〈붉은 사막〉에서 더 많이 나타난다. 이를 포착하는 영화는 이 원초적 요소로부터 어떤 암시나 분위기를 이끌어 낸다. 이 분위기는 한편으로 등장인물들의 우울과 일치하지만, 다른 한편으로 천연의 재질로 작업하는 것처럼 개인적인 경우에 영향을 미치기도 한다. 영화와 인물들과의 관계에서 유지되고 있는 거리는 여자 주인공에게, 즉 주요 파트너에게 직·간접적으로 질문하는 카메라의 개입으로 모순적이 된다. 영화는 이야기의 무관심과 이야기 존재 사이에서 불가능한 균형을 취하고자 하는 것이다.

두 영화는 분명히 서술적이다. 두 영화에서 사용된 소재는 신기하게도 유사하다. 두 영화에는 쇼크를 일으킨 다음 신경증이 생겨난 여자가 존재한다. 남편은 멀리 떨어져 있고 아이는 혼자 있기를 거부한다. 미래가 불투명한 관계가 생겨나고 종결은 유보되어 있다. 주제와 인물과 픽션의 메커니즘에 대한 연구는 분명히 많은 공통점을 발견해 낼 수 있다. 반면 영화적인 연구는 명백한 대립적인 것 이외에도 서로 다른 흔적들을 분명하게 보여준다. 비교가 가능한 이 두 영화는 서로를 조명해 주지만 육체와 얼굴, 분위기, 시각적이고 음성적 질료는 분리되어 있다. 그런데 이 두 영화는 무슨 이유로 관객에게 감동과 의심과 기쁨을 주는가? 미학적 분석은 **진실한** 답변은 아닐지라도, 말하는 자가 분명하게 동의할 일관된 일련의 제안들로 구성된 하나의 답변을 암시할 수 있다. 왜냐하면 순수하게 인상적인 것이 아니고 정당하게 받아들여졌다 하더라도, 영화에 대한 관심은 개인적인 반작용을 통해 그 독창성을 언제나 발견할 수 있기 때문이다.

3. 남자들의 폭력성

우리는 임의적으로 안토니오니와 베리만을 나란히 분석했다. 그 이유는 프레임에 대한 두 감독의 개념과 그들이 배우에게 한 요구와, 그들이 색을 맞추고 소리를 구성하기 위해 취한 것들이 그들 사이가 먼 만큼이나 공통적이 아님을 보여주고 있기 때문이다. 여기서 두 감독이 수용하는 것이 무엇인지 연구할 의도는 전혀 없다. 은연 중 일어날 수 있는 이러한 글 읽기는 쓸데없는 것이 될 터이다. 그렇지만 두 감독이 분명하게 의심했던 것을 단호하게 선택한 다른 감독들과 이들을 만나게 하는 것은 꼭 필요하다고 생각한다.

조화로운 것

파졸리니의 〈메데이아〉에서 그리스인들이 콜키스에서 황금 양털을 취해 메데이아와 함께 도망을 칠 때 카메라는 아나톨리의 풍경을 강조하면서 여유 있게 움직인다. 가벼운 태양은 섬세하게 부조를 비추고 있다. 전경에는 미풍이 불자 붉은 사암 언덕이 흔들리는 듯하다. 후경에는 흰 바위로 덮인 고원이 있고, 햇볕으로 인해 푸른색이 된 지평선을 향해 완만한 경사가 펼쳐져 있다. 사각형 중간 부분에 이따금 채색된 두 무리가 합쳐지고, 멀리 기사들의 실루엣이 보인다. 혼잡스럽게 질주하는 검게 보이는 그들은 스크린에 나타났다가 언덕 뒤로 사라진다. 그들은 저지대를 통과하면서 다시 한 번 우리 시야에서 사라진다. 그 지점과 그 순간은 진실되고 대립 없는 대조의 인상을 주기 위해 선택되었다. 프레임 한가운데서 그리스인들이 그리는 흔적은 침착성을 잃지 않으면서 전체를 생생하게 한다. 움직임과 무기력, 대립되는 바위의 질감과 조화로운 색으로 합쳐진 구성이 완벽한 균형을 이루고 있다.

통합과 관계보다는 감각을 의미하는 단어들을 발견하기 위해 정신

적인 '사진을 찍는' 것을 더욱 좋아하는 사람도 있다. 그러나 영화는
전체적으로 어떤 노력을 요구하는데, 우리는 이러한 탐구를 '조화로
운 것'이라고 명명하고자 한다. 이 탐구는 디테일을 배열하는 것으로,
프레이밍을 특권화시키면서 내적 긴장과 지속성, 균형과 활력 위에 이
프레임을 세우고 이들을 동일화시키면서 동시에 완벽하게 구분하려는
전체적인 방법이다. 여기서 간략하게 이 점을 설명하고자 하는데 문체
론적 방법을 서술하기 위해서가 아니라 방식의 일관성을 포착하기 위
해서이다.

프레이밍의 균형이란 자체적으로는 평범한 것이다. 만일 이것이 드
러나려고 하지 않을 경우 정신적인 가치를 갖지 않을 것이다. 황금 양
털의 성소와 이아손의 삼촌에 의해 부당하게 찬탈된 궁궐은 픽션과
분리되어 매우 비슷한 후경으로 필름에 담겨졌다. 인물들은 일종의 지
하 납골당의 기둥 사이에서 규칙적으로 나타난다. 영화의 코린트(이곳
의 성벽은 시리아에 있는 알레프 성채로 구현되었다)로 안내가 되면 우
리는 스크린의 중심을 가로지르는 도시의 보루를 보게 될 것이다. 오
른쪽과 왼쪽의 뒤편으로 사라지는 두 개의 성벽은 중심 건물의 위치의
중요성을 강조하기 위한 것이다. 스크린 사각형 가운데 존재하는 오브
제나 인물들은 그들의 존재로 인하여 기하학적 장소가 되는 프레임을
특성화시킨다. 이것이 자주 언급한 모델에 해당하는 것인데 이를 '회
화적 배열'로 간주한다면, 몽타주가 균형을 깨지 않은 상태에서 숏을
벗어나기 때문에 틀린 것이 된다. 이아손이 자신의 유산을 요구하기
위해 궁궐로 접근하는 순간, 카메라와 수직으로 정렬되어 있는 그리
스인들은 하늘과 바다로 나뉘어 있는 스크린에 일종의 수직선을 던지
게 된다. 이어 숏이 단절되어 이아손이 떠나는 것을 보여준 다음 그리
스인들의 행렬이 다시 나타난다. 한 젊은 대장의 움직임을 통해 사각

형을 지속적으로 나누던 선이 순간 90도로 기운다. 삼촌과 조카는 정면으로 맞서 있고, 그들의 대사는 화면 영역과 화면 밖 영역에 의지하는 대신 시각적 후경을 바탕으로 차례차례로 권좌에 균형 있게 배열해 있는 신하들의 집중적인 얼굴로 나타난다. 코린트의 근엄하고 불변적인 성채에는, 그 구조를 위협하지는 않지만 앞으로 나아감으로 숏을 불안하게 하는 심하게 움직이는 컬러의 흔적들이, 요컨대 실루엣이 나타났다가 지나가고 다시 되돌아왔다가 사라진다. 결국 파졸리니는 자신이 부여한 변형에 대한 예기치 않은 특징과 다양성을 통해 구성을 엄격하게 하고 있는 것이다. 그의 카메라는 대부분 고정되어 있다. 단 움직이는 것을 추적하는 드문 경우에만 카메라는 움직인다. 프레임 안에서의 이동과 영상의 빠른 연결, 장면 연결과 연속, 이미 앞서 보았던 숏이 변형되고 기울고 활성화된 반복으로부터 역동성이 생겨난다.

만일 몽타주가 균형을 변형시키고 이 균형이 기하학적 효과를 주는데 방해가 된다면, 몽타주는 움직임을 예속시켜 달아나도록 변형시켜서는 안 된다. 그 이유는 한 숏과 그 뒤를 잇는 숏 사이에 개입된 변화들이 사각형의 경계를 넘어서지 않을 것이기 때문이다. 위의 영화에서 반인반마의 짧은 독백으로 이야기를 도입한 다음, 거의 30여 분이나 제시되는 해변의 긴 장면은 콜키스에서 있었던 인간의 희생을 상기시킨다. 장소 이동이 금지되어 있지 않고 다양한 층위가 매우 빠르게 나타나는 이 부분에서 프레임은 꽉 묶여 있는 듯하며, 인물들은 대부분 오른쪽 앞쪽에서 왼쪽 뒤쪽을 향해 나아간다. 이들의 연속적인 변이는 지배적인 경향을 만들어 내면서 일종의 특수한 여정과 연결되어 있다. 그러나 영화는 우리에게 지평을 제시하지는 않는다. 연속적인 숏으로 증폭되고 연장된 각각의 움직임은 스크린의 고정된 공간을 재정립시키고 있다. 사람들 행렬은 무성해지고 꾸불꾸불해지며 더욱 많은 공간을 누빈다. 이들은 곧바로 전체 화면을 가득 채울 것이다. 그들은 지속적으로 전진하지만 완벽하게 안정적인 모습을 하고 있다. 파졸리니가 사용한 이러한 단순한 방식들은 커다란 효과를 가져온다. 의상, 색깔, 인물들, 층위들은 숏들 사이에 개입하는 반복과 화면 영역의 울타리와 흐릿하고 흰 석회 절벽의 지속적인 존재를 계속해서 변형시킨다. 또 동물과 사람과 움직이는 군중 등 동일한 방향을 향한 다양한 움직임의 반복으로 영화는 스크린의 경계 안에 한정되어 있다. 인물들은 지속적으로 움직이며 그들과 동행하는 카메라는 그들의 자리 이동을 따르지만 이 여정을 제한하고 있다. 배우와 그 뒤를 좇는 파노라마는 중심에 존재하는 형상으로부터 시작하는데 이들은 프레임 한가운데에 위치한 다른 형상에 멈추어 섰다가 최초의 지점으로 되돌아온다.

이렇듯 준엄한 순간에 폭력성을 갖게 되는 영화는, 엄격하게 균형 잡힌 구성을 위해 중심축의 영원성과 반복과 유폐에 그 근거를 두고 있다. 〈붉은 사막〉에서 안토니오니는 영화의 고유한 세계를 창조하기 위한 환경 속에서 임의적인 조합을 통해 몇 가지 단편과 관점을 선택한다. 갈등, 끊임없는 변화, 공격과 방어가 카메라와 배우의 관계 속에서 읽혀지며 몽타주 속에서 드러난다. 파졸리니의 개인적인 선택들은 분위기와 장소와 기념물을 존중하는 것처럼 보인다. 그의 선택은 일관성 있게 나타나는 풍경을 다시 그려내고, 도시와 단단한 궁궐을 건립하며, 쓰임에 따라 건립된 광장 속 자연의 한가운데에서 인간을 제시한다. 강조되어 드러난 균형 효과, 형상과 색 사이에 설정된 일치성, 움직임을 조절하는 제어는 이따금 환상을 창조한다. 이 환상은 파졸리니가 〈메데이아〉에서 추구한 것으로 그림과 관련되어 있다. 그렇지만 범선의 젊은 여인의 에피소드에서 안토니오니가 보여준 조화로운 데생과는 거리가 멀다. 안토니오니의 영화에서 영원히 축소된 프레임은 단단히 폐쇄되어 있으며 조화로움을 추구한다. 이 조화로움의 전개는 영화 전체의 기초가 되며 초월을 지향하면서도 이를 불가능하게 하는 영원한 긴장감을 유지시킨다. 이로부터 영화는 영상 전체가 해체되면서 모든 것이 부과되는 확장하는 힘으로 나타난다.

섬광들

그리스인들의 탈주는 행복한 불균형을 보여준다. 옅은 하늘빛은 날카롭게 보일 수도 있는, 이웃하고 있는 푸른색과 붉은색을 진정시키고 있다. 맨 처음 이 에피소드를 환기시킬 때 우리는 색에 대해 아주 간단하게 언급했었다. 왜냐하면 〈메데이아〉에서 색은 우리가 현재까지 언급하지 않았던 조명과 분리될 수 없는 것이기 때문이다. 안토니오니는 안개 낀 하늘의 희미한 습기를 보여주고 있다. 그는 어둠이나 대조를 추구하지 않으며, 그의 빛은 평범한 것이다. 베리만의 경우 이따금 어떤 형상(비비 앤더슨의 이야기를 듣는 리브 울만)을 밝게 비출 때 그것은 강조를 위한 것이었다. 베리만에게 있어 조명기는 매우 편리한 도구로써 특징적인 흔적을 강조하기 위해 사용된다. 반대로 파졸리니는 조명을 단순한 매체로 사용하는 대신 빛을 움직이도록 하였으며 하나의 숏을 구성하는 데 도움을 주고자 하였다. 이런 식으로 대칭으로 이루었던 것인데, 말하자면 화면 영역과 화면 밖 영역을 해체시키지 않으면서 동시에 서서히 약화시키는 방법으로, 한 사람은 밝은 빛으로 또 한 사람은 인공조명의 어둠으로 강하게 대비된 조명을 통해 두 얼굴을 번갈아 제시하였던 것이다. 베리만은 어둠을 조명기의 극단적인 흰색과 대립시키면서 이를 컬러로 변형시킨다. 반대로 파졸리니에게 있어 어둠은 부재를 의미한다. 그는 어둠을 약화시키지도 강화시키지도 않지만, 엄청난 빛을 도입하여 어둠을 억제시킨다. 메데이아는 한 개의 램프도 없는 성소에 존재한다. 그녀는 반쯤 어두운 상태에서 명상을 하고 있다. 창문으로 비추는 태양광은 마치 벽을 부수는 것처럼 보인다. 어둠 속 전경에 위치한 메데이아의 얼굴 뒤로, 일거에 한여름의 붉은 섬광이 후경으로 열린다.

조명은 스크린을 활성화시키기 위한 놀랄 만한 해결책을 제시하고 있다. 독일인들과 러시아인들은 조명의 영역에서 1920년대부터 자신들의 경험을 매우 잘 발달시켰다. 특히 FEKS[13]는 렌즈의 정면을 향하는 조명기의 리듬적인 배치를 통해 선형적인 원근법이 아닌 빛과 어둠의 연속적인 여러 영역의 점진적인 배치와 연결된 깊이 있는 참신한 형태를 제시하였다. 이들 영화는 그 전후가 상호 모순적이거나(부동성에 반하는 활성화) 서로 지지를 하기도 한다(동일한 방향을 향한 자리 이동). 이들 영화는 동일한 프레임에 통합된 고유의 등급을 지니고 있으며 서로 다른 움직임으로 충당되는 영역으로 나타나기도 한다. 우리는 데생을 통해 FEKS의 예를 들고자 하는데 그 이유는 이러한 방식이 파졸리니가 비교를 정당화하기 위해 시도한 것과 매우 흡사하다고 생각하기 때문이다. 〈외투〉나 〈뉴 바빌론〉처럼 〈메데이아〉에서 파졸리니는 여러 섹터에 강렬한 빛이 개입시켜 숏들을 나누고 있다. 그렇지만 이 숏들은 중심화로 인해 사각형의 일관성을 확립한다. FEKS의 영상에 있어서 어두운 부분 또는 완전히 창백한 회색이거나 검은색의 다양한 뉘앙스는 흰색의 강도에 의거하여 결정된다. 조명은 형상에 대해서는

---

13) 소련의 연극 영화 연출가들의 소모임을 지칭하는 넓게 사용된 편리한 용어이다. 1922-29까지 이들은 배우들의 표현과 조명 작업으로 제시된 일정한 노선을 실험하였다. 영화에 있어 FEKS의 두 원칙은 G. 코진체프와 L. 트라우베르크 공동으로 작업한 영화 〈외투 Le Manteau〉(1926), 〈S.V.D.〉(1927), 〈뉴 바빌론 La Nouvelle Babylone〉(1929)에서 실현되었다.

전혀 작용하지 않으며, 순수 광선으로 스크린의 가운데에 나타나거나 '착색된' 영역을 빛 주위로 이끌어 재집결시킨다. 파졸리니는 대조라는 이러한 균형 잡기를 무시한다. 그는 빛의 차이점에 근거하여 대칭의 규칙에 의존하지 않고, 빛을 거의 감지할 수 없는 힘, 즉 통제가 불가능한 힘과 원리를 도입하는 데 사용하거나 이미지에 대해 질문할 때 사용한다. 빛이 희미하게 비치든, 역광으로 비치든 메데이아는 태양광으로 밝게 된 것은 아니다. 태양광의 갑작스런 침입은 단순히 화폭에 구멍이 난 것처럼 보인다. FEKS는 프레임을 견고하게 하기 위해 조명을 이용했으나 파졸리니는 프레임을 해체시키기 위해 조명을 이용한 것이다.

이아손에 이끌려 메데이아는 그리스 공주가 된다. 여자들은 그녀의 어두운 옷을 벗기고 흰색 의상을 입힌다. 발레처럼 조정된 엄숙하고 긴 시퀀스는 밤과 낮이 결투를 벌이는 형국이다. 물론 파졸리니는 여기에서 어둠의 힘의 여제관인 여자 마술사와 그리스의 밝은 이성을 대립시키고 있다. 그러나 이러한 완벽하고 분명한 글 읽기가 영화에서 전개되는 빛과 어둠의 갈등을 없애지는 못한다. 생애 말년에 이르러 색에 대한 문제에 집착했던 에이젠슈테인[14]은, 순수 색은 문화적으로 결정된 개념[15] 또는 중요 인자들과 연결되어 있지만 색이 오브제를

---

14) 색에 대한 그의 원칙적인 텍스트는 연대기적 순서에 따르면 다음과 같다. 〈색의 움직임〉, in 《예술의 움직임 Le Mouvement de l'art》, Paris, Cerf, 1986, 51-76쪽; 〈색에 대한 세 통의 편지〉, in 《영화 감각 The Film Sense》, Londres, Gaber and Faber, 1943, 92-122쪽; 〈〈이반 대제〉에서 음악과 색에 대하여〉, in 《별들 저편 Au-delà des étoiles》, Paris, Union générale d'éditions, 1974, 271-311쪽. 또한 아론 코프카의 관점을 발견할 수도 있다. 〈반사와 굴절. S. M. 에이젠슈테인의 색에 대한 비전 Riflessioni e rifrazioni. Una visione rifratta delle inflessioni sul colore di S. M. Ejzenstejn〉, in Pietro Montami ed., 《세르게이 에이젠슈테인 영화 저편 Sergej Ejzenstejn oltre il cinema》, Venise, Ed. de la Biennale, 1991, 391-398쪽.

만들어 내는 사회적 코드화에도 불구하고 매우 주관적인 방법으로 각각 인식되고 있음을 언급하고 있다. 왜냐하면 색들은 감각적이며 동시에 자료와 관계된 것이기 때문이다. 그는 영화감독은 이러한 색의 이중성을 이용해야 한다고 생각했다. 〈이반 대제〉의 채색된 시퀀스를 자신의 학생들에게 제시하면서 에이젠슈테인은 이미 사용된 다른 흔적들이 진부한 방법으로 개입되었는지를 찾으라고 주문한 적이 있다.

"붉은색의 주제와 검은색, 하늘색의 주제가 점진적으로 전개된다. 경우에 따라 중요한 것은 오브제와 그 최초의 연결 고리를 끊는 것이다. 예컨대 붉은색의 주제는 붉은 셔츠로 시작된다. 이 주제는 붉은 촛대 받침으로 반복된다. 그리고 블라디미르가 죽게 되었을 때 붉은색의 주제는 무대 배경으로 잘려나간 붉은 양탄자가 된다. 여러분들은 이들 전체의 색을 취하고 공통적인 지표로 이들을 조합시키면서 여러 다른 붉은 대상물을 부각시켜야 한다"(《별들 저편》, 93-111쪽).

한편 에이젠슈테인은 모든 영화는 자신의 고유한 색의 음계를 구성하고 있으며, 색채를 부여하고, 관객은 이 시스템을 빠르게 이해한다고 언급한다. 파졸리니는 〈전함 포템킨〉의 감독인 에이젠슈테인과 같은 방법으로 작업을 하지는 않는다. 그러나 에이젠슈테인의 교훈이 〈메데이아〉에서 작동되고 있음을 쉽게 알 수 있다. 파졸리니가 자신의 영화에서 빛과 어둠의 갈등을 구성했을 때 그는 대립적인 어휘를 사용하여 각각의 측면에 있어, 말하자면 한쪽은 콜키스로 다른 한쪽은 그

---

15) 더욱 소중한 그의 연구는 검은색(《색의 움직임》, 53-54쪽)과 노란색(《색과 의미》, 93-111쪽)에 관한 것이다.

리스로 색을 조합시켜 전개하고 있다. 색은 에이젠슈테인의 설명에 따르면 "맨 처음의 장소와 두 곳 중 한 곳과 단절시키는" 색이다. 이처럼 지나치다 싶을 정도로 쉽게 단절을 이루어 내면서 빛과 어둠은 이곳저곳을 유랑할 (희생의 장면에서 조력자들은 대부분 밝은 색의 옷을 입고 있다) 뿐 아니라 강한 색은 같은 영역에서 예기치 않은 대립이나 낯선 연결에 따른다. 콜키스에서 검은 의상은 석회의 흰 벽과 대립되며, 오렌지 붉은색과 만나기 이전 푸르스름한 백악을 배경으로 강한 푸른색의 베일과 다시 만난다. 바다와 그리스 동맹군은 진한 푸른색인데 이색은 여러 번 강렬한 초록색과 나란히 나타난다. 처음 〈메데이아〉에서 색의 대칭은 세계의 대칭에 대한 연장선상으로 나타난다. 이 원리는 영화가 진행되는 내내 지속된다. 그러나 이것은 원하던 바이고 또 분명한 것이므로 관객이 분명하게 의식하고 있던 관례는 끊임없이 전복된다. 에이젠슈테인의 행복한 표현에 따르자면 '전달자의 의무를 갖고 있지 않는' 색은 일종의 '일반화된 감정'[16]이 되며, 세심하게 중심화된 프레임 안에서 대립되어 있는 뉘앙스는 어떤 때는 캠프의 상징으로, 또 어떤 때는 다른 순수한 흔적과 연결되어 있다. 메데이아의 푸른 치마는 하녀들의 흰 짧은 스커트에 의해 흡수되는 것이다. 그러나 콜키스 여인들의 푸른 베일은 여사제들이 쓰고 있는 검은 베일을 공격하여 바위의 연한 푸른색과 용해된다.

어울리지 않는 배역

이아손을 키운 늙은 반인반마 키론은 〈메데이아〉의 처음 시퀀스에

---

16) S. M. 에이젠슈테인, 《별들 저편》, 307쪽.

서 과거 지상에 인간을 정착시킨 신들이 어떻게 이곳에서 물러갔는지 이야기한다. 황금 양털로 보호된 마술 세계는 부적이 별로 소용없게 되는 합리적인 세계로 자리바꿈을 할 것이다. 키론이 영화를 '설명하기' 위해 사용한 말은 매우 단순하지만 여러 에피소드들뿐 아니라 몽타주나 프레이밍 및 채색의 선택에 대한 이해를 돕는다. 어제와 오늘, 활성화된 자연과 지배된 자연, 지속과 순간 사이에서 어떤 일정한 관계를 설정하면서, 키론은 영화의 최소한의 숏으로부터 전체 구조에 이르기까지 전체가 대칭의 요구에 부합하는 작품의 열쇠를 쥐고 있는 듯하다. 우리는 대조와 움직임과 전도에 의한, 또 이들의 영원한 충돌에 의한 균형 원리와의 영원한 연관성에 대해서는 언급하지 않겠다. 이 두 진영은 대립되는 순간 다시 합쳐질 것이므로 영화에서 대조의 원리를 지속적으로 추구하는 것은 크게 유용하지 않다는 생각이다.

〈메데이아〉는 상실과 파괴의 영상이 관통하고 있다. 폭력성이 〈붉은 사막〉이나 〈페르소나〉에 없는 것은 아니다. 그러나 이들 영화에서 폭력성은 직접적으로 나타나지 않는다. 폭력은 〈붉은 사막〉의 경우 카메라를 통한 준엄한 탐구로 나타나고 〈페르소나〉의 경우 두 여배우가 보여주는 긴장을 통해 나타난다. 파졸리니의 영화에서는 항상 죽음이 존재한다. 키론은 한 문화의 종말을 선고하고, 인간 희생의 시퀀스는 체형에 대한 길고 긴 미장센으로 이루어져 있다. 훼손으로 시작한 그리스인들의 원정은 메데이아 오빠의 손발을 절단하면서 끝을 맺는다. 여자 마술사 메데이아는 자신의 적들로 하여금 자살하도록 한 다음 자기 아들들을 죽이고 불을 지른 뒤 사라진다. 이따금 영화는 생략 기법을 사용한다. 두 번에 걸친 칼의 클로즈업으로 아이들의 살해 장면을 보여주는 것이다. 또한 사형수의 목을 들보로 천천히 찢는 장면과 내장을 꺼내는 장면도 있다. 뒤로 가면 메데이아의 두 명의 적대자가 숨을 거두는 장면도 있다.

파졸리니는 관객에게 고통스런 영상을 제시하고 관객의 감수성에 자극을 주어 스크린에 나타나지 않는 것을 상상하게 하면서 화려한 효과로 순수함과 잔인함을 조합시키고 있다. 연기자들과 뒤얽혀 관객에 대한 여러 다른 술책들이 강화된다. 파졸리니는 이를 위해 인상이 낯선 인물[17]을 선택한다. 유명한 가수 마리아 칼라스와 올림픽 여자 육상선수 기우제프 젠틸레가 예외적으로 중요한 두 인물을 맡았는데, 그럼에도 관객은 다른 부분이나 장면들에 더욱 익숙할 것이다. 대사들 역시 극도로 절제되어 있다. 희생이 진행되는 동안 관객은 희생자의 가느다란 소리 '안 돼' 정도만 듣게 될 것이다. 황금 양털(이 황금 양털은 이

---

17) 키론과 크레온의 역할은 배우 로랑 테르지에프와 마시모 지로티가 각각 맡았다. 그러나 매우 잘 알려진 이 두 배우는 아주 짧게 등장할 뿐이다.

아손의 요구와 메데이아가 오빠에게 하는 설명을 암시한다)의 비상에 있어서도 여자 마술사의 세 번의 감탄사만 들릴 뿐이다. 텍스트를 간단하지만 매우 '문학적인' [18] 것으로 만들기 위해 파졸리니는 배우들에게 대조적인 발성을 내도록 지시하였다. 이따금 배우들은 부동의 상태에서 근엄한 얼굴로 '암송을' 하거나, 냉정한 태도로 강조를 한다. 어떤 경우는 이와는 반대로 메데이아가 크레온 왕이나 이아손과 충돌하거나, 그녀가 고함과 분노와 저주를 퍼부을 때 대사가 격렬해진다.

이와 같은 연극화는 근접성을 금지시키고, 우리가 스크린에서 그 중요성을 계속해서 언급한 육체의 상호 작용을 고착화시킨다. 〈메데이아〉의 인물들은 말하면서 간격을 인식하고 있다. 그들의 대사는 서로를 분리시키고 공허함을 채워 주지 못한다. 이들 대사는 〈페르소나〉가 그랬던 것처럼 도약을 이루지 못하고 있다. 소리가 엄숙하게 울려 퍼지지만 메아리는 없는 것이다. 마지막 대결은 근접 숏으로 이루어져 있다. 후경은 이미 언급한 화면 영역과 화면 밖 영역으로 나타나거나 대조를 이루거나 모순적이기도 하다. 후경은 인물 사이에 어떠한 음모나 암시도 하지 않는다. 각 배우는 자신의 언어 속에 폐쇄된 채 프레임과 연결되어 있다. 그러나 배우들을 서로 접근시키는 오고 가는 행위, 서로에게 영향을 미치는 육체적 매력은 안토니오니나 베리만이 구축했던 것처럼 이중주로 국한되어 있지는 않다. 앞서 몸이란 상호간의 대립에 의해 정의될 수 없으며 자동적으로 행하게 된다는 조화로운 조합을 채플린이 보여준 바 있다. 이러한 몸의 조합을 파졸리니가 추구했던 것으로, 단순하게 말한다면 춤추는 진실한 형상이라고 할 수

---

18) 영화의 대사는 파졸리니에 의해 간행되었다. 〈메데이아〉, Milan, Garzanti. 물론 이 텍스트는 배우들에 의해 아주 특별하게 채택된 발성에 대해서는 언급하고 있지 않다.

있을 것이다. 풍요의 제식을 준비하는 무한한 행렬이 인간-뱀처럼 지나간다. 잠시 뒤 그리스인들처럼 메데이아의 하녀들이 콜키스 사원을 지나간다. 이어 이아손의 무리가 달려가다 멈추고 자리를 이동하면서 물러간다. 그들은 머리, 손발, 의상의 비약을 통해 물결을 그려낸다. 이러한 각자의 다양한 특이성으로 스크린은 긴 파동을 이루게 된다.

여자 마술사 메데이아의 이야기는 고대 그리스 비극이다. 파졸리니는 이 이야기를 언급하기 위해 보통 그리스 드라마를 특징짓는 방법을 자신의 영화에 도입하고 있다. 그것은 일종의 '합창대,' 벙어리, 무용수 같은 것이다. 그는 배우들에게 근엄한 제스처와 마스크를 쓴 것 같은 무표정을 요구했고, 연극 무대를 위한 텍스트로 인식하도록 하였다. 그러나 드라마는 어디까지나 관객에게 연극으로 제시된 것이 아니라 스크린으로 제시된 것이다. 이를 의식한 파졸리니 역시 엄격하

게 적용한 프레임의 법칙에 의거하고 있다. 사각형의 한계는 감독에게 자신의 영상을 구축하도록 하고, 배우들의 정면을 과장하며 그들의 움직임을 제어하도록 하였다. 또 이를 반복함으로써 조화로운 효과가 영화 전반에 걸쳐 실행되는 도구가 되도록 하였다. 〈메데이아〉는 무엇보다도 우아한 작품이다. 풍경과 구성, 빛과 색, 집단적 이동과 개인적인 연기는 이에 합당한 분위기를 제시하며 두 문명의 충돌과 한 여인의 배신이 제시된다. 그렇다면 공포는 어떻게 개입되는가? 이러한 정교함의 한가운데서 공포가 어떻게 스며 나오는가? 여기에는 물론 고통과 죽음이 있다. 그러나 이런 것들은 간헐적이며, 이들이 잔인함의 극치를 이루게 될 아이들의 살인자와 화재가 제시되기보다는 암시되면서 사라져 버리고 만다. 본질적으로 긴장감은 조화로운 시스템 자체로부터 생겨난다. 파졸리니는 자신이 선택한 방법은 거부하지 않지만 이들을 내적인 것으로 돌리거나 모순적 방법으로 전개하고 있다. 그는 영화의 프레임을 대립시키는 것이 아니라 조화를 이루지 못하는 방향과 색과 형상들이 서로 충돌하는 장소를 프레임 속에 형성시키고 있다. 이 비극은 고통과 소멸을 위협당하는 인간과 사회의 비극이다. 인물에 대한 고착을 감소시키고 배우들로 하여금 자신의 역할에 심리적 깊이를 제한하는 어울리지 않는 배역의 원리는, 감동을 유도하고 이 감동이 개인의 눈물에 고착되지 않도록 한다. 저주에 침묵하며 냉정을 잃지 않는 메데이아와 이아손은 자신에 대해서는 결코 아무 말도 하지 않는다. 이들이 비극적인 이유는 그들의 말 때문이 아니라 그들을 에워싸고 있는 미장센의 어두운 영역과 불확실성 때문인 것이다.

지금까지 많은 관객에게 감동과 기쁨과 흥미를 주었거나 주고 있는 몇몇 영화를 분석하였다. 그러나 이러한 연구가 진정한 분석을 구축했다고 보지는 않는다. 진정한 분석은 훨씬 주의 깊은 전개를 해야 하며 지금 우리가 했던 연구보다 대상 작품에 대해 더욱 깊이 있는 연구가 필요하다. 우리는 분석을 통해 무엇보다도 전체를 일괄하고 생성에 대해서 분명히 밝히려는 노력을 하였다. 여기서 우리가 만난 극복하기 힘든 주된 장애물은 우리 연구가 영화적 전개를 고려해야 한다는 점이다. 우리가 영화를 잘 이해하기 위해서는 연결고리를 끊으려는 유혹에서 지속적으로 벗어나야 한다. 그리하여 이들 연결고리에 반복을 삽입시키고 그들의 관계가 상호 발전하면서 어떻게 변화하는지 보여주어야 한다. 순간적인 것의 고정이 불가능한 것이 영화에만 특별한 것은 아니다. 이 불가능성은 관객 앞에서 공연을 행하는 모든 공연 예술에 가치를 가져다준다. 시간의 경제학은 예술의 실제에 따라 다양하고, 음악·연극·영화와 같은 동일한 영역에서도 작품에 따라 다르게 나타난다. 여하튼 상당히 미묘한 차이에도 불구하고 공통의 경향은 다음과 같다. 악보 · 영화 · 희곡은 다른 것으로 전이되거나 스스로 해체되면서 현동화되는 것들이며, 반대로 책이나 그림은 영원히 사용이 가능한 것으로, 선택된 지점에서 질문을 던지거나 기대가 가능한 것들이다.

일탈은 불분명한 방법으로 연장이 가능하다. 영화는 끝없는 확장에 저항한다. 영화는 관습과 경계가 정해진 억제된 세계를 관객에게 제시한다. 영화는 환경, 배우와 문학 또는 음악 텍스트가 제공하는 질료를 '포착'하고 개입시켜 하나의 세계를 구성한다. 본 장에서 우리는 해결책을 제시할 수도 있는 상당한 다양성을 살펴보았다. 창조성의 영역에는 국경이 없다. 그러나 한 세기 동안에 영화가 어떤 규칙을 발견하지 못했다고 주장할 수 있을까? 〈페르소나〉와 〈메데이아〉는 굳건한 기존의 전통과 대립되는 영화이다. 우리는 이들 영화에서 문화적으로 가치가 있는 장소(카파도스, 알레프, 더욱 넓게는 바다, 산, '분류되어' 구축된 작품들)나 우리 시대 우아함의 계율에 해당하는 인물들(스타)이라는 대상물을 취하면서 중심화되고, 균형이 잡히고, 대립하는 '아름다운 영상들'을 볼 수 있다. 아름다움이 간직한 유혹에도 불구하고 '아름다움'은 액세서리의 효과와 용이성일 뿐이다. 아름다움은 기분이 좋은 것이긴 하지만 미학적 관점에서 볼 때는 전적으로 부차적인 요소이다. 〈붉은 사막〉에는 관계도 없는 장소들과 못생긴 여배우, 어떤 때는 알지도 못하는 여배우가 등장한다. 그렇다 하더라도 이 영화가 다른 두 영화에 비해 덜 미학적이고 말할 수는 없다. 이로부터 단순한 특징을 발견할 수 있는데, 아름다운 인간이나 아름다운 테크닉이 훌륭한 영화와 꼭 연관이 되는 것은 아니라는 사실이다. 〈메데이아〉의 조형적 완벽성은 훌륭하지만 전체적으로 영상들이 서로 연결되어 있지 못하여 지루한 영화가 되고 말았다.

　'아름다움'의 추구란 순수하게 사회적 기준에 해당하는 것이다. '동양의 지중해 여행'이라는 측면은 〈메데이아〉에서 매력으로 작용한다. 관객에서 개인적인 추억이나 잡지의 사진들을 떠올리게 할 수 있기 때문이다. 그러나 영화의 힘은 이러한 음화에 의거하지는 않는다. 훌륭한 작품 세계는 하루 동안의 기호로 각인된 것으로 구성되는 게 아니다. 법칙을 굳건히 한 다음 이 법칙을 관객에게 부여하는 것은 작품 자체이다. 〈붉은 사막〉과 〈페르소나〉는 그들의 원칙을 재빠르게 드러내고 있다. 〈붉은 사막〉은 인물들의 개인적인 여정과 카메라가 집중하는 추적을 긴장감 있게 선보이고 있고, 〈페르소나〉는 관객이 처음에는 거부를 하다가 그만의 고유한 방법에 잘 빠져들 수 있도록 평범한 영화 형태를 지닌다. 그러나 파졸리니는 자신의 관점을 솔직히 드러내지 않기 때문에, 하모니 너머로 순수한 형식주의가 되는 대칭을 교란하는 귀환과 가벼운 방향전환을 찾아내기 위해서는 특별하고 세심한 분석이 이루어져야 한다. 베리만과 파졸리니는 서로 다른 기반 위에서 관객에게 속임수를 쓴다. 이 두 감독은 일부 관객의 눈길을 끄는 단순성과 계율을 드러내기 때문이다. 이들 감독에게 있어 모든 것은 단순하다. 이러한 단호한 분명함은 아마도 그 많은 관객이 무슨 이유로 두 감독의 메시지를 해독하고자 열망하는지 설명해 줄 것이다. '이야기'의 개념을 포착할 수 있는 이 문제들은 당장 다루기보다는 다음 장에서 자세하게 언급하고자 한다. 다만 간략히 이들 감독에게 있어서 규칙에 대한 복종(특히 이 복종이 허위일 때)은 거의 눈에 띄지 않는다는 사실만을 언급하고자 한다. 비교는 형태의 처리가 언제 어떻게 개입되었는지 알려 주는 것 이외에는 커다란 매력이 없다고 보기 때문에 여기에서 비교하지는 않을 것이다. 베리만과 파졸리니는 분명한 것에 매달려 왔다. 그러나 그들의 선택이 관객에게 제시된 이상, 관객을 존중하지 않고서는 관객과의 동반에 제약이 따를 것이다. 이들 감독의 이미지는, 문제가 되고 평범한 것으로 만들어 버리는 허위의 우아함과 결부되어 있는 순간조차도 투명한 것으로 남게 된 것이다.

훨씬 모험적이고 당황스러운(관객이 출구로 나가는 순간에도 격렬한 항의가 있었다) 안토니오니의 영화는 그렇다고 우회하지 않는다. 규칙을 적용하는 체하면서 이를 우회하는 영화와 처음부터 규칙을 무시하는 영화, 이 둘을 대립시켜야 하는 것일까? 아름다움과 마찬가지로 규칙은 영화에 있어 사소한 것이다. 규칙을 존중하든 무시하든 주요 영화감독들은 알려지지 않은 해결책을 찾아냈다. 강한 영화란 특별한 경우이므로 미학은 계속해서 새로워질 것이다. 만일 영화가 어떠한 지속성도 지니지 않고, 예외적인 것, 알 수 없는 것, 움직임, 파롤, 색, 후경과 같은 영화의 전체 요소들을 단 한 번에 파악할 수 있다면 미학은 불가능한 것이 되고 말 것이다. 사실상 근본적인 문제는 세계를 구축하는 것이 아니라 한 시간이나 몇 시간 동안 동일하면서도 다른 이 세계를 연장하고 수용하는 것이다. 우리는 경험을 통해 변화의 원리인 언어를 만난다. 지금 여기서 정보를 제공하는 대사보다는 무성 영화를 포함하여 언어 전체를 자체적으로 구성하는 행동을 생각한다. 이런 점에서 〈페르소나〉는 좋은 예이다. 이 영화에서 모든 음성적 표현은 인물 사이의 간극을 채우는 동시에 공허를 구축하기 때문이다. 소리 영역과 그 기초가 되는 관계는 많은 영화에서 다양하게 나타난다. 그러나 사람이 말하는 것, 누군가가 말을 한다는 것은 소리의 구조화를 요구한다. 한 목소리나 여러 목소리, 그리고 침묵 사이에는 선택의 여지가 있다. 물론 이 선택이 배우들에게 주어진 선택권과 정확하게 일치하는 것은 아니다. 그 이유는 첫째, 인물은 혼자서 말하는 것이 절대 아니기 때문이며 둘째, 그들 사이의 신체적 관계가 목소리의 관계는 아니기 때문이다. 신체는 적어도 둘 이상일 때 서로 영향을 미치거나 화답한다. 하지만 고독한 목소리는 혼자서도 힘을 지닐 수 있다. 파롤로 이루어진 영화의 연기는 억눌려 있으며, 허약한 조작의 여백만을 용인한다. 그러나 반대로 이 연기가 연기자와 맺는 관계는 활짝 열려 있다. 우리가 언급한 영화들도 이러한 차원에서 강렬한 분산을 이루고 있다. 안토니오니의 영화에서 여배우가 추구한 것은 파졸리니의 거리감과 냉정함을 거쳐 베리만의 분열로 이어지고 있다. 이처럼 영화는 변화와 상호 영향을 보여준다. 또한 언급은 하지 않았지만 성과 죽음이 이 상호 작용과 관계가 있음을 어렵지 않게 알 수 있다. 물론 주제의 교차를 말하려는 것은 아니다. 하나의 만남이 배우들의 육체, 목소리, 움직임 그리고 카메라 앞에서 그들 스스로 드러내는 모든 것에서 이루어진다. 주요 영화들의 전략은 복잡하다. 이들 전략은 비록 출발 당시 단순한 논제였다고 하더라도 거대한 창조 능력을 보여준다. 베리만의 세련된 영화에서 영화는 촬영 기계(말하자면 프레임)와 인물들을, 신체와 신체를, 신체와 목소리를 대립시키고 있다. 다른 중요한 요인들이 만남을 연장시키고 복잡하게 만들고 있긴 하지만 본질적인 것은 창조적 닻을 내리는 지점이 바로 여기에 존재한다는 것이다.

제5장
텔레비전은 소리 상자인가?

지금까지 우리는 영화와 텔레비전 프로그램이 기능면에 있어 서로 교환이 가능한 것처럼 말하여 왔다. 그러나 작가도 독자도 그 누구도 이에 속지 않을 것이다. 지금까지 우리는 영화를 폭넓게 다루어 왔다. 그런데 텔레비전이 다른 예술과 유지하고 있는 관계는 모호하다. 어떤 의미에서 텔레비전은 모든 예술을 포괄하고 있다고 할 수 있다. 텔레비전을 통해 이들 예술이 드러나고 공표되기 때문이며, 조형예술가·건축가·작가들은 작은 스크린이 제공하는 영상을 통해 시청자들에게 더욱 다가갈 수 있기 때문이다. 언어만이 유일하게 그 언어 자체를 포함하여 모든 인간적인 창조와 관련된 힘을 지니고 있다고 인정하면서, 언어학자들은 언어를 사용하는 사회에 대한 '해석항'[1]으로 언어를 정의하고자 한다. 텔레비전은 대칭적으로 이 해석항을 '전시하는 것'이 될 것이다. 왜냐하면 텔레비전이 세상을 알리고, 모두에게 이 세상을 지각할 수 있도록 하며, 세상을 발가벗기거나 다른 모습으로 덮어 버리기 때문이며, 동시에 예술 영역을 포함한 여러 영역에서 적어도 최초의 심급으로 계층들을 고정시킨다 하더라도 하나의 모델

---

1) H. G. 가다머, 《진실과 방법 *Wahrheit und Methode*》, 422쪽; 에밀 방브니스트, 《일반언어학 문제 *Problèmes de linguistique générale*》, t. II, Paris, Gallimard, 1974, 95쪽.

로써 기능하는 표상을 창조하기 때문이다.

한순간 지구의 전체 지점에 도달할 수 있으며 강력하고 융통성이 있는 텔레비전은 그 고유의 능력을 넘어 의사소통의 중요한 매체가 된다. 공통적인 문화적 근거나 표현 양식을 소유하지 않는 거대한 청중을 향해 텔레비전은 보편적 경계에서 매우 단순한 최소한의 의미화를 생산해 낸다. 말하자면 의미보다는 물질에 관심을 갖는 것을 금지하고 새로운 길의 탐구를 금지하는 것처럼 보인다. 현재 텔레비전은 주사선과 화면 크기가 엄청나게 발전을 이루어 특히 연극 · 영화 · 무용 · 음악과 같은 예술에 제2의 숨결을 불어 넣고 있다. 텔레비전 덕택에 이들 예술은 스포츠와 경쟁하여 관객을 동원할 수 있게 되었고, 유사한 영상이나 소리 이외의 다른 질료와도 관계를 맺게 되었다. 그 어느 누구도 정보나 교환에 대한 텔레비전의 유용성과 그 위치를 인정하지 않을 수 없다. 그러나 일반적으로 우리는 텔레비전을 미학적 가치가 상실된 단순한 도구로 간주한다. 텔레비전을 언급하기 위한 단어들, 집단적으로 사용된 단어들은 이따금 적개심을 갖는 일종의 경멸스러운 것임을 알 수 있다. 텔레비전에 관한 어휘는 별로 많지도 않고 무시당하고 있는 것이다. 영어로 텔레비전 수상기는 the box, 즉 '상자'이고, 이보다는 덜 알려져 있는 독일어로는 Flimmerkiste인데 '깜빡이는 빛 상자'를 뜻한다. 만일 여러분들이 그 작은 화면에 미쳐 있다면 독일인들은 여러분들을 TV glotzen이라고, 말하자면 수상기 앞에서 '입을 헤벌리고' '눈을 동그랗게 뜨고 있는' 사람이라고 비난할 것이며, 영국인들은 couch potatoe, 즉 '일그러진 감자' '무른 사람'으로 표현할 것이다. 마구 채널돌리기의 자핑(zapping)에서 ing을 딴 여러 다른 의성어들은 대서양을 넘어 마르크 베르네가 주목했던 것처럼 "텔레비전이 제시하는 그 앞에의 불만족의 크기, 일종의 참을성 없음"[2]을 뜻한다. 자

핑을 한다는 것은 '상자' 속에 존재하는 넝마 조각으로 그 patchwork
(잡동사니)를 만드는 것이 될 터이다.

텔레비전은 무슨 이유로 기대를 저버린 것일까? 프로그램이 너무 진
부해서일까 아니면 그 구성 자체가 보잘것없기 때문일까? 만일 수상
기가 인상적 표면으로 연장되고 전달하기 위한 통로일 뿐이라면 자체
적으로 어떠한 중요성도 갖지 못할 것이다. 따라서 방송 프로그램으
로서 시청자를 만족시키기 위해서는 이를 개선하는 것으로 족할 것이
다. 여기서 우리는 문학과 음악과 정보의 개념과 순수하게 분리되어
있는 문화적인 다른 대상물, 즉 책, 디스크, 잡지 등에 대해 생각해 볼
수 있다. 우리는 악보와 녹음, 텍스트와 이를 인쇄하는 방법을 구분할
줄 알며, 오디오비주얼에 있어 영화의 고유한 성격과 영사 기법도 구
분할 수 있다. 가장자리를 떠다니는 영상과 콧소리가 우리를 자극할
경우 우리가 비난하는 것은 연출가가 아니라 경영자인 것이다.

우리가 했던 간단한 비교는 분명하다. 엄청난 양의 책이나 매년 개
봉되는 영화들은 우리의 미학적 참여에 별로 도움이 되지 못한다. 그
런데 영화 제작보다 양적으로 훨씬 많은 텔레비전 프로그램은 무슨 이
유로 대부분 빈약하지도 않으며, 흥미로운 방송을 제법 자주 만날 수
있는 것인가? 사실이 그런데도 텔레비전을 단순한 전달 매체로 간주
해야 하는가? 텔레비전에 독창적인 훌륭한 복제 말고는 다른 것을 요
구할 수 없다는 말인가? 이러한 질문들은 여러 다른 많은 매체와는 구

---

2) M. 베르네, 〈불확실한 자핑〉, in 《코뮈니카시옹 *Communications*》, n° 51, 1990년
5월, 33쪽. 마르크 베르네는 유머스럽게 불안정한 시청자의 행동을 정의내리고 해
석을 하였다. 영어에서 차용한 이 단어는 프랑스어로 굳어졌다. zapper는 영국인들에
게 있어서 매우 소중한 의미를 지니고 있다. 대서양을 자주 넘나들었던 사람들을 해
협을 넘나드는 데(zapping the Channel) 익숙한 사람들로 표현하였고, 프랑스어의
zapping은 채널을 바삐 움직인다는 뜻으로 쓰인다.

분이 되는 정말은 낯설지 않은 텔레비전의 특징들을 무시하는 것이다. 텔레비전에서 문자 언어는 책처럼 롤러에 적응하고, 게시판처럼 전기 안내문에 적응한다. 매우 다양한 이 매체의 물질성은 읽기에 대해 별로 영향을 끼치지 않는다. 파롤과 음악은 증폭을 요구하지만 그러나 그 품질이 훌륭하기만 하다면 스피커의 위치와 형태는 관심의 대상이 되지 못한다. 영화와 매우 가까운 친척으로서 텔레비전은 사각형과 분리되지 않는다. 텔레비전 역시 프레임의 권력과 직면하는 영상을 사용한다. 움직임으로 이루어진 통행이나 수상기의 경계에서 속임수를 쓰는 자리 이동으로 이루어진 작동 선택은 화면이 크든 작든 비슷하다. 영상이 따르는 법칙의 표면, 즉 화면의 중요성을 더 이상 강조할 필요는 없을 것이다. 앞장에서 길게 언급한 바 있으며 텔레비전에 접근하기 위해 역시 이를 기반으로 할 수 있기 때문이다.

눈과 귀를 위한 텔레비전은 이들의 다양화를 통해 영화가 이미 실행한 효과들을 공유하고 있다. 텔레비전은 전기와 정보의 결합 덕택으로 예견하지 못했던 형태를 만들어 냈다. 텔레비전은 움직임을 단순히 잡아내는 것이 아니라 조절이 가능하게 되어 있으며, 너무 작거나 너무 커서 인간의 시선으로는 포착할 수 없는 것을 보여주기도 한다. 영화와 텔레비전은 깊이 있는 유사함이 존재하지만 그러나 이들을 동일한 범주에 놓을 수는 없다. 우리가 다루지 않았던 또 다른 논제는 영화를 언급하면서 고려했던 것인데, 상영 시간과 관련된 것으로 지금부터 연구하고자 할 영화와 텔레비전의 차이점에 관해서이다. 영화의 이념은 시간적 척도의 이념과 외연이 동일하다. 관객은 두세 시간이 지나면 극장을 떠나야 한다는 사실을 종종 무시한다. 긴장과 이완을 반복하게 될 관객의 집중력은 그날 프로그램 속에 기입되어 있는 시간의 경과에 할당될 것이다. 관객처럼 제작자들도 순환의 두 축의 시간으로 표현된 제한된 상영 시간에 대한 준거는 분명하다. 텔레비전이 24시간 동안 멈추지 않고 방영되는 것은 오래 전부터 일종의 도박이었다. 영상화된 소리의 끊임없는 흐름을 단편적으로 방영하는 채널들은 영화의 지배적인 리듬과는 감각적으로 다른 리듬을 채택하고 있다. 텔레비전이 영화와 전적으로 단절되어 있는 것은 분명 아니다. 텔레비전 방영에 있어 어떤 감독(프로듀서)들은 자신들에게 할당된 몇 분의 시간을 위해 작업을 한다. 이때 시청자 편에서는, 사전에 알고 있었던 자신이 선택한 방송이 진행되는 동안 마치 영화관에 있는 것처럼 경우에 따라 주의력과 호기심을 가지고 탐색하게 될 것이다.

항구성에 대한 근본적인 논리가 인정되고 있는바 우리는 대조를 강조하지 않고도 시간적으로 구분되는 두 시스템이 텔레비전 용법을 제어한다고 암시할 수 있다. 프로그램 책임자들에게 있어 하루, 한 주, 한 달은 채워야 할 칸이다. 모든 층이 동일하게 중요한 것도 아니고 어떤 것이 다른 것보다 더 중요하기도 하다. 본질적인 것은 방영의 지속성에 있다. 시청자란 불안정한 애호가이자 청취를 위한 영원한 후보자인 것이다. 시청자는 신중을 기해 자신이 바라보는 것을 선택할 뿐 아니라, 채널을 변덕스럽게 돌리도록 하는 '텔레비전의 욕망'에 자신을 내맡기기도 한다. 또한 텔레비전은 우리에게 심각한 어려움을 대면시키기도 하고, 프로그램의 창살의 엄격함과 청취라는 습관적인 유연성의 만남으로 생겨나는 일종의 시간적 불명확성 속에서 전개되기도 한다.

영화를 언급한 앞장에서 전체적으로 영화를 바라보는 주의 깊은 관객의 입장이 되어 본 적이 있다. 영화의 제목은 토론거리가 되었고 또 다른 선택도 가능한 것이었다. 그런데 우리가 관심을 보였던 영화 목록은 임의적인 것이 아니라 우리 식의 방법으로 정당화된 것들이다.

반대로 텔레비전은 시청자들이 매일 변하는 단편적인 실천에 해당한다. 제작이 엄청나게 다양하고 청취의 분산 역시 엄청나게 팽창되어 있기 때문에 작품을 선택하는 것이나 그 작품에 근거하여 텔레비전 조합의 거대한 형태를 구축하는 것은 불가능하다. '예술'로 간주되는 영화는 제목 자체가 관객에게 간접적이더라도 추억을 불러일으키는 걸작들이 있다. 이들 목록에 채플린이나 베리만의 이름을 거론해도 전혀 부담이 없다. 텔레비전은 체계적인 반복을 통해 강화된 익명 속에서 게임, 연속극, 퀴즈나 **시리즈** 같은 동일한 형태로 프로그램을 지속시킨다. 결과를 측정하고 영화 조합의 거대한 형태를 구축하기 위한 전략은 영화로부터 파생된 것이므로 텔레비전에 적용시킨다는 것은 쉽지 않다. 그러나 처음에 우리는 진정한 도박을 하지 않을 수 없다. 우리가 언급할 텔레비전은 무엇보다도 시각적 산물이며 실현이 가능하기 때문이다. 그러나 관중의 참여와 능동적인 답변을 요구하는 결과에 대한 증거가 꼭 필요한 것은 아니다.

1. 집요한 현존재

텔레비전에 대한 미학적 사유는 경험적인 단계에서 거대한 관객을 위한 확산으로 넘어가는 순간에 전개되기 시작하였다. 이 사유는 영화 이론에 앞선다는 이점이 있었으며, 애초부터 20세기에 이미 폭넓게 대중화되었던 하나의 문제, 분석적 방법들, 어휘를 사용하고 있다. 이 시기에 열려진 관점이 현재의 우리에게 해당하는 것은 아니다. 초창기의 텔레비전은 그다지 움직임이 좋았던 것이 아니기 때문이다. 초창기는 몽타주나 전기 특수 효과를 무시하고 거의 전적으로 스튜디오 촬영이 이루어졌던 시기로, 영화를 모델로 표현적 형태를 생각했던 시기이다. 그러나 프로듀서들은 거실의 스크린이 비록 벽면 전체를 커버하고 주사선이 움직임의 유연성과 심도 있는 다양한 숏을 위해 충분한 것이라 하더라도 극장에서 보는 스크린이 아니라는 사실을 잘 알고 있었다.

말하는 머리들, 정착 지점에서 사라지는 지점으로

그러므로 우리가 맨 처음 던진 질문은 완벽하게 현재적인 것이다. 텔레비전은 시청자에게 새로운 습관을 주입시켰고 재현을 다른 식으로 생각하도록 했기 때문이다. 제작을 제약(무거운 카메라와 스튜디오에서의 작업)하는 여러 이유를 찾을 때 '재현'이라는 단어가 먼저 즉각적인 의미로 나타난다. 재현은 연극적인 것이다. 또한 재현은 텔레비전을 위해 특별히 다시 제작한 픽션에 관한 것이다. 이 주제에 대해서는 특히 독일 영화감독과 텔레비전 프로듀서 사이에서 매우 활발한 토론이 있었다.[3] 영화감독은 극작품의 **각색**에 관심이 있었던 사람들이고 프로듀서는 작은 화면으로 제공할 수 있는 더 많은 가능성을 얻기 위해 극작품을 **해석**하려던 사람들이다. 이러한 연대기적인 정착에도 불구하고 문제는 단지 근원적인 시대와 관계가 있는 것이 아니다. 사실상 문제는 거의 초월적 시간의 방법으로, 한 사람의 미장센과 배우와 저널리스트와 증인 혹은 일반 화자 모두가 텔레비전 방송의 결정적인 순간과 관계가 있다. 1955년경 사람들은 무엇이 변하고 있다고

---

3) K. 히케티어, 《텔레비전 연기 탐구 *Fernsehspielforschung*》in 《연방정부와 동독 1950-1985 *der Bundesrepublik und der DDR, 1950-1985*》(《국제독일연감 *Jahrbuch für Internationale Germanistik*》, Reihe C, 4/2, 1989, Frankfurt am Main, Larg, 50쪽 및 이하).

생각했을까? 이에 대한 대답은 이렇다. 관객은 인물들이 저 멀리 실루엣으로 존재하는 고정된 무대의 움직일 수 없는 프레임을 지닌 연극 작품을 보는 대신, 잠재력 전체를 중요시하는 주고받음 속에서 프레이밍과 각도와 여러 다른 단계로 영화화된 다양한 관점들을 제공받고, 또한 대화에 대응하여 말을 하고 있지만 듣고 생각하고 느끼는 배우들의 매우 섬세한 반작용, 연기, 특징을 관찰했다.

텔레비전의 스펙터클 형태가 다양화된 순간부터 연극에 대한 논쟁은 그 긴급함을 상실했고, 인간의 형상은 지속적으로 작은 화면에 중심적인 위치를 차지하게 되었다. 또한 좋든 나쁘든 최악의 방법이라 하더라도 텔레비전의 프로듀서들은 인간의 형상에 기대를 걸었던 것이다. 우리가 이미 언급했던 것처럼 영화에는 클로즈업이 있다. 클로즈업의 특별한 성격은 영화의 전개를 불확실하게 한다는 것인데 클로즈업은 그 대상물이 아니라 영상으로 담기는 방법으로 정의된다. 대상물이 팽창하고 맥락에서 어긋날 때 최소한의 디테일은 인간의 척도로는 측정할 수 없는 지평을 향해 영화를 이끈다. 형상 자체는 습관에서 벗어나는 것으로 미지의 것이 되고 만다. 프레이밍은 형상을 분리시키고 그 육체를 빼앗아 일종의 자율 기관으로 만들어 버린다. 살아 있긴 하지만 팽창이 되고 말없이 고립되어 있는 머리는, 말을 하거나 몸통과 팔이 회복되는 순간 사라지는 기이한 모습을 지니고 있다. 얼굴 역시 두 개의 축으로 분리된다. 즉 카메라에 찍힌 주변에 의거하여 인간을 스크린에 전체 사물의 크기로 설정할 수도 있고 혹은 사람을 나누거나 분해할 수도 있으며, 그 육체의 완전함을 뺏을 수도 있고, 관객을 위해 지나침이나 결핍의 가공스런 비전을 창출할 수도 있다.

텔레비전은 최초의 답변을 위해 과감한 선택을 한 것처럼 보인다. 텔레비전은 하루 내내 영국인들이 talking heads로 표현했던 것을 제공한다는 것이다. 이 말은 '수다 머리'나 '말하는 머리,' 즉 어깨에 나사로 단단하게 고정되어 있는 머리라는 의미이다. 몸통과 사지를 갖추고 일상의 차원에 정박된 무대장치나 스튜디오, 자연 환경 등을 앞에 두고 설치된 머리라는 것이다. 말하는 머리는 가끔 텔레비전과 라디오를 분리시키는 유일한 테크닉이 된다. 말하는 머리는 라디오 프로그램에서는 결핍되어 있는 즉각성과 현재성을 담보로 한다. 이 방법을 통해 말하는 머리는 가정의 일상과 텔레비전의 수용을 통합시킨다. 텔레비전의 영상을 **통해** 연극적 해석을 옹호한 시나리오 작가 한스 고트샬크[4]는 작은 화면은 시청자와 시청자가 바라보는 자 사이에서 일종의 내밀성을 창조한다고 주장하였다. 1950년대 이래로 생겨난 현상들을 비추어 볼 때 이러한 평가를 염두에 두어야 한다. 어떤 채널에서 청취 시간의 3분의 2를 끊임없는 수다로 채울 경우, 얼굴과 파롤, 말하자면 화자의 얼굴이 필요하다. 프로그램의 책임자이든 단순한 초대자이든 근접성의 환상을 창출해야 한다는 것이다. 그러나 청자가 보지 않고도 아파트의 어떤 지점이든 찾아갈 수 있듯이, 제시되는 것보다 말하는 것을 더욱 강조할 수 있다.[5] 고트샬크는 뜻밖에 포착된 인간 얼굴의 표현성, 입술의 떨림 또는 미소의 유혹으로 느낄 수 있는 모든 것을 생각한다. 그렇지만 보통 작은 화면에서 이러한 표현들은 이야기가 진행되면서 무력화된다. 이 표현들은 눈에 잘 띄지 않는 반면 단어

---

4) H. 고트샬크, 〈텔레비전 드라마의 근본적인 생각 Grundsätzlichen Uberlegungen zum Fernsehspiel〉 127쪽, in 《라디오 방송과 텔레비전 Rundfunk und Fernsehen》, 1956, 4, 2, 122-130쪽.

5) 구조적 요소와 동시에 관객에 대한 것으로 텔레비전에서 파롤의 기능에 대한 훌륭한 분석은 다음에서 발견할 수 있다. D. 니모와 J. E. 콤스, 《밤의 공포: 텔레비전 네트워크 뉴스에 의한 방송의 위기 Nightly Horrors: Crisis Coverage by Television Network News》, Knoxville, University of Tennessee, 1985, 16-25쪽.

들의 소리는 홀로 텔레비전을 규명하는 것처럼 보인다. 말하는 머리에 귀속되어 있는 역할은 그 범위가 완벽하게 정해져 있다. 우리는 말하는 머리로부터 프레임의 안정화와 분명하고 고정된 축을 기대할 수 있다. 말하는 머리가 대사와 관련이 있고 프레임과 적당한 거리에서 홀로 존재한다면, 또한 중심부의 스크린의 전략적 부분에 존재한다면 이 머리는 마치 신문에서 한 페이지의 타이틀로 간주된 초상화 같을 것이다. 말하는 머리는 모든 종류의 일탈에 대항하는 방영을 보호하며 프로그램 안에서 단절을 이루는 클로즈업이나 인서트를 중성화시킨다. 왜냐하면 우리가 항상 되돌아가는 것은 바로 이 말하는 머리이기 때문이며 이 머리가 설명하고 주석을 달면서 연속적인 영상들을 굳건하게 연결시키기 때문이다.

한스 고트샬크가 평범하게 소리 나는 공간을 채우거나 정보를 전달하는 일상적인 텔레비전을 예견한 것은 아니었다. 그는 감정이 단어의 대변 없이도 직접 스크린으로 지각되는, 그때까지 알려지지 않았던 연극이 도래할 것이라고 생각했다. 무대, 스튜디오, 특히 길거리와는 거리가 먼 텔레비전은 얼굴을 통해 폭넓은 연기를 하게 되면서 이러한 기대감을 부분적으로 충족시켰다. 이렇게 되자 텔레비전은 영상의 균형을 지속시켰던 처음의 경향과는 모순이 되었다. 그리고 온종일 프레임 내부로의 고정의 중요성이 재확인됨에 따라 텔레비전은 이에 다다르게 된다. 전문가·저널리스트·사회자·정치인들은 규칙을 적용하여 이 사각형의 중앙에서 자신들이 계급적으로 유지되고 있음을 잘 알고 있다. 반대로 간헐적으로 개입하는 사람들은, 예컨대 길거리에서 질문을 받는 사람이든가 공공 방송에 참여하는 사람들은 영상 속에서 자신의 자리를 생각하지 않는다. 사람들은 약간의 활발한 몸짓만 보여도 화면 반절만 나타나거나 화면 밖으로 나간다는 사실을 잘 알고 있는 것이다. 이들의 머리는 사라졌다가 다시 들어오고 여러 다른 각도에서 잡히고 렌즈를 향하기도 한다. 이들 머리는 느낌이 좋은 하나의 주제를 강화시키기 위해 차례대로 부동의 자세를 취하다가, 복잡한 토론의 장에 이르면 야단스러워지고 일순간 사라진다. 제어의 가능성이 줄어드는 '생방송'은 예기치 않았던 영상들이 나타날 기회를 자주 제공한다. 카메라맨이 녹음기사의 초점을 망각할 경우 그는 지나가는 사람들을 비추면서 군중 한가운데를 방황하게 될 것이다. 카메라맨은 말하고 서로 바라보고 웃거나 대드는 사람들에게 카메라를 멈추고, 카메라는 이들을 드러내면서 무의식적으로 관찰하는 것이다. 그러나 마이크는 완전히 어긋난 소리를 제시할 것이다. '열쇠'를 갖고 있는 것은 군중이 아니다. 얼굴들은 말이 아니라 분명한 원인을 알 수 없는 생기와 이 얼굴들이 암시하는 것을 통해 군중의 시선을 간단하게 이끌 것이다.

텔레비전은 오래 전부터 녹화 도구로 국한되지 않고, 인간 형상에 대한 표현적 잠재성이 인정되어 왔다. 이것은 이론적이 아닌 50년대 이후 열린 노선을 분명하게 탐구해 온 텔레비전의 쓰임새이다. 영원히 새로운 대상자를 유혹하는 텔레비전은, 시청자들에게 실제적이든 인위적이든 사건을 발견하도록 강요하거나 질문을 던지면서 이들을 탐색한다. 이와 동시에 사람들은 자신들의 대표도 아니고 잘 알지도 못하는 사람, 그들이 화면에서 관습적으로 알아보는 사람들 무리에서 비켜서 있는 사람을 특별히 초대하기도 한다. 최소한의 기교를 지닌 몽타주는 토론 장면과 이를 바라보는 초대된 자의 얼굴을 번갈아 제시하고 또 동시에 다른 관객들을 제시한다. 그의 흉내나 반응은 분명하면서도 수수께끼와 같다. 그는 단어라는 단호한 도구를 마음대로 사용하지 못하며 그의 행동은 '해석되지' 않는다. 그는 스펙터클에 대한 하나의 스펙터클이 되는 것이다. 또 다른 방법들이 무한히 널려 있다. 채널 4에서 관찰자의 머리는 종종 그 채널에서 제공하는 정보와 중첩된다. 그의 머리는 전경에서 프레임의 한 경계로 잘린다. 반면 이야기가 화면 아래를 장식하기도 한다. 시청자는 영화를 보면서 눈으로 읽고 초대자의 입술도 읽는다. 다른 채널들은 약간 낮게 놓인 모니터에서 방청객들이 후경에서 인식하는 영상들을 관찰자로 하여금 정면으로 바라보게 하고 있다. 방청객보다 더 높게 위치한 것처럼 보이는 초대자는 방청객을 보지 않는다. 그가 놀라거나 흥미를 보이는 모습은 방청객을 향한 거울처럼 보내진다. 결국 해결책이란 별로 중요하지가 않다. 본질적인 것은 언어라는 이 방어를 빼앗긴 인간적 표현이, 일련의 인상들을 추측하게 한다는 점이다. 관객과 사건 사이에는 직접적인 관계가 설정되어 있지 않다. 이 관계는 얼굴 연기라는 분명한 그러나 비밀스런 표현을 통해 나타난다.

움직이는 머리는 인터뷰에서 침울한 어색함을 피하도록 한다. 그러나 움직이는 머리는 영화의 클로즈업과 동등가는 아니다. 이 머리는 부분적으로 미스터리한 측면을 지니고 있지는 않다. 순간적으로 프레임 안으로 들어오는 인물과 결부되어 있기 때문이다. 영화에서 클로즈업은 그 자체로 인식이 가능하고, 확대되어 그 주위의 시선을 빼앗아 예외적인 것을 형성하면서 시선을 자극한다. 지속적인 변화 속에서 움직이는 머리는 그러나 지나가는 흔적처럼 텔레비전 화면에 나타난다. 이 움직이는 머리는 특히 말하는 머리들의 우울한 중압감에서 벗어날 때 생기는 놀라움으로 강한 힘을 얻는다. 무엇보다도 무엇인가를 말하기 위해 사용된 인간의 얼굴은 단지 수상기에서 파롤이 생겨나는 그 지점에서 보편적일 수 있다. 경직된 상태에서 계속해서 존재하는 얼굴은 전체적인 개인성을 상실하고 궁극적으로 시청자의 관심에서 멀어진다. 움직이는 얼굴과 더불어 가벼운 무절제가 나타나고, 어떤 채널들은 미숙하고 체계적으로 사라지는 순간이 나타나는가 하면 또 어떤 채널들은 이를 단절의 요소로 활용하기도 한다.[6] 오직 이러한 숏으로 영화나 텔레비전에서 인간의 얼굴을 잡을 때 강한 거리감이 형성된다. 프레임은 두 매체에 부여된 것이지만, 영화에서 움직임과 프레임은 상호 구성을 이루지만 이들의 관계는 고정되어 있지 않다. 알 수 없는 유동적인 다량의 조합을 창출하면서 끊임없이 변화하는 것이다. 텔레비전에서는 얼굴이 항상 화면의 사각형에 나타나는 것을 규칙으로 하고 있다. 영원히 감각적인 역동성으로 존재해야 하는 집 안의 도구인 텔레비전은 존재 자체가 부정될 수 없으며 무엇보다도 담화의 전달체가 된다. 텔레비전은 더욱 잘 듣게 하기 위해 시선을 자극하는 모든 것을 중성화시키는 경향이 있는데 이러한 경향은 주위를 흐트러뜨릴 위험도 있다. 달리 말하자면 변화, 차이, 변형의 위험이 있는 것이다.

일시적 방법으로 프레임의 엄격한 기하학을 부드럽게 하는 움직이는 머리는 그러나 중심화 규칙에 대한 진신할 양자택일에 대해서는 정의를 내리지는 않는다. 움직이는 머리의 자유는 무경험과 습관의 결핍에서 온다. 움직이는 머리는 절대 정돈되는 일이 없으며 단순히 화면 경계에 있는 소실 선을 열어 놓고 있을 뿐이다. 표준적인 프레이밍에 복종하는 말하는 자는 육체적으로 다른 한 개인으로 상쇄된다. 말하는 자는 멈춤 속에서 응고되고, 그가 구별되거나 분명해지기 위해서는 파롤을 통과해야 한다. 움직이는 머리는 자신을 알리려 하지 않는다. 움직이는 머리는 화면을 무시하며 사각형 속에서 자신의 위치를

---

6) 여기서는 다루지 않은 매우 흥미로운 연구에서 얼굴을 잡는 방법에 따라 텔레비전의 채널을 구분하는 것이 있다. 이러한 연구는 여러 다른 채널들의 미학적 기획 분석에 대해 훌륭한 서설이 될 것이다.

드러내지 않는다. 이 두 태도는 대립된 태도는 아니다. 첫번째 태도는 몸을 응고시키고 두번째 태도는 몸을 분리시키지만, 화면에서 살아 있는 몸을 멀리 한다는 공통적인 특징도 지니고 있다. 영화에서 영감을 받은 텔레비전의 작은 영역과 영화는 인간의 재현이 스펙터클을 측정하는 단계가 되도록 한다. 따라서 사람들은 숏의 크기를 측정하고, 인물들에게 제공된 위치에 따라 몽타주를 구성하게 될 것이다. 텔레비전은 얼굴을 화면의 축으로 설정하고, 또 인간과 관련이 없는 것은 최대한 배제시키면서 이러한 경향을 강조한다. 그렇지만 텔레비전은 역시 움직이는 머리를 도입하는 기준을 부정하거나 해체를 허용하기도 한다. 움직이는 머리가 나타나는 화면은 균형을 잃게 되고, 인물들은 일종의 공허함을 열면서 정면으로 한 각도에 집중한다. 사각형은 색이 밀집되어 있는 그곳, 얼굴과 팔과 손들이 아무렇게나 들어갔다 나왔다 하는 그곳에서 동요를 일으킨다. 영화와는 달리 텔레비전은 인간 신체가 여러 차원으로 연기하는 것이 어설프고, 얼굴은 주로 단어의 전달자로 이용한다. 하지만 이따금 텔레비전에서 얼굴이 사라지기도 하며, 인물이 얼굴을 빗겨나거나 얼굴을 추월하거나 얼굴을 찾으려 할 경우에는 화면에 떨림이 생겨난다. 이럴 때 텔레비전은 또 다른 잘림이나 다른 몸의 배치를 암시한다. 시청자를 위해 텔레비전은 일종의 다른 참여를 개시하는 것이다.

파롤의 시간, 파롤에 대한 시간

텔레비전의 구어적 어휘는 재현에 대한 토론이 이루어지면서 곧바로 인정되었다. 그림과 연극과의 관계를 통해 부분적으로 정의된 영화는 연극에서 배우의 연기와 대사를 차용하고, 편재성과 장소와 관점의 다양성을 첨부함으로써 연극을 뛰어넘었다고 주장하고 있다.[7] 영상에 지나치게 접근한다는 판단에 의거하여 영화와 단절한 몇몇 연출가들은 1950년대와 60년대에 텍스트 자체에 힘을 실어 주기 위해 텔레비전을 이용하고자 하였다. 그들 중 몇 연출가는 어떤 지점에서 배우들의 행동이 대사의 의미를 분명하게 하는지 파악하기 위해 이들 전체를 반복적으로 드러내고자 하였다. 또 다른 연출가들은 카메라맨에게 인물들 사이의 언어 교환을 따라가도록 하고 대사 이외의 것은 절대 카메라에 담지 말라고 주문하면서 각각의 막을 숏-시퀀스로 구성하고자 하였다.

이러한 이론적인 것을 인식하고 이를 적용하여 방송으로 시각화하면서 사람들은 무엇보다 텔레비전이 영화에 의해 강한 영향을 받았음을 깨달았다. 1950년대 전후로 많은 감독들이 텔레비전 제작에 지속적인 열성을 보였으며 앙드레 바쟁의 표현에 의하면, 그들은 하나의 중요한 비평적 흐름으로 관객을 속이지 않는 숏-시퀀스에 대한 옹호자가 되었다. 몽타주 덕택으로 결코 서로 만난 적이 없는 두 인물이 만날 수 있게 되었으며, 이질적인 순간과 장소를 서로 가깝게 하면서 환상적인 공간을 만들어 내기도 하였다. 단 한 번의 실행으로 이루어진 촬영은 인물들을 둘러싼 환경이나 상호간의 대면을 활용하면서 인물들의 위치를 속이지 않았던 것이다. 숏-시퀀스는 영화사에 있어 진실의 담보로 나타난다. 숏-시퀀스는 실제적인 것을 재생산한다는 의미가 아

---

7) 재현과 대사에 대한 전체적인 논의는 D. 델빈의 《가면과 무대: 연극의 세계관 서설 *Mask and Scene: an Introduction to a World View of Theatre*》에 잘 나타난다. Londres, Macmillan, 1989. 연극의 연출과 영화 연출의 대립적인 논쟁을 위해서는 다음을 참고할 것. H. H. 디트리시, 앞의 책, 46-53쪽, 81-82쪽, 132-142쪽. 또한 L. 쿼레시마의 〈디히터 밖으로〉, in 《그리피티아나 *Griffithiana*》, XIII, 38, 1990년 10월, 81-100쪽.

니라 관객과의 일종의 계약을 존중한다는 것이다. 텔레비전의 경험과 영화 이론의 관계는 순수하고 우연적인 것은 아니다. 사람들이 믿고 있는 것처럼 이들 관계는 '텔레비전 전문가' 들이 영화인들을 단순히 모방하는 것도 아니다. 해석의 깊이 있는 진리에 주의를 기울이면서 텔레비전 프로듀서들은 연기자가 탐구하는 화면 영역을 자유롭게 하는 가능성에 대해서는 가능한 자제하고자 한다. 만일 우리가 배우의 전체, 몸, 통합된 화술을 포착하지 못한다면 또 다른 배우와의 만남, 그들을 향하거나 멀어지는 추진력 속에서 그 배우를 보지 못한다면, 그배우가 지나가면서 행하는 시도가 무엇인지 이해할 수 없을 것이다.

영화나 텔레비전에서 사람들은 카메라 촬영을 수적으로 감소시켜 직접적이고 즉각적인 밀도 속에서 표현을 이루어 내고자 한다. 따라서 촬영을 마친 다음 정리를 하는 몽타주는 감동보다는 계산적인 것처럼 보인다. 그렇다고 이러한 연구가 영화에서 더 많이 이루어진 것은 아니다. 이 경우 히치콕의 〈로프〉(1948)가 자주 인용되고 있지만 그러나 리스트가 그다지 많은 것은 아니다. 복잡한 카메라의 연출을 통합시키는 엄청난 롱 숏들이 20세기 중반에 커다란 흐름으로 인식되었고, 바쟁이 언급한 영화에서도 몽타주의 요소가 있음을 금방 알 수 있다. 두 숏 사이의 강한 단절은 대략은 항상 존재하여 왔다.[8] 그러나 작은 화면에서는 처음부터, 상대적으로 긴 방송이 단 하나의 관점으로 혹은 변함없는 프레이밍을 통해 완벽하게 영상화되어 나타났다. 이는 게으름으로 인한 순수한 결과이기도 하였는데, 왜냐하면 이로부터 피곤함이 덜하게 되었고 움직이지 않을 경우 경제적이기도 하기 때문이다. 그러나 이것은 텔레비전에 방영된 연극의 선구자들의 관심은 아니었다. 이들 역시 진실을 추구하였지만 이 진실은 바쟁이 추구한 진실과는 다르다. 선구자의 관점에서 하나의 숏은 시간을 속이지 않는다는 무한한 이점을 제공한다. 이 덕택에 관객은 배우들이 살고 생각하는 그 자체로 극작품을 바라보게 된다. 그러나 이러한 무게감 혹은 시간의 두터움은 영화 이론가들의 관심을 끌지 못했다. 경우에 따라 사람들은 한 시퀀스가 재현하는 행동과 정확히 일치하는 그 시퀀스를 '실제적 지속'이라고 언급하기도 한다. 그렇지만 이러한 개념은 애매한 것으로, 준비하고 장면을 찍고 촬영을 다양화하기 위해서는 시간이 필요하다는 것과, 결론을 맺기 위해서 축약이든 연장이든 최소한의 단절을 숨

---

8) 〈반대로 A contrario〉나 〈5시에서 7시까지의 클레오 Cléo de cinq à sept〉(1961) 같은 영화에는 젊은 여인의 오후의 두 시간이 나타난다. 전혀 멈춤이 없이 생략, 우회, 응축으로 이루어진 영화들인 것이다. 클레오의 모험과 상영 시간이 시계와 일치할 경우 영화는 끊임없이 시간성으로 연기를 한 것이 된다.

길 수 있는 몽타주를 작동시켜야 한다는 것을 잘 알고 있었다. 이와는 달리 텔레비전의 '생방송'에서 지속은 그 탄력성을 상실한다. 방송으로의 이행은 토론, 인터뷰, '퀴즈'의 시작과 종결을 고정시킨다. 참가자들이 여기에서 즐거움을 얻는다면 영상화가 중지되고, 스펙터클이 종료되었던 것을 지속시킬 수 있을 것이다. 앞서 인용된 프로그램들은 방송 시간대를 채우기 위한 것으로 보고 사람들은 이를 '텔레비전 프로 일람표'의 기능으로 삼을 것이다. 하지만 생방송이라는 제약을 받지 않은 채 촬영되어 녹화로 제시된 다른 방송들 역시 같은 의례를 따르고 '실제적인 지속'을 흉내낼 것이다. 이것은 특히 픽션의 많은 경우가 그러하며 서둘러 촬영된 경우(연습도 하지 않고 재연의 가능성도 없이 초안만 가지고 배우들이 즉흥적으로 하는 **시리즈**)도 그러하다. 반대로 각각의 에피소드가 두 배우의 삶 속에서 잘려나간 단편으로 구성된 베리만의 **동반자적 삶의 무대들**처럼 정성을 들인 경우도 있다.

오디오비주얼 작품은 오로지 시간 속에서 활성화된다. 이런 말은 진부하고 별로 특별한 것이 없다. 물론 음악·연극·무용은 순간성에 도달할 수 없는 것들로, 처음 지점과 끝 지점을 통해 '전개'된다. 그러나 텔레비전은 이러한 측면(텔레비전은 또 다른 측면으로 지속성의 효과를 끊으려 시도한다. 잠시 후 이 점을 살펴볼 것이다)에 있어 지속에 대한 속임수를 쓰지 않는 특이함이 있다. 우리가 종종 영화에서 인정했던 빠르기를 제어할 수 있다는 믿음은 하나의 환상이다. 상영의 빠르기는 불변적인 것이다. 사람들은 공연에 앞서 이 빠르기를 결정하겠지만 변경시킬 수는 없다. 변하는 것은 시간 자체가 아니라 사람들이 기꺼이 팽창시키거나 수축시키는 시간에 대한 연출이다. 방송을 대량으로 구성하는 텔레비전은 세계의 리듬에 굴복한다. 만일 텔레비전이 (진부한) 관점의 다양성으로 이루어져 있다면 탄력적인 시간의 환

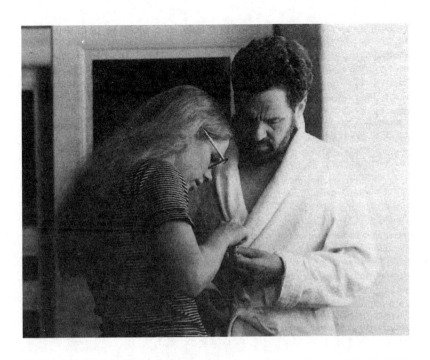

상을 창조하지 못할 것이다. 텔레비전에 비해 영화는 유연함과 힘을 더 잘 표현한다. 영화는 계층을 변화시킬 수도 있고 1초에 100킬로미터를 뛰어넘을 수도 있으며 위험에 빠진 여주인공을 구하기 위해 몇 초를 무한대의 시간으로 늘일 수 있다. 또한 영화는 연속을 부정하고 사건의 순서를 뒤엎거나 동질의 순간을 나란히 병치시키면서 모든 시간적 준거를 차단하기도 한다.

동일한 장비를 이용할 수 있는 텔레비전은 이를 매우 신중하게 사용한다. 하루의 프로그램의 진행에 있어 작동하는 그대로가 녹화되어 별다른 손질 없이 방영되는 방송은 다른 어떤 것보다도 이를 더욱 활용한다. 안방 화면은 사건의 리듬을 썩 중요하게 생각하지 않는다. 긴장감, 희망, 참을성 없음, 놀라움을 제거하는 것은 아니지만 시간의 연출과 분리되어 있다. 토론, 게임과 대회, 스포츠 경기는 승리에 대한 기대와 도전으로 이루어져 있다. 끊임없이 다시 시작하는 허구의 드라마에 따라 각각의 에피소드는 최소한의 자리 이동을 보장받고 시청자는 이 드라마에 흥미를 느낄 것이다. 그 이유는 시청자는 약간은 새로운 외형적인 배열과 서로에 대한 성공과 판타지아 세계에서 역할 분배에 참여하기를 원하기 때문이다.

물론 시간이란 텔레비전의 스펙터클에서 근본적 논제이며 이에 (이론적으로) 더 첨부할 것은 없다. 이러한 결론에 도달하기 위해서는 아마도 중계방송의 단계들을 대략적으로 살펴봐야 할 것이다. 영화와 텔레비전은 기대치의 감동적인 힘에 기대를 건다. 그러나 텔레비전은 불변하는 논제의 기본인 그 지속, 대립하는 부분들을 염두에 두어야 할 지속을 다루지는 않는다. 얻기 위해 시간을 관리해야 하는 것이다.

이와 관련된 것을 좀 더 자세히 알아보기 위해 영화에서의 지속과 텔레비전에서 부분적인 지속, 즉 **구축된 지속**과 작은 화면을 폭넓게 지배하는 **연속적인 지속**을 비교해 보고자 한다. 다시 한 번 강조하자면, '구축된'과 '연속적'인 표현은 정의를 내릴 만한 가치가 없다. 이런 표현은 대략적인 방법으로 차이를 나타낼 뿐, 이들 사이에 대립은 없다. 만일 시간이 **연속적인 지속** 안에서 수정되지 않는다면 이 시간을 분명하게 드러내는 영상은 전체적으로 분명하게 구축될 것이다. 관객은 멀리서 찍은 파노라마의 촬영이나 가까이에서 찍은 후퇴 촬영으로 움직임의 지속을 느끼는 것이 아니다. 관객에게 있어 **연속적인 지속**은 또한 **구축된 지속**이 된다. 영화 연구에 있어 고전이 된 영화, 《영화는 예술이다》[9]에서 루돌프 아른하임은 정의내리기가 불가능한 영화

---

9) R. 아른하임, 《예술로서의 영화 Film as Kunst》, Berlin, Rowohlt, 1932, 《예술로서의 영화 Film as Art》, Berkley, University of California Press, 1957; 프랑스어 번역판, Paris, L'Arche, 1989, 인용 텍스트, 21-23쪽.

의 공간 법칙과 시간성의 법칙을 대립시키고 있다. "시간은 복종해야만 하는 규정된 법칙이 있다." 왜냐하면 "좋은 영화의 모든 장면은 꼭 필요한 것들이 잘 준비가 되어 있기 때문이며, 꼭 필요한 것은 가능한 짧은 지속에 자리를 잡고 있기 때문이다." 아른하임은 결정적인 확신 속에서 유사한 것 이외의 것을 이해하기에는 영화를 너무 잘 알고 있었다. 그는 독자로 하여금 영화의 시간에 대해 질문을 던지도록 자극하였던 것이다. 여기서는 질문의 범위를 넓혀, 공연의 길이와 노출된 시간성 사이에 설정된 관계에 대해 동일한 방법으로 주목하고자 한다.

전체 전달을 규정하는 시간으로 인해 텔레비전은 그림과 구별된다. 말하자면 텔레비전은 부동의 덩어리가 균형을 이루는 표면이 아니라 움직임이 영원히 나타나는 사각형인 것이다. 여기에서는 그림자가 순환하며 사물들은 카메라 앞에서 자체적으로 그 존재가 지속된다. 제스처와 제스처가 스크린에서 복원되는 일치성에 매혹된 사뮈엘 베케트는 독일 방송의 한 채널인 A.R.D.의 '남서부 라디오(Südwestfunk)'에서 사각형의 무대의 지속적인 자리 이동을 분명하게 한 영화 시리즈를 연출한 바 있다. 그가 보기에 텔레비전은 자신의 추구와 잘 맞아 떨어지는 것처럼 보였다. 일상적인 삶을 연극의 장소로 전이시키고자 할 때 텔레비전은 공연 장소에서 생성되는 단절을 없앤다고 보았기 때문이다. 베케트의 경험을 따른 후계자는 없다. 그의 생각이 무대화될 때 생겨나는 자리 이동이 전적으로 기계적이 되면서 전체적으로 지겹다는 인상을 주었고,[10] 텔레비전의 현상 속에서 지속성의 중심 기능을 더욱 평가하도록 하였기 때문일 것이다. 베케트의 경험이 시청자에게 직

---

10) 이와 더불어 동반하는 텍스트의 추상적 특징과 난점을 고려해야 한다. 소리의 요소를 통해 영화로 접근하는 통로를 발견할 수 있다면 관객은 분명 덜 망설일 것이다.

접 내보낸 것이든 녹화되어 전달된 것이든 간에, 텔레비전으로 전이된 파롤과 영상은 약간만 재단된 것으로 녹화와 방영은 상호 밀접하게 연결되어 있다. 영화는 의미를 창출하기 위해 시간과의 관계 속에서 작업을 한다. 텔레비전에서 의미(또는 의미의 거절)는 무엇보다도 파롤로부터 파생한다. 그러므로 연속적인 지속은 도박이나 위협으로 변모하며, 단어들은 매 순간 결핍될 위험이 있고, 전체 말하는 머리, 연기자, 정치가, 배우 등 즉흥성에 던져진 이들은 비어 있음으로 나갈 수도 있다. 사회자의 가장 중요한 임무는 있을 수 있는 침묵을 채우는 것이다.

영화에서 대사는 억양을 첨가함으로 역동적이 된다. 텔레비전의 스튜디오에서 대사는 시간의 명령에 복종한다. 대사가 따분한 것이라 하더라도 방송에서 이루어지는 한 지속될 것이다. 전체 참여자들, 배우들, 협력자, 증인, 초대된 사람에게 있어 파롤의 시간은 청취와 주의력의 시간이 된다. 한 사람이 말을 한다. 이에 동의하지 않는 다른 사람들은 그의 파롤과 경쟁을 준비하면서 청취한다. 대개의 프로듀서들은 가능한 마이크를 잡고 있는 사람들을 집중적으로 카메라로 잡으면서 다른 사람은 감춘다. 반대로 어떤 프로듀서는 존재와 행동 사이에서 간격을 강조하기도 한다. 그렇다면 음성적 분위기를 채워 주기를 요구받지 않은 사람들은 어떻게 처신해야 하는가? 한 사람이 오랫동안 이야기를 할 때 무대의 나머지 사람들은 그저 단역의 예식에 순응한다. 카메라가 관찰 영역을 약간만 넓히기라도 한다면 언어적 흐름은 불시에 신체에 적응될 것이다. 아른하임은 영화의 전개에 있어 필수적인 것을 선택해야 할 필연성을 강조하고 있다. 토론의 대위법으로 시청자의 지루함 혹은 감탄을 이끌어 내고자 한다면 이러한 반작용을 염두에 두어야 하며, 배우는 우리를 잘 이해시키고 자신의 감정을 우리가 '읽을 수' 있도록 그 표현을 강화시켜야 한다. 계속해서 아른하임은 다음과 같이 말한다. 사물을 보는 방법이나 상황에 대한 근본적인 소여가 드러난다면, "그것 자체로 충분한 것으로 집중하는 만큼 예술적이라는 만족스런 생각을 하게 될 것이다."[11] 텔레비전 무대에 존재하는 사람들은 파롤의 지속을 위해 일시적으로 귀머거리가 되며 부분적으로 불확실한 전체를 구성한다. 이들은 자신의 얼굴을 전혀 '읽지' 못할 것이므로 이들에게서 사전에 결정된 어떠한 반응을 기대할 수는 없다. 이들의 태도는 프로그램이 진행되는 동안 변한다. 응답이 상호 교환되면서 고정되어 있지 않은 카메라는 초대된 자들을 즉흥적으로 놀라게 한다. 카메라는 집단적인 의례에 맞서 개인적인 자세에 해당하는 몸짓과 미소와 시선을 잡아낸다. 만일 카메라가 파롤의 대위법으로 신체의 표현을 한 방향으로 유도하려 한다면, 텔레비전이 언어의 흐름 바깥으로 전개되는 경우가 생길 수도 있다.

가스통 바슐라르는 인간 표현성에 있어 절대적으로 측량할 수 없는 두 개의 데이터를 분리할 수 없는 방법으로 라디오에 개입시키고 있다. 의미를 지닌 단어와 감정을 발생시키는 목소리가 그것으로, 이 둘은 창조적 상상력의 능력을 다양화시키는 도구이다. 바슐라르는 말하는 것은 단지 무엇인가를 말하는 것이 아니라고 언급한다. 일상적인 외적 행동에는 상상력이 개입되어 있다는 것이다.

"그 상상력은 말에 의한 것이며, 근육을 통해 말한다는 것을 즐기는 상상력이다. 쉴 새 없이 말하는 상상력, 존재의 심리적 볼륨을 증가시키는 상상력이다…. 표현의 기쁨은 풍성하므로 **목소리는 비전을 투사한다.** 따라서 입술과 치아는 여러 다양한 **스펙터클**을 만들어 낸다. 주

---

11) R. 아른하임, 앞의 책, 29쪽.

먹과 턱을 통해 떠오르는 풍경이다. 이 풍경은 아주 쉽게 느낄 수 있는 부드럽고 감미로운 꽃잎이 있는 풍경이다"(《물과 꿈》, 251-254쪽).

음색, 악센트, 높이는 화자를 자극한다. 이것들은 화자에게 역동성을 창출하도록 한다. 이것들은 "보게 하고, 움직이게 하고, 말하게 하는 것을 듣기, 능동적인 듣기"[12]를 불러일으킨다. 텔레비전 채널이 멀리 떨어진 정중한 청취를 넘어서는 전체를 규제하지 않을 경우, 초대받은 자와 방청객들은 몸짓으로 언어적 교환에 참여하게 될 것이다. 그들이 질문을 받지 않은 한 한마디도 하지 않더라도 적어도 그들은 몸을 통해 지속적인 반응을 보일 것이다. 연극이나 음악회에서 대부분의 관객은 틀림없이 이런 식일 것이다. 그러나 이들은 프레임 속에 있는 것도 아니고 시선으로 제시되는 것도 아니다. 텔레비전에서도 이와 마찬가지이다. 말하자면 청취를 지각하도록 강요하는 일종의 제식인 것이다.

수다 떠는 머리를 짓누르는 존재와 맞서 우리는 파롤의 우월성을 부정하지 않으면서, 텔레비전이 그 고유의 한계에서 어떻게 흥미로운 효과를 이끌어 냈는지 살펴보고자 하였다. 이러한 경우는 드물다고 할 수도 있고, 보통 카메라라는 언어 속에 갇혀 비상식적이고 딱딱한 말을 하는 사람을 잡아낸다고들 할 것이다. 우리가 지속적으로 고려했던 바, 청취에 의한 신체의 드러남과 탈프레이밍이라는 두 실천이 특별히 복잡한 것도 아니다. 이 두 실천은 자체적으로는 '미학적' 소명을 지니고 있지는 않다. 이것들은 지배적 모델 밖으로의 탈선처럼 갑자기 드

---

12) G. 바슐라르, 《물과 꿈 L'Eau et les rêves》, Paris, José Corti, 1942, 251쪽. 라디오에 대한 바슐라르의 근본적인 생각은 1951년의 단행본인 〈몽상과 라디오〉에서 찾아볼 수 있다. in 《꿈꿀 권리 Le Droit de rêver》, Paris, PUF, 1970, 216-233쪽.

러나는 것으로, 언어적 프레이밍의 엄격성과 연루되어 있지도 않다. 전적으로 잠정적인 이러한 적극적인 제안은 실망스런 신중함이 아닐까? 지금 우리가 텔레비전을 규정하고 최소한 그 평범한 형태를 규정하려는 이 순간 이 점을 잘 생각해야 한다. 작은 화면은 근원적이고 표현적인 가능성을 갖고 있다. 이렇게 본다면 텔레비전은 커뮤니케이션의 도구 이상의 것이 될 수 있지 않을까? 따라서 무엇보다도 소리를 연구해야 하며, 또 텔레비전에 대한 가능한 몇 가지 명제를 위험에 빠뜨리기 이전에 단순히 연속적 지속이 아닌 전체를 언급해야 한다.

2. 소리에서 영상으로

'유성 영화'의 수십 년을 거쳐, 오늘날에도 여전히 큰 어려움 없이 영화의 대사는 경제성을 이루고 있다. 영화는 제시되는 것과 거의 아무런 관계없이 소리 없이도 약간의 소음만으로 가능하다. 오슨 웰스는 이렇게 말한다. "원칙적으로 파롤은 영화에서 부차적인 역할밖에 할 수 없지만 내 작업의 비밀은 모든 것이 파롤에 의거하고 있다는 것이다." 이안 자르비는 이 말을 인용[13]하면서 그 한계와 함축된 의미를 보여준다. 어떤 영화들은 별 어려움 없이 파롤을 무시한다. 최근에 파롤은 부차적 요소로 간주되기도 한다. 그러나 반대로 파롤을 용인하는 영화에서 대사는 종종 연출의 방향을 정하기도 한다. 촬영은 대사의 주고받음, 대사의 지속, 강도를 염두에 두고 배우는 자신의 언어와 연

---

13) I. 자르비, 《영화철학: 인식론, 본체론, 미학 *Philosophy of the Film: Epistemology, Ontology, Aesthetics*》, Londres, Routledge et Kegan Paul, 1987, 257쪽.

기를 적용시킨다. 이안 자르비는 몇몇 '고전 작품'을 통해 설득력 있는 방법으로 대사를 분석함으로써 이들 영상이 쉽게 해석될 수 있음을 보여주고 있다. 오슨 웰스는 이 점에서 과장을 하였지만 그러나 촬영과 몽타주를 인물들이 말하는 기능으로 이해했기 때문에 성공할 수 있었다. 영화에서 파롤은 지금까지 별로 관심을 받지 못했다. 파롤은 전체적으로 드라마에서 유용한 것으로 판단되었기 때문이다. 그런데 텔레비전 작업과 관련하여 이안 자르비가 한 분석은 매우 적절하다. 텔레비전은 소리를 내는 것으로, 즉 말이 많은 것으로 인정되고 있다. 텔레비전은 스튜디오에서 제작된 모든 종류의 미묘한 차이를 없애고 완벽하게 들을 수 있는 소리, 메아리도 없는 불투명한 평범한 소리, 특별히 청각적인 상태를 실천하여 왔다. 어떤 독일인은 아주 특별한 음색을 나타내기 위해 영상화된 표현을 이용한 적이 있다. 그는 이를 Hochlautung, 즉 '크게 말하기' 또는 Bühnenaussprache, 즉 '연극적 발성'이라고 표현하였다. 여기서 우리는 이것을 '텔레비전의 표준'이라고 부를 것이다. 그러나 언어의 정확성과 속성은 이것과는 관계가 없다. 다만 여기서는 유럽의 여러 많은 채널에 있어 언어적 허용과 인접된 단순성만을 언급하고자 한다. 우리가 목표로 하는 것은 단순하게 청자에 관해 기능하는 동등하고 지속적이고 강하게 소리를 내는 발성 양식이다.

텔레비전이 맨 처음 방송을 했을 당시 라디오와 영화는 리듬, 볼륨, 소리의 깊이에 대한 경험들을 시도했었다. 어떤 라디오 '드라마'는 텔레비전 드라마를 예고한 것으로, 마이크의 위치와 반사와 거리의 다양성에 대해 심사숙고하였고 세심하게 작업함으로써 커다란 성공을 거두었다.[14] 몇몇 음향 전문가들은 매우 중요한 수단을 통해 무한히 열린 환상적인 세계를 청자에게 제공하면서 순수하게 상상적인 공간적 관계를 암시하였다. 동시에 어떤 영화인들은 두 매체의 공통 논리에 따라, 그러나 동시성은 피하고 소리와 영상을 분리하여 적용시키기도 하였다. 또 다른 영화인들은 강도의 다양성, 목소리의 부분적인 회복, 분위기와 대사 사이의 일치와 대립에 흥미를 보이기도 하였다. 텔레비전의 선구자들이 쓴 글을 다시 읽어보면 그들의 호기심이 어디에 있었는지 충격적으로 다가온다.[15] 우리는 그들의 태도를 쉽게 이해할 수 있다. 처음부터 수다를 떠는 머리에게는 법칙이 부여되었고 목소리는 결점 없이 완벽하게 순수하고 평범해야 했다. 이처럼 상황은 모순적이게도 영화와 비교해서 반대로 흘러갔다. 작은 화면에서 소리는 이 점에서 손댈 수 없는 것이었고 다만 영상에 대해서만 실험적으로 해볼 수 있는 영역이었다. 지금부터 우리는 1960년대를 특징짓는 몇몇 연구를 검토해 보려고 한다. 우선 당시에 모든 것은 청각을 위한 것이었음을 염두에 두어야 한다.

의미 전체를 위한 음악

텔레비전은 라디오와 영화에서 음악의 안내장을 빌려 왔다. 우리는 특히 프로그램 편성에 있어 전체적 지주인 대사에 대해 언급한 바 있는데 이것들은 거의 멜로디를 동반하지 않는다. 청자가 기계적으로 인

---

14) P. 루이스, 《라디오 드라마 Radio Drama》, Londres, Longman, 1981.

15) 20세기 중반에 엘리자베스 바이스와 존 벨톤 사이에 있었던 토론과 관계 있는 텍스트는 다음과 같다. 《영화 사운드: 이론과 실제 Film Sound: Theory and Practice》, New York, Columbia University Press, 1985. 비록 텔레비전에 종사하는 사람들이 소리에 별로 관심이 없었다고 하더라도 피에르 셰페르는 다음의 저서 《음악 대상 이론 Traité des objets musicaux》(Paris, Seuil, 1966)에서 이 노선의 연구를 추구하였다는 것을 알아야 한다.

지하고 기억하는 조합들은 파동과 주요 주파수로써, 방송 일람표와 하루의 순간들을 이미 설정된 제식에 따라 동시에 잘라내면서 시간의 박자를 맞추고 약속을 알린다. 라디오와 마찬가지로 텔레비전 역시 스튜디오에서 특별히 진행된 음악회든 아니면 밖에서 녹화된 음악회든 그 고유의 음악적 특징이 있다. 여기에서 발화자는 중계자일 뿐인 중계방송의 가장 단순한 형태로 되돌아온다. 그런데 작은 화면의 경우 영상과 그 상태를 완벽하게 바꾸는 본질적인 첨가가 있다. 지루하겠지만 다시 한 번 언급할 것은 여러 많은 음악 프로그램은 비용이 저렴하다는 단 하나의 변명으로 나태한 촬영이 동반된 형편없는 녹화라는 것이다. 그렇다고 일상적인 채널을 비난하려는 것은 아니다. 우리는 텔레비전이 새롭고 예기치 않은 것을 드러내기를 기대한다. 무엇보다 텔레비전은 지속적이고 상호 교환이 가능한 시리즈로써 방 안의 화면에 투영된 움직임이자 소리를 내는 영상들의 연속이기 때문이다. 텔레비전에 대한 주의력은 청취를 통해 이루어진다. 이것은 시청자가 듣는 것에 주의를 기울인다는 뜻이 아니라 시청자의 정착 지점이 소리방송의 영속성에 있다는 뜻이다. 이러한 제안을 상기한다면, 음악 프로그램을 '텔레비전 표준'의 흐름 속에 정착시킬 수 있을까?

콘서트는 하나의 연속성이다. 음악 디스크는 그 실천의 맥락을 자유롭게 하면서 이 연속성을 약간 망각하게 한다. 비록 관객의 표현이 전체적으로 지워지지 않고 공간의 분위기가 자발적으로 유지된다 하더라도, 고립되어 있는 소리는 그것이 인기 있는 채널이나 라디오에 의해 전달될 경우 거의 물질성을 지니고 있지 않다. 고립된 소리는 마치 아무런 노력 없이 악기나 화음에서 떠난 것처럼 나타난다. 텔레비전은 연주자들을 비추는 것으로 국한되어 있지 않다. 텔레비전은 소리 창출의 작업을 보여주며 육체의 참여, 입술과 손가락과 얼굴의 긴장감을 드러낸다. 악보를 음악으로 변형시키는 노력과 열정도 보여준다. 영화도 이런 종류의 보여줌을 준비한다. 화면이 오케스트라 몇몇 연주자에게 머무르기도 하고 무대와 객석의 움직임을 보여주기도 하는 것이다. 그러나 픽션인 영화에서 콘서트는 이야기가 멈춘 듯한 **공공 쇼**나 뮤직홀이나 무용의 짧은 시퀀스를 포함하는 방법으로 이루어진다. 영화의 콘서트가 주된 이야기와 절연되어 있지 않고 주인공을 향해 필히 되돌아오는 데 반해 텔레비전의 콘서트는 자체 이외에 다른 이슈를 가지고 있지 않다. 텔레비전 콘서트는 삽입이 아니며 '프로그램'에서 고정된 자리를 차지하고 있는 것이다. 어떤 채널은 주요 방송 시간에 콘서트를 할애하기도 한다. 한편 스튜디오나 극장에서 일어나는 일은 단순한 모방이 아니며 그 실천은 음향 전문가의 수정으로 이루어진다. 음향 전문가는 표준적인 청취를 위해 볼륨, 스피커들의 관계, 악기의 상대적인 위치를 고려하면서 텔레비전 녹음에 적합한 퍼포먼스를 관객에게 제시한다. 프로듀서 쪽에서는 '생동시킨다'는 말 그대로 음악가들과 그들 그룹을 떼어 놓거나 특별한 제스처를 강조하거나 육체를 세분하고 재통합시켜 화면에 '생동감'을 부여한다.

이렇듯 텔레비전은 라디오나 레코드에서는 약간은 숨겨져 있는 음악적 실천을 근원적인 차원에서 분명하게 한다. 콘서트가 귀를 터치하면서 청자에게 유쾌한 감각을 선사하는 소리의 모음으로 국한되어 있는 것이 아니다. 콘서트란 음악가들에 의해 실현된 집단적인 노력으로 인간 전체에 대한 관객의 반작용을 통해 참여자 전체가 동원된 것이다. 음악과 움직임을 대면시키고, 오케스트라의 멤버 및 그들의 악기와의 대화를 분명하게 하는 텔레비전은 '순수' 소리에 대한 종교적인 수준의 청취와는 결별을 한다. 음역의 갑작스런 변화, 불규칙한 움직임, 단순한 멜로디의 조합으로 이루어진 '현대적' 연주가 고전적인 악보보다 이러한 만남에 있어 더욱 준비가 잘 되어 있다는 사실은 분명하다. 사중주나 심포니의 영상화는 이따금 옹색하게 보일 수 있다. 텔레비전은 차례로 악기를 주인공으로 선택함으로 전적으로 기계적으로 보일 위험도 있다. 그러나 텔레비전 방송은 단순히 삽화적일 수 없으며 음악을 설명하거나 중첩하는 것에 국한되어 있지도 않다. 1960년대에는 소리가 최우선이라는 원칙에 따라, 가끔 추상적인 전자 작곡으로 라인이나 볼륨 발전을 통해 크레셴도를 동반하거나, 시각적 단절에 의한 스타카토나 소리 편차를 강조하거나, 나선이나 소용돌이의 솔로를 이중화시키면서 소리를 강화시키려고 하였다. 물론 이러한 시도가 헛된 것은 아니었다. 뒤에서 언급하게 될 뮤직 비디오 예술은 넓은 의미에서 이런 혜택을 받은 예술이다. 그러나 버려야 할 것은 완벽한 동시성에 대한 연구이다. 소리를 촬영에 맞추려는 것은 화면에서 연주의 모든 역동성을 제거하는 것이 된다. 흉내를 부정하는 카메라는 오브제처럼 자체적으로 일종의 퍼포먼스가 되어, 음악가들의 신체적 집중과 관객의 반응이 감각적이고 유동적이며 밀도 있는 '물질'을 구축한다. 이 물질로부터 방송은 시각적 구성을 위해 꼭 필요한 요소들을 추출하게 될 것이다. 그렇게 되면 음악 연주는 독창적이 되며 방송의 중요 요소가 된다. 그러나 음악 연주는 콘서트의 양상을 모방하지 않는 영상과는 대립된다. 이렇듯 화면에서 전체가 변하고, 음악가들이 역동적이 되며, 몽타주가 오케스트라와 성악가의 작업을 연장시키고 증폭시키고 확산시킴에 따라 음악의 유일한 특징은 중심적이고 추상적이 된다. 그리고 거리를 둔 방송으로부터 청각과 시각뿐아니라 관객의 동력적인 능력을 함축하는 관계로 나아간다.

음악 프로그램은 텔레비전 방영에 있어 긍정적이고 최초의 새로운 열림을 우리에게 가져다주었다. 앞에서 우리는 스크린 화면의 점유와 프레임과의 조합에 대해 매우 흥미로운 여러 전략을 살펴본 바 있다. 파롤은 신체, 말하는 자의 몸과 듣는 자의 몸을 움직이게 한다는 것도 강조하였다. 그러나 이러한 측면에 대해 어떤 프로듀서들은 조심스럽게 피하고자 하며, 또 어떤 프로듀서들은 단순히 잠재적인 것으로 이용하고자 한다. 음악 방송은 직접적인 방법으로 영상에 대한 문제, 소리와 영화의 연결 문제를 제시한다. 음악 방송은 소리의 특권을 분명하게 하면서 영상이 독립적이 되는 경계에 대해 심사숙고하도록 한다. 텔레비전으로 방영되는 콘서트는 텔레비전 흐름에 있어 단순한 하나의 부분일 뿐이다. 다른 프로그램과 마찬가지로 콘서트는 간헐적인 청취의 대상이다. 이 말은 콘서트를 들으면서 청취자는 마음대로 자리 이동을 할 수 있다는 뜻으로 연주장이 아니라는 의미이다. 여러 의미를 보여주는 텔레비전 퍼포먼스가 갖는 고유한 논리로 볼 때 관객의 불안정성이 꼭 핸디캡이 되는 것은 아니다. 만일 텔레비전이 부주의나 사라짐을 인정한다면, 전체 신체의 움직임은 고정된 청취로 대체될 수 있을 것이다. 이렇게 해서 우리는 연구해야 할 두 가지 명제에 도달하였다. 하나는 소리에 복종하는 영상은 노예 상태가 아니라는 것이다. 촬영은 음악 전체에 영향을 미치면서 음악을 지탱하게 해준다. 초월의 가능성에 대해서는 거대한 실험의 장이 열려 있다. 또 다른 명제는 라디오와 텔레비전의 분명한 차이가 단지 화면의 존재에만 있다는 것이 아니다. 이 차이는 화면을 바라봄으로써 움직이고 움직이게 한다는 사실에 있다. 청각, 시각, 운동성, 모든 감각들이 대부분 여기에 공헌하고 있다.

소음들

우리가 텔레비전으로 방영되는 음악의 역할을 이런 식으로 받아들인다면, 독자는 동질다형 및 감각적인 여러 음역 사이의 교환을, 수다를 떠는 머리의 대사에 의한 단조로운 인상과 대립시키려고 할지 모른다. 여기에서 여러 번 상기했지만 전면에 드러나지 않았던 중심 문제를 거론하고자 한다. 파롤은 공허를 충족시켜 주고 정보를 전달하는 기능 이외에, 파롤이 중심 요소가 되는 텔레비전에서 어떤 기능을 갖고 있는가? 만일 한 청자가 라디오를 듣는 것처럼 텔레비전을 멀리서 들을 경우 텔레비전이 음악이나 담화로 제공되는 것과 전혀 다르게 반응하지 않을 것이다. 반대로 그가 텔레비전 수상기 앞에 있다면 그는 언어적 제공과 음악 연주 사이의 강한 대비에 예민해질 것이다. 음악과 영상은 종종 상호 화합하기 때문에 방송은 이들 사이의 리듬적인 상호 교류를 개입시킨다. 그러나 전반적으로 음악과 영상은 다른 방향으로 전개된다. 음악은 화음이 귀에 잘 들리도록 하기 위해 즉흥적이거나 기존의 화합을 바탕으로 작업을 하는 반면, 영상은 제시하고 숨기거나 드러내 보이고 회피하기도 한다. 이와는 달리 언어와 촬영은 부분적으로 서로 보완이 된다. 언어는 촬영이 제시하는 것을 나타내는 경향이 있으며 촬영은 말하는 자의 언어를 상호 보완하는 것이다. 그러나 파롤이 영상을 정확하게 묘사하는 것은 아니며 영상이 파롤이 상기시키는 전체를 포함하는 것도 아니다. 그렇다고 이처럼 제한된 일치성이 두 영역을 고갈시키는 것도 아니다. 모든 이론적인 것들을 섭렵하고, 시각적이고 음성적인 두 재료의 보완 덕택으로 오디오비주얼의 메시지가 기능한다는 가정에서 출발한 산드로 베르나르디는, 쌍방 모두 메시지로 환원 불가능하고 해석을 제공하지 않고도 관객의 주의를 끌 수 있다는 것을 '반-의미적 낯섦(singularité a-signifiante)'으로 명명하였다. 화자가 어떤 대상물을 말로써 지시할 때 그의 언어에는 순수 지시 이상의 것이 존재한다. 동시에 컬러, 조명, 후경, 촬영 단계는 대상물을 특징짓지 않고도 주의력을 이끄는 특별한 특징을 구성한다.[16]

반-의미로 향한다는 것은 보통은 텔레비전을 의심하는 것으로, 텔레비전이 파롤의 역할을 비대하게 하면서 회피하려 한다는 의미이다. 그 무엇과도 교류하는 것을 기대하지 않는 음악과 호환이 가능한 영상은 이처럼 단어와 만남에서 위험해질 수 있다. 따라서 영상은 프레임 안에 위치한 채 카메라의 시선이 무의미한 것으로 향하도록 하면서 한 방향으로 유도되어야 한다. 텔레비전은 너무 빈번하게 관객의 주의를 끌기를 기대하는 평범한 사진들로 장식된 라디오처럼 사용되어 왔으며, 이로부터 우리는 언어적 흐름의 문제에 끊임없이 집착해 왔던 것이다.

화면을 부차적 요소로 간주하고 텍스트를 단순히 보조한다는 이념은 텔레비전 초기에 자주 옹호되었다. 1960년대 중반 페터 자덱은 A.R.D.의 또 다른 방송 채널인 베스트도이처 룬트풍크(Westdeutscher Rundfunk, 서부독일 라디오방송)에서 후경을 강조하면서 긴 초점으로 영상화하려는 노력을 하였다. 그럴 경우 프레임은 분명해지고 중간 거리에 존재하는 인물들은 빛의 프리즘이거나, 불확실한 흔적이거나, 움직이는 빛으로만 보였으며, 사람들은 형상화에서 벗어나 순수 대화의 영역에 존재하게 되었다. 콜로니 채널에 특별히 행해진 실험에 익숙해

---

16) S. 베르나르디, 《시각 예술로서 큐브릭과 영화 *Kubrick e il cinema come arte del visibile*》, Parme, Pratiche, 1990, 58쪽.

있던 시청자들은 이에 대해 많은 항의를 하였다. 프레임을 횡단하는 희미한 형상과 광채가 텍스트를 따르는 것을 방해한다는 것이다. 만일 라디오에서 대사가 잘 진행되더라도 텔레비전에서 이 대사가 새로운 차원으로 도약하고 배우가 몸이나 목소리로 대사를 표현하려 한다면, 또 움직임을 단언하는 영상이 형상화되는 것을 거절한다면 대사는 흩어지고 말 것이다. 검은 프레임이 비어 있음은 이들 대사에 해를 입히기보다는 빛의 일탈로 나타난다. 이러한 문제를 시도를 해보는 것은 무용한 일이 아닐 것이며 다른 사람들도 여러 종류의 렌즈를 통해 이미 시도한 바 있다. 만일 이 시도에서 연극적 각색과 관련된 일련의 것들이 존재하지 않는다면, 언어와 일치하는 주도권에도 불구하고 작은 화면은 아무것이나 제시할 수는 없으며, 파롤이 주어진 자들을 단순한 장식물로 다룰 수 없다는 것을 증명하는 것이 될 것이다.

간단히 라디오와 비교한다면 훨씬 이해가 빠를 것이다. 라디오는 들리지 않음을 견딜 수 없어 한다. 매우 열정적인 인터뷰라도, 표현하는 사람들이 '좋은' 어법, 라디오 표준에 근접하는 어법을 사용하지 않는다면 잘려 나간다. 반대로 텔레비전은 인상적인 간격과 화합한다. 텔레비전은 말하는 자가 보이기만 하면 알아들을 수 없는 중얼거림, 소음, 악센트를 견딜 수 있다. 이때 주의력에 초점을 맞춘 카메라의 시선은 일종의 틈새를 메우는 것으로 국한되어 있지 않다. 변형되는 프로그램과 청자의 전반적인 관계가 중요한 것이다. 텔레비전의 표준은 꼭 봐야만 하는 것은 아니며 들도록 되어 있다. 마치 청자가 화면에 등을 돌린 것처럼 '이루어져' 있는 것이다. 음성적인 방송은 기준에서 멀어질 때 모든 것이 동요한다. 즉 언어와 그 내용에 대한 주의력이 기능장애에 대한 호기심으로 대체되는 것이다. 잘 알아들을 수 없기 때문에 청자는 갑자기 바라보게 된다. 이런 식으로 언어적 지속성은 권리를 다시 취하고 이러한 순간적 표현에 대한 간격은 영상과 소리 사이의 관계의 복합성을 강조하고 있다.

언어는 동일한 특징을 지니고 있다. 언어는 어조와 침묵과 망설임의 변화를 통해 주의력을 이끌어 내는 폭넓은 청취력을 지닌다. 자기 구조 속에서 움직일 수 없으며 의미도 갖지 못하는 영상은 처음에는 볼 수 없는 것처럼 나타난다. 영상으로 갑자기 시선을 집중시키기 위해서는 그 내적인 구성이 탈선을 하거나 불확실한 소리를 내면 될 것이다. 영상과 소리의 관계는 상보성의 규칙으로 되어 있지 않다. 차라리 그 관계는 대체의 관계이다. 그러나 관객은 이들을 동일한 것으로 바라보지 않는다. 먼저 가볍게 스치는 영상은 사람들이 주의 깊게 바라볼 경우에만 주의력을 일으킨다. 수다를 떠는 머리에 마쳐되지 않은 시선은 발견과 환상에 몰두한다. 우연히 질문을 받은 어떤 사람이 화면에서 뭔가를 중얼거리고 침묵에 빠진다고 하자. 사람들은 그를 관찰할 것

이며 그의 실루엣과 대답을 바라지 않았을 수도 있는 옆 사람의 실루엣과 멈춰서 있는 사람들의 실루엣이 후경의 나무들, 간판의 네온사인, 진열장에 충돌하는 조명, 전경에서 머뭇거리는 그림자를 엄습할 것이다. 초점이 흔들거리거나 엄청나게 많은 색들이 통행인들 사이에서 더욱 깊게 새겨질 때, 프레임은 덧없는 인상, 이행, 색조, 불확실성, 비어 있음으로 준동한다. 한 인간 존재가 형상으로 나타나든 단순한 움직임, 깜빡거림, 자리 이동으로 나타나든, 그는 화면의 예술이 눈에 띄도록 하기 위해 끊임없는 유동성의 흔적이 된다. 영상은 허약한 소리를 보충하기 위해 개입하지 않는다. 영상은 호기심을 이끌어 다른 곳, 이질적인 곳으로 향하게 한다. 해체의 효과는 강력하다. 프레임 속에 남겨진 '반-의미적' 전체는 원하던 바가 아니었다. 카메라맨은 인터뷰하는 사람만을 생각했겠지만 이 사람처럼 말이 없는 사람은 자신의 역할을 이행하지 못한 것이 되고, 평범한 카메라의 시각이 텔레비전의 영상으로 바뀌는 것이다.

더 이상 들을 수 없기 때문에 바라보는 시청자의 경험은 이 순간 경험 자체로 간주되어, 알 수 없는 어떤 장소에서 찍힌 설명도 없는 한 장의 사진 앞에서 느끼는 경험과 비슷하다. 그는 자신의 도정에 표시를 할 것이며 순수하게 주관적인 방법으로 자신의 선택을 구축할 것이다. 그러나 텔레비전의 배치는 사진과는 전혀 다르다. 시선을 잡아 이끄는 영상은 언어적 물결의 한가운데 나타난다. 영상은 움직이며 짧고 불확실하다. 한편 관찰자는 사진과의 관계를 조절하고, 관찰의 기간을 고정하며, 텔레비전이 제공하는 것을 제어하지 못할 것이다. 두 개의 시간성, 즉각적인 영상과 언어로 연장된 영상이 관찰자에서 멀어진다. 그러므로 텔레비전은 전혀 예견할 수 없이 인식의 체제를 변화시키고 지속 속에 단편들을 도입시키며 바라보는 것을 질문하게끔 시청자들에게 청취의 거리감을 이끌어 낼 것이다.

텔레비전 소리는 독창적인 것과 목소리 혹은 악기 소리의 두 경우가 있는데 하나는 단연코 가장 중요한 것으로 규칙화된 경우이고, 다른 하나는 탈선된 경우이다. 규칙화는 텔레비전을 영화나 라디오와 유사하게 하고 탈선된 것은 매우 특별한 케이스이다. 규칙화된 소리는 이를 무시하는 영상과는 무관하지만, 그러나 순수하게 지시적인 기능에서 자유로운 영상은 콘서트가 훌륭한 예를 제시한 경우처럼 자치적으로 표현의 힘을 지닐 수 있다. 따라서 방송은 청자를 강하게 자극하고 그들에게 다양한 감각적 응답을 요구하면서 확산된다. 그러나 영상은 텔레비전에 속하는 것이다. 테이프처럼 풀린 담화에 대응하여 영상은 한 지점에서 스냅사진이 솟아나도록 한다. 한 단계에서 다른 단계로의 추이, 선형적 시간의 이물질, 일시적 순간의 침입, 이것들은 시청자들이 듣는 것에서 바라보는 것으로 변형시키는 것이다.

3. 눈보다 더욱 빠르게, 더욱 멀리

영화가 막 생겨났을 때, 영화는 곧장 완벽한 속임수를 강조하였다. 영화는 우주 공간을 횡단하였고 이상한 동물들로 채워졌으며, 불가능한 세계도 만들어 냈고 중력을 부정하였으며 꿈의 힘을 확신시키기도 하였다. 영화가 사용한 대부분의 방법은 매우 간단한 것이었다. 유일하게 불편한 것은 좀 비싸다는 것과 오랫동안 준비를 해야 한다는 것이었다. 전자공학과 더불어 연구실에서만 오랫동안 사용되었던 극도로 현학적인 조합이 영화에서 이루어졌다. 촬영의 초심자는 영화의 템포를 변경시킨다든가 첨가한다든가 아니면 몇 요소를 삭제하든가 색을 변화시키든가 거의 감을 잡을 수 없도록 움직임을 변화시키기도 하였으며, 갑자기 모든 것을 뒤엎기도 하였다. 좀 더 진보적인 단계에 이르러 영화는 자연물을 모방한 형태, 우리의 감각이 인지할 수 있는 것과는 아무런 관계가 없는 형태, 적어도 현재의 단계에서 완전히 상상적인 형태를 쉽게 표현할 수 있게 되었다. 전산과 정보의 결합은, 사진과 영화가 이미 결정적인 새로움으로 도입했던 표상의 영역을 진정으로 변혁시킨 것은 아니었다. 이들의 결합은 과거에 놀랄 만한 것으로 남아 있던 조립, 속임수, 저속한 흐름을 회복시켰다. 효과의 특성, 얽힘, 속도는 전반적으로 큰 화면이든 작은 화면이든 거의 동일하다. 그러나 이들에 대한 쓰임새는 매체에서 매체로 엄청난 다양성을 만들어낸다. 영화는 변경, 리듬의 변화, 후위로의 귀환을 강조하기 위한 전략적인 포인트로서 속임수를 사용하여 왔다. 간략하면 영화는 재현된 시간(이야기 지속)과 공연 시간(관객의 주의력이 다시 집중되는 순간)을 동시에 지배하는 특징을 지니고 있는 것이다. 텔레비전에서 특수 효과는 특별한 기능을 가지고 있지 않다. 미국 **C.B.S.**의 한 대중적인 프로그램인 〈피위의 장난감 집〉은 주인공 피위를 만화 영화의 세계로 이동시킨다. 이 방법은 자체적으로는 독창적인 것은 아니다. 영화에서 이미 이를 사용한 바 있지만 그러나 대형 화면의 것이 그대로 인정되었다는 것과 분명한 형상이라는 두 특색이 혼합되어 있다. 피위는 하루 내내 채널에서 방영되는 일상적이고 구체적인 세계에 대한 시각을 통해 지속적인 **카툰**(만화) 가운데서 자신의 여정을 실행하면서, 일상적인 텔레비전 프로그램의 정가운데 자리를 차지한다. 종합적인 영상은 하나의 특별한 움직임, 예컨대 첫머리 자막이나 방송의 끝을 의미한다는 것을 잘 알고 있다. 또한 영화 촬영, 애니메이션, 컴퓨터의 도움을 받은 구성이 서로의 뒤를 잇고 혼합되어 보완된다는 것도 잘 알고 있다. 영화의 속임수는 영화에 의해 창조된 세계가 더욱 잘 기능하도록 한다. 이 속임수는 그러므로 현 세계와는 유리되어 있으며 관객에게 인공적인 것으로 나타난다. 이와는 달리 근원이 무엇이든 간에 음향 효과들은 텔레비전 풍경의 부분을 이룬다.

영상들의 현기증

평범한 순간들과 환경에 의해 창조된 시퀀스의 단편으로 설명을 시작할까 한다. 한 해설자가 작은 창문에서 필름의 짤막한 부분을 투영시켜 예시하면서 다양한 사실들을 설명하고 있다. 한순간 어느곳에선가 사고가 일어났고 사고 위치가 측정되고 판단된다. 실제로 카메라 시선은 멀리서 애매하고 미세했던 까닭에 무슨 일이 일어났는지 깨닫는 데 큰 도움이 되지 않는다. 아나운서는 우리에게 일종의 시뮬레이션을 제안한다. 우리는 서로 다가가는 형태들을 바퀴라고 추정하며 가볍게 접촉하고 충돌하는 형태들을 바라본다. 그런데 실상 우리가 바라본 것은 컴퓨터로 합성된 것으로 실제로 일어난 사건이 아니다. 스크린은 컴퓨터 프로그램의 덧없고 순간적인 현실화 이외에는 아무것도 아닌 것이다. 여러 사건들은 목적지를 상실하고 다이어그램으로 변모한다.[17]

우리는 방송에서 부단한 연속성과 '프로그램 일정'을 언급하였고, 텔레비전에서 메아리가 없는 파롤의 유유한 흐름은 시작도 끝도 없는 열린 시간을 구축한다는 것을 암시하였다. 언어적 물질은 근본적으로

---

17) 여기서 더 이상 깊이 있게 다루지 않을 이 연구에 대해서는 다음을 참고할 것. 에드몽 쿠쇼, 《영상. 광학에서 디지털로 Images. De l'optique au numérique》, Paris, Hermès, 1988, 220-225쪽.

안심할 수 있는 것으로 속임수와는 크게 관계가 없다. 언어적 물질은 약간만 변경을 해도 들을 수 없기 때문에 변경시키기도 어렵다. 결국 언어적 물질이야말로 텔레비전의 '진실'을 구축하는 것이다. 그것은 언어적 물질이 진실(사회자는 누구든지 거짓말을 한다)이어서가 아니고 올바른 것(텔레비전의 발성은 인위적이기를 원한다)이기 때문이다. 언어적 물질은 안정적이며 '텔레비전 표준'이 마이크를 지배하기 때문이다. 영상은 이보다 훨씬 박력이 있다. 영상은 늘어지기도 하고 변형되기도 하고 얼룩이 지기도 한다. 영상은 자극적이며 수수께끼가 된다. 영상은 놀라운 방법으로 변형이 되지만 지속적으로 보여지는 존재이다. 우리는 영화에서 시간의 재현이 얼마나 중요한지 이미 언급한 바 있다. 영화는 픽션을 전개시키도록 위임받은 리듬을 끊임없이 변화시킨다. 반대로 텔레비전은 목소리로 규제된 흐름으로 구성된 연속된 지속으로 이루어진다. 영상에 있어 시간적 탈선이 있을 경우 텔레비전은 순식간에 위험에 처한다. 이완과 가속은 이러한 큰 변화의 주요한 두 형태이다. 극장의 대형 화면에서 이완과 가속은 기다림과 서두름을 암시한다. 그러므로 이들은 근본적으로 허구의 시간성을 형성한다. 작은 화면에서 이완과 가속은 일종의 정지, 지속 밖으로 나감을 의미한다. 영상의 정상 속도에서 설명되어진 사건은 숨 가쁜 총체, 즉 갑작스런 쇼크와 유린된 불빛의 만남, 끝도 없으며 있을 수도 없는 만남으로 이루어진다. 투영의 속도 변화는 우리가 정의했던 의미에서 파롤의 '진실'과 초점의 분명함으로 갈등을 야기시킨다. 시간이란 이야기를 위해 꼭 필요한 것이므로 파롤에 의해 약화된 것은 가속화와 더불어 순식간에 시간 밖에서 나타난다. 혹은 이완을 선택했을 경우에는 필연적인 것이 불가능하게 보이는 기대감 속에서 나타나기도 한다.

이 대조적인 시간의 두 단계는 이렇듯 조합을 이루지 않고도 서로 만난다. 담화는 대략 공간-시간적 연계(언제, 어디서) 속에서 유지되며, 여기에서 설명은 사라진다. 시각과 청각 사이의 커다란 거리감은 작은 화면에서 특별한 것이 아니다. 별 준비가 안 된 방송에서도 텔레비전은 이들을 사용한다. 수다 머리가 텍스트를 말하는 동안, 비결정적인 순서로 수다 머리 뒤를 통해 관계가 다루어진 질문과는 거리가 있고, 어떤 때는 존재하지도 않는 영화의 단편들이나 필름이 연속적으로 지나가는 것을 본다. 텔레비전 수상기가 갖고 있는 라디오의 기능은, 청취자들이 영화에서 불쾌하게 생각하는 것을 무슨 이유로 텔레비전에서는 수용하는지 부분적으로 설명해 준다. 이들 청취자들은 영사실의 의례적인 환경과는 다른 환경에서, 다른 인지 방법으로 개입을 하는 것이다. 주의력은 독창적인 방법으로 실행되며 때로는 이 영역에서 저 영역으로 옮겨다니기도 한다. 이 주의력은 경우에 따라 영원성과 장시간에 다시 고정되기 위해 일시적인 효과에 잠깐 정지하기도 한다. 공연의 폭발성은 텔레비전으로부터 생겨나는 것이 아니다. 곡예사나 곡마사나 그네 곡예사가 동시에 자신들의 전공을 선보이는 서커스나, 여자 가수나 소녀들이나 마술사들이 무대에서 교차하는 뮤직홀에서 공연은 폭발적이다. 그러므로 관객은 자신의 발전과 관계가 있는 모든 자극물들과 대면하고자 하며, 더욱 관심 있는 퍼포먼스를 찾아다닌다. 작은 화면에서는 담화의 추이에 따른 영상들의 깜빡거림이 참신하게 연결이 되고, 플래시와 신호와 스냅사진의 형태들이 멈춤 없이 연속적으로 지나간다. 시간 안과 밖에 동시에 존재하는 관객은 담화로 그려진 성향을 따르거나 영상을 따르거나 한편으로 시각과 청각을 작동시키거나 이들을 화해시키고자 시도한다.

분리는 텔레비전에서 흔한 것은 아니다. 분리는 파롤의 지배적인 체제를 특징으로 하는 대비로 개입된다. 가장 흔한 분리의 형태인 뮤직 비디오나 짧은 상업 광고는 작은 화면에서 매우 특징적으로 나타난다. 라디오와 텔레비전을 가장 분명하게 구분하는 것이 바로 이것들이다. 사실 뮤직 비디오와 짧은 광고는 이들의 특징을 간직하고 있는 텔레비전의 흐름과 더불어 발전되었다. 많은 광고들은 텍스트에 의지하고 있으며, 뮤직 비디오는 간단한 것이긴 하지만 언제나 작곡으로부터 출발한다. 이들의 대부분의 촬영은 제시하는 것에 국한되어 있다. 광고는 대대적으로 선전된 상품을 제시하거나 내용이나 단계의 리듬적인 변화에 의한 노래나 '히트곡'의 박자를 강조하는 역할을 한다. 소심하게 접근하는 경우라도 여러 다양한 숏으로 이루어진 연속적인 다량의 구성은 소리를 유지시키고자 하는 규칙성을 전염시킨다. 그러므로 영상의 전개는 파롤의 전개처럼 지속적이고 잔잔한 것이 아니며, 스냅 사진은 영원성과 갈등을 겪게 된다.

특히 뮤직 비디오는 세분화의 효과로 전개된다. 촬영은 자르고 연결시키는 것으로 이루어져 있으며 어떤 주제나 목적이 시선에 주어지지 않은 채 서로 반발하기도 한다. 숏들은 분명한 '내용'이 있으며 무대와 장소와 인물이 화면에 등장한다. 그러나 지속적인 영상 테이프에서 무대, 장소, 인물을 다시 집결시키는 방법은 이 숏들로부터 공통적인 준거를 발견하는 것을 금하고 있다. 여전히 '몽타주'란 용어가 필요하다 하더라도 영화의 몽타주와는 전혀 다르다. 뮤직 비디오는 연속적인 단순 효과를 통해 숏들이 서로에게 영향을 끼치도록 한다. 숏들은 언어로 향하는 대신 인상을 표현하도록 한다. 조합의 가능성은 많다. 우리는 이들 조합을 나열하기보다는 그 기능이 무엇인지 살펴보고자 한다. 분리와 촬영의 간단성은 무엇보다도 전체적인 공간의 형태를 거부한다. 대형 화면이든 작은 화면이든 우리가 살펴본 것처럼 공간화는, 꼭 보이는 것이 아닌 다른 곳을 향하는 움직임과 사각형의 한계를 없애는 것을 가정하는 프레임의 범람과 연결되어 있다. 그러나 뮤직 비디오에서 각각의 단위는 그 자체 이외에 다른 목적지를 가지지 않은 것처럼 보인다. 재현의 지속은 너무 짧아서 시선은 그 기준을 설정할 수 없고, 후경은 종종 매우 모호하다. 만일 후경이 존재한다면 각각의 컷과 함께 변할 것이다. 견본으로 실행했던 어떤 장소나 공간으로부터 출발한 것을 암시하기 위한 어떠한 환기의 개입도 없다. 뮤직 비디오는 움직임을 공간에서 이탈시킨다. 사진으로만 구성된 뮤직 비디오도 분명 있을 것이다. 그러나 움직임이 없는 뮤직 비디오란 없으며 연속적인 빠르기와 오버랩은 적어도 변화되는 감정을 충분히 제시할 수 있다. 여기서 움직임이란 밖으로 향하는 긴장감이 아니다. 움직임은 자체적으로 고유한 전개를 통해 짧은 영상을 증폭시키는 에너지로 집중되는 움직임이다. 최소한의 서술적 논리가 거부되고 이에 따라 디테일과 방향과 제스처는 숏 이전의 숏들과 연결된다. 이런 식으로 언제나 동일한 픽션의 세계임이 확인된다.

뮤직 비디오에는 이야기가 없다. 뮤직 비디오는 세계의 외관을 표현하지도 않는다. 그러나 뮤직 비디오가 전적으로 불확실한 것은 아니며 기준을 구성하는 요소들을 지니고 있다. 뮤직 비디오는 무엇보다 가수, 음악 그룹, 구성된 멜로디를 해석하는 자들과 연결되어 있다. 또한 뮤직 비디오는 무용수, 스포츠, 서커스, 간략하면 신체적 퍼포먼스나 실행 속에서 몸을 움직이는 자들에게 특권을 부여한다. 뮤직 비디오는 형식적인 효과, 특히 변화와 지속성을 동시에 지니는 오버랩을 사용한다. 어떤 때는 길게 늘어지며, 한 형태가 다른 형태 안에서 흔들리기도 한다. 하나의 입이 풍경 한가운데서 벌어지고 팔이 말발굽 아래 늘어지며 경계들이 혼동되고 카메라에 잡힌 흰 해변이 또 다른 화면이 되기도 한다. 영화의 이중인화를 오랫동안 연구한 마르크 베르네는 이런 형상의 고유한 추이성을 다음과 같이 강조하고 있다. 이 중인화는 장소와 시간을 초월하도록 한다. 이중인화는 한 인물과 그 인물이 바라보는 것, 그가 정신을 집중하고 있는 것과 연결되어 있다. 이 중인화는 "차이점이 존재하는 지속성을 설정한다."[18] 그러나 뮤직 비디오에서 오버랩은 하나의 변화가 실천되는 이러한 불확실한 형태는 아니다. 이 오버랩은 고유한 지속을 지니고 있으며 오버랩을 구성하는 카메라의 시각은 각자 자체적으로 전개된다. 또 이들에게 부여된 강제적 관계 속에서 오버랩은 그 특징이 발전하는 조합에 의거하는 독립적인 영상으로 확립된다.

오버랩의 구성 요소들의 독립성은 뮤직 비디오의 특징이지만, 오버랩이 움직임의 이동이나 장소의 이동을 지칭하는 것이 아니다. 뮤직 비디오가 보여주는 형상의 조합은 허용된 것에만 가치가 있다. 질 들뢰즈는 영화 몽타주를 간격에 대한 작업으로 보았다. 두 숏을 분리시키는 빈자리는 이들 각각의 숏과 관계가 없는 것을 이끌어 낸다. "연합과 관련된 최초의 것은 틈이다." 공간적 간격 두기는 '영상들의 두 구성 요소-사이'[19]가 된다. 접근이란 언제나 연결의 요소이며, 이질적인 카메라의 두 시선이 서로 뒤따를 때 유사성의 환상을 획득하게 된다. 그러나 뮤지 비디오는 이 규칙을 강하게 희석시킨다. 이 규칙의 한계를 인지하도록 하기 때문이다. 스크린에 가수 그룹과 신체의 부분들, 즉 어깨·손·입이 차례대로 나타나는 뮤직 비디오가 있다고 하자. 부분들은 전체, 이름 없는 실천자들 전체로부터 무의미한 것을 이끌어 낸다. 부분들은 전체로 확산되고, 몇 초간 뚜렷한 생명이 부여

---

18) M. 베르네, 《영화에서 보이지 않는 것. 부재의 형상들 De l'invisible au cinéma. Figures de l'absence》, Paris, Cahiers du cinéma, 1988, 86쪽.

19) G. 들뢰즈, 앞의 책, 234-235쪽.

된다. 그러나 몸의 부분들 역시 이름이 없다. 프레임 안에서 몸의 위치, 조명, 단계는 분산되어 있으며, 단지 스스로에게만 가치가 있다. 가수들은 나눠지고 또 나눠진다. 노래를 하는 것이 턱인가? 아니면 눈이나 손인가? 집단은 상위의 실체로, 전체로 전개되지 않는다. 스크린 너머를 암시할 때, 보통은 어떤 공간이나 이따금 유기체적 필요성을 암시할 때 관객은 '두 요소-사이'를 구성한다. 들뢰즈가 말하는 '…과 사물들의 구성 요소'인 것이다. 뮤직 비디오에서 '…과'는 필요하지 않다. 이를 비우지도 않거니와 사용하지도 않기 때문이다.

텔레비전 영상의 수수께끼 모습을 하고 있는 뮤직 비디오는, 청각과 시각의 두 요소의 갈등 혹은 시각에 의한 청각의 이중화라는 둘의 극단 사이에서 전개된다. 음악적인 부분은 작은 화면에 필수적인 영원성을 확인시켜 준다. 언어적인 방송은 중단되었지만 노래가 전개되는 방송 시간대는 일련의 히트곡 덕택으로 비어 있음을 없애고 있다. 어떤 다른 프로그램처럼 뮤직 비디오의 화면은 강요를 하지 않고서도 눈을 자극한다. 청취자들은 텔레비전 수상기에 등을 돌린 채 여유 있게 들을 수 있으며 그들에게 시각적 몽타주가 제안되기도 할 것이다. 말하자면 시각적 몽타주는 임시적이다. 그리하여 관객은 스스로 부차적 능력을 즐기며 애호하는 형식을 선택하게 될 것이다. 영화나 연극이나 스타디움에서도 마찬가지로 눈을 감을 여유는 있다. 이것이 의미하는 것은 부분들이 구조화된 전체를 이루고 있다는 뜻이다. 보지 않으면 따라가지 못할 위험은 있지만 시각과 청각은 서로를 보완한다. 텔레비전에서도 시각에 제안된 역할은 분명하지 않다. 영상은 소리와 멀어지는 동시에 소리로 향한다. 영상은 파롤에 일종의 프레임을 제공하고, 드러난 것에 있어 어느 정도 파롤과 관계를 맺고 있다. 그렇지만 영상은 다른 곳에 위치한다. 영상은 사람들이 듣는 것을 제시하지 않는다. 영상은 사람들이 습관적으로 인지하는 것뿐만 아니라 이 언어나 이 음악의 언저리에서, 이 순간에 관찰할 이유가 전혀 없다는 것을 시선에 암시하기도 한다. 어떤 경우에 영상은 더 멀리 나아가기도 한다. 영상은 주의력을 분산시키기도 하고, 지속성을 깨뜨리며, 파롤을 거칠게 만들기도 한다. 따라서 지속에 있어 비어 있음은 관객으로 하여금 더욱 사유하도록 한다. 영상의 현기증은 단순히 빠르기, 숫자, 몽타주에서 비롯된 것이 아니다. 이것은 순간과의 만남에서 깨닫고 열중하게 되는 감각을 자극하는 놀라움과 관계가 있다.

과잉의 경계선들

영상은 소리의 한계를 초월한다. 우리가 비디오로 우회하면서 이 넘침의 풍부함을 개진시킬 수 있을 것이다. 사람들은 텔레비전의 기술적 수단을 이용하는 창조적 실제에 대해 약간은 넓은 명칭으로 '비디오'라고 부른다. 그러나 비디오는 텔레비전이 따르는 제도적 제약을 따르지 않는다. 언어적인 관점에서 비디오와 텔레비전은 아무런 차이가 없다. 텔레비전은 여러 채널을 통해 제약된 청취 영역에서 '비디오 예술가'의 작업을 받아들인다. 비디오는 프로그램의 집념에서 벗어난다. 그 지속 시간이 몇 시간이든 간에 각각의 비디오 작품은 한 편으로 독립적인 것으로 받아들여진다. 비디오는 특별히 비디오를 보러 온 청취자, 결과적으로 최소한이라도 주의력을 집중할 준비가 되어 있는 청취자와 관계가 있다. 비디오는 영화와는 거리가 있다. 비디오가 텔레비전에 의해 실행된 공연적인 태도의 변화에서 이익을 얻기 때문이며, (대부분의 경우) 극장이나 작은 화면에 얽매이지 않고 실험적인 형태를 취할 수 있기 때문이다.

비디오의 소리는 텔레비전 소리와 뚜렷이 구분된다. 비디오의 소리는 동반하는 것이 아니고 강한 인상을 주며 불완전하고 결함이 있고 문자적으로 구성되어 있다. 비디오의 구성에서 영상은 텔레비전의 특징을 채택한다. 비디오 영상은 그 고유의 한계를 활용하는 능력으로 뚜렷이 부각된다. 영상은 흐릿해지면서 '눈 내리기'(녹화되지 않았거나 잘못 녹화되어 줄을 긋는 반짝거림), '삭제'(신호의 부재)로 가볍게 시작한다. 비디오 영상은 채색(전기 효과에 의한 인위적인 염색), 도치(음화로 처리된 영상), 분열(프레임 내에서 동일한 영상을 두 번, 열 번 반복하기) 등으로 다양화된다. 전체적으로 비디오는 근본적으로 물질(필름은 긁을 수도 있고, 칼로 그림을 그릴 수도 있지만 비디오테이프는 긁을 수가 없다)로 작업을 하는 것이 아니라 녹화 기술의 불완전성으로 또는 섬세함으로 작업을 한다. 비디오는 기획자의 임의적 선택과 그가 거부하거나 막연하게 느끼는 해결책과 그가 심사숙고하여 진행하는 연출로서 제시된다. 비디오의 주된 관심은 다음성에 대한 깊이 있는 의미이다. 말하자면 소리의 불안정성이자 시각적 효과로 유지되는 거리이자 관객을 강하게 반응하도록 영상이 투사되는 도전인 것이다. 만일 이러한 관심이 확고부동한 거절로 닫혀 있지 않다면, 테이프가 지닌 확산 효과, 잉여, 빈틈을 만들어 내는 것도 포함될 것이다.

텔레비전도 이와 동일한 노선에 참여할 수 있다. 그것은 청취의 안락함 때문이 아니다. 관객은 작은 화면에서 들을 수 없는 발성을 쉽게 용인한다는 것을 언급한 적이 있다. 이들 영상 수준이 낮다고 해도 자유로운 텔레비전의 지속적인 성공에 방해가 되지는 않는다. 단순히 텔레비전 시청자는 전달의 결점에도 불구하고 그 프로그램을 따른다. 시청자들은 부차적인 표현 수단을 위한 이러한 간격들을 유지하고 있지 않다. 비디오는 눈과 귀가 따르지 않는 바로 그곳에 도전을 하는 것으로 관객은 계속해서 무엇인가를 발견하고자 한다. 텔레비전 역시 일반적인 인지 너머를 추구하지만 감각으로 도달할 수 있는 것에는 한계가 있다. 텔레비전이 확산시키고, 깊이 있게 하며, 중첩시키는 것은 항상 식별 가능한 것이다. 텔레비전의 대담성은 등급화되어 있다. 영상은 폭넓게 잠식되어 있고 소리는 가볍게 스쳐 지나간다. 텔레비전과 비디오는 전자 분야가 발전함에 있어 유사하게 보조를 맞추어 왔다. 이 둘은 모두 시뮬레이션에 열려 있는 것이다. 종합적으로 볼 때 화면은 사진의 앵글에 의해서는 볼 수 없으며, 선형적 원근법과 절연되어 있는 전대미문의 형태를 자유롭게 사용한다. 영상은 평범하지만 그러나 강조된 움직임으로 활성화된다. 또 영상은 중심을 향하는 집중 없이도 볼륨을 발전시키기도 한다. 라인들은 시선을 후경으로 집중시키는 대신 여러 방향으로 분산시키거나 산만하게 만들기도 한다. 전복, 교체, 진부함에서 두꺼움으로의 미끄러짐, 용량이 다른 환상과의 대조는 이렇게 해서 시각적 대상물이 된다. 화면은 컴퓨터로 제공된 학습이라는 유일한 법칙이 프로그램화된 변화로 인해 활성화된다.

여기서는 전자 녹화를 위해 쓰이는 지속적인 전개, 즉 조작 방식을 언급하지는 않을 것이다. 다만 텔레비전이 영화와 비디오에 속하는 방법들을 이용하여 이들 매체가 구성하는 관객과 다른 관객과의 만남의 형태를 어떻게 다루고 있는지 살펴보고자 한다. 텔레비전이 소리 표현의 중복에 국한되어 있지 않다면, 텔레비전 영상은 다양한 움직임을 보이고 프레임 한가운데서 담화의 한계를 넘어가는 애니메이션 효과를 창출하면서 주의력을 끌 수 있을 것이다. 비평적인 순간들을 분명하게 하는 것은 필요한 일이다. 즉 던지기와 달리기를 있는 그대로 제시하는 대신 이들의 몇몇 지점을 선택하는 것이다. 이렇게 함으로써 일반적으로, 시선으로 포착할 수 없는 제스처의 역동성과 그 넓이가 아무런 감속 효과의 개입 없이 드러날 수 있다. 행동의 지속은 변형되지 않으며 이 행동을 바라보게 하는 방법만이 변한 것이다. 이런 식으로 작업을 하면서 카메라의 시선은 파롤을 지지하기를 멈추고, 대신 더욱 빛나고 화려한 재현의 차원으로 눈을 돌린다. 이럴 경우 청자는 방송을 구성하는 소리와 시각을 연결시키는 데 별로 어려움이 없다. 그러나 연결이 불확실한 순간부터 사물은 복잡해지고, 담화와 함께 스스로 개진되는 영상, 망설이는 영상, 정보보다 움직임을 우선시하는 영상, 볼륨과 팽창과 변화의 효과를 과장하면서 그 환상을 표현하는 영상은 관객으로 하여금 선택을 하도록 제안한다. 관객은 **선험적으로** 구분이 되어 있는 두 영역을 스스로 연결시킬 수 있으며 상호 순환시킬 수도 있고 들은 것을 단단하게 고정시킬 수도 있다. 여기에서 파롤의 범람은 한계가 있다. 텔레비전 수상기 앞에서 파롤의 범람은 의무적인 선택 사항은 아닌 것이다.

순수하게 미학적 관점으로 텔레비전을 바라보는 것은 헛된 시도처럼 보인다. 작은 화면이 매일 우리에게 제공하는 것들은 슬프게도 빈약하기 때문이다. 한편 우리는 명제를 구체적인 예시로 제안하는 데 어려움을 겪었고, 실제로 실행된 프로그램보다는 열려 있는 가능성, 잠재성을 분명히 하고자 하였다. 텔레비전의 미학이 존재하는가? 역시 단순하게 제기된 이 문제에 대해 누구도 대답할 수 없을 것이다. 미술이나 음악의 미학은 더더욱 존재하지 않는다. 단순히 실천 자체 속에서 미술과 음악은 아마도 관객이 예민해지고 화가나 작곡가가 경우에 따라 이용하게 될 창조의 전망과 분리의 잠재성을 되찾게 될 것이다. 텔레비전 제작물의 지배적인 평범성은 전적으로 상업적인 논리를 따르고 있으며, 수다나 복권보다는 더 넓은 지평을 지니고 있다.

또한 텔레비전은 우리가 여기에서 보여주고자 했던 놀랄 만한 다양성을 지닌 갈등과 조합과 흔적들도 지니고 있다. 텔레비전은 영화가 타락한 것도 아니며 영화의 부록도 아니다. 텔레비전은 글쓰기의 또 다른 시스템인 것이다. 텔레비전은 영화에서 소재와 테크닉에서 많은 부분을 빌려 왔다. 하지만 그 논리는 전혀 다른 것으로 제7의 예술 차원으로, 텔레비전의 이념을 전개하고자 하는 것은 있을 수 없는 일이다.

작은 화면에 있어 지속적인 방영은 기본적인 소여이다. 이 방영은 오페라에 대한 성악가와 음악가들의 개입이나 그림의 진열 못지않게 중요하다. 텔레비전 방송은 언어의 교환에 그 근간이 있다. 그러나 '말하는 테이프'는 영상 테이프와의 대립을 통해서만 유지된다. 파롤 자체는 이를 말하는 사람을 숨기거나 드러내며, 화면을 잊게 하기도 하고 화면을 바라보도록 자극시키기도 한다. 반면 영상은 단어나 소음 뒤에 숨거나 아니면 이것들에게 영향을 미친다. 텔레비전의 미학적 잠재성은 바로 이러한 유동성에 있다. 언어적 지속성은 투명하다. 언어적 지속성은 움직임과 위반과 병렬과 단조로움을 뒤흔드는 색깔의 침입과 동행하고 유지되며 초월하거나 모순적일 수도 있다. 담화의 침입은 언제든 가능한 이슈이며 이따금 짧은 순간에 우연히 개입할 수도 있다. 그러나 담화의 침입은 하나의 선택이자 하나의 선입견과 관련이 있다. 단 하나의 제한은 텔레비전 체계 자체에 관한 것이다. 모든 대담한 프로그램도 커뮤니케이션을 목적으로 한다. 어떠한 경우라도 작은 화면은 그 대상인 집안용에서 벗어날 수 없다. 시청자의 안락을 생각해야 하는 것이다. 텔레비전은 영상과 카메라의 시선과 담화로 인해 커다란 자유를 지니고 있다. 프레임 안에서 자리 이동을 하고 몸의 도약과 얼굴의 표정을 이용하며 사진과 종합의 효과를 연결시키고 오버랩을 활성화시키며 프로듀서들은 정보와 오락 방송을 오디오비주얼 작품으로 환원시킬 수 있다는 의미이다. 자본과 시간과 어떤 때는 용기가 부족하여 작은 화면에 창조적이고 독창적인 것이 제한될 경우, 이러한 장애물은 실천을 통해 극복될 수 있을 것이다. 이런 측면은 자체적으로 텔레비전 매체의 핵심 사항은 아니라고 생각한다.

텔레비전은 자본 논리에 종속되어 있다. 따라서 텔레비전을 잠재적으로 독립적이고 혁신적이도록 하려는 것은 헛된 일이 아닐 것이다. 다시 한 번 언급하건대 이 장의 목표는 작은 화면을 그 자체로써 꿈꾸려는 것이 아니다. 우리가 창조적 작품들과 맺고 있는 관계 속에서 진정한 도전을 하려는 것이 무슨 이유인지 이를 이해하고, 여기에서 다룬 창조 요소들을 측정하기 위해서이다. 우리는 영화를 언급하면서 관객과 관객의 시선을 끄는 오브제, 완벽하게 정의된 오브제 사이의 활발한 교류를 전망한 바 있다. 이 오브제는 유일하게 영화와 관련된 것이거나 아니면 서로를 드러내는 것으로 만족하는 부조화나 유사성을 통해, 이들에 대한 집중력을 통해 이들 사이에서 연결되어 있는 실천의 조합과 관계가 있다. 그림, 데생, 심포니, 오페라와 관련된 것이었다면 분명 다른 방법론을 채택했을 수도 있고, 어디엔가 열거되고 고유명사로 동일시되어 각자 하나의 제목으로 제시된 악보나 회화를 참고할 수도 있었을 것이다. 텔레비전은 시청자와 마주하는 것을 결코 좋아하지 않는다. 이것은 시청자가 원하는 것이기도 하다. 텔레비전은 손님을 몽상적이며 예기치 않은 청자로 만든다. 텔레비전의 청취는 비록 그것이 사회적으로 잘 규율화되어 있음에도 불구하고 각 사용자의 인습이나 유머에 따라 강렬함과 신중함이 변화하는 방랑자의 모습을 하고 있다. 결국 미학적 참여는 언제나 개인적 활동과 연관이 있지만, 그러나 이것이 모두에게 인정되고 잘 알려진 작품일 경우 관점들의 대립이 가능하다. 애호가들은 동일한 준거를 지닌 동일한 것을 전혀 다르게 언급한다. 텔레비전 단편들에 대한 미학적 동의가 집단적 현상으로 될 가능성은 거의 없다. 왜냐하면 집중을 하는 현재의 순간들과 이 순간들의 지속이 사람마다 매우 다르기 때문이다. 한편 상황이 제대로 알려지지 않은 것도 아니다. 각 방문객은 도시나 자연 경관에 대한 자신의 여정을 독창적이면서 서로 다른 시퀀스로 인도할 것이기 때문이다. 미학적 사유는 잘못 규정된 거대한 전체(어떤 풍경이 어디서 시작하는가?)라기보다는 그림, 영화, 비디오 몽타주처럼 윤곽이 분명하게 드러나는 현실적인 것에 더욱 머문다. 텔레비전을 짓누르는 정당화된 경멸은 아마도 오래된, 그러나 무시되어 온 문제에 대해 텔레비전이 강하게 천착하고 있음을 보여주는 것이 아닐까? 만일 미학적 경험이 각 주체에 의해 자유롭게 선택된 단편들을 산포되고 구축하는 연구로 이루어져 있다면 어디서 이 미학적 경험을 다시 만날 수 있을까? 이로부터 참여의 근본 요소인 판단이 정의될 수 있을 것인가? 텔레비전은 그 빈약함에도 불구하고 오디오비주얼 연출의 미학적 연구를 복잡하게 하는 문제를 다시 생각하도록 한다.

제6장

교　차

　유치하기도 하고 반복적이고 수다스럽고 경우에 따라 지겹기도 한 텔레비전은 인정하고 싶지 않더라도 우리로 하여금 어쩔 수 없이 영화를 달리 바라보도록 한다. 텔레비전은 분명히 영화를 강조한다. 텔레비전은 영화의 테크닉을 변경시키고 프레임이 조명이나 색의 여러 사용에 대해 다른 개념을 갖게 한다. 그러나 이 모든 것이 본질적인 것은 아니다. 벨라 발라즈는 영화에서 세계를 발견했다. 과거에 벌써 그는 교차점에 서 있었던 것이다. 그는 마치 밖에 있는 것처럼 단순하게 보는 것이 아닌, 구분할 수 없는 열 명 정도의 통행인이 지나가는 화면을 정면으로 바라보는 것처럼 영화를 본 것이 아니다. 텔레비전은 거리로 광장으로 산책자로 우리를 압도한다. 영화와는 달리 텔레비전은 우리가 바라보는 것을 면제해 준다. 텔레비전은 움직임의 도입을 변형시키고 새로워진 영상을 일반화시킨다. 일상적 실존을 채우기 위해 프로그램을 지속적으로 반영해야 하는 의무는, 텔레비전 미학에 대한 질문이 실제 경험보다는 욕망이나 학교식의 훈련에서 더욱 잘 드러났다는 점에서 끔찍한 결과를 가져왔다. 이렇듯 텔레비전이 보통 이하로 추락했음에도 불구하고, 그러나 오늘날 작은 화면의 영향력을 고려하지 않고서 오디오비주얼 미학을 언급한다는 것은 불가능하다. 앞장에서 우리가 텔레비전의 환경에서 살고 있다는 사실과 형식화가 분명하고 단순화되어 있고, 이 형식화가 변모되었다는 몇 가지 근본적인 문제점에 대해서는 상세하게 다루지 않았었다. 제기되지 않은 문제들, 다른 창조적 실제와 비교 속에서 그 대답의 실마리를 발견할 수 있는 문제들이 이제 새롭게 제시된 것이다. 아마도 텔레비전이 이들 문제를 해결하는 데 도움이 되지 않을지도 모르지만 우리는 이 문제를 회피하지는 않을 것이다.

첫째 일련의 문제들은 텔레비전이나 영화 창조 속에서 이야기에 관한 것이다. 영화관에서 줄을 길게 늘어서든 텔레비전 수상기 앞에 있든, 영화를 보려는 관객은 어떤 이야기가 전개될 것을 기대한다. 영화는 다큐멘터리를 포함하여 거의 대부분 서사적이다. 또한 진짜 영화 애호가들이 언제나 화를 내는 것도 바로 이 서사 때문이다. 엡스탱은 영화를 더 잘 팔리게 하기 위해 감정적인 영상들을 길게 늘였던 상업인들을 규탄한 바 있다.[1] 그는 결국은 인간 사회가 '주체나 배우 없는'[2] 영화를 만든다고 판단하였던 것이다. 에이젠슈테인 이후에도 20세기 내내 표상의 '비열한 성격'을 공격했던 고집 센 적의가 지속적으로 존재했다는 사실을 우리는 알고 있다. 이에 대한 언급은 계속해서 이루어지고 있다. 그러나 영화가 처음부터 논리적이고 단조로운 방법으로 이야기를 한다고 비난받았던 것은 아니다. 처음 10여 년 동안 영화, 요컨대 '고전' 영화라고 불리는 영화들은 일종의 길들이기의 대상이었다. 말하자면 닫힌 일화로서 상영 초반에 확립되어 결론에 의해 발전되고 완성되는 이야기였다. 아리스토텔레스를 인용하자면 '프롤로그, 에피소드 그리고 서두'[3]라는 필연적인 연결이 존재했었다. 형상

---

1) J. 엡스탱, 앞의 책, 105쪽. 여기 인용된 단행본은 1922년 발행되었다.
2) S. M. 에이젠슈테인, 〈영화에서 유혹적인 몽타주〉, 1924, 앞의 책, 141쪽.
3) 아리스토텔레스, 《시학》, 1452, b.

화에 대한 염려에서 벗어나 '순수한' 영화를 개진시키고자 하는 여러 많은 시도가 있었음에도 불구하고, 지배적인 모델은 근본적으로 변하지 않았다. 이와는 반대로 전반적인 무관심과 먼 곳에서의 청취와 지지된 주의력의 양상을 지닌 텔레비전의 일반적 쓰임새는 공연 논리와는 다른 위치를 점하고 있다. 채널들은 많은 드라마와 텔레비전 영화와 '완결된' 리포트 등을 내보내고 있지만 시청자는 자신이 원하는 것을 본다. 고정되어 있지 않은 시청자의 여정은 도입을 건너뛰기도 하고 전개를 뒤엎거나 없애기도 하며 인물들을 혼용할 것이다.

비록 현재에도 에이젠슈테인의 시대만큼이나 폭넓게 비인간적이긴 하지만, 우리가 규명하려고 시도했던 것처럼 텔레비전 미학은 오랫동안 주체와 배우 없이 이루어져 왔다. 이런 사실에서 영화와 이야기의 관계는 다른 식으로 연구되어야 한다. 만일 텔레비전 네트워크가 이야기 없이도 잘 진행될 수 있다면 줄거리에 대한 애착이 악질 상인들에 의해 부여된 근본적인 전략의 결과라는 말인가? 이것이 시작과 끝을 지정하고, 지속의 경계를 설정하면서 영화와 텔레비전의 흐름을 구분하는 영화의 특징이란 말인가? 그렇다면 영화 미학에서 이야기의 위치는 무엇일까? 이야기의 수준은 오디오비주얼 창작에서 결정적으로 개입하는 것인가? 이러한 질문들은 텔레비전이 도약하기 이전에 이미 던져졌던 것들이다. 그러나 일반적으로 이 질문들은 공격적이고 전투적인 표현들로 이루어졌다. 이 표현들은 멀리 거리감이 부여된 텔레비전의 쓰임새가 영화의 청취에 있어 지속적이고 주의력을 요하는 대안을 제공한 이래 더 이상은 존재할 이유가 없어진 표현이다. 이제부터는 화면에서 이야기되고 있는 것이 우리가 영화와 맺고 있는 관계 속에서 어떻게 개입되고 있는지 평화적인 방법으로 생각할 수 있게 된다.

텔레비전이 존재한 이래 우리는 영화 제작에 대해 더욱 세심하게 관찰하게 되었고, 다른 방법으로 영화에 흥미를 느끼게 되었다. 이미 과거에 영화는 자체적으로 회화를 다르게 응시하던 사진의 시선을 변화시킨 적이 있다. 점점 더 가까워진 방식, 그러나 가속화된 빈도로 창작 작품에 접근하는 방식은 새로운 실천이 개입함에 따라 변화되었다. 판단은 그 방향을 바꾸었고 애호가들은 다른 평가 기준을 개입시켰다. 그러나 아무리 독창적인 것이라 하더라도 어떠한 예술 방식도 비어 있음과 근접성, 그리고 경우에 따라서는 그 활동성이 서로 연결되어 있는 혈통으로부터 전개되지는 않는다. 또 예술활동은 분명한 것으로 이를테면 초상화, 회화 장르, 역사적 프레스코 등은 반세기 동안 사진에 영감을 주어 왔다. 연극과 카페-음악회는 막 생겨난 영화에 어떤 모델을 제공하기도 하였다. 텔레비전은 한편으로 영화를 모방하며 다른 한편으로 연극 무대가 부여하는 제약을 고려하면서 형성되었다. 그렇다면 여기에는 재현의 다양한 모델의 계승과 재활성화을 통해 그려진 긴 흔적 같은 것이 있지 않을까? 미학은 역사의 산물이 아닐까? 미학은 현재에 구성된 일종의 기대와 과거로부터 축적된 유산이라는 이중 전망 속에서 고려되어야 하는 것은 아닐까?

과거에 이루어진 실제와 텔레비전의 연결은 반복적인 드라마 구성을 쉽게 정의할 수 있도록 한다. 이 시스템에서 저 시스템으로, 코미디나 드라마나 심리적 연구나 탐정 추리나 모험 이야기나 역사적 환기 등의 이동을 따라가다 보면 비교는 어렵지 않다. 그러나 반대로 텔레비전에서 완벽하게 증명된 범주를 드러내지 않는 전체, 모든 형태를 혼합하는 전체, 특징적인 경계도 없고 정확한 지속도 없는 전체를 설정하는 데는 많은 어려움이 있다. 대부분의 예술에서 중심적인 작품 개념이 작은 화면에서 약화되고 있는 것이다. 우리가 정기적으로 접하는 연속극은 한 사람의 연출로 이루어진 것인가, 다른 연출가와 접한 것인가? 이런 종류의 문제에 별로 관심이 없는 텔레비전에 대해 정말로 흥미를 느끼는 것은 아닌가 생각해 보는 것은 쓸데없는 일이다. 그러나 다시 한 번 더 언급하자면 작은 화면은 보여주는 것으로, 창조적 활동성을 최고의 지평으로 활용하는 것과는 드물게 연관되어 있지만 자체적으로 충분히 완성되고 결정된 전체성과 작품의 개념을 재검토하기를 강요한다. 영화·시·회화와의 관계 속에서 구체화되는 이러한 미학적 연구가 다른 어휘로 이해가 될 수 있을까? 미학적 연구가 만일 각자 준거가 될 수 있는 정확한 오브제로의 지향을 멈춘다면 모호한 표현 속에서 길을 잃고 말 것인가?

미학적 심사숙고는 오랫동안 우리가 언급했던 세 갈래에서 이루어져 왔다. 아리스토텔레스는 지금도 사용되는 어휘로 이야기에 대한 문제점을 제시하였다. 그는 픽션을 '완성된 행동의 질서화'로 정의내리고 '집합'[4]을 중요한 것으로 강조하였다. 헤겔은 예술을 여러 세기 동안 계속되어 진보된 것으로 보면서 오브제의 특성에 질문을 던지고, 작품이 예술이기를 멈출 때 사라지는 운명은 아닐까 생각하였다. 이러한 의문은 창조적 실제의 전반에 있어 근본적인 것이다. 이러한 의문이 모든 미학적 연구에 우선한다는 것을 확실하다. 그러나 우리가 지금 분석하고 있는 오디오비주얼 영역에서 이러한 의문은 텔레비전의 도전을 받은 이후 새로운 긴급한 문제를 만들어 냈다. 이것이 우리가 마지막까지 언급하고자 하는 점이다.

---

4) 같은 책, 1450, a.

1. 이야기된 것

폭넓은 수용으로 고려된 서사는 잠재적이거나 활성화된 변화의 전개를 분명하게 한다. 도로에 한 여행객이 있다고 하자. 텍스트는 그의 채비를 묘사할 것이고 영화는 그것들을 보여줄 것이며 그림은 당연히 부동적인 형상으로, 재빠른 걸음으로 여행 가방을 들고 외투를 차려 입고 휴가를 떠나는 한 사람을 단순하게 제시할 것이며 우리로 하여금 분리의 단계를 정신적으로 재구성하도록 할 것이다. 데생이 말을 할 수 있다면 정물화를 부동적으로 제시하든 추상적으로 제시하든 서사를 쉽사리 초월할 수 있을 것이다. 반대로 영화는 지속에 대해 작업을 하면서 분명한 변형을 포함할 것이다. 사람들은 관객에게 해설 없이 고정된 시각 혹은 비어 있거나 말이 없는 화면을 정면으로 바라보도록 시도하여 왔다. 여전히 영화와 관계된 것이지만 어쨌든 제한된 경험으로 대단한 무엇인가를 증명하기는 어렵다. 대부분의 경우에 시각적 요소에는 움직임이 있다. 말하자면 변화하는 것이다. 비록 이들 형상의 변형이 아무것도 '재현하지' 못한다 하더라도, 확인 가능한 오브제와 아무런 관련이 없다 하더라도, 변동적이며 유동적인 형상들, 한순간 증식된 형상들, 또한 제한되고 산만하고 사라졌다가 다시 제시되고 움직이며 실험적 영화에 매력을 주는 포착할 수 없는 형상들이야말로 진실한 서사를 이룬다.

텔레비전은 형상이 빈약하지만 그래도 역시 서사적이다. 토론을 하면서 화자들은 망설임과 비약을 태도나 언어로 표현한다. 그들은 신체적으로, 특히 실존적으로 자리 이동을 하기도 한다. 또한 대부분의 경우 특히 토론의 쟁점이 약할 때 화자들은 공허 속에서 움직이며 아무

말을 하지 않는 때도 있다. 한 장인이 자신의 기술과 도구들에 대해 설명을 한다고 하자. 아무런 '이야기'를 개입시키지 않고도 그는 기술과 도구를 통해 표현하고 흉내를 낼 것이며, 시간이 지남에 따라 화자는 점점 외형을 그릴 수 있게 될 것이다. 바로 이것이 전통적 수사학에서 'narratio'라고 부르는 것으로, 다른 말로 요약이자 발표문이 된다.[5] 단어는 의미를 변화시킨다. 단어는 '줄거리' 곁으로 미끄러진다. 그로부터 단어는 줄거리와 불편한 관계를 형성한다. 단어와 줄거리를 어떻게 구별할 수 있을까? 독일어는 이 모호성을 단 하나의 단어 Erzählung로 해결하고자 한다. 그러나 대부분의 언어에는 이중성이 존재한다. 이 이중성은 수사적 난점을 뜻하는데 텔레비전은 이를 완벽하게 밝혀 주고 있다. 만일 모든 이야기가 전개되는 것이라고 한다면, 반대로 우리 눈이나 귀에서 전개되는 모든 것이 필히 하나의 이야기를 구성해야 하는 것은 아닐 것이다. 클로딘 에이지크만은 대부분의 영화를 'NRI'로, 말하자면 '서사적-재현적-상업적 형태'[6]로 표현한다. 이 표현이 다시 쓰이지 않았고 정확한 설명이 없는 것은 매우 유감이다. 그러나 이 표현은 공연이 전개시키는 것과 공연을 말하는 것을 분명하게 구분시켜 준다. 아리스토텔레스는 줄거리의 대상을 지칭하기 위한 특별한 파롤이 없음을 아쉬워하였다.[7] 여기서 크게 의미가 없는 어휘에 대한 싸움은 피하고자 한다. 다만 하나의 이야기가 배열될 때 그것은 줄거리가 되고, 줄거리가 있든 없든 간에 변화가 일어날 때 전개가 이루어진다는 점을 밝히고자 한다.

---

5) 아리스토텔레스, 《수사학 *Rhétorique*》, 1414, b.
6) Cl. 에이지크만, 《즐거움-영화 *Jouissance-cinéma*》, Paris, U.G.E., 1976, 10쪽.
7) 아리스토텔레스, 《시학》, 1447, b.

체계 밖의 이야기

단어와 영상들의 배치가 사건들을 알려 주는 일련의 명제를 어떻게 변화시킬까? 무슨 이유로 자체적으로 빈약한 어떤 일화들은 단 하나의 전달 방법으로 집중력을 이끌어 낼까? 문학적 창작에 질문을 던진 이래로 형식화된 이 수수께끼는 계속적인 관심의 대상이 되어 왔다. 오늘날 이야기 체계 연구인 서사학은 텍스트 분석의 한 분야로 많은 연구자들이 관심을 보여 왔고 엄청난 체계적인 형식화를 이루어 냈다. 서사학 덕택에 서술적 목소리가 그 대상물과 지니는 관계를 더욱 잘 파악할 수 있게 되었으며, 이야기에 분명한 농도를 제공하고 이야기를 지속시키는 우회나 앞서감 또는 지연의 메커니즘이 어떻게 이루어지는지 이해할 수 있게 되었다. 오디오비주얼 생산과 서사적 메커니즘의 인지 관계는 오래되었으며 매우 긴밀하다. 서사학자들이 과학적 관찰을 통해 가능한 전체 조합에 몰두하기 이전에, 미국의 스튜디오는 이미 완벽하게 경험적인, 그러나 엄격한 방식으로 이야기들을 모두 상업화시키면서 관객의 호기심을 무한히 자극시키는 전체적인 방식으로 이를 찾아내어 코드화시켰다. 그리하여 텔레비전 채널들은 직관적이고 이성적인 방식으로 대부분의 결과가 사전에 프로그램화된 드라마를 구성하였던 것이다.

여러 극적 상황들은 제한에서 벗어났으며 서사학은 중요한 진전을 이루었다. 왜냐하면 창의성은 이야기를 기능적으로 다루는 것에는 한계를 지니고 있기 때문이다. 이 영역에서 체계화가 유토피아는 아니다. 대부분의 영화와 많은 텔레비전 프로그램은 이야기 형식을 취하고 있다. 여기에서 전개되는 일화는 요소들 중 하나로, 영화나 텔레비전의 다른 구성 요소들과 마찬가지로 관객을 이끄는 매력이 있다. 서사학자들이 분명하게 밝혀 놓은 규칙성은 하나의 이야기가 어떻게 존재하는지, 결론에 잘 이르지 못했는지, 잘 구성되었는지, 잘못 이루어졌는지를 파악하도록 해준다. 이 규칙성은 〈보바리 부인〉이나 〈붉은 사막〉이 멜로드라마가 아니라 시골의 편협한 삶과 남편의 경박함이 짓누르는 한 여자의 일상적 상황을 통한 흐름이라는 사실을 밝혀준다. 달리 말하면 서사학은 이야기 영역에서 효율적이라는 것이다. 서사학을 미학적 연구에서 만날 수 있을까?

이에 대답하기 전에 서사학이 적용되는 영역을 밝히는 것이 중요하다. 지금 당장은 텍스트를 연구할 필요성은 느끼지 않는다. 헌터는 매우 암시적인 저서[8]에서 의학적 행동을 여러 많은 이야기들 사이의 대립으로 사유하였다. 의사는 징후를 일련의 연대기로 이해한다. 의사는 환자가 자신의 병을 이야기하는 것을 듣는다. 이러한 접근 방식에서 의사는 과연 무엇을 미학적으로 바라볼 수 있을까? 캐서린 헌터는 우리와 관계가 있는 두 가지 특징을 언급한다. 하나는 많은 인상들이 오로지 순수하게 내적인 경험을 통해서 우리에게 알려진다는 것이다. 현기증, 구토, 두통은 무엇이란 말인가? 치료의 대화에 있어 중요한 이 용어들은 이야기의 전체 형태에서 벗어나는 감각을 향하고 있다. 또 다른 하나는 의학적 개입이 환자의 이야기, 완벽하게 개인적이고 유일한 이야기와 병원의 이야기, 즉 표준 이야기와 불행한 만남으로 이어진다는 것이다. 오로지 맨 처음 이야기만이 서사학적으로, 서사학이 간접적으로 동원하는 규율들의 지배를 받는다. 이때 맨 처음 이

---

8) K. M. 헌터, 《의사 이야기. 의학 지식의 서사 구조 *Doctor's Stories. The narrative Structure of Medical Knowledge*》, Princeton University Press, 1991.

야기만이 모델 설정을 정당화시킬 수 있다. 첫번째 이야기가 쉽게 기억이 되고 전달이 가능하며 종합적이고 완벽한 것으로 나타날 수 있게 하기 위해 발화자, 즉 의사가 이 이야기를 어떤 규칙에 복종시킬까 생각하는 것이 바로 여기에 해당한다. 지속적으로 정제되는 묘사는 언제나 동일한 여백을 남겨 놓는다. 이 묘사는 환자의 잠재적인 반작용이나 이미지에 의하지 않고는 결코 도달할 수 없는 것으로, 검증된 감정들이 모델이 예상한 감정과 일치한다는 것만을 제시한다. 한편 몇몇 환자의 경우 자신들의 인상을 정리하지 못한 채 인상을 무질서하게 내맡기고 요구받은 이야기를 제안하지도 못한다. 이 경우 의사는 이처럼 흐트러진 논제를 완성된 시퀀스로 재정리할 수밖에 없다. 따라서 의사는 이를 일방적으로 처리하게 되고 어떤 때는 심각한 오류를 범하는 경우도 있다.

서사학은 제시하는 방식과 구성에 따라, 일관성의 상대적인 정도를 지니고 있는 복잡한 이야기를 사실과 묘사가 생산해 내는 방법에 따라 가설을 형식화하도록 한다. 그러나 서사학은 관객에 의해 작품의 수용이 지배되는 동일한 구조화의 형태일 경우 아무런 결정 수단을 제공하지 않는다. 표준적 형태의 명칭을 찾아내고 이것과의 동일시는 비교를 위해 꼭 필요한 것이지만, 텍스트 안에서 정할 수 있는 메커니즘이 독자를 위해 결정적인 기능을 갖는다고 확인할 길은 없다. 영화(또는 책이나 비극)에서 우리에게 제공되는 전체는 이야기일 뿐일까? 적어도 우리 각자는 이야기를 통해 전체를 포착하는 것인가? 수신자는 이야기를 어떻게 받아들이는가?

한 여자와 한 남자의 만남이라는 원형적인 상황을 생각해 보자. 이러한 상황은 하나의 이야기를 우리에게 제공하는 관례가 된다. 모든 커플은 일종의 로망스를 예고한다. 이를 위해서는 두 인물의 등장으로 충분하고, 그저 이를 언급함으로써 잠재적인 많은 이야기를 제시할 수 있으며, 세심하게 규칙화된 단계를 포함하지도 않고 체계를 갖추지도 않은 100개의 초안을 머리에 떠올릴 수 있다. "그는 계속 걸어가면서 곁눈으로 그녀를 관찰하였다. 그녀의 옆모습은 아무 일이 없었던 것처럼 조용하였다." 작가 플로베르는 이 두 문장으로 만족하였다. 이야기들이 계속해서 여러 번 묘사된 외형으로 되돌아오곤 하였기 때문이다. 몇몇 단어들, 간단한 이미지는 이미 다른 곳에서 보아 온 예들로 충분하다. 또 제스처와 상황은 우리의 문화적 유산을 채우는 진부한 표현에 불과하다고 비난할 수 있을 것이다. 그러나 한 여자와 한 남자가 찍힌 사진을 설명할 때, 그 어떤 관찰자도 자발적으로 혹은 아이러니의 그림자 없이는 '두 발 달린 커플'이라고 묘사하지는 않을 것이다. 클로딘 에이지크만은 '재현'에 대해 언급한다. 한 남자가 한 여자에게로 향하는 시선과 이를 느끼는 여자의 태도를 생각하면서 여기에 개입되는 사회적 저의가 존재한다는 사실을 에이지크만은 강조한다. 재현은 인간 존재와 인간 환경과 관계를 맺는 마르지 않는 저장소, 잠재적 이야기의 광산이 된다.

극적인 급변인 사건은 하나의 픽션 속에 여럿 존재하기도 한다. 또한 사건들은 아무것도 아닌 것으로 귀착되기도 한다. 서사 구조가 이완된다면 더 이상 이야기가 없어도 되는 것일까? 실제로 일화는 아무리 빈약한 경우라고 하더라도 그 두께가 있는 것이며, 어떤 '분위기'에서 사건을 꾸미는 청각적이고 도상적이고 언어적 지표를 통해 그 정착지를 발견할 수 있다. 사건들을 알리고 연구하기 위해 이러한 인상 분류를 강요하는 분석은 사건에 이름을 붙임으로써 제한하기도 한다. 말하자면 분석은 사건들을 관객이 꼭 수용한다고 볼 수 없는 언어적 차원으로 몰고 가는 것이다. 매개적인 기호 체계는 그 집요한 다양성으로 더욱 분명하고 정확하고 훨씬 강한 일종의 성운을 수시로 그린다. 기호 체계는 텍스트에 영향을 미치고, 단어로 표현하려 한다면 사라져 버리는 감정을 암시한다. "침묵하였다. 그들은 서로를 바라보았다. 똑같은 불안감에 사로잡힌 그들의 마음은 두근거리는 두 가슴으로 꼭 껴안고 있었다." 플로베르의 이 대사를 화면에 옮기는 방법은 매우 다양하다. 이것은 이야기가 어떤 지점에서 순수한 사실에 근거를 둔 장면화된 내용을 뛰어넘을 수 있는지 보여주는 다양한 해결책이기도 하다. 소설에서 단어들은 다음의 세 발성 'en' 'd' 'r'의 반복과 'l'étreinte étroite (힘찬 포옹)'가 형성하는 놀라운 연합으로 주의를 이끈다. 그런데 이 문장들이 독자에게 주는 인상을 정말 명사로 표현할 수 있을까? 이 문장들을 영화나 연극으로 각색한다면 무엇보다도 먼저 배우에 대한 작업이 선행될 것이며, 파롤은 충격적으로 표현될 가능성이 크다. 물론 이 충격은 이것이 발성된 방법에 따라 달라질 것이다. 중요한 것은 각 장면의 명확성과 일치성이라는 감독의 전략, 즉 '고전적' 전략인데, 이 전략은 연기자로 하여금 문장을 설명하고 그들의 행동과 발성과 시선으로 해석하게끔 하는 것이다. 달리 말하면 정확한 사실을 표현하려는 것이 목적은 아니라는 것이다. 여러분 앞에 순간적으로 단어로 지칭할 수 있는 무엇인가 지나간다는 것이다. 이런 식으로 자리매김된 이야기는 시스템을 구축할 것이며 완벽한 읽기가 가능해질 것이다. 분명한 것을 크게 중요하게 생각하지 않는 또 다른 전략은, 배우의 연기든 영화에서 시각적이고 음성적인 몽타주이든 불확성의 여백을 허용한다는 것이다. 여기에도 물론 이야기(만남…)는 있을 것이다. 그러나 이 이야기는 다양한 글 읽기라는 자리를 남겨 놓을 것이며, 사건들의 관계보다는 유연성과 열림과 가능성 전체가 될 것이다.

반응적인 영상을 과거의 지식으로 검토하는 사람들에게 있어 이 영상은 관계, 교환 그리고 분명하지 않은 정서와 인상 전체를 드러낸다. 반응적인 영상은 자체적으로 이야기의 힘이 되는데, 바로 이 지점에서 서로 다른 재현이 교차되고 체계가 드러난다. 완벽하게 구축된 단 하나의 이야기에 집중하지는 않으면서 여러 픽션의 가능성 및 개요와 연계된 관점에서, 텔레비전은 몽타주나 뮤직 비디오를 통해 이러한 특별한 많은 예를 제공하고 있다. 어떤 '고전' 영화는 한 여자의 뒤를 따라 정원을 비추는 방법으로 구성되어 있다. 이것은 관객에게 있어 등장인물과 장소가 필연적 관계를 형성하고 있음을 의미한다. 자동적으로 연결되는 뮤직 비디오는 인물과 장소를 전개시키지 않는다. 한 여자와 정원과 남자와 배가 있을 때, 이들에 대한 반복은 유동적이며, 둘 (여자와 남자, 닫힌 공간과 탈주 등), 셋, 넷으로 짝을 이루기도 한다. 지속성이 겉으로 드러나긴 하지만 이 지속성이 곧 사건은 아니며 앞으로 나아가지도 않는다. 뮤직 비디오는 진실한 체계를 형성하지 않지만 하나의 '체계'가 존재한다. 종이나 필름에서 연속적으로 이루어지는 단순한 사건은, 비록 이야기와 인상의 단편들이 모습을 드러냈다가 사라진다 하더라도 문화적 뿌리와 영상을 통해 이미 얻은 결과를 강화시켜 준다.

일견 단순한 의미적 단위와 상호 교환된 정보로 정리되어 시퀀스와 관계를 맺고 있는 이야기는, 만일 분석의 대상이 되었을 때 일종의 교차로로써 제시된다. 이야기를 구성하는 '사건들'에 암시, 유혹, 비어 있음과 반복, 서술과 묘사 그리고 마치 귀에 제공되듯 눈에 제공되는 다양한 모든 진전이 첨가된다. 아리스토텔레스의 표현에 의하면 '행동과 이야기가 유일한 목적인' 이야기들이 존재하는 것이다. 반대로 느슨한 짜임, 공허한 시간에 열려 있는 편류와 기대감, 미완성의 초고도 존재한다. 그렇다고 전자가 후자보다 더 서사적인 것은 아니다. 잠재성과 이야기의 가능성은 그 어떤 서사적 전개에서도 나타날 수 있으며, 그 결과 엄격한 구조를 부과한다는 것은 잠재적인 것을 체계화하는 것이 된다. 이러한 메커니즘을 통해 이야기가 구축되고 풍요로워진다. 그런데 이 메커니즘을 파악하기 위해 필수적인 서사학은 텍스트에 나타나는 창조적 전개나 창의력을 목적으로 하지 않는다. 서사학은 아리스토텔레스에 따르면 픽션이 '전적이고 완벽하고' 제대로 구성된 것인지 판단하도록 한다. 그러나 서사학은 서사적 특징이 작품의 완결성과 완성을 증대시킨다고 말할 수는 없다. 전위 영화를 제시하는 모임에서 비판의 대상이 된, 이야기를 하려는 경향은, 오디오비주얼 작품을 생산하고 소모하는 사회의 공통적인 문화적 특징인데 이것은 텔레비전이 '아무 일도 일어나지 않는' 방송을 다양화시킨 이래로 증가된 저항과 충돌하고 있음을 보여주는 것이다. 그러나 오디오비주얼 영역을 이야기와 반-이야기로 나누는 것은 틀린 것이다. 프로그램에서 이 두 범주는 넓은 의미로 이해되는 서사적 효과와 관계가 있으며 이들의 전개에 따라 변형이 일어난다. 만일 우리가 이야기와 미학이 상호 교차한다는 것을 이해하고자 한다면 당장 이러한 측면을 깊이 있게 생각해야 할 것이다.

서사적 전개

영화에서 대사와 카메라의 시점에 대한 조합 또는 글쓰기 작업인 서사학은 신기하게도 음악에는 관심이 없었다. 그 핑계는, 태풍과 연결되어 있는 북 소리, 번개를 알리는 심벌즈 소리처럼 모방적 음악에서 기대할 수 있는 효과가 진부하며 예상도 가능할 뿐더러 커다란 효과가 없다는 것이었다. 사실 이러한 소리 효과는 평범한 것을 제시할 뿐이다. 이야기의 디테일을 다원화시키기는 하지만 진정한 서사적 악보는 구축하지 않는 것이다. 일반적으로 텔레비전은, 특히 뮤직 비디오는 문제에 대한 무제한적인 연구를 허용한다. 매일 전파를 통해 듣는 록 리듬을 보자. 반주의 요란한 소리가 개시를 알리고 한 소절이 그 뒤에 전개된다. 심벌즈 파열음이 아르페지오, 심벌즈, 다시 아르페지오 그리고 침묵이라는 최초의 조합을 다시 이루며 화답한다. 이어 기타가 등장하여 목소리의 소리와 동일한 악보로 구성된 짧은 소절을 이룬다. 전체 연주는 매우 긴밀한 하나의 라인 내부에서 개개의 부분을 속박하면서 평범하게 이루어진다. 언뜻 보기에 이러한 형태는 아무런 전개도 개입하고 있지 않기 때문에 서사적이 아닌 것처럼 보인다. 그러나 이러한 엄격한 데생은 높이의 다양성, 음계의 변화, 어조 밖에서 연주된 '블루노트(blue notes)'[9]와 같이 관중을 다양한 장소에 위치시킨다. 록의 매력은 전적으로 상투적인 리듬과 논리적 연결 없이 모델을 뒤엎는 뜻밖의 행동, 예견 가능성과 불가능성의 연합에서 비롯된다.

뮤직 비디오는 20세기 중반 이후 인기를 누리고 있는 록 음악에 새로운 차원을 덧붙였다. 뮤직 비디오의 몽타주는 구성된 하나의 이야기를 개시한다는 인상을 강조할 수 있었다. 만일 앞서 제안된 예를 다시 취하여 한 남자와 여자가 있다고 하고, 남자를 기타로 여자를 심벌즈로 연결시킨다면 a/b/c 타입의 조합이 한 커플의 재현으로 생긴 편차를 강화시켜 줄 것이다. 반대로 만일 몽타주가 대칭적이 아니고 인물만을 다루고 있다면 혹은 인물들의 연결을 회피한다면, 영상의 비규칙적인 연속성은 어조와 높이의 변화를 연장시킬 것이다. 이 연속성은 기초가 되는 조화로운 도식의 원인을 확장시켜 준다. 사람들은

---

9) 블루스 음악에 특징적으로 나타나는 음. 반음 내린 3도 또는 7도.〔역주〕

뮤직 비디오가 홀로는 제시될 수 없다는 것을 합리적으로 반박할지도 모른다. 이 점에 대해서는 작품과 작품의 변형을 언급할 때 차후 우리가 관심을 갖게 될 연속 효과에서 생각해 볼 것이다. 여하튼 적어도 소리와 영상의 배열은, 경우에 따라 이야기의 논리와 그 대립적인 것을 강화시키는 서사적 전개 연구를 섬세하게 표현한다.

극행동을 매우 세세하게 분석한 아리스토텔레스는 그러나 템포에 대해서는 간단하게 언급하고 있다. 그는 분명 오디오비주얼이 아닌 연극에 대해 언급한 것이다. 그러나 이야기를 제시하는 외양은 무대나 화면이나 별반 다를 게 없다. 피차의 영역에는 빠르기와 서둚을 또는 느림을 요구하는 에피소드가 존재하기 때문이다. 물론 영화에서 예를 찾으려는 것이 쓸데없는 일일 수도 있으며, 각자 나름대로 이러한 예를 찾아낼 수도 있을 것이다. 여기서는 다만 픽션에는 서둚(뒤쫓기의 경우가 될 것이다)이 존재하기 때문에 혹은 한 인물에게 일종의 내적인 긴급함이 나타나기 때문에, 영화감독들은 해석의 문제를 해결해야 한다는 것만을 언급하고자 한다. 감독들은 재료를 배열하여 노골적인 사실(누군가 도망을 친다. 누군가 기다린다)을 설정하고 확인해야 한다. 사물들은 적어도 빠르기를 요구받지 않을 경우 단순하지만 그러나 불확실과 망설임의 문제가 제기되면서 복잡해지기 시작한다. 이미 앞에서 횡단의 경우에 생겨나는 경계를 지니고 있는 스크린의 사각형과 관련된 문제를 여러 번 환기한 바 있다. 우리는 배우의 위치에 대해서도 언급한 바 있지만 이야기 구성과의 차이점은 연결시키지 않았다. 그러나 이제는 이들 사이에 존재하는 내밀한 관계를 잘 이해할 수 있을 것이다. 픽션의 한 인물이, 기분이 유쾌하거나 불쾌한 매우 중요한 어떤 방문객을 맞이한다. 이 인물은 이 신을 열광적으로 표현해야 할까, 아니면 무기력하게 표현해야 할까? 이 인물은 자기 주위를 열심히 관찰할 것인가, 아니면 자신의 세계를 흔들거나 뒤엎을 것인가? 반대로 자신의 생각 속에 갇힐 것인가? 내적 비어 있음으로 피신할 것인가? 여러 많은 해결책이 수용될 수 있다면 이들 각각의 해결책은 영화 매개변수 전체에 대한 선택을 함축하는 것이며, 이로부터 에피소드는 독창적이 '된다.' 그러나 충분히 이해할 수 있는 선택이 무한히 존재하는 것은 아니다. 영화는 그 한계와 요구 사항을 지니고 있다. 특히 영화는 움직임에 개입되고 시간의 흐름을 통해 이루어진다. 화가는 부동성과 기다림을 결합시키는 데 큰 어려움이 없겠지만 영화감독은 자기 영화를 총체적으로 고찰하고 따져 봐야 하는 것이다.

우리가 언급하는 기다림의 장면, 아무런 사건도 개입도 행동도 없는 장면은 이중적 변형을 보여준다. 이중 변형 중 하나는 영화 작업에 새로운 조각을 첨부하는 영화 자체의 변형이며, 다른 하나는 영화와의 관계에서 전개된 관객의 변형이다. 이것이 의미하는 바는, 서사는 영상화와 소리화를 통해 실천된다는 것이며, 서사라는 것은 오로지 시각적이고 청각적인 재료일 뿐이라는 것이다. 기다림의 이념은 스스로 부과되는 것이 아니라 영화적 구성으로 창출되며, 오로지 화면이 프레임을 선택하고, 이 프레임에 연기자를 통합시키며, 분위기를 필름에 담고, 몽타주의 리듬을 선택하는 방법이다. 시퀀스의 끝에 이르면 기다림은 연속체를 가질 수도 가지지 않을 수도 있으며, 만남으로 귀착될 수도 있고 그렇지 않을 수도 있다. 이야기로의 진입이 꼭 필요한 것은 아니다. 텔레비전보다는 영화에서 에피소드를 이야기하지 않는 경우는 드물다. 어쨌든 영화는 서사적 전개를 활성화시킨다. 솔직히 말해서 이러한 전망을 수용하기 위한 이야기 미학은 존재하지 않는다. 다만 에피소드의 훌륭한 정렬, 연결과 연속의 특성이 단순히 논리나 상식을 드러낼 뿐이다. 서사적 구조, 다른 말로 시각과 청각 구성 요인들의 시간적 전개는 창조를 위한 열린 영역을 구축하지만 내용이나 픽션의 체계를 참여시키지는 않는다.

　서사 영화에서 이야기는 서사의 움직임 자체에 의해 형성된다. 이야기는 영화에서 중요한 요인이다. 이야기는 줄거리 유형에 흥미를 느낄 수 있도록 하며, 그것이 어떤 단편이든 간에 임의적인 유일한 선택으로 이루어진다. 이러한 선택은 이야기를 따로 다룰 수 있도록 허용한다. 미학적 연구는 상영 동안 짜여가는 '이야기'를 무시하지 않는다. 미학적 연구는 행동과 무대장치에 의해 암시된 준거가 되는 세계, 배우들이 모방하는 감정, 배우들이 떠맡은 역할, 이야기가 만들어 내는 단절에 주목한다. 카메라 또는 리처드 해리스와 맞선 모니카 비티를 통해, 순수 색에 침입하는 물질과 폭력을 통해, 오두막의 훼손과 마찬가지로 강하게 연결된 순간들을 통해, 〈붉은 사막〉은 영화 시작에 열려진 픽션을 설정하며 또 이와 함께 종결된다. 상영은 전적으로 연기자들 몫인 상상적인 인격을 통해 간접적으로 나타난다.

　만일 이야기가 통합적으로 영화에 속하는 것이라면, 시각적이고 청각적인 두 경로의 전체 구성 요인들을 연결시키고 개진시키는 서사를 충족시키는 것과는 거리가 있을 것이다. 사건들의 잘림 없이 연속적으로 연결되는 엄격한 서사적 영화들조차도, 영화적 소재는 픽션의 프레임을 넘는다. 필수적이며 '기능적인' 배우들의 제스처는 화면에 그들의 자국을 남긴다. 배우들은 자신들이 역할을 담당한 등장인물들과는 다른 존재로서 순수한 리듬을 지닌다. 공간을 횡단하는 육체들이 서로 교차하고 만나며, 시선은 프레임 안에 나타나는 상대적인 모든 연기, 태도, 실루엣과 픽션을 재작동시키는 모든 디테일을 동시에 포착한다. 무대 배경, 의상, 배경 음악은 영화 후경을 채우는 것에 국한되지 않는다. 서로 융합되는 이들은 잉여적인 부분을 도입하기도 하고 이야기

외적인 저 너머를 암시하기도 한다. 매우 간결한 이들은 이야기를 비어 있음과 대면시키고, 이야기의 템포를 늦추기도 한다. 영화의 통합성을 단계적으로 횡단하는 줄거리는 관찰자로 하여금 종합적인 노력을 하도록 한다. 줄거리는 분산된 기호 체계를 명확히 하고 이들을 연결시키며 하나의 의미를 부여한다. 그러나 상영되는 동안 관객의 정신은 연결과 참여에 국한되어 있지 않다. 간단한 두근거림에도 정신은 인지된 조명과 다양성과 뉘앙스로 예민해진다. 그 인상은 사라지는 순간 다시 나타나는 모음들과 일시적인 만남들과 이야기의 지속성속에 용해된다.

일상의 탐구에 근거하는 텔레비전은 이따금 화면에서 이야기를 멀리하는 것처럼 보인다. 길게 펼쳐지는 텔레비전 시리즈에서 대화는 사건들을 짓누른다. 텔레비전의 토론은 말하는 머리가 성급한 언어로 이야기를 한데 모은다. 이렇게 하여 사건의 풍부한 디테일로부터 말소된 '사건'의 무의미가 적나라하게 드러난다. 정제되지 않은 정보는 아무것도 아니다. 오로지 이 정보를 포괄하는 맥락에서 정보는 중요성을 갖는다. 텔레비전은 정확한 것을 언급하거나 지식을 부여할 필요는 없다. 텔레비전은 그 유일한 영원성을 통해서 확립된다. 텔레비전은 지속되는 서사이다. 그렇다고 소형 화면과 대형 화면을 대립시키는 것은 실수다. 텔레비전의 예는, 어렵고 인위적인 실험 영화 너머 관객을 겨냥한 오디오비주얼 작품이 필히 이야기로 이루어지는 것은 아니라는 사실을 보여준다. 영화적 픽션이란 재산도 부득이한 수단도 아니다. 픽션은 서사의 흐름과 여러 다른 소재들의 배열에 의해 암시된 연속, 사회적으로 구성된 재현들이 상호 교차하여 하나의 결과를 이룬다. 이야기된 것은 미학적 연구로 파악이 가능한데, 이것은 다만 영화적 생성으로 그 결과가 이루어졌을 때 그러하다.

2. 긴 흔적

텔레비전의 전형적 산물인 뮤직 비디오와 끈끈한 관계를 맺고 있던 몇몇 미국 배우들의 음악 시퀀스를 보면 오래된 전임자를 발견할 수 있다. 이들의 영화는 한편으로 리듬을 요구하고 이를 이중화시키는 카메라의 시선으로 리듬의 법칙을 부여한다. 다른 한편으로 악보는 이야기를 향하는 영상으로 서사적 라인을 구축하고 있다. 그러나 이들의 차이점이 큰 것은 아니다. 뮤직홀의 시퀀스는 주인공을 활용하는 영화 속에 지속적으로 나타난다. 이 시퀀스는 무용수나 무대장치나 관객을 통한 미장센, 간략하면 픽션의 전체 환경으로 이루어진다. 이 시퀀스는 몽타주를 음악의 리듬에 맞추고 있다. 다른 뮤직 비디오의 포로인 동시에 독자적인 뮤직 비디오이기도 한 이곳에 진짜 등장인물은 존재하지 않는다. 뮤직 비디오는 정해진 장소와 관계 속에서 특수 효과에 우선권을 부여하며 영상과 음악을 망설임 없이 분리시킨다. 이러한 특징은 다양화된 지속성 및 닮음을 의미하는 것일까? 오늘날 우리 앞에 나타난 오디오비주얼은 물론 과거의 특징을 지니고 있지만 그렇다고 과거와 연결되어 있다는 것을 의미하지는 않는다. 이것이 기계의 문제라면 고민은 빠르게 해결될 수 있다. 영화의 제작과 배급, 텔레비전 프로그램은 각자 연출에 영향을 미치는 다양한 양상을 지니고 있다. 따라서 만일 이들 상호간에 전개되는 갈등과 교류에 대해 알지 못한다면 영화나 비디오나 텔레비전의 현재 상황을 전혀 이해할 수 없을 것이다. 결국 우리가 여기서 관심을 갖고자 하는 것은 다음과 같은 질문을 유발시키는 형태와 구성에 관한 것이다. 질문은 다음과 같다. 중요 작품이 제시하고 있는 미학적 도전을 개진하기 위해 영화의 탄생

이후 개입된 변화를 고려해야 하는가? 그렇다면 우리가 관심을 가져야 하는 것은 무엇인가? 제작은 어떤 콘텍스트에서 발전하는가? 오디오 비주얼 실천이라는 일반적 전개로부터 발전하는 것인가? 관객의 취미와 다양성으로부터 발전하는 것인가? 연이은 많은 질문들이 다음의 질문으로 모아진다. 미학은 어떤 범위에서 이야기를 드러내는가?

시간의 모습

평범한 사실이 하나 있다. 모든 작품은 시간 속에서 어떤 순간을 뜻하는 날짜를 가지고 있으며, 접근 방식이나 우리 시대와의 관계에 따라 이것이 받아들여지는 것은 아니라는 것이다. 우리가 분석한 영화 가운데 〈열정〉은 계층 간의 싸움과 자본주의의 탐구 그리고 시청각에 대한 작업 조건을 분명하게 해주는 유일한 영화이다. 그러나 상대적으로 사회나 경제활동에 무관심하게 보였던 다른 세 영화는, 사실은 시대의 전체 관심을 다루고 있으며 유사한 어휘로 동시대의 여성 조건의 모호성에 접근하고 있다. 만일 고다르가 여자노동자들을 '사물화된' 여성으로 제시하고 카메라 앞에서 옷을 벗도록 하거나 다른 배우가 그녀들을 어루만지도록 하면서 에로틱한 대상으로 제시했다 하더라도 감독은 자신의 관점을 표방한 것이 된다. 안토니오니와 베리만, 파졸리니는 여성의 사회적 활동도, 남성 욕망의 횡포도, 자유에 대한 개인적인 시도로부터 생겨나는 막다른 골목도 무시하지 않았다. 시간의 모습은 이 영화들의 특징이며 단순함에도 불구하고 상호 연결되어 있다.

영화가 60, 70년대에 정치적 환경에 제공한 발상, 즉 영화의 이데올로기적인 역량은 지금 우리와는 관계가 없다. 반대로 우리는 이러한 여성의 **재현**과 여성의 상황과 복종이 어떻게 프레이밍, 의상, 태도에 영향을 미쳤는가 하는 점 또한 이 여성들이 화면 영역에서 여자 배우의 자세와 분장과 발성을 통해 어떻게 반향되었는가 생각해 보고자 한다. 사람들은 편견과 확신을 지니고 영화를 만들었고, 알아듣고 볼 수 있는 것을, 말하자면 영화에서 발견할 수 있는 청각적인 것과 가시적인 것을 기록하였다. 영화 제작 전체는 첫 영상부터 마지막 영상에 이르기까지 자신에게 영향을 끼친 시대를 배반한다. 〈붉은 사막〉을 여는 횃불과 비슷한 거대한 노란 유황불은 게임의 시작에 있어 폭력적이고 선명한 색을 제시한다. 전반적으로 영화는 이 색을 통해 전개된다. 또한 이 거대한 유황불은 '이탈리아의 강력한 휘발유'를 판매할 목적으로 이탈리아 정유 회사인 **AGIP** 광고에 나오는 로마의 암늑대가 뿜어내는 불을 재현하는 것이기도 하다. 영화는 경제 부흥의 분위기 속에서 전기와 탄화수소 사이의 라이벌과 노동력의 긴장감이 스며 있다. 영화는 환경의 파괴에 대해서는 아직 언급하지는 않지만, 소음과 연기로 인해 신경이 예민해진 일종의 원시 녹색당을 보여준다. 앞에서 영화가 산업을 지옥으로 묘사한 것은 아니더라도 그 후경이 유쾌하지도 않고 혐오스럽지도 않다는 중성적인 성격을 언급한 바 있다. 10년 후 그 장소는 전혀 다른 모습으로 대재난이 휩쓸고 지나간 것으로 묘사될 것이다.

이러한 묘사는 간단히 이쯤에서 멈출까 한다. 다만 이 묘사는 인물들의 내적인 삶이나 먼 나라의 전설, 우화, 이야기에 관심을 보이는 영화들이 여러 달 동안 영상으로 담은 것과 같은 놀랄 만한 정확성으로 우리에게 증언하려는 경향이 있다는 것만을 언급하고자 한다. 그렇다면 우리 연구의 어떠한 위치가 외적인 결정과 일치될 수 있을까? 우리는 이에 대해 아무런 것도 고려하지 않고 있다. 다만 상식적인 선에서 이에 대답을 정당화할 수 있다고 본다. 몽타주로 고정되거나 제시된 모든 디테일, 모든 암시, 본의 아니게 인용된 모든 것들을 파악하기 위해서는 제작 환경에 대한 완벽한 이해와 오랫동안의 탐구가 필요하다는 것이다. 왜냐하면 영화인들은 이 모든 것을 연상적으로 판단하기 때문이다. 한스 로베르트 야우스는 습관과 대립되는 '수용 미학'을 발전시켰다. 이것은 다시 말해서 특징적인 저서를 통해 발견되는 새로운 지평에 대한 동시대인들의 '비전'에 관한 것이다.[10] 그러나 이 열정적 연구는 일정 범위를 넘어 상당한 박식을 요구한다. 전문가들이 시대에 흥미를 느낄 때, 이들이 밝히고자 하는 것은 다음의 물음과 관계가 있는 창조의 기원이다. 작가나 영화인들은 어떤 테마나 규칙으로부터 작업을 시작하는가? 그들은 어떤 영감을 받는가? 그들은 주변 세계의 어떤 면을 포착하며 그들 자신의 방식을 위해 재활용하는가? 이러한 노선에 접어든다면 연구는 매우 복잡한 것이 될 것이다. 만일 예술의 재료를 통해 실제로 일어난 일상의 변신을 분명하게 하고자 한다면, 이들을 막연하게 예감하였다가 버린 요소들, 선택되고 변형된 요소와 비교하지 않을 수 없다. 또한 스케치를 통해 완성된 작품을 이끌어 낸 무수한 단계들에 대한 연구도 필요하다.

이미 몇몇 유명한 영화들은 자세한 연구가 이루어졌다. 〈시민 케인〉에서 연속적 투영과 간결한 스케치의 대립을 이용한 제나두의 실루엣은 월트 디즈니의 데생이나 예술 사진의 기초 위에 창조되었다. 여기에서 최초의 시퀀스가 모험 이야기, 애니메이션, 여행 광고[11]에서 차용한 영상을 어떻게 전치시키고 있는지 알 수 있다. 영화의 시작을 상상하게 해주는 카메라맨과 감독과 무대 전문가가 조금씩 안내를 해주는

---

10) H. R. 야우스, 《수용 미학을 위하여》, 49쪽 이하.
11) R. L. 케링어, 《〈시민 케인〉 제작 과정 *The Making of Citizen Kane*〉, Londres, John Murray, 1985, 95쪽 이하.

암중모색을 좇는 것은 흥미로운 일이다. 그러나 케인의 궁궐 뒤로 함축적으로 언뜻 보이는 몽-생-미셸이나 블랑슈-네즈는, 영화의 나머지 부분과의 관계에 대한 이해나 이 부분이 관객에게 일으키는 인상을 이해하는 데 도움을 주지는 못한다. 플래시백은 재생지로 만들어진 성채를 통해 불가능한 건물이 드러나도록 하고, 의외의 착상과 발견과 새로운 사유를 생겨나도록 하면서 흥미를 유발시킨다. 또 플래시백은 예기치 않았던 작품을 접했던 최초의 관객이나 독자들의 열광을 재발견하려는 바람이기도 하다. 말하자면 플래시백은 오랫동안 축적된 유일한 순간을 지향하는 것이다.

미국인들 앞에 〈국가의 탄생〉이 나타났을 때 우리는 그들의 놀라움이 얼마나 대단한 것이었는지 알 수 있다. 그렇지만 우리는 그 시대의 선남선녀와 동시대인은 아니다. 그들과 영화적 경험이 한 세기나 동떨어진 우리는 다른 방법으로 생각할 것이 분명하며, 우리 연구가 시간을 거슬러 올라가지는 않을 것이다. 반대로 미학적 열림은 영화가 현재 속에 드러나는 모습 그대로와 맞선다. 이 두 논리는 양립 불가능한 것은 아니지만 일치하는 것도 아니다. 과거의 연출은 이따금 자신의 시대를 비난했다는 것, 우리를 과거로 되돌리게 한다는 것, 이러한 구시대의 유물이 된 연출에 우리가 민감하다는 것은 사실이다. 그러나 이것은 고고학자의 반응과는 다른 것으로 우리는 시간의 간격을 인식하는 것으로 국한시키고자 한다. 음악이나 외국어의 경우처럼 간극을 메우려 하지는 않겠다. 분명한 것은 영화의 근원을 재구성한다면 영화 메시지를 더 잘 이해할 수 있다는 것이다. 하지만 미학은 의미화나 의도에는 별로 관심이 없으며 이런 점에서 연출의 콘텍스트에 대한 물음도 필요하지 않을 것이다.

형태들의 삶

　시대의 특징은 영화 속에 노출된 슬로건이나 이념으로 귀결되지 않는다. 시대의 특징은 감독이 사용하는 소재를 통해 나타난다. 오슨 웰스가 화면의 심도를 아주 잘 이용했다는 것은 누구나 아는 사실이다. 그가 딥 포커스를 사용할 수 있었던 것은, 카메라맨 그레그 톨런드가 야외에서 일반적으로 사용하는 35밀리미터 렌즈를 사용했기 때문이며, 방음 카메라를 쓸 줄 알았기 때문이다. 이것이 우리의 관심거리인 독창성을 〈시민 케인〉에게 부여했던 테크놀로지가 아닐까? 다음의 질문을 가지고 논쟁에 뛰어드는 것은 쉬운 일이다. 즉 웰스가 조만간 그렇게 할 것이라는 사실을 알았기 때문에 톨런드는 오래된 습관을 뒤흔든 것은 아닐까? 30년대에 확성기 사용의 실험 기록을 검토한 릭 알트만은, 전술적 선택이 경제적인 동기나 실제에 의해서가 아니라 소리에 대한 '스튜디오 시스템'의 기대치에 의해 규정되었다고 결론지었다.[12] 그러나 이런 종류의 토론은 간단하게 정리될 위험이 있다. 1938년부터 사용이 가능하게 된 줌이 무슨 까닭으로 그 후 20여 년 동안 일반적으로 쓰이지 않았는지 아무도 설명할 수 없다. 기술에 대한 논쟁이 무슨 이득이 있을까? 만일 고다르가 우울한 평범성을 컬러 필름에 담지 않았다면 〈열정〉은 전혀 다른 영화가 되었을 것이다. 분명한 것은, 사진 유액이 더욱 발전되고 영화가 유성화되고 녹음기의 사용이 일반화되었을 때 작업 방식이 변했다는 것이다. 그렇다면 이러한 진보가

---

12) R. 알트만, 〈보이스의 테크놀로지 The technology of the voice〉, in *Iris*, III, 1, 1985, 3-20쪽, 또한 IV, 1, 1986, 107-119쪽.

영화인들의 상상력을 촉진시켰을까? 전체적인 연구에서 근본적인 저 유명한 '유성 영화의 단절'이라는 표현은 순수한 영화적 차원에서는 별로 중요하지 않다고 앙드레 바쟁은 평가한 바 있다. 그의 견해에 따르면 20년대 초반에 발전된 주요 모델이 50년대까지 지속적으로 발전되었다는 것이다. 인물들이 말하기 시작한 그때부터 숏들의 연쇄나 카메라의 배치나 시나리오 각 장면 속에 어떠한 결정적인 것도 개입되지 않았다는 것이다.[13] 그러나 연기자의 경우에 있어 아무런 변화도 개입하지 않았다고는 생각하지 않는다. 이 문제는 다시 언급할 것이지만 바쟁의 논점은 매우 설득력이 있다. 여하튼 영화인들은 색 다음으로 소리를 정착시켰으며, 전적으로 혁명적이라 할 수는 없지만 또 다른 계획 속에서 소리와 색을 통합시켰던 것이다.

바쟁이 특히 가치를 두었던 것은 기술과 형태 사이의 필연적인 구분이다. 카메라와 녹음기는 단지 도구일 뿐으로 사람들은 이를 수단으로 영화적인 소재를 창출한다. 만일 진실로 설정해야 할 계보나 동반된 지속성이나 분명한 단절이 있다면, 우리는 도구적인 수준에서가 아니라 조형적이나 청각적인 수준에서 이들을 추구해야 한다. 영화에서 사용되는 감각적인 효과는 다양하다. 그저 나열하는 것은 별 의미가 없겠지만, 관례의 규칙을 따르는 소재와 그렇지 않은 소재 사이의 본질적인 분리는 인지하고 있어야 한다. 이 부분은 색과 음악의 비교를 통해 더욱 잘 이해가 될 것이다. 색은 인지적으로 잘못 구조화되어 있다. 특히 우리는 각기 다른 방법으로 색을 구분한다. 물론 '범위'가 존재하기는 한다. 그러나 색은 관찰자의 감각에 필수적으로 부응하는 것이 아니라 빈도의 기능을 통해 임의적으로 선택되어져 왔다. 녹색은 파

---

13) A. 바쟁, 앞의 책, I., 131쪽 이하.

장의 길이가 530나노미터(100만분의 1밀리미터)로 정의된 것이므로 녹색의 흔적에 대해 어느 누구도 그것이 정말 녹색에 관한 것인지 말할 수 없다. 이러한 동일한 특징은 회색에도 마찬가지이다. 왜냐하면 '검은색과 흰색' 또한 이 영역에서 예외가 아니기 때문이다. 반대로 기호 체계가 완벽하게 관례적인 음악은 아주 쉽게 인지할 수 있는 기준을 지니고 있다. 여러 음악적 음계가 존재한다고 할 때, 이 모든 음계는 반음이나 온음으로 단순하게 나누어진 간격을 기본으로 한다. 약간만 훈련된 귀라면 '미'와 미에 해당하는 '아'를 쉽게 동일화시킬 수 있다. 모든 악보는 코드로 구성되어 있다. 음악은 일련의 체계 혹은 한 체계에 근거하여 과정들과 시대와 진실한 혁명을 대단히 잘 알고 있기 때문에 모든 코드는 분명히 사건으로부터 도피하거나 연기하려고 할 것이다. 이것은 색의 경우와는 다른 것이다.

20세기 후반부에 나타난 영화에 대한 접근을 새롭게 한 연구들을 참고할 때, 색이 어떤 점에서 영화 작업을 거북하게 했는지 매우 놀랄 것이다. 색은 우선 놀라운 부드러움을 소유하고 있다. 색은 우리가 〈메데이아〉에서 밝힌 것처럼 극히 사소한 대립으로 특징지어지는 대조를 보여준다. 색은 어조, 광도와 강도의 전체에 대해 작용을 함으로 안토니오니는 푸른색이 도는 벽을 빛나는 붉은 칠로 생겨난 광선으로 대체시켰던 것이다. 조형적으로 볼 때 색들은 무한한 조합을 이룬다. 동시에 색들은 개념에 있어 피차 거리감이 없으며 다만 매체로 드러날 뿐이다. 그러나 색은 색을 통해 드러나는 오브제의 특질은 아니다. 색이 지닌 상징적 능력은 매우 크기 때문에 개인적인 취미와 집단적 규칙이 대립하는 모순적인 가치 사이에서 망설인다. 노란색은 풍요로움과 배반과 연결되어 있고, 붉은색은 희망, 미래, 파괴와 흘린 피와 연결되어 있다. 그러므로 관객은 이러한 색에 대해 다양한 반작용을 하게 될 것이다. 많은 관객에게 있어 색은 친근하면서도 낯선 메아리를 일깨운다. 의미적인 측면에서 색은 정확한 의미를 기대하기에는 너무 유동적이다. 말하자면 색의 잠재적인 표현이 매우 자유롭다는 것이다. 앞에서 다루었던 영화에서 우리는 색에 관한 효과에 대해 폭넓은 관심을 가졌고 많은 다양한 비교를 한 바 있다. 그러나 어떠한 경우라도 연대기적인 다양성을 정의내릴 수는 없다고 생각한다. 각각의 영화에는 색에 대한 그 고유의 정책이 있기 때문이다.

특별하지는 않지만 자주 언급된 영화들은 적어도, 예컨대 파롤이나 음악처럼 암호화된 시스템과, 색처럼 암호를 풀 수 없는 전체를 연결시키는 어떤 특별한 것을 제공한다. 이들을 악보로 간주할 경우, 20세기 초 '예술 영화'를 지탱했던 작품에서부터 텔레비전에 의해 영화가 오염될 때까지 이루어진 진전에 대해 쉽게 인지할 수 있다. 리사[14]의 고전적 저서는 이러한 문제들을 잘 보여준다. 그의 연구 개요는 다음과 같다. 4,50년 동안 작가들은 20세기 말 비약적인 발전을 이루어 청중들에게 익숙해진 대중음악회나 오페라의 모델을 모방하고 되풀이하는 것에 만족하여 왔다. 오페라는 시작과 끝 부분에서 오케스트라의 간주와 더불어 감동적인 긴장의 순간들을 극화하는 수단을 제공하였다. 반면 드뷔시 이후의 인상주의 음악은 묘사와 풍경을 설명하였고, 서사적 이완의 순간을 별 생기 없이 덧붙였다. 전체적으로 코드화된, 다시 말해 반복적인 몇몇 도식에 근거하는 반주는 경우에 따라 슬프고, 어둡고, 불안한 것으로 해석되었던 영상 읽기를 고정시켰다. 20세기 중엽에 다른 방식으로 생성된 음악들, 특히 록과 같은 음악이 스튜디오에 침입하면서 모든 규칙이 흔들리기 시작했다. 타이틀 뮤직은

---

14) Z. 리사, 《영화음악 미학 *Ästhetik des Filmmusik*》, Berlin, Henschelverlag, 1965.

오페라와는 달리 이야기에 대한 정보가 아니라 실천의 리듬에 근거하며 부분적으로 독립적인 시퀀스를 이루었다. 전적으로 외연적인 것에서 벗어나 음악은 영상에 자기만의 고유한 움직임을 부여하기 시작했다. 음악이 코드의 다른 분포의 배치를 부정하지 않게 된 바로 그곳에서, 서스펜스의 전개와 어프로치를 강조하기 위한 전자음악의 사용 및 묘사를 동반하기 위한 재즈나 민속음악의 사용은 완벽하게 새로운 방법으로 몽타주를 인정해야 했다.

이처럼 거대한 라인으로 제시된 두 모델 사이의 대조는 매우 분명하다. 우리는 행동을 단순하게 감속시키는 오케스트라의 도구화에서부터 뮤직 비디오에 의한 영화의 오용을 살펴보았다. 이로부터 록이 나타나기 20년 전 유성 영화가 도래한 이래 독립 음악이 이용되어 왔음을 금방 알아챌 수 있으며, 지금도 여전히 음악에 대한 두 가지 쓰임새, 즉 예시와 분산이 공존한다는 것도 알 수 있다. 그러나 이러한 뉘앙스가 근본적인 것은 아니다. 우리의 관심사는 영화 미학이 고전 음악의 전통과 함께 적어도 부분적으로 일종의 단절로 특징지어지는 것은 아닌지 알아보는 데 있다. 록은 자체로서가 아니라 사용된 방법에 따라 소리와 영상의 관계를 깊이 있게 특징짓고 있음을 인정해야 한다. 변화를 정리하자면 대략 다음과 같다. 분명 음악은 화면에서 새로운 표현 영역을 발견했으며 영상을 부분적으로 위축되게 작용한 면이 있다는 것이다. 역사적인 근원을 지니고 있는 음악의 두 체제는 심포니 오케스트라와 록 콘서트에서 유래한 것이다. 말하자면 이것들은 영화 밖에서 그 뿌리를 발견할 수 있는 것으로 상호간 간격을 유지하면서 발전한 것이다. 그렇다면 이러한 연대기적 차이는, 영화에 의해 암시된 총체적 효과를 지닌 음악의 참여와는 어떠한 관계가 있는가? 리사가 미학을 언급[15]할 때, 그는 두 개의 극도로 단순하면서도 거대한 범주, 즉 두 배치의 양태를 목적으로 한다. 일반적으로 관객은 포스터를 통해 극장 안에 입장하기 전에 이미 동일시가 이루어진다. 그러나 일단 영화를 분류하고 나면 관객은 더 이상 앞으로 나아가려 하지 않는다. 거리감이 분명히 존재하는 것이다. 그러나 자체적으로 생겨나는 이 거리감은 우리에게 대수로운 것은 아니다.

만일 소리를 영화 '재료'로 간주하는 것을 망설이지 않고, 소리와 영상 사이에 완전한 융합의 양식을 실현시켜 화면을 생생하게 하고자 한다면, 우리는 이런 식으로 형태 발전과의 관계를 끝낼 수 있을 것이다. 여기서 언급하고자 하는 것은 연기자들의 작업에 관한 것이다. 과연 소리와 영상이 대사와 연결되어 있는 관계가 배우들의 무대적 행동에 영향을 끼치게 될까? 정면성, 즉 '고전적' 연출가에 의해 금기시된 관객을 향한 시선은 아름다운 무성 시대에 일반적인 실천이었다. 예술가들은 단어의 부재를 보충하기 위해 방향을 바꿔 객석을 뛰어넘고자 하였다. 이 정면성은 영화 표현에서 중요한 요소라는 것이 확인되었고, 배우들의 신체적 상호 작용이 관객의 개입으로 이루어졌다. 그들의 대화가 관객을 거치게 된 것이다. 유성 영화가 나타났을 때 문장은 그 무게를 되찾아 화면의 정중앙에 위치하게 된다. 문장이 만남의 영역이 되었던 것이다. 이제부터 배우들은 객석을 무시하고 그들의 상호 참여와 그들 사이에 대사가 위치하는 방법에 따라 전진과 후퇴를 활성화시켰다. 또한 텍스트의 투명성이 중요성을 상실하고 오히려 청각적인 것이 더 중요한 것으로 간주되었을 때, 여러 번 언급했던 것처럼 연기자들은 즉각적인 인접성에 다다르게 되었다. 앞서 간단하게 설명했던 변형이 서서히 이루어진 것이다. 그러나 변형은 완

---

15) 같은 책, 107-114쪽.

전한 것이 아니었으며 관계의 세 형태는 어느 시대든지 상호 존재하여 왔다. 우리가 이 경우를 분석하려는 이유는 이 분석이 시간을 통해 작용하는 복잡한 변동을 밝혀 주기 때문이다. 우리가 대사를 들을 수 있게 된 순간부터 이야기 방법과 제시 방법이 동요하지 않게 되었다고 바쟁이 언급한 바 있는데 이 말은 정당한 지적이다. 그렇다면 연기자는 주어진 역할을 해석하는 자인가 아니면 텍스트를 연기하는 자인가? 사실상 연기자는 이들을 연결시키고 있다. 낭송이라는 무대적 위상은 흉내에 영향을 미치기도 하고 그 반대에 영향을 미치기도 한다. 이러한 복수적 교환을 이해하기 위해서는 연기자들에 의해 채택된 위치 정하기가 어떤 전통과 연결되어 있는지 파악하는 것이 중요하다. 근원에 대한 탐구는 전체 행동적인 퍼포먼스의 다양한 특징인 본질을 숨길 위험이 있다.

연기자들의 다양성과 상호 전염성이 고려된 형태를 역사적으로 분석하는 것이 가능할까? 아마 가능할 것이다. 그러나 많은 노력이 필요할 것이다. 그렇다면 '누벨바그,' 신사실주의의 전환점, 소리의 도달 혹은 텔레비전의 도약과 같은 단순한 '사실'의 모든 변화를 한데 모으는 것으로, 또 압도적인 평범성을 다시 언급하는 것으로 만족해야 하는 것은 아닐까? 그러나 반대로 뉘앙스를 무한한 의미로 다루어야 하고, 현상들이 동시에 일어나는 것이 드물다는 사실을 인정해야 하며, 단순한 설명이 아니라는 것을 감수해야 한다. 이렇게 성공적으로 작업이 수행된다 하더라도 미학적 참여는 별로 변화가 없을 것 같다. 미학적 참여에 의문을 던지면서 이를 받아들이기 위해서는 작품의 탄생을 인지하는 것이 필수불가결한 것은 아니기 때문이다.

기쁨의 발견

시간의 외양과 형태들의 발전을 언급할 때 우리는 똑같은 불확실성과 마주친다. 구체적인 전체, 예컨대 오디오비주얼 연출에 전념할 경우, 미학적 이해는 전체의 발전과 과거를 고려해야 하는 것일까? 역사적 방식의 대상물을 사전에 알지 못한다면 이에 대한 대답은 불가능할 것이다. 명료한 인간 발전을 주장하는 역사는 시간으로의 정착이 현상들 사이의 관계 정립을 가능하게 하고, 역사의 기본적인 버전은 연속과 결과라는 한 쌍으로 귀착된다는 것을 가정하고 있다. 역사는 모순과 비-일치로 대체되면서 발전된 모델을 제시할 능력이 있지만, 연대기를 준거로 하지 않고서는 발전할 수 없다. 예컨대 두 영화 사이에서 설정된 관계는 어떤 점에서 이 영화들이 상영된 날짜와 관계를 맺는 것일까? 만일 기술의 발전에 관심이 있고, 문체론적 전통이 어떻게 새로운 조합에 의해 전복되었는지 생각한다면, 달리 말해서 전형적으로 역사적인 문제를 제기한다면, 우리가 관심을 가져야 하는 첫번째 요소는 바로 시간의 흐름이 될 것이다. 반대로 만일 표현적인 힘을 판단하고 인정하면서 한 작품 혹은 여러 작품에 접근하고자 한다면 날짜는 전혀 중요한 것이 아니다. 제3장에서 우리는 영화 〈모험〉 〈선창〉 〈열정〉을 다루었다. 이 영화들은 제7의 예술의 연속적인 3세대에 속하는 것으로 서로 다른 세 개의 맥락을 지니고 있다. 그러나 우리가 선택한 관점에서는 역사적 간극을 무시하였다.

미학을 비시간적이라고 결론지을 수 있을까? 이러한 질문은 미학이 강하고 엄격한 작품에서 감수성과의 만남을 통해 현실화된다는 것을 망각하는 것이다. 물질적으로 작품은 변하지 않는다. 질문은 그 질문이 드러내는 맥락에 의해 항상 유지된다. 미학의 열림에 있어 악보와 저서와 그림의 예외적인 특징을 갑자기 동일시하는 직관, 그 선동에 자리를 양보하는 직관을 우리는 인지하고 있다고 믿어 왔다. 또한 이 작품들이 주는 감동과 내밀하게 혼합되어 있는, 이들 작품이 제공하는 즐거움도 동일시하여 왔다. 여기에 반성적 귀환을 덧붙이고자 한다. 이성에 대한 판단을 표현한 특별한 작품의 경우 관찰자를 전복시키고, 주의력을 끌며, 반작용을 강요하기도 한다. 다음의 네 개의 용어 가운데 어느 용어도 존재의 영원한 상태를 지칭하는 것은 없다. 직관력, 감동, 즐거움, 비평 능력은 자체적으로 존재하지 않는다. 이들 용어는 결정된 역사적 맥락에서 드러나고 형태를 취하는 지적이고 심리적인 태도에 관한 것이다. 예술품은 다만 미학적 참여가 실천하는 여러 영역 중 한 영역만을 재현한다. 미학적 참여는 생물과 무생물, 신체의 생명, 사회의 생명과 아주 밀접하게 관계를 맺고 있다. 창작품에 대한 고찰은 이러한 전체를 통해 폭넓게 이루어져야 한다. 한 시대에 상징적 가치의 순환과 정의를 지배하는 규칙들로 이루어진 미학을 이해하기 위해서는 우선은 인정된 활동성과 공연과 작품을 목적으로 해야 하며, 그 다음으로 가능하다면 새롭게 떠오르는 것과 혼란스러운 것을 향해 나아가야 한다. 지금까지 언급한 가치들을 포괄하는 파노라마는 스스로 영원한 재생이 가능하다. 이들 중 어떤 것은 사라지기도 하고 어떤 것은 의문을 제기하기도 하지만, 결국은 정당성을 획득하고 또다시 질문을 던질 것이다. 제1장에서 본성에 있어 약 2세기 전부터 감정의 표현에 대한 변화가 개입되었다고 언급한 바 있다. 다시 이를 언급하는 것은 쓸데없는 일이겠지만, 비평적 의미와 즐거움이 어떤 점에서 본질적으로 역사주의적 현상인가를 생각하는 것은 중요하다.

　기쁨의 효과는 미학적 동조와 불가분의 관계를 맺고 있다. 우리는 감탄을 하거나 감동을 받는 것으로 만족하지 않는다. 창작품은 즐거움의 인상을 제시하고 깊은 만족의 근원이 된다. 또 어떤 순간에는 일종의 내적인 동의와 무엇인가 기쁨을 주는 본질적인 것에 도달하는 확실성으로 우리에게 다다르기도 한다. 이러한 확신은 전적으로 근대적인 것으로 그 뿌리를 찾기 위해 먼 시간을 거슬러 올라갈 필요는 없다. 플라톤은 즐거움을 경멸하였다. 그는 고통의 완화라는 부정적인 형상으로만 즐거움을 용인할 수 있다고 판단하였다. 아리스토텔레스는 약간 완화된 견해를 밝히고 있다. "기쁨은 선이 아니다. 모든 기쁨을 필연적으로 원할 수 있는 것은 아니다. 그러나 기쁨을 주는 원인에 따라 원하는 기쁨이 있다." 아리스토텔레스는 그 예로써 선을 행할 때 느끼는 기쁨을 제시한다.[16] 비록 기독교가 쾌락을 증오하는데 커다란 역할을 한 것은 사실이지만 쾌락에 대한 의심을 처음 시작한 것은 기독교가 아니라는 것을 언급하기 위해 무엇보다도 그리스 철학자들을 살펴볼 필요가 있다. 플라톤과 아리스토텔레스는 오랫동안 정신 속에 자리한 확신을 분명하고 완성된 표현으로 제시하여 왔다. 3천여 년 동안 서양인들은, 즐거움은 사회적 조화와는 낯선 것이며 조건부로 인정될 수 있는 모호한 현상이라는 점을 강조하여 왔다. 소크라테스는 칼리크라테스에게 말한다. 자넨 쾌락을 좇을 수 있지. 그러나 선에 도달한다는 단 하나의 조건에서 가능한 것이야. 왜냐하면 만족의 과잉은 자네나 친구들에게 위험한 것이거든.[17] 헤겔은 미에 대한 연구에서 즐거움을 전혀 다루지 않았다. 형상을 응시함으로써, 의미가 정신에 이르지 못한 형상에 도움을 줄 수 있다고 헤겔은 평가한다. 그러나 즐

---

16) 《니코마코스 윤리학 Éthique à Nicomaque》, X, 3, 1174, a.

17) 플라톤, 《고르기아스 Gorgias》, 505, 506 또한 513.

거움을 중시하는 것은 그 체계 속에서 물질로 후퇴하는 것과 같은 것이다. 헤겔에 따르면 낭만주의자들은 새로운 가치를 활성화시키고자 하는 욕망에도 불구하고 개인적인 만족을 감히 복권시키지는 못하였다. 또 바이런은 저주받은 반항아 동 주앙의 말을 인용한다. "쾌락이여, 넌 분명 우리를 지옥에 떨어뜨리겠지만 나를 즐겁게 하는구나."

결론적으로 프로이트는 사람들이 최대한의 만족을 추구하면서 자신을 드러내는 위험들을 나열하면서 전적으로 플라톤의 견해를 따른다.[18] 쾌락은 무엇보다도 정신의 불쾌한 긴장을 경감시켜 준다. 말하자면 고상하게 바랄 수 있는 선에 대한 징조가 아닌 고통의 종말을 뜻한다. 반대로 "쾌락의 원리가 삶의 목적을 결정하고 애초부터 심리적 도구 작용을 제어한다는 것,"[19] 역시 주이상스가 위태롭긴 하지만 인간의 운명과 역방향으로 전개되지는 않는다는 것, 주이상스가 우리가 조금이라도 의젓하게 삶을 영위하려면 버려야만 하는 잉여적인 욕구 충족을 구축하는 대신 실존의 핵심 자체에 정착한다는 것을 확신하는 순간 쾌락은 전통으로부터 멀어진다. 즐거움의 사회화는 200년 이래 서양 사회를 특징짓는 거대한 도덕적 변화에 속한다. 신적인 완벽함과 군주의 위엄에 맞서 피를 통해 유전되고 평범한 특징을 지닌 쾌락은 애초에는 이를 즐기기 위한 재산이나 능력을 지니고 있는 자들에게나 접근이 가능한 개인적인 정복이라고 확신되어 왔다. 쾌락은 통속화되어 결국은 절대적으로 원할 수 있는 것으로 생각하게 되었다. 이로부터 휴식

---

18) S. 프로이트, 《쾌락의 원리를 넘어서 Au-delà du principe de plaisir》(Jenseits des Lustprinzips, 1920, Gesammelte Werke, t. XIII, Londres, Imago, 1947, 3-5쪽), in 《정신분석학 소고 Essais de psychanalyse》, Paris, Payot, 1970, 7-12쪽.
19) S. 프로이트, 《문명 속의 불안 Malaise dans la civilisation》(Das Unbehagen in der Kultur, 1929, Gesammelte Werke, t, XIV, Londres, Imago, 1946, 17쪽), Paris, PUF, 1971, 20쪽.

의 필요성이나 교양을 쌓고자 하는 욕구가, 공연을 관람하거나 바캉스를 보내거나 집 안에서의 여유를 찾기 위해서 꼭 필요한 것이라고 생각하지 않게 되었다. 각자는 자신 스스로의 만족을 목적으로 삼았으며 이를 행하도록 격려되었다. 일상적인 삶은 "즐겁게 섞여라" "즐겁게 뛰어라" "당신은 무슨 이유로 쾌락을 거절하는가?"와 같은 슬로건으로 일반화된 즐거움을 해석하여 왔다. 텔레비전 채널은, 여론조사로는 전혀 측정할 수 없지만 욕구 충족을 기대할 권리를 지니고 있다는 점을 상기시키는 만족감의 단계를 창출하기에 이르렀다. 철학과 사회학은 주이상스의 필요성에 대한 충동적인 근원에 대해 질문을 던지면서 전체를 포괄하였다. 심리학자들이 쾌락을 정의할 수 있는지는 모르겠다. 우리가 쾌락을 모호한 용어로 지시하는 것이 현대의 특별한 경향인지 그 특징에 대한 영원한 경향인지 알 수가 없다. 다만 확인하고자 하는 것은 즐거움에 대한 어휘들, 그 성질, 처음에는 소심하지만 근원적인 방법으로 이끌어 내는 결과들이 어떻게 변화했는가 하는 것이며, 오랫동안 도덕적 허약함으로 간주되어 온 만족감에 대한 기대감이 차후 매우 합리적으로 우리가 요구하는 부분이 될 것이라는 점이다.[20]

우리의 인상과 감각에 대한 비판적 회귀는, 미학적 이해가 단순히 내적인 감정의 토로가 아니라 사회화된 교환의 기초가 되는 데 필연적인 것이다. 이 비판적 회귀는 시대를 통해 단련된 개념적 도구를 통해 이루어진다. 멜리에스 영화를 본 최초의 관객들의 열광은 오늘날 우리가 느끼는 열광과는 근본적으로 다르지 않겠는가? 이 물음에 대해서는 그 어느 누구도 확실하게 대답할 수 없을 것이다. 그러나 당시의 관

---

20) 쾌락에 대한 최근의 저술을 보려면 다음을 참고할 것. L. 타이거, 《쾌락의 추구 *The Pursuit of Pleasure*》, Londres, Little Brown, 1991.

객은 우리가 할 수 없는 다른 방법으로 영화를 언어로 표출하였다는 것은 분명하다. 20년대로 거슬러 올라가지 않더라도, 오디오비주얼 생산의 범주를 비교해 볼 때 상당한 변화가 있음을 분명히 알 수 있다. 대학에서 있었던 현학적인 접근은 처음에는 경멸스런 시선을 받았지만 차츰 언론에 의해 채택되었고 결국 영화에 열광하는 모든 사람들에게 공동 소유물로 자리매김하게 되었다. 관객의 주관적인 결과와 도덕적 평가는 구조적 조직화, 이야기를 양상화하기, 재현의 특성을 판단할 수 있도록 하였다. 영화에서 차용된 텔레비전 언어는 스포츠나 음악 공연에 대해 사용된 언어와 유사한 경향을 보이기 시작했다. 이 언어는 퍼포먼스와 효율과 만족감의 비율과 관습의 지속과 관계가 있다. 우리가 분석하려는 담론적인 영역에서 미학적 참여는 보편적이기보다는 환경의 고유한 양상으로 표현된다. 만일 우리가 그 오래된 흔적을, 다시 말해 오디오비주얼 영역과 사회적 전개 사이에 있어 연대기적으로 정리된 관계를 발견하고자 한다면, 이를 발견할 기회를 틀림없이 제공하게 될 영화와 텔레비전에 대한 평가로부터 출발해야 할 것이다.

3. 작품들… 너머로

예술은 개인화된 작가와는 무관한 것이다. 예술은 예술가들보다는 더욱 폭넓은 방법으로 정의된 단체나 무명인들에게 속한다. 그렇지만 반대로 예술에서 작품이 없을 수는 없다. 왜냐하면 작품은 구체적이고 실제적인 동시에 창조적 행위라는 이례적인 특징을 지니고 있기 때문이다. 아리스토텔레스가 제안한 정의[21]는 현재에도 완벽하게 적용이 된다. 작품은 지나치게 제한되는 것도 아니고 지나치게 고려되는 것도 아닌 '어떤 범위'를 지니고 있다는 것이다. 이 범위를 잘 알고 있어야 하지만 그렇다고 지나친 것이 되어서는 안 되며 이 범위가 애호가를 짓눌러서도 안 된다. 애호가는 전체적인 시선으로 작품을 직접 바라보고 또한 이로부터 쉽게 추억을 지니게 되기 때문이다. 예술품은 강한 정체성과 하나의 타이틀을 지니고 있다. 예술품의 규모나 기간은 분명히 어떤 범주나 장르로 정리된다. 전문가들은 관객이 이 예술품을 관찰하고 이해할 수 있도록 분명하게 제시한다.

단순한 문장을 좋아하는 사람들은 종종 '예술의 종말'에 대한 헤겔을 인용한다. 그러나 이 말이 주는 의미와는 달리 예술품의 조건들은 현 세계에서 두 배 이상의 유리한 점을 지니고 있다. 우선 예술품은 국제적인 교환의 흐름으로 통합되어 있다. 예술품은 언제나 타협에 복종하는데 그 까닭은 이를 만드는 자들이 실생활을 살아야 하기 때문이며, 드문 경우이긴 하지만 이 예술품이 커다란 가치를 지니고 있기 때문이다. 그러나 세계화된 경제에 있어 개인 소장자들의 제한된 클럽은 너무 지나치게 비밀스러운 것이 되어 버렸다. 또한 세계 상업적 차원에 적용된 예술 시장을 열기 위해 무명의 기업들이 게임에 뛰어들었다. 다른 한편 박물관 관리 제도는 예술품에 경제적 무게가 첨가된 문화적 합리성을 분명하게 하였다. 많은 작품들이 비싸게 팔리고 관객의 찬사의 대상이 되었을 때 무한한 가치를 지니게 된다는 것이다. 이러한 지적은 예술품의 아이러니를 드러내기 위해서가 아니다. 이런 점들이 우리의 관심사인 오디오비주얼 영역과 밀접한 관계를 맺고 있기 때문이다. 텔레비전과 비디오와 함께 영화는 새로운 판매 시장에 뛰어

---

21) 아리스토텔레스, 《시학》, 1450, b.

들었다. 영화는 상영이 막을 내리는 몇 년 동안만 상영을 하기 위해 제작하는 것을 달가워하지 않는다. 매우 짧은 생존을 조건 짓는 영화의 재정적 생존은 오랫동안 분명하게 각인되어 왔다. 오디오비주얼 제품 역시 국제적인 교환에 익숙해진 예술학교나 보존 극장 덕택에, 또한 모든 종류의 비디오테이프를 구매하거나 수집하려는 비디오 컬렉션 덕택에 박물관에 진입하게 되었다.

그러나 예술의 종말을 느끼는 사람들은 예술의 종말이 동반하는 선택의 부재와 과잉에 대해 집착하고 있다. 폐쇄 회로의 기발한 장치 덕택으로 영화를 찍은 인물은 자신의 영상이 나타나는 텔레비전 수상기를 보기 위해 카메라의 영역 밖으로 나올 수 있게 되었고, 그 결과 그 화면 영역은 다른 곳으로 향하는 누군가에 의해 점유되기도 하고 텅비기도 한다. 이처럼 비디오로 인해 영화가 풍요로워진다면 박물관은 예술과 신기한 도구를 혼동하지는 않을까? 전혀 우연이 아닌 이러한 예들은 상당히 많은 혼동을 해소하기 위해 꼭 필요한 것이다. 예술가란 필히 새로운 형태의 발명가가 되어야 하는 것은 아니다. 예술가가 이러한 경우가 되는 것은 드물다. 표현의 연구에 참여하고, 정당화라는 심급을 통해 자격을 인정받는 사람은 누구든지 예술가로 불릴 수 있기 때문이다. 비디오카세트는 비디오에 의해 열린 노선의 사유와 통합되어, 화랑을 불편하게 하는 수많은 가족 초상화나 정물화 정도의 예술품으로 자리매김하고 있다. 만일 이러한 비디오 제품이 그 유사한 대부분의 것들처럼 싫증나는 것으로 또는 아무런 열광이나 기쁨이나 감동을 주지 못한다고 반대를 한다면, 예술과 미학을 혼동한 것이 된다. 달리 말해서 이전의 혼동에 또다시 새로운 혼동을 첨가하는 것이 된다. 아마도 각자는 미학적 도약이 예술적 영역에만 국한되어 있지 않고 더욱 자연스런 스펙터클을 향해 나아가며, 예컨대 산업 창조와 같은 인간적 창조성의 또 다른 면을 향한다는 것을 잘 알고 있을 것이다. 분명한 것은 아니지만 예술가들이 만들어 내는 무한한 분야는 미학에 대한 최소한의 관심도 없이 이루어져 왔고 언젠가는 아무도 유감도 표명하지 않은 채 사라져 버릴 것이라는 생각이다. 예술 행위는 사회 안에 마련된 게임과 무상성의 공간을 통해 근본적인 것이 된다. 어떤 사람들은 이러한 예술 행위를 소외 현상을 감추기 위한 병풍으로 간주할 것이며, 또 어떤 사람들은 자유에 대한 약속으로 볼 것이다. 중요한 것은 어느 누구도 이 중요성을 무시할 수는 없으며 새로움을 창조하는 인간은 살아남을 가치가 있음을 인정하지 않을 수 없다는 것이다.

미술품에 대한 연구나 응시를 통해 아름다움이 제공하는 기쁨을 깨달으려는 것은, 엄격한 전망에 대한 실수일 수 있다. 미학적 참여는 잠재적으로 아무런 한계가 없으며 예술품의 틀을 폭넓게 넘어서고 있다. 미학적 참여는 정의된 오브제에 기대지 않고서 스스로 발전할 가능성이 있다. 이탈리아의 베네치아는 원주민이나 여행객들이 피할 수 없는 미학적으로나 감각적으로 깊이 있는 집중이나 눈에 띄는 기념비를 전혀 소유하고 있지 않다. 그러나 베네치아는 과거의 신기루, 인간의 삶, 하늘과 바다, 구조물, 도시가 섞여 뭐라고 표현할 수 없는 전체를 지향한다. 조형 예술, 문학, 음악, 영화와 같은 제한되고 전문화된 영역에서 지나치게 넓지도 않고 제한되어 있지 않으며 닫혀 있는 단위인 작품의 이미지는 아주 강한 것으로 남는다. 소설은 필히 한 권의 단행본이 되어야 하지만 오디오비주얼 형태의 작품은 많은 사람들에게 있어 허구의 영상으로 남는다. 글쓰기가 아닌 음악, 음성적 전통은 그 모델이 조금은 위태로워졌음에도 순환적이 되어 제한된 관객에게 감동을 주고 있다. 그렇다면 텔레비전은 거대한 양자택일에 자리를 점하는 유일한 영역에 해당하는 것일까? 텔레비전의 확산이 미학 영역을 독점하고 있는 예술품보다 더욱 목적 지향적인 것은 아니다. 예술품은 일상의 텔레비전 프로그램을 충분히 채우고 있지만 그렇다고 창조성의 실험을 배제하는 것은 아니다. 제5장에서 텔레비전의 잠재적 창조성과 실제적 제약의 관계를 살펴본 바 있으므로 다시 언급하지는 않겠다. 그러나 텔레비전의 청각이 작품의 문제를 다시 형식화하는 방법에 대해서는 검토해야 할 필요성이 있다고 본다.

우리는 무슨 이유로 그림과 타블로(묘사), 오디오비주얼과 영화(또는 텔레비전의 프로그램들)를 동일시하는가? 제한된 그룹이나 개인에 의해 처음부터 끝까지 조절된 작업, '수공업'에는 일종의 신기루가 있는 것은 아닐까? 여기에는 한편 개인적 표현으로 예술의 이데올로기가 개입되고, 다른 한편으로 베네치아의 열정 같은 감정의 외형으로 오브제를 포착하는 폭넓은 감정이 개입된다. 텍스트와 멜로디와 영화를 혈통이나 적어도 타이틀이나 날짜로 연결시키지 않는다면 이들은 우리에게서 빠져나가려 한다는 것이다. 좀 더 직접적으로 말해서 작품을 파악하는 동시에 이로부터 벗어나려고 하는 것은 익명에 대한 공포가 아닐까? 엄격하게 정의된 오브제에 대한 이러한 욕망은, 컬렉션으로 운명 지워진 예술처럼 이미 언급한 현대 예술의 발전과는 반대 방향으로 나아가는 것은 아닐까? 필립 피셔는 이러한 예술의 변신을 박물관에서 찾았다. 그가 보기에 전시 화랑은 한 예술품을 비교가 되는 무수한 다른 작품들 한가운데 둠으로써 예술품을 지우고 있다는 것이다. 그러나 화랑은 또한 전시회에 참여하는 새로운 대상물을 제안하면서 예술품을 창조하기도 한다. 우리의 시대는 생산물에 있어 장인과 같이 개인화된 제품을 갑작스럽게 도약시키는 시대이다.[22] 이러한 연구와 관심은 전체에 의해 내면화된 시리즈물의 규칙이 창조의 영역에까지 펼쳐지고 있는 산업화된 세계의 논리와 관련되어 있다. 피셔의 정의에 따르면 현대 회화의 특징은 디테일한 수정을 중재하면서 텔레비전 방송에 몰두한다는 것이다. 이것은 첫째로 상호간에 대체될 수 있는 구분이 거의 불가능한 표준화된 단위와 관계가 있다. 이 단편들은 여러 다양한 방법으로 매우 폭넓은 전체를 다시 모으는 방법으로 이해할 수 있다. 이로부터 전체 밖에서 홀로 존재하기에는 독립적이지 못한 낯선 요소들과 그 부분들을 완벽하게 통합시키지 못하는 전체 사이에 영원한 긴장감이 조성되는 것이다. 이러한 불안정한 관계는 상대적으로 전체적인 개념과 그 디테일에 있어 텔레비전 프로그램을 잘 특징짓고 있다. 이 불안전한 관계는 무슨 까닭으로 텔레비전의 작은 화면이 오디오비주얼의 질감을 변화시키지 않고도 작품으로 인정된 영화를 타락시키는지 잘 이해할 수 있도록 해준다. '텔레비전 프로그램'을 살펴본 관객의 선택과 관계 속에서 이루어진 영화의 방영은 어떤 시간이 선택되어질 것이다. 영화가 프로그램을 채우는 것이 될 터인데, 이렇게 해서 영화는 다른 텔레비전 프로그램과 구별되지 않게 된다.

영화를 좋아하는 사람은 영화가 취소되거나 영화 방영 시간이 줄어든다면 화를 낼 것이다. 작품의 단위에 민감한 이들의 열정은, 경우에 따라 영화를 없앨 수도 있음을 예견하는 프로듀서들의 태도를 무시한다. 영화 팬들의 열정은 조립식 구성 또는 떼었다 붙였다 할 수 있는 에피소드와는 대립된다. 각 시청자는 방송의 범위가 무엇이든 간에 어쩔 수 없이 제거할 수밖에 없는 임의 선택적인 부분을 방송이 포함하고 있음을 잘 알고 있다. 그렇다고 이러한 방송의 행태가 다음의 사항들보다 더욱 스캔들을 불러일으킬 만한 것은 아니다. 즉 장식화 화가

---

22) P. 피셔, 《예술 만들기와 없애기. 박물관 문화에서 현대미국예술 *Making and Effacing Art. Modern Americain Art in a Culture of Museums*》, Oxford University Press, 1991.

가 언제나 닫혀 있는 덧창을 미리 보려는 것을 방해한다거나, 소규모 극단들이 발산하는 춤추는 매개물을 통해 고전 작품에 재미를 주려고 한다거나 예외적인 유통으로 녹음된 음반에서 〈마술 피리〉의 음악 부분만을 허용하는 것 등이 그러한 것이다.

베리만은 〈화니와 알렉산더〉를 두 버전으로 만들었다. 하나는 영화를 위한 것이고 다른 하나는 텔레비전을 위한 것이다. 구성과 역할과 배우들과 음향이 동일함에도 불구하고 이 두 작품은 서로 다른 논리로 이루어진 것으로 인식되고 있다. 독립 제작으로 알려진 영화의 경우 특별한 방에서 고정된 시간에 영화화된 것이다. 반면 4주 간 연속해서 방영된 텔레비전은 전체를 통합하고 있다. 텔레비전 드라마는 이전 프로그램이나, 반대로 그 반동을 따르게 될 이후 프로그램의 수용에 대해 영향을 미칠 것이다. 대략 동일한 사람들일 두 매체의 관객은 각각 감동을 이끌어 내는 제식에 참여할 것이며 이 감동은 참여라는 또 다른 형태를 할애하게 될 것이다. 이처럼 영화는 유죄판결을 받게 된 것이 아니라 비디오와 영화 애호가의 인내심과 박물관 설립 덕택으로 미래를 보장받게 되었다. 그러나 닫힌 작품의 개별화로 인해 이제부터 텔레비전은 영화 작품 저편으로 나란히 동행하게 될 것이다.

본장에서 옹호된 입장은 사실상 불편한 것이다. 이것은 관심을 갖게 하기 위한 것이며 독자 여러분으로 하여금 고유한 관점을 더 잘 지니게 하기 위한 것이다. 동일한 질문이 암암리에 지속적으로 접근하는 여러 다른 주제에 의해 제기되고 있다. 만일 미학적 판단이 기존에 설정된 가정을 추론하지 않고 기준도 없는 것이라면, 또한 다만 관객의 사고 행위에만 근거하는 판단이라고 한다면 시간을 초월하는 것은 분명히 위험하지 않을까? 이야기와 콘텍스트와 작품이라는 세 문제를

〈산딸기〉

구분하기 위해 우리가 최소한 언급할 수 있는 것은 시간의 지속의 결
과에 관한 것이다. 거의 대부분의 영화에는 조형 예술과 마찬가지로
이야기가 존재한다. 그런데 조형 예술은 이야기가 단지 순간에 제공되
는 반면 영화와 텔레비전에서는 음악처럼 연속적인 전개가 이루어진
다. 이것은 큰 화면(영화)이든 작은 화면(텔레비전)이든 음악 부분이 점
점 중요하게 자리매김하는 현상과 무관하지 않다. 이야기가 존재하지
않는 녹음된 소리에서 오디오비주얼의 연출이란 일종의 변형이라는
사실을 이제는 잘 이해할 수 있는 것이다. 대부분의 경우 시간의 지속
은 재현되는 시간이며 이야기 속에 통합되어 있다. 그런데 시간의 지속
은 텍스트 자체가 작용하는 변화, 더욱 근본적인 소여를 감추는 '표면
효과'와 관계가 있다. 영화는 시간의 경과에 의거한다. 영화에 대한 판

단의 모순은 동시성의 효과를 염두에 두면서 일시적인 확장을 목적으로 한다는 것이며, 악보처럼 여러 차원으로 결합되어 있다는 것이다.

'수직적' 요소들 가운데는 콘텍스트로 직접 정해질 수 있는 역사적 특징이 있다. 정확한 연대를 알 수 있는 기술적 방법, 재현 체계, 무대 연기 등이 준거를 지닌 지속성 속에서 각자의 자리를 점하고 있다. 이 것들은 변형되기 이전의 방법에서 벗어나 새로운 방법과 새로운 습관을 준비하고 있다. 만일 어떤 학자가 참을성 있는 주의력으로 연구를 할 경우 거대한 것으로 보일 수 있는 역사의 무게는 그러나 실제적인 관점에서는 그다지 큰 것이 아니다. 과거의 개념은 강력하면서도 유동적인 것이어서, 개인 자신의 고유한 운명을 조직하는 방법을 지배하고 있다. 그러나 과거의 개념은 역사의 발전에 있어 아무런 이익도 함축하고 있지는 않다. 만일 모든 작품을 과거의 것으로 수용한다면 그 낡음은 잘못 정해진 '이전'의 것에서 유래한 것으로 귀결될 것이다. 영화의 구성적 전개는 영화의 과거를 무시하고 미래를 향하며, 관객이 관심사를 바꾸거나 '끝'이라는 단어에 이르기까지 지속적으로 바라보는 순간을 향해 나아간다. 미래로 나아가는 관객은 그러나 자체적으로 역사의 산물이다. 관객이 자신의 듣는 방법과 판단으로 참여하는 범주, 분명하고 자연적인 관객의 의견에 관한 범주는 관객이 살고 있는 그 시대에서 온 것이다. 미학적 판단의 두번째 모순은 작품이 표현되는 시대의 유효한 사고방식으로 조건되어져야 하지만 작품의 역사성이 무시되고 있다는 사실이다.

항상 재구축되는 미학에 대한 전망은 혼란스러운 것이지만 작품의 개념은 뚜렷한 관점에서 사용되어 왔다. 판단이라는 것이 각 시대의 관심에 따라 변하는 것이라 하더라도 작품은 그 자체로 남게 될 것이다. 이러한 재보험성의 성격이 텔레비전과 연관된 것이라고 주장하는 것은 지나친 것이 되겠지만, 그러나 텔레비전의 실천이 오디오비주얼 실현과 우리와의 관계를 변경시킬 것이라는 점을 강조하고자 한다. 작은 화면은 음악·영화·무용이나 연극이 갖고 있는 일시적인 단 한 번의 공연을 지속시키고자 하는 미래를 향한 흐름을 다양화시키고 연장시켜 주고 있다. 그런데 영상과 음향이 텔레비전 수상기에서 지속적으로 전개되는 것이라면, 텔레비전 수상기는 그 움직임을 동반하기도 하고 회피하기도 하는 시청자에게 속하는 것이 된다. 물론 듣는 방법이란 환경이나 시간과는 무관한 하나의 사회적 태도이다. 이것은 관객이 작품을 다시 모델화하기도 하고 어떤 때는 폐기한다는 사실과는 아무런 관계가 없다. 미학은 개인주의가 승리하고 예술가와 작품의 두 이미지에 대해 굳건한 기초가 확립될 때 더욱 분명해진다. 창조자의 실루엣을 인식할 수 없게 되었을 때 작품들과는 무관한 미학이 가능하다고 판단하는 것은 놀라운 일이 아니다.

결 론

미학의 이해는 물질 세계와 인간 창조 세계에서 불가능한 것으로 선언된 모든 것에 열려 있다. 미학의 이해는 들판과 도로로 활용된 대지의 단조로움을 깨는 균열로, 예기치 않았던 한 폭의 그림에 모든 힘을 부여하는 대조와 뉘앙스와 선에서, 정상에서, 바위와 물의 갈등으로 동요를 일으킨다. 그렇다면 무슨 이유로 가장 논쟁적인 영역에서 미학을 사유하는 것이며, 무슨 이유로 시장의 압력에 굴복하여 잘못 정리된 변화하는 전체로 오디오비주얼을 주목하는가? 미학적 사유를 위해서는 불충분하게 탐구된 영역으로 확장을 옹호하는 것이 더 용이할지도 모른다. 영화와 텔레비전은 소재의 추상성을 통한 예술의 진보나 창조 속에서, 집단적 행위처럼 알 수 없는 수수께끼를 분명하게 하기 위해 이상적인 경험의 영역을 제공한다고 서론에서 이미 말한 바 있다. 지금까지의 서술을 통해 우리는 미에 대한 연구에서 근본적이고 또 다른 의문점들과 만났다. 그것은 미를 언급하는 데 필요한 단어의 문제라든가 작품의 문제, 창조에 대한 작품의 중요성 문제였으며, 전체적으로 이물질들 간의 충돌 문제였다. 한편 영화와 텔레비전의 이중성은 드라마 제작에서 개별화된 '작품들'의 일상적인 대립을 보여준다. 이 이중성은 텔레비전에 의해 영화가 오염되었다는 풍자적인 예를 제공하기도 한다. 회화는 만화나 벽의 장식에 환심을 사려 하였고 우편엽서 덕택에 대중화되었으며, 숙련된 음악의 작곡도 재즈나 록을 무시할 수 없게 되었다. 텔레비전이 최고의 배급자이자 주요 재원이 된

까닭에, 다시 말해 살아남기 위한 유일한 에이전트가 되어 버렸기 때문에 영화의 실존적 위기는 그 콘텍스트 및 관계와 비추어 볼 때 아주 커다란 일상적인 것이 되어 버렸다.

본 저서는 일반적인 문제에 접근했음에도 불구하고 오디오비주얼 영역에서 벗어나려고 하지는 않았다. 텔레비전에 대해서는 별로 언급하고 있지 않는 미학은 영화에 흥미를 느끼는 관객이 갖는 주요 관심 중 하나를 구축한 것처럼 보인다. 그러나 미학이라는 용어는 극단적으로 다른 질서에 대한 관심을 포함하고 있다. 우리가 종종 시대의 미학, 학파의 미학, 세대의 미학, 영화인들의 미학에 대해 언급했지만 정작 관심을 갖는 것은 본 저서에서 접근했던 것과는 정반대의 지점이다. 한 집단이나 한 시대의 미학은 말하자면 1920년대 아방가르드 미학 또는 네오리얼리즘의 미학은 여러 다양한 연출에서 나타나는 영상과 양식의 형상과 표현 전체를 포괄하고 있다. 여하튼 우리는 개인적인 낯섦을 제거하고 전체적인 것을 요약하면서 미학을 정의하고자 하였다. 이 영역에 대한 탐구는 상호간의 뚜렷한 흐름을 정확하게 분리시키며, 작품을 개별적으로 연구하려 한다면 인지할 수 없는 대조를 유용한 방법으로 강조할 수 있을 것이다. 이와 같은 탐구 덕택으로 독일의 표현주의는 동시대의 다른 경험들과 분리될 수 있었고, '누벨바그'는 '성난 젊은 사람들'과 같은 동시대의 여러 운동에서 멀어지거나 이전의 것들을 종결지을 수 있었다. 그 독창성을 표현하기 위해 방식 전반을 특징짓는 것은, 이들 방식 사이에서 여러 실행을 강하게 연결시키거나 다른 실행과 대립시킨다는 것을 함축한다. 이들에 대한 탐구는 대조와 재그룹화로 정의되며 이전의 혹은 동시적인 실천에 의거한다. 말하자면 그것이 어떤 미학이 아니라는 것을 말하기 위해 우선적으로 그 고유의 오브제의 외적인 모델에 의거하고, 그 다음으로 연속적인 논거를 통해 종합을 향하는 공통적인 것으로 진보하는 것이다.

분류에 대한 갈등을 염두에 두지 않고 단어를 정당하게 사용하며 단어가 그 자체만을 말한다고 인정할 경우, 평균치의 분석 형태는 문체론을 드러내 준다고 본다. 그 차이점이 항상 인지되는 것은 아니지만, 영화 미학을 요구하는 많은 재능 있는 사람들은 효율적으로 문체론이나 기호학적 문제를 다루고 있다. 이 부분에서 음악가들은 영화인들보다 더 엄격한 것처럼 보인다. 음악에서 기호 체계 혹은 분리의 극단적인 엄격성은, 규칙과 멜로디 창조를 분리시키는 거리감을 보여주기 때문이다. 어찌되었든 간에 음악 청취와 작곡에 대한 많은 연구가 필요하다고 본다. 또 다른 적당한 용어를 찾을 수 없었기에 전반적으로 문체 분석이 결여되어 있는 본 연구를 지칭하기 위해 '미학'이라는 단어를 선택하였고, 이중의 독점성에 근거한 어떤 특별한 게임을 제안하고자 하였다. 모든 인간적 실행은 독창적인 것이다. 또 인간 산업 생산물과 관찰자 사이의 전반적인 대립은 하나의 특징을 지니고 있다. 문체론적 질서의 분류는 강한 망각 작용에 의해서만 그 어휘에 도달할 수 있으며, 분류할 수 없는 것은 제거할 수밖에 없다는 것이다. 달리 말하면 다른 것들과는 전혀 관계를 맺지 않는 분류는 고립되어 있는 새로운 거대함을 취하는 반복적인 특징을 더욱 강조하기 위해 특별한 것을 없애야 한다는 것이다. 반대로 미학은 어떤 법칙이나 뚜렷한 것으로 대답할 수 없는 것에 주의를 기울인다. 미학은 반복에는 별 관심이 없으며 규칙이 구성하는 자율성 너머의 노선을 추구한다. 말로 표현된 것은 그 어느것도, 예술 형태의 전개를 인지하기 위해 본질적인 방법을 반대로 제시하는 문체 연구에 대항하여 비판하지는 않을 것이다. 이러한 문체 연구 또는 어떤 일정한 그룹이나 영화 시리즈를 괴상하게 치장하는 '사조(ism)'는 광고 제작자의 창조거나 공통적인 방법과 의도에 부합하는 것이라고 언급할 수는 있을 것이다. 문체론은 표현주의나 네오리얼리즘에 대해 우리에게 무엇인가를 말해 줄 수 있지만 미학은 그럴 수 없다. 미학에 속하는 정의들은 낯설기 때문이다.

인간 창조성의 제반 형태에 대한 연구로서 이해되고 있는 미학 일반은 영화나 텔레비전에 대한 깊이 있는 사유에 의해 풍요로워졌다. 상호적이라는 것이 사실일까? 비평적 인상주의에서 탈피하여 오디오비주얼 연구는 1960년대 이래로 엄격한 테크닉을 지니게 되었다. 오디오비주얼 연구는 미학을 고발한 적은 없지만 주관주의를 상정하는 모든 것에 대해 경멸의 시선을 지녀 왔다. 여기서 더 이상 어둠 속에 방치할 수 없는 하나의 차이점을 언급하도록 하자. 미학은 연구자들이 이 용어를 이해하고 있는 의미로서 일종의 '규율'이 아니라는 것이다. 미학이 규율이 되기 위해서는 우선 하나의 방법론 혹은 여러 방법론으로 풍요롭게 되어야 한다. 그런데 영화 연구 영역에서 기호학 · 정신분석학 · 화용론 · 서사학에 근거하는 여러 많은 연구들은 그 적용 영역과 대상물을 명확하게 규명하고 있다. 또한 이들 연구는 대부분의 경우 구체적으로 이용되는 선택과 분리의 원칙에 대한 연역적 체계에 근거하고 있다. 이런 점에서 이들 연구는 진정한 이론적 위상을 지니고 있다고 하겠다. 실천적인 이유에서도 분석을 위한 분리가 필요하므로 이같은 규율은 분리되어 발전하는 경향이 있지만 사실 상호간에 깊이 연결되어 있다. 제6장에서 환자와 담당 의사 간의 대화에서, 서사학이 다른 이야기들로 이루어진 결합을 파악하는 데 어떻게 도움을 주는지 살펴본 바 있다. 프로이트는 처음부터 충만과 텅 빔에 대해, 교환의 실패와 부분적인 성과에 대해, 담화 어휘의 분석에 대해 주의 깊은 분석을 제공한 바 있다.[1] 동시에 전체 상담을 안배하는 언어적 시퀀스는 기호학적이며 증상의 각 단계에 대한 기록은 퍼스의 용어("집게로 집은 다리" "머릿속에서 망치로 때리기")에 따르면 **도상**의 선택으로 이루어진다. 이는 퍼스가 이해한 것으로 **상징**이 되는 질병의 이름을 재발견하는 것이며, 의사가 사전에 인지하고 있는 도식으로 환자의 언어를 일치시키기 위해 **지표**를 탐구하는 것이다. 기호학 · 정신분석학 · 서사학은 그러므로 공격적인 전략이다. 이들 학문은 다른 상담과 비교되거나 모델이 되며 처음에 우연히 전개되는 것 같은 관계를 분명하게 밝혀 준다. 그러나 이 방식 중 완벽한 것은 없으며 이들 전체는 결함을 지닌 채 의식적으로 어떤 다른 차원으로 이끄는 복잡한 상황을 탐구하고 있다. 이러한 환원에 대한 주요 관심은 이 방식들이 연속적으로 구성되는 것과 연관되어 있다. 질병은 하나의 경우로 나타나는 것이 아니라 되풀이되어 나타나는 현상인 것이다. 분명한 것은 질병은 과거에 그 효과가 입증되었던 치료제에 굴복할 것이라는 사실이다.

여기에서 의학적 행위로 언급하고자 하는 전이는 수사적인 환상이 아니다. 기호학과 정신분석학은 가끔은 잘못된 방법으로 다른 영역에 자리를 잡기 이전에 이미 의학 분야에 나타났다. 다른 학문들이 고려해야 했던 문제를 의학이 질문을 던졌을 때 기호학과 정신분석학이 개입을 했던 것이다. 그렇다면 이들 학문 간의 만남이 치료를 위한 것이든 아니든, 이 만남이 이루어지는 동안 정보는 어떻게 순환되었을까? 혼용이나 누전이 의사소통을 복잡하게 만들었을까? 비교가 가능한 불확실성은 하나의 흐름이 소설이나 그림이나 영화를 '이해하기' 위해 필요한 것인지 생각하도록 한다. 인간의 표현 형태, 신체의 질병으로 인해 생겨난 형태, 사회적 교환 속에서의 간접적인 형태와 연결되어 있

---

1) S. 프로이트, 《히스테리 연구 *Études sur l'hystérie*》(*Studien über Hysterie*, 1895, *Gesammelte Werke*, t. I, Londres, Imago, 1940, 18-19쪽), Paris, PUF, 1956, 5-6쪽.

는 규칙들은 공통적으로 분류학에 근거하는 규칙성을 분명하게 해준다. 이로부터 규칙들은 그 엄격성이 이해 가능한 정도를 획득하게 되며, 순수하게 정의된 원칙에 따라 구성되고, 검증을 위한 만반의 준비를 갖추고 과학적 위상을 지니도록 일반화시켜 지탱하고 있다.

미학적 열림과 끈기 있고 체계적인 정복은 놀랄 만큼 상호 멀리 떨어져 있는 것처럼 보인다. 그렇더라도 이들은 상호 배제하지 않으며, 이들 사이에 거울 효과가 존재하기도 한다. 특별한 작품들은 비록 모방이 불가능하다고 하더라도 작품의 많은 특징이 연속물 속에 나타난다. 적어도 한 모델의 애초의 특징을 분명히 하기 위해 특권화된 물질, 즉 표준 제품들은 에피소드별로 하나의 빛, 독창성에 대한 의심을 드러낸다. 미학적 참여를 특권화시킨다는 것은, 그 결과를 이끌어 낸다는 것과는 거리가 있으며 상당한 진보를 일궈내는 분석적 노력을 초월하거나 무용한 것으로 만들어 버린다는 것을 의미하지 않는다. 만일 지적인 합일이, 논리와 그 대상물이 서로 분명하게 분리되어 있다는 기대감을 혼동하지 않는다면 이 합일은 상호간에 영향력을 행사하지 않을 것이다. 거리감은 이미 존재하는 것이므로 미학이 어떻게 무슨 이유로 기호학이나 서사학 또는 영화 분야에서 또 다른 움직이는 규칙에 유용한지 아는 것이 중요하다.

텍스트 연구는 자료에 대한 이해를 지속적으로 증대시킨다. 텍스트 연구는 이를 다루는 방법과 그 요구로 전개되며, 전적으로 내적인 인상을 암시하고 포착하는 미학에는 아무것도 기대하지 않는다. 그러나 무한히 연장된 섬세한 테크닉은 그 고유의 대상물이 될 위험이 있으므로 텍스트 학문의 경계를 분명하게 할 필요가 있다. 텍스트 학문은 인간적인 교환의 논거를 형식화하는 데 있어 효율적이다. 그러나 텍스트 학문은 단어들이 협상에 무력하다는 것이 드러나는 순간 그 힘을 상실한다. 혁신을 탐탁하게 생각하지 않는 학문의 분위기를 인식하기 위해 또 그 합법성을 얻기 위해, 기호학과 서사학은 다양한 방향 속에서 전개되어야 한다. 지금 이들 학문에 대한 성공은 실제적인 능력을 전개시키고, 창조적 실천의 지평을 뛰어넘기가 어렵다는 것을 깨닫도록 한다.

미학적 관점에서 텍스트 영역의 연구는 세 가지 점에서 문제가 있다. 감수성의 효과를 무시한다는 점, 작품의 구성 요소 전체를 연결시킬 수 없다는 점, 매번 새로운 여정을 차용하는 대신 사전에 지정된 방식에 근거한다는 점이다. 우리는 이 세 문제를 언급할 것이며, 만일 이 제안들이 불충분하거나 근거가 잘못된 것으로 판단된다면 독자는 이 제안을 비판해야 할 것이다. 외부의 관찰자에게 있어, 스스로를 표현하는 외적인 오브제나 환경과는 무관한 모든 표현들 또는 모든 제스처를 감수성(만일 다른 어휘가 더 적합하다면 이를 채택할 용의가 있다)이라고 언급하고자 한다. 하나의 이미지를 보면서 우리는 이로부터 사물들, 사물들과의 관계를 인식한다. 또한 이들 논제로부터 몇몇 정보를 얻기도 한다. 동일한 이미지는, 우리가 보는 것을 말하는 게 아니라 과학적으로는 존재하지 않는 화가나 사진사의 '방법'과 '강조'가 드러나도록 한다. 사회적 교환은 우리가 인식하지 않고 사용해 온 관습, 물론 언어가 포함된 관습에 폭넓게 근거하고 있으며, 계층적 표현과 예의 바른 제스처와 재현에도 근거한다. 여러 많은 규칙은 지적인 산물 너머 또한 일상의 흐름에 따라 관습을 몰아세운다. 그러나 외적인 행동으로 움직이는 사람은 다른 사람들, 즉 자신과의 대화 상대자들이 이미 직관적으로 알고 있는 것을 단순하게 개입시키지 않는다. 그는 여기에 개인적인 리듬, 아마도 무시되었거나 인지된 자신의 감수성의 특징, 표현, 약속을 첨가한다. 음악은 이러한 단순한 명제를 완벽하게 보여준다. 화음은 읽기가 가능하고 음색을 바탕으로 한 여러 악기들의 부분은 아무런 비밀도 감추지 않지만, 이들의 귀납된 효과는 음계와 악보의 전개와 연쇄로 설명이 되지 않는 것이다. 음악적 기호 체계는 매우 높게 암호화되어 있어 어렵긴 하지만 비밀스러운 것은 아니다. 또 다른 창작들도 역시 관례에 복종하는 부분은 다른 여러 소재들로 유기적으로 연결되어 있는 특별한 것들을 제공한다. 영화는 이 영역에서 유일한 예술이 아니며, 다른 두 경우를 인용한다면 무용과 서커스가 될 것인데 이것들은 제스처에 일반적으로 부여된 범위를 변경시키고 그만큼 표현의 중요성을 증대시킨다. 무용수가 신체가 휘어지는 것은 인사를 하기 위한 것이 아니며, 광대가 갑자기 땅으로 떨어지는 것은 심장 발작을 일으켜서가 아니다. 무용수와 광대는 감수성을 자유롭게 표현하면서 관객의 친근한 기준에 혼란을 준다. 오디오비주얼 생산에는 여러 많은 요인들, 이야기 사이로 음악, 언어 등이 복잡하게 암호화되어 있다. 이 외의 다른 것들, 예컨대 제스처나 움직임이나 프레임은 체계로는 정할 수는 없지만 표현은 가능한 것들이다. 또 다른 것들 즉 특별히 색이나 소음이나 음색은 명명은 가능하지만 묘사는 불가능하다. 엄격함을 요하는 텍스트 분석은 혼성적인 차원에서 이루어질 수 없다. 텍스트 분석은 종류별로 분류가 가능한 것으로 제한되어 있으며, 암호화, 묘사, 명명 사이에 아무런 관계도 설정되어 있지 않다. 기호학과 서사학이 집중하는 모델화는 과학적으로 이루어진 것으로, 이로부터 텍스트가 어떻게 어느 지점까지 독자에 의해 해석이 가능한지 이해하도록 해준다. 이 모델화는 의미의 수용과 생산의 양태에 대해 토론거리를 제공하지만 작품이 모델에서 벗어날 때 그 힘은 멈추게 된다. 따라서 비평적 방식을 채택할 때 가능성의 조건을 정의내리고 그 방식이 포함하는 영역을 인지하며 어느 부분에서 멈추는 것이 효율적인지 아는 것이 중요하다. 미학은 텍스트 연구에서 그 받침점으로 매우 유용할 수 있다.

미학적 연구는 이처럼 체계적 연구를 엄격한 방법 및 설정된 적용영역과 구분한다. 미학적 연구는 무엇보다도 하나의 요구에 의거하고 있으며 작품이 표현하고자 하는 단순히 지적인 것을 넘어 재창조를 위해 텍스트나 공연에 침투하여 참여하고자 한다. 창조성의 이름으로 엄격함을 거부하려는 유혹은 불행히도 매우 크다. 미학적 창조가 무질서와 즉흥성과 팽창을 중요하게 생각하면서 분석이 지니고 있는 간편하고 통합된 경향을 완전히 없애 버리려는 것은 아닐까? 이러한 자발적인 환상에 반대하고, 비록 전체적으로 예측할 수 없는 작품이라 하더라도 규칙을 벗어나 완벽하게 자리를 잡을 수 없다는 사실을 아는 것이 중요하다. 관례적인 창조는 합의된 소재에 의거한다. 창조는 최소한의 경험과 시간과 공간과 근접성과 추론 관계의 공통적인 소여가 필요하다. 그런데 창조가 이를 초월하더라도 무시되지는 않는다. 이런 점에서 창조는 체계적인 분석의 형태 또는 서사학이나 기호학에 속한다. 특별한 대상물은 거기서 벗어나 드라마의 부분을 이룰 것이므로, 사람들은 직관과 의문을 연결시켜 이 대상물을 파악하고자 한다. 기쁨을 느끼게 해주는 이러한 것들은 우리가 터득하려는 하나의 도전으로, 규칙을 벗어나는 전체를 용인하는 것이 될 터이다.

미학적 직관은 강렬한 감동의 힘이다. 미학적 직관은 순수한 이해 너머로 나아가며, 지식 자체가 포착하는 어떤 분명함을 통해 의미를 불러일으키기도 한다. 창조적인 작품은 창조를 이끌어 내고 사유의 동인이 된다. 즉각적인 지지와 자신에 대한 현존의 노력 속에서 감동을 초월하는 미학적 판단은 불가능을 향한 걸음이다. 미학적 판단이란 외적인 세계를 위하여 순수하게 내적인 작용을 분명하게 드러내는 것이기 때문이다. 그러나 순수한 방법의 결핍, 언어나 특별한 통사론의 결핍으로 미학은 일상적인 언어와 탐구 양식의 포로가 되어 있다. 경우에 따라 미학은 일반적인 표현 속에서 극도의 일상성을 찾아내기도 한다. 만일 미학이 어휘를 세련되게 하고 뉘앙스를 부여하고 확장시키고 되풀이하기를 원하지 않는다면 그렇게 할 수 있을 것이다. 우리의 연구는 분석이 아니며 단순한 요소와 계층이나 암호로 분석하려는 것도 아니다. 그렇지만 전체의 구성 요소를 다발로 묶고 연결시키기 위해서는 작품을 하나의 관점으로 포착해야 한다. 이 점에서 텍스트에 전념하는 규칙으로 전개되는 도구는 필수적이다. 왜냐하면 이 도구들은 전체 속에 개입하는 구성 요소를 염두에 두면서 작용을 파급시키기 때문이다. 여기서 우리는 언어학에서 빌려온 것을 부조리하게 왜곡시키기도 하고 이따금 유용하기도 한 어떤 형태를 특별히 생각한 것은 아니다. 본 연구에서 우리는 기호학·서사학·화용론이 주도적으로 시도했던 완벽함과 정확성에 관심을 보였다. 미학을 하나의 학문으로 주장하지 않겠지만 최소한의 엄격성은 부과되어야 한다.

우리가 미학과 만날 수 있도록 강하게 구성된 규칙과는 달리, 미학은 파악이 불가능한 것이며, 고유한 영역도 가지지 않고 모든 관객 각자에게 속하는 것이기도 한다. 자신의 테크닉을 확신하든 무관심하든 영화학자는 영화에서 의미나 코드가 드러나지 않을 때에도 영향을 받는다. 강렬한 작품은 즉각성의 감동적인 환상과 열광을 불러일으킨다. 색, 형태, 움직임, 소리는 분명하게 나타나는 것으로 오늘이 아닌 다른 때에는 제공될 수 없는 것이다. 정신은 아주 빠르게 일종의 도취에 사로잡히게 되고, 제공된 관계를 통해 강한 거리감을 느끼게 된다. 정신에 익숙한 세계의 외양, 기호들, 재현들, 우리 일상에 일어나는 모든 것들, 우리가 전적으로 그 속에 속해 있기 때문에, 또 우리가 살고 있는 환경이기 때문에 '실제적인 것'이라고 부르는 것들, 이 모든 것들은 다른 것으로, 부적절한 것으로, 드러난 것이 각자 제어에 익숙한 것과 상호 교환될 수 없는 것으로 나타난다. 관찰자는 거친 논제를 인지하고, 대상물이나 나무나 통행인과 같은 일상 경험의 최소한의 특징들을 동일화시킨다. 그러나 이것들은 유치하게 '존재한다'는 것을 의미하지 않으려는 듯 자체적으로 분리되어 이들 존재와는 유리된 것처럼 보인다. 〈붉은 사막〉과 같은 영화는 숏의 4분의 3이 조명도 장치도 다른 인물도 없이 가능한 비밀스러운 두 명의 배우만으로 포(Pô) 삼각주에서 전체가 단순하게 촬영되었다. 결과적으로 자료의 모든 특징을 한데 모으는 영화는 관객으로 하여금 인위적이라는 인상을 준다. 풍경은 무겁게 느껴지고 구체적이며 두텁다. 물은 발 아래에서 솟아나고 방청석은 안개에 젖어 있는 느낌이다. 라벤의 늪보다 더 진한 이러한 생생한 자연은 소재로부터 벗어나도록 하며, 습기와 추위보다 더욱 감각적인 인상 속으로 빠져들게 한다. 이와 같이 강박적인 '현실성'은 비현실성이 되며, 완벽하게 객관적인 방법으로 지리적 장소를 영화로 담은 형상화와는 또 다른 것을 향해 나아간다. 영상 자체에 의한 영상의 극적인 축소가 관객을 무관심하게 한다면, 또한 관객의 욕망이 심리학도, 상식도, 습관도 드러내지 못하는 것을 강압적으로 정당화시킨다면, 역사, 문체론, 텍스트 분석과 같은 합리적인 방법은 쉽고도 분명한 대답이 될 것이다. 중요한 영화들은 지속적으로 또 다른 것들을 추구하는 까닭에 충격적이다. 방법론적 공허, 방법의 근본적인 부재는 견딜 수 없다. 이것들은 관객에게 있어서는 전체 실천된 문장으로 이득을 보는 것도 아니고, 연속적인 구성이나 친자 관계로 귀결되지도 않으며, 열려 있고 여유가 있는 자율성에서 벗어나 탐색의 장을 마련하도록 한다. 방법론적인 공허와 방법의 근본적인 부재는 그 인상의

심화를 부정하고자 하는 많은 사람들의 노력을 가정하고 있다. 그 놀라움은 참으로 크고 유쾌하다. 그렇다면 그 근원을 밝혀내는 것이 정말 필요한 것일까?

감동과 쾌락, 독창적인 것과 낯선 것에 대한 직관은 미학적 참여에 필요 조건이자 서곡일 뿐이다. 깊은 동의로 유혹을 받거나 당황해하거나 오브제의 특징이 스며 있는 정신이 항상 타협적인 것은 아니고, 더 많은 감동을 받기 위해 작품을 재구성하고 기존의 노선을 다시 취하고자 하는 열망을 지닐 때도 있다. 여기에는 정신에 의한 인상의 재활성화와 오브제의 재구성 및 판단이 동시에 개입되기도 한다. 앞에서 칸트에 의거하여 판단이란 객관적 방법으로 작품을 특징짓는 것이 아니라는 점, 감동을 재해석하는 데 국한되지 않는다는 점, '끝없는 합목적성'이라는 점, 근거가 있는 의견의 공식화와 현실화를 향해 나간다는 점, 그러나 우리 밖에서 기존 모델과 부합하거나 우리 안에서 주이상스의 단순한 확신에 있어 판단은 그 목적을 발견하지 못한다는 점을 언급한 바 있다. 한편 인지의 커다란 부분을 이루는 판단에 대한 근본적인 모호성을 강조하는 것도 중요하다. 우리는 스크린 안에서 원이나 선이나 마름모를 전혀 혹은 거의 인지하지 못한다. 우리는 존재들, 오브제들, 장소를 지켜볼 뿐이다. 피할 수 없는 동일화는 우리에게 시간의 지속을, 말하자면 서사의 스케치를 이끌도록 하는 실제적인 측면을 추출한다. 창조적 역동성은 부정을 하면서 활용을 하는 이 정착으로부터 생겨난다. 젊은 여성의 블라우스와 건물의 지붕과 트럭의 그림을 참고하면서 스크린을 연구하면서 오브제로부터 자유로워질 때 우리는 색을 볼 수 있을 것이다. 영화 각각의 특징과 요소는, 그것이 드러나기 위해서는 분리되고 개별적인 느낌을 받아야 하는 다른 특징을 충만히 표현하는 데 있어 방해물이 된다. 색·음역·조명·몸짓은 인상을 지시대상으로 하는 영원한 동요 속에서 이루어진다. 이들은 상호 모순적이고 보완적이며 변화를 이루면서 전개된다. 우리는 특히 프레임에 대해 강조한 바 있다. 화면의 사각형은 관객을 집중시키고 '진행되는' 것을 보도록 강요한다. 그러나 영화적인 움직임, 전체 프레임에 한계지어진 '비현실적인' 움직임은 프레임 법칙을 거부할 때 끈질기게 강조된 흔적이나 자리 이동의 느낌을 줄 수 있다. 그러므로 움직임의 품위를 비참하게 제한하는 자리 이동을 위해서는 프레임의 존재를 무시하거나 과감히 사각형 밖으로 뛰쳐나가거나 중심화를 인정해야 한다. 외양이 분명한 것으로 나타나지 않게 될 때, 오브제와의 관계에서 상대적인 위치 결정이 중요성을 상실하게 될 때 창조성은 승리를 거두게 될 것이다.

이런 점에서 창조 행위는 엄격하게 비교할 수 있는 것이 아니다. 사물들이 결코 그 구체적 내구성을 소실하지 않는 영화를 관람하거나 소설을 읽는 것보다는 시나 소나타를 듣는 것이 더욱 감동적일 수 있다. 재현의 힘은 특히 영화에서 분명하다. 재현의 힘은 매우 크기 때문에 관객은 상당한 노력을 하지 않을 수 없고, 만일 제시되는 객관성을 바탕으로 표현성을 기대하고자 한다면 관객은 이를 지속적으로 수행해야 한다. 객관성에서 벗어나 표현성으로 재현된 사물에 주목하는 미학적 참여는, 순수한 내적인 변화, 악센트, 리듬을 드러내고 동시에 세계의 모습을 지시하는 움직임과 영상과 소리에 의해 전달된 두 개의 가치, 이중적 경향이 상실되기를 원하지 않는다. 미학적 참여는 느끼고 인지된 것으로 복귀하면서 구체화되며, 작품을 좋아하는 자의 감수성을 통해 작품을 재구성하는 판단에 의해 구체화된다. 이러한 것은 단 하나의 주관주의에 열려 있는 노선일까? 이는 인간의 창조성에 관한 것으로 인식의 판단은 결코 '객관적'일 수 없다고 말하고 싶다.

〈산딸기〉

왜냐하면 측량 도구 없이도 매우 잘 형식화된 분석은 작가의 취미와 선택을 폭넓게 반영하기 때문이다. 미학적 판단은 단순히 외적인 지지대를 전혀 인식하지 못하는 것과는 구별된다. 작품만큼이나 많은 미학이 존재하며 애호가만큼이나 많은 관점이 존재한다. 이러한 점이 미학을 가르치는 것을 방해하는 것이 된다. 왜냐하면 모델화할 수 없는 것을 모델로 제안할 수는 없기 때문이다. 순간적으로 감동을 받을 수 없는 사실이 불만이라면 관객은 자신의 인상을 만져서 알 수 있도록 할 필요가 있다. 그러므로 보잘것없고 불충분한 텍스트라 할지라도 건축의 고통을 감내한 텍스트는 순수하고 내적인 토로를 초월할 수 있는 유일무이한 수단이 된다. 미학은 메뉴나 규칙으로 정의되지 않는다. 미학은 창조 작업에 열광하는 자의 판단으로 드러나는 것이다.

역자 후기

현대 사회에서 영화와 텔레비전을 포함한 오디오비주얼은 빠르게 발전하고 있다. 하이테크놀로지의 발달 덕분에 불과 1세기가 좀 지난 영화와 곧바로 생겨난 텔레비전이 대중의 관심을 받으며 중요한 예술로 자리매김하고 있다. 이를 인식한 저자는 시각과 청각을 아우르는 이들 예술에 대한 미적 감각은 어디서 오는 것인지 질문할 필요성을 제기하며 논의를 시작한다. 오디오비주얼 미학은 일반 미학과는 성격이 다르고, 아직까지 분석 모델이나 기준이 정립되지 않았기 때문이다. 소위 포스트미학적 개념을 지닌 오디오비주얼 미학은 일반 미학으로는 파악이 어렵기 때문에 제대로 개진되지 못하고 있다는 것이다.

저자는 제1장에서 칸트, 부르디외 및 마르크스주의자들을 설명하면서 미학의 개념을 정리하고 이를 오디오비주얼의 미학에 대입하고자 시도한다. 그는 미학이 인간이 창조한 예술의 제반 형태, 영화나 텔레비전에 대한 깊이 있는 사유로 하도록 한다고 주장한다. 제2장에서는 오디오비주얼에 대한 본격적인 분석이 이루어지고 이를 비평하기 위해 사용된 언어와 텍스트들에 대해 언급한다. 또한 영상 언어인 클로즈업 및 편집에 대한 언급과 움직이는 영상을 어떻게 글로 고정시킬 수 있을까라는 물음은 매우 흥미롭다. 클로즈업을 설명하기 위해 베리만의 〈페르소나〉가 구체적으로 제시된다. 제3장은 영화 스크린에서 재현되는 배우의 몸과 목소리와 연기의 문제를 다루고 있다. 특히 바쟁의 이론을 수용하면서 영화에 사용된 다양한 표현 재료를 분석하고 있다. 채플린의 〈모험〉에서 인물의 움직임과 공간의 활용에 대해 세세한 연구 또한 프레임 연구는 주목할 만하다. '영화의 생성'이란 제목의 제4장은 소리 · 조명 · 색 · 공간 · 연기 · 언어 같은 영화의 물질적 형상화의 문제를 집중적으로 다루고 있

다. 이를 위해 저자가 인용한 영화는 안토니오니의 〈붉은 사막〉이다. 제5
장은 텔레비전을 다루고 있다. 모든 예술을 포괄하면서도 가장 강력한 의
사소통의 매체인 텔레비전은 예술 영역에 속하는 것인가 아니면 단순한
소리 상자에 불과할 것인가. 이 점에 주목하면서 소리와 영상, 언어와 몽
타주, 프레임의 연구를 통해 작은 화면의 기능과 그 미학을 밝히고 있다.
텔레비전은 영화와 사촌지간이자 사각형의 프레임 속의 움직임으로 구성
되는 기본 전제가 제시된다. 제6장은 영화와 텔레비전의 교차점에 대해
설명한다. 특히 두 예술에 있어 공통적인 서사와 음악 그리고 상호 간의
영향력을 언급한다. 결론적으로 미학 연구는 체계적일 수 없으며 엄격한
연구가 될 수도 없다는 점이 강조된다. 미학은 단순한 지적이 아니라 예
술의 재창조를 목적으로 하기 때문이며, 기쁨이나 감동과 관련된 미학은
직관에 의존하므로 규칙을 벗어나는 것이 용인되기 때문이다. 그럼에도
저자는 기호학이나 서사학 및 화용론에 의거하여 최소한의 엄격성으로 오
디오비주얼의 미학을 밝히고자 했던 자신의 목적을 언급한다.

영화를 애호하는 개인은 나름대로 선호하는 장르가 있다. 꼭 전문가가
좋다고 평하는 영화나 텔레비전 프로그램이 아니더라도 자신이 좋아하는
오디오비주얼 작품이 있다면 그것은 그에게 고유한 것이므로 그 자신의
능동적인 수용 감각을 결코 등한시할 수 없다. 이 점을 인정한다면 오디
오비주얼의 미학은 제각기 다른 양상이 될 것이므로 엄청나게 다양하고
복잡해질 가능성이 크다. 저자의 고민은, 이 점을 인정하면서도 공통적으
로 수용할 수 있는 오디오비주얼의 미학을 탐색하려는 모순을 안고 출발
했기 때문이 아닐까. 그럼에도 본 저서는 우리의 일상과 떼놓을 수 없는
영화나 텔레비전의 분석 기법, 수용 미학, 미적 감각에 대한 이론적 토대
를 세우고자 시도했다는 점에서 의의가 있다고 하겠다.

이 저서의 원제목은 《오디오비주얼의 미학》 독자의 이해를 위해 《영상
예술미학》이라고 번역을 하였다.

2009년 6월 이선형

색 인

이선형
성균관대학교 불문과 졸업, 동대학원 석사학위 취득
프랑스 스트라스부르대학교 박사학위 취득
연극평론가, 김천대 교수
저서: 《우리 시대의 프랑스 연극》(공저) 《아르토와 잔혹연극론》(공저)
《예술 영화 읽기》 《현대 프랑스 연극의 이론과 실제》
주요 논문: 〈잔혹 연극의 이론〉 〈연금술적 연극〉
〈《고도를 기다리며》의 공간 연출〉 등
역서: 《마리아에게 고함》 《지하철의 연인들》
《각색, 연극에서 영화로》 《이미지와 기호》 등

문예신서
369

영상예술미학

초판발행 : 2009년 6월 10일

東文選
제10-64호, 78. 12. 16 등록
110-300 서울 종로구 관훈동 74번지
전화 : 737-2795

편집설계 : 李妊뮷

ISBN 978-89-8038-654-3 94680

【東文選 現代新書】

31 동양회화미학	崔炳植	19,000원
32 性과 결혼의 민족학	和田正平 / 沈雨晟	9,000원
33 農漁俗談辭典	宋在璇	12,000원
34 朝鮮의 鬼神	村山智順 / 金禧慶	28,000원
35 道敎와 中國文化	葛兆光 / 沈揆昊	15,000원
36 禪宗과 中國文化	葛兆光 / 鄭相泓·任炳權	8,000원
37 오페라의 역사	L. 오레이 / 류연희	절판
38 인도종교미술	A. 무케르지 / 崔炳植	14,000원
39 힌두교의 그림언어	안넬리제 外 / 全在星	22,000원
40 중국고대사회	許進雄 / 洪 熹	30,000원
41 중국문화개론	李宗桂 / 李宰碩	23,000원
42 龍鳳文化源流	王大有 / 林東錫	25,000원
43 甲骨學通論	王宇信 / 李宰碩	40,000원
44 朝鮮巫俗考	李能和 / 李在崑	20,000원
45 미술과 페미니즘	N. 부루드 外 / 扈承喜	9,000원
46 아프리카미술	P. 윌레프 / 崔炳植	절판
47 美의 歷程	李澤厚 / 尹壽榮	28,000원
48 曼茶羅의 神들	立川武藏 / 金龜山	19,000원
49 朝鮮歲時記	洪錫謨 外/李錫浩	30,000원
50 하 상	蘇曉康 外 / 洪 熹	절판
51 武藝圖譜通志 實技解題	正 祖 / 沈雨晟·金光錫	15,000원
52 古文字學첫걸음	李學勤 / 河永三	14,000원
53 體育美學	胡小明 / 閔永淑	18,000원
54 아시아 美術의 再發見	崔炳植	9,000원
55 曆과 占의 科學	永田久 / 沈雨晟	14,000원
56 中國小學史	胡奇光 / 李宰碩	20,000원
57 中國甲骨學史	吳浩坤 外 / 梁東淑	35,000원
58 꿈의 철학	劉文英 / 河永三	22,000원
59 女神들의 인도	立川武藏 / 金龜山	19,000원
60 性의 역사	J. L. 플랑드렝 / 편집부	18,000원
61 쉬르섹슈얼리티	W. 챠드윅 / 편집부	10,000원
62 여성속담사전	宋在璇	18,000원
63 박재서희곡선	朴栽緒	10,000원
64 東北民族源流	孫進己 / 林東錫	13,000원
65 朝鮮巫俗의 硏究(상·하)	赤松智城·秋葉隆 / 沈雨晟	28,000원
66 中國文學 속의 孤獨感	斯波六郎 / 尹壽榮	8,000원
67 한국사회주의 연극운동사	李康列	8,000원
68 스포츠인류학	K. 블랑챠드 外 / 박기동 外	12,000원
69 리조복식도감	리팔찬	20,000원
70 娼 婦	A. 꼬르벵 / 李宗旼	22,000원
71 조선민요연구	高晶玉	30,000원
72 楚文化史	張正明 / 南宗鎭	26,000원

367 마르셀 모스, 총체적인 사회적 사실	B. 카르센티 / 김웅권	13,000원
368 TV 드라마 시리즈물 어떻게 쓸 것인가	P . 더글러스 / 김소은	25,000원
369 영상예술미학	P. 소르랭 / 이선형	25,000원
1001 베토벤: 전원교향곡	D. W. 존스 / 김지순	15,000원
1002 모차르트: 하이든 현악4중주곡	J. 어빙 / 김지순	14,000원
1003 베토벤: 에로이카 교향곡	T. 시프 / 김지순	18,000원
1004 모차르트: 주피터 교향곡	E. 시스먼 / 김지순	18,000원
1005 바흐: 브란덴부르크 협주곡	M. 보이드 / 김지순	18,000원
1006 바흐: B단조 미사	J. 버트 / 김지순	18,000원
1007 하이든: 현악4중주곡 Op.50	W. 딘 주트클리페 / 김지순	18,000원
1008 헨델: 메시아	D. 버로우 / 김지순	18,000원
1009 비발디: 〈사계〉와 Op.8	P. 에버렛 / 김지순	18,000원
2001 우리 아이들에게 어떤 지표를 주어야 할까?	J. L. 오베르 / 이창실	16,000원
2002 상처받은 아이들	N. 파브르 / 김주경	16,000원
2003 엄마 아빠, 꿈꿀 시간을 주세요!	E. 부젱 / 박주원	16,000원
2004 부모가 알아야 할 유치원의 모든 것들	N. 뒤 소수아 / 전재민	18,000원
2005 부모들이여, '안 돼'라고 말하라!	P. 들라로슈 / 김주경	19,000원
2006 엄마 아빠, 전 못하겠어요!	E. 리공 / 이창실	18,000원
2007 사랑, 아이, 일 사이에서	A. 가트셀·C. 르누치 / 김교신	19,000원
2008 요람에서 학교까지	J.-L. 오베르 / 전재민	19,000원
2009 머리는 좋은데, 노력을 안 해요	J.-L. 오베르 / 박선주	17,000원
2010 알아서 하라고요? 좋죠, 하지만 혼자는 싫어요!	E. 부젱 / 김교신	17,000원
2011 영재아이 키우기	S. 코트 / 김경하	17,000원
2012 부모가 헤어진대요	M. 베르제·I. 그라비용 / 공나리	17,000원
2013 아이들의 고민, 부모들의 근심	D. 마르셀리·G. 드 라 보리 / 김교신	19,000원
2014 헤어지기 싫어요!	N. 파브르 / 공나리	15,000원
3001 《새》	C. 파글리아 / 이형식	13,000원
3002 《시민 케인》	L. 멀비 / 이형식	13,000원
3101 《제7의 봉인》 비평 연구	E. 그랑조르주 / 이은민	17,000원
3102 《쥘과 짐》 비평 연구	C. 르 베르 / 이은민	18,000원
3103 《시민 케인》 비평 연구	J. 루아 / 이용주	15,000원
3104 《센소》 비평 연구	M. 라니 / 이수원	18,000원
3105 〈경멸〉 비평 연구	M. 마리 / 이용주	18,000원

【기 타】

▨ 모드의 체계	R. 바르트 / 이화여대기호학연구소	18,000원
▨ 라신에 관하여	R. 바르트 / 남수인	10,000원
▨ 說 苑 (上·下)	林東錫 譯註	각권 30,000원
▨ 晏子春秋	林東錫 譯註	30,000원
▨ 西京雜記	林東錫 譯註	20,000원
▨ 搜神記 (上·下)	林東錫 譯註	각권 30,000원
■ 경제적 공포〔메디치賞 수상작〕	V. 포레스테 / 김주경	7,000원

東文選 文藝新書 239

미학이란 무엇인가

마르크 지므네즈

김웅권 옮김

미학이 다시 한 번 시사성 있는 철학적 주제가 되고 있다. 예술의 선언된 종말과 싸우도록 압박을 받고 있는 우리 시대는 이 학문의 대상이 분명하다고 간주한다. 그런데 미학은 상대적으로 최근에 태어난 것이다. 왜냐하면 예술에 대한 성찰이 합리성의 역사와 나란히 한 역사이기 때문이다. 마르크 지므네즈는 여기서 이 역사의 전개 과정을 재추적하고 있다.

미학이 자율화되고 학문으로서 자격을 획득하는 때는 의미와 진리에의 접근으로서 미의 문제가 초미의 관심사가 되는 계몽주의의 세기이다. 그리하여 다양한 길들이 열린다. 미의 과학은 칸트의 판단력도 아니고, 헤겔이 전통과 근대성 사이에서 상상한 예술철학도 아닌 것이다. 이로부터 20세기에 이루어진 대(大)변화들이 비롯된다. 니체가 시작한 철학의 미학적 전환, 미학의 정치적 전환(특히 루카치 · 하이데거 · 벤야민 · 아도르노), 미학의 문화적 전환(굿맨 · 당토 등)이 그런 변화들이다.

예술이 철학에 여전히 본질적 문제인 상황에서 과거로부터 오늘날까지 미학에 대해 이 저서만큼 정확하고 유용한 파노라마를 제시한 경우는 드물다.

마르크 지므네즈는 파리I대학 교수로서 조형 예술 및 예술학부에서 미학을 강의하고 있다. 박사과정 책임교수이자 미학연구센터 소장이다.

東文選 文藝新書 295

에로티시즘을 즐기기 위한 100가지 기본 용어

장 클레 마르탱
김웅권 옮김

　즐기면서 음미해야 할 본서는 각각의 용어가 에로티시즘을 설명하는 대신에 그것을 존재하게 하며, 느끼게 만들고, 떨리게 하는 그런 사랑의 여로를 구현시킨다. 에로티시즘을 이해하는 게 중요한 게 아니라 그것을 즐기고, 도취 · 유혹 · 매력 · 우아함 같은 것들로 구성된 에로티시즘의 미로 속에 들어가는 게 중요하다. 각각의 용어는 그 자체가 영혼의 전율이고, 바스락거림이며, 애무이고, 실천이나 쾌락의 실습이다. 극단적으로 살균된 비아그라보다는 아프로디테를 찬양해야 한다.

　이 책은 들뢰즈 철학을 연구한 저자가 100개의 용어를 뽑아 문화적으로 전환된 유동적 리비도, 곧 에로티시즘과 접속시켜 고품격의 단상들을 생산해 내고 있다.

　에로티시즘이 각각의 용어와 결합할 때 마법적 연금술이 작동하고, 이로부터 솟아오르는 스냅 사진 같은 정신의 편린들이 격조 높은 유희를 담아내면서 독자에게 다가온다. 한 철학자의 방대한 지적 스펙트럼 속에서 에로스와 사물들이 부딪쳐 일어나는 스파크들이 놀라운 관능적 쾌락을 뿌려내는 이 한 권의 책을 수준 높은 고급 독자에게 권한다. '텍스트의 즐거움'을 함께 나누고자 한다.

　장 클레 마르탱은 프랑스의 철학자로서 활발한 저술 활동을 펴고 있으며, 저서로는 《변화들. 질 들뢰즈의 철학》(들뢰즈 서문 수록)과 《반 고흐. 사물들의 눈》 등이 있다.